누군가는 성공을 꿈꾸고, 누군가는 깨어나 움직인다.
당신은 당신 운명의 주인이다.

Some people dream of success, while others wake up and work hard at it.
You are the master of your destiny.

나폴레온 힐

나폴레온 힐을 향한 찬사

장장 25년에 걸쳐 집필된 이 책은 나폴레온 힐의 유명한 성공 철학을 바탕으로 15가지 법칙을 이야기한다. 그의 연구와 글은 지금껏 금융, 교육, 기업, 정치 등 다양한 분야의 위대한 리더들로부터 뜨거운 찬사를 받았다.

나폴레온 힐 선생님, 당신의 성공 법칙 교과서를 끝까지 읽고 나니 이 철학을 체계화한 당신의 연구에 감사를 표하고 싶어졌습니다.
이 나라의 모든 정치인이 당신의 교훈에 토대가 되는 15가지 법칙을 이해하고 적용한다면 큰 도움이 될 겁니다. 그뿐 아니라 이 책에는 각계각층의 모든 리더가 이해해야 할 매우 훌륭한 내용이 담겨 있습니다.
이 훌륭한 성공 철학을 체계화하는 과정에 제가 일조할 수 있어서 기쁩니다.
― 윌리엄 하워드 태프트 · 27대 미국 대통령·전 대법원장

당신의 끈기를 자랑스럽게 여기지 않을 수 없습니다. 그토록 많은 시간을 투자했다면 다른 사람들에게 매우 소중한 걸 발견해야 마땅합니다. 특히 마스터 마인드 법칙에 대한 당신의 명쾌한 해석에 깊은 감명을 받았습니다.
― 우드로 윌슨 · 28대 미국 대통령

당신의 성공 법칙은 세상에 이바지하고 있습니다. 그것은 우리가 금전적 가치만으로는 측정할 수 없는 귀중한 자질을 기르도록 해줍니다.
― 조지 이스트먼 · 카메라 제조업체 코닥 대표

어떤 일에서든 제가 성공을 거둔 건 전적으로 성공의 법칙을 적용한 덕분입니다. 제가 당신의 첫 제자가 된 것을 영광으로 생각합니다.

— **윌리엄 리글리 2세** · 사업계 거물

우리 회사는 성공 철학의 15가지 기본 법칙 가운데 여러 법칙을 적용하여 훌륭한 체인을 성공적으로 구축했습니다. 울워스빌딩은 이 법칙의 타당성을 보여주는 기념비라고 해도 과언이 아닐 겁니다.

— **F. W. 울워스** · 파이브앤드텐센트스토어의 왕

당신의 책을 읽을 특권을 주신 데 큰 고마움을 느낍니다. 50년 전에 이 철학을 알았다면 제가 성공하기까지 걸린 시간을 절반쯤 단축할 수 있었을 겁니다. 세상이 당신을 알아보고 보상하기를 진심으로 바랍니다.

— **로버트 달러** · 증기선의 대왕

성공 법칙의 철학을 완전히 정복하는 것은 실패에 대비해 보험을 드는 것과 같습니다.

— **사무엘 곰퍼스** · 노동계 리더

30년 넘게 사업에 적용한 결과, 저는 15가지 성공의 법칙이 타당하다는 사실을 깨달았습니다.

— **존 와나메이커** · 상업계 왕자

나폴레온 힐
성공의 법칙 1

일러두기

- 이 책은 나폴레온 힐의 『성공의 법칙(The Law of Success)』을 번역·출간하였다. 원서가 최초로 출간된 1925년 당시 15권의 작은 책자로 소개되었으며, 1928년 여러 성공자의 조언을 반영하여 추가로 한 권을 더 펴냈다. 후속 판본부터 모든 책자를 통합하여 출간하였다. '나폴레온 힐 컬렉션'으로 펴내는 이번 한국어판은 독자의 편의를 고려해 두 권으로 분권하였다.
- 현대 독자에게 전달할 때 실정에 맞지 않거나 적용하기 힘든 사례 혹은 불분명한 정보나 개념은 저자가 말하고자 하는 바의 명확한 이해를 돕기 위해 일부 편집하였음을 밝힌다.

The Law of
Success

나폴레온 힐
성공의 법칙
1

성공의 무한한 잠재력을 깨우는 15가지 법칙

나폴레온 힐 지음 | 박선령 옮김

21세기북스

누가 불가능을 말하는가?
대체 그는 얼마나 위대한 일을 해냈기에
감히 타인을 판단할 자격이 있다고 하는가?

- 나폴레온 힐

이 책을 읽기 전에

이 책은 자신의 일에서 놀라운 성공을 거둔 인물들 수백 명의 인생 업적을 신중하게 분석한 결과물이다.

나는 20년 넘게 이 책의 기반이 되는 15가지 법칙을 수집, 분류, 시험, 정리했다. 그 과정에서 다음의 인물들을 직접 만나거나 인생 업적을 연구해 귀중한 도움을 받았다.

헨리 포드
토머스 A. 에디슨
하비 S. 파이어스톤
존 D. 록펠러
찰스 M. 슈와브
우드로 윌슨

다윈 P. 킹즐리

윌리엄 리글리 2세

A. D. 래스커

E. A. 필렌

제임스 J. 힐

조지 M. 알렉산더 대위(예전에 이분 조수로 일했다.)

휴 차머스

E. W. 스트릭클러 박사

에드윈 C. 반스

로버트 L. 테일러(일명 '피들링 밥'으로 불린다. 피들링은 바이올린을 뜻하며, 정치인이었던 테일러는 선거 유세장과 강연장에서 바이올린을 연주하곤 해서 이렇게 불렸다. — 편집자)

조지 이스트먼

E. M. 스태틀러

앤드류 카네기

존 와나메이커

마셜 필드

에드워드 W. 복

사이러스 H. K. 커티스

조지 W. 퍼킨스

헨리 L. 도허티

조지 S. 파커

C. O. 헨리 박사

루퍼스 A. 에어스 장군

엘버트 H. 게리 판사

윌리엄 하워드 태프트

엘머 R. 게이츠 박사

존 W. 데이비스

사무엘 인설

F. W. 울워스

대니얼 T. 라이트 판사(내 법대 시절 교수다.)

엘버트 허버드

루서 버뱅크

O. H. 해리먼

존 버로스

E. H. 해리먼

찰스 P. 스타인메츠

프랭크 A. 밴더리프

시어도어 루스벨트

윌리엄 H. 프렌치

알렉산더 그레이엄 벨 박사(1장 내용 대부분을 쓰는 데 큰 신세를 졌다.)

내가 감사를 전한 이들 가운데 이 책 집필에 가장 크게 기여한 사람은 단연 카네기와 포드다. 강연 내용을 책으로 옮겨보라고 처음 제안한 사람이 카네기고, 이 책에 담긴 거의 모든 교훈의 기초를 포드가 평생 이룬 업적에서 얻었기 때문이다.

이들 중 일부는 이미 세상을 떠났지만 살아계신 분들에게라도 지금까지 우리 사회를 위해 여러 가지 일을 해준 데 대해 깊은 감사 인사를 전하고 싶다. 그들이 없었다면 이 책을 쓸 수 없었을 것이다.

나는 이들과 개인적으로 친하게 지내거나 사망 전까지 돈독한 친분을 유지하면서 가까이에서 직접 연구했다. 덕분에 그들의 인생철학과 관련해 다른 곳에서는 구할 수 없을 정보까지 수집할 수 있었다.

이 책을 쓰는 과정에서 지구상에서 가장 유력한 인사들에게 도움을 요청할 수 있는 특권을 누린 것에 감사한다. 이 책을 통해 많은 보상을 얻지 못하더라도 그 특권 자체만으로도 충분하다. 이들은 미국 기업과 금융, 산업, 정치의 중추이자 토대며 골격이지 않은가.

'성공의 법칙'은 이들 각자가 선택한 분야에서 막강한 힘을 행사할 수 있는 위치에 오르기까지 기반이 된 철학과 절차, 규칙 등을 잘 보여준다. 나는 그 내용을 고등학생이라도 이해할 수 있을 만큼 최대한 쉽고 간단한 용어로 정리했다.

이 책에서 1장에 나오는 '마스터 마인드'라는 심리학 법칙을 제외하고는 내가 새롭게 만든 건 없다. 대신 오래된 진리와 잘 알려진 법칙을 실용적이고 활용 가능한 형태로 정리하여 단순한 철학이 필요한 평범한 이들이 올바르게 해석하고 적용할 수 있게 했다.

게리는 이 책에 담긴 성공 철학에 관해 다음과 같이 말했다. "성공의 법칙에서 토대를 이루는 철학은 2가지 점에서 인상적이다. 하나는 깊이 있는 철학을 단순한 스타일로 제시했다는 것이고, 다른 하나는 그 철학이 타당하다는 사실이 너무나도 명백해서 누구나 즉시 받아들일 것이라는 점이다."

16개 장을 다 읽기 전에 이 책에 대해 성급한 판단을 내리지 말기 바란다. 특히 약간 기술적이고 과학적인 주제를 간략하게 언급하는 1장의 경우가 그렇다. 그 이유는 16장까지 다 읽고 나면 확실히 알게 된다.

당신이 마지막 장까지 열린 마음으로 책을 읽는다면 인생 전체를 보다 광범위하고 정확한 관점으로 바라볼 수 있는 보상을 누리게 될 것이다.

서문

상상하라!
성공은 당신이 있는 바로 그곳에 있다

약 30년 전 프랭크 W. 건솔러스라는 젊은 목사가 시카고의 여러 신문사에 연락해서는 다음 일요일 아침에 '내게 100만 달러가 있다면 무엇을 할 것인가!'라는 주제로 설교를 할 예정이라고 알렸다.

'통조림 공장의 왕'이라고 불리던 필립 D. 아머(19~20세기 미국의 대표적인 식육 가공 기업이었던 아머앤드컴퍼니의 설립자.—편집자)는 관련 기사에 관심이 생겨서 설교를 들어보기로 했다.

건솔러스는 설교에서 젊은이들이 이론에 얽매이지 않고 실용적으로 생각하는 능력을 키워 인생에서 성공하는 법을 배울 수 있는 훌륭한 기술 학교를 묘사했다. 그곳은 공부한 것을 실천해가며 배우는 학교였다. 그는 "제게 100만 달러가 있다면 이런 학교를 설립하고 싶습니다."라고 말했다.

설교가 끝나자 아머는 강단으로 다가가 자기소개를 하고 나서 말했다. "목사님, 설교가 좋았습니다. 전 목사님께서 100만 달러만 생기면 말씀하신 모든 일을 하실 분이라고 믿습니다. 제가 목사님과 목사님의 설교를 믿는다는 걸 증명하고 싶으니 내일 아침에 제 사무실로 오십시오. 100만 달러를 드리겠습니다."

자본을 활용해 실용적인 계획을 세울 줄 아는 사람은 이처럼 항상 필요한 자본을 손에 넣는다.

이것이 미국에서 가장 실용적인 교육 기관 중 하나인 아머공과대학(오늘날 일리노이공과대학교의 전신.—편집자)의 시작점이었다. 이 학교는 한 젊은이의 '상상력'에서 탄생했다. 하지만 상상력에 아머의 자본이 더해지지 않았다면 건솔러스의 구상은 설교를 들은 일부 사람만 알고 끝났을 것이다.

모든 거대한 철도망과 훌륭한 금융 기관, 대기업, 위대한 발명품은 누군가의 상상에서 시작되었다.

F. W. 울워스는 '상상' 속에서 파이브앤드텐센트스토어(아주 저렴한 가격에 다양한 상품을 판매하는 소매점. 20세기 초반 미국에서 큰 인기를 끌었다.—편집자)의 설립 계획을 세웠고 결국 이를 실현해 억만장자가 되었다.

에디슨이 만든 축음기와 영사기, 백열전구, 기타 수많은 발명품은 현실이 되기 전까지 그의 '상상' 속 산물이었다.

시카고 대화재(1871년 10월 8~10일 시카고에서 일어난 대형 화재로 10만여 명의 이재민이 발생했다. 19세기 미국에서 일어난 가장 큰 화재다.—옮긴이)

때 수많은 상인은 잿더미가 된 가게 앞에서 손실을 슬퍼했다. 그때 상당수의 상인이 다른 도시로 가서 새롭게 시작하기로 했으나, 그들 중 하나였던 마셜 필드는 연기 나는 목재 더미만 남은 가게 자리에 세계 최대의 소매점이 서 있는 모습을 '상상'했다. 그리고 그의 상상은 마셜 필드백화점(2006년부터 메이시스백화점에 인수되어 현재까지 운영되고 있다.―편집자)이라는 현실로 이루어졌다.

어릴 때부터 상상력을 활용하는 방법을 배우면서 자란 젊은이가 있다면 행운아다. 요즘처럼 큰 기회가 많은 시대에는 더욱 그렇다.

상상력은 사용할수록 커지고 발전하고 확장되는 정신적 능력이다. 그렇지 않다면 15가지 성공의 법칙을 다룬 이 책은 결코 나오지 않았을 것이다. 이 책은 카네기가 우연히 던진 말이 아이디어의 씨앗이 되어 내 '상상' 속에서 자라났다.

당신이 누구고 어디에 있든, 어떤 직업에 종사하든 간에 '상상력'을 계발하고 사용하면 지금보다 한층 더 유능하고 생산적인 사람이 될 수 있다.

이 세상에서 성공은 항상 개인의 노력에 달려 있지만, 다른 사람의 협력 없이도 성공할 수 있다고 믿는다면 이는 자신을 속이는 것이다. 각자 '상상력'을 발휘해 원하는 목표를 정해야 한다는 점에서는 성공이 개인의 노력 문제인 것이 맞다. 하지만 그때부터 성공은 다른 사람들의 협력을 얼마나 능숙하고 재치있게 끌어내느냐에 달려 있다.

다른 사람의 협력을 얻으려면, 아니 다른 사람에게 협조를 부탁하거나 기대할 권리를 가지려면 먼저 본인부터 협력할 의지를 보여야 한다. 이와 관련해서는 9장을 신중하고 꼼꼼하게 살펴보도록 한다. 그리고 이 책의 기초가 되는 법칙을 실천하는 사람은 어떤 일을 하든 성공할 수 있다는 점을 명심하자.

1장 뒷부분에는 유명인 열 명을 분석해서 비교해놓은 '개인 분석표'가 나온다. 분석 대상 열 명 중 여덟 명은 성공했고 두 명은 실패했다. 이 두 사람이 실패한 이유인 점수가 낮은 항목을 주의 깊게 살펴야 한다.

그런 다음 표의 마지막 두 행을 비워두었으니 자신을 분석해보자. 책을 처음 읽기 시작할 때 15가지 성공의 법칙 각각에 대한 점수를 매기고, 다 읽고 난 뒤에도 다시 한번 평가해서 그동안 어떤 점이 개선되었는지 확인하자.

당신이 이 책을 읽는 목적은 스스로 선택한 분야에서 지금보다 더 큰 능력을 발휘할 방법을 찾는 데 있다. 이를 위해 자신을 분석하고 본인이 지닌 모든 자질을 찾아내 최대한 활용해야 한다.

지금 하는 일이 마음에 들지 않을 수도 있다. 그럴 때 그 일에서 벗어나는 방법은 2가지다. 하나는 지금 하는 일에 거의 관심을 두지 않고 대충대충 처리하는 것이다. 그러면 당신이 제공하는 서비스에 대한 수요가 사라질 테니 곧 그 일을 그만두게 될 것이다. 그보다 나은 또 다른 방법은 지금 하는 일을 매우 능숙하고 효율적으로 처리하는 것이다. 그렇게 하면 높은 자리로 승진시켜줄 수 있는 사람들의 호의적인 관심을 끌 수 있다. 어느 방향으로 나아갈지 선택하는 건 당신의 특권이다. 그리고 10장에서 소개하는 법칙을 이용하면 '더 나은 방법'으로 자신을 발전시킬 수 있다.

과거 수많은 사람이 미시간주 북서부의 캘루멧을 지나다녔지만 그 지역 땅 밑에 있는 거대한 구리 광산은 발견하지 못했다. 오직 한 사람만이 '상상력'을 발휘해 땅을 파고 조사한 결과 지구상에서 매장량이 가장 풍부한 구리 광산을 발견했다.

다들 자기만의 캘루멧 광산이 있다. 하지만 이를 발견하려면 '상상력'을 발휘해 열심히 조사해야 한다. 15가지 성공의 법칙은 당신을 캘루멧 광산으로 안내할 수 있다. 어쩌면 지금 일하는 곳에 이런 풍부한 광산이 존재한다는 사실을 깨닫고 놀랄 수도 있다. 러셀 콘웰(목사이자 작가, 템플대학교 설립자.—편집자)은 '다이아몬드 에이커'라는 강연에서 이렇게 말했다.

"기회는 멀리서 찾을 필요 없이 우리가 서 있는 바로 그 자리에서 찾을 수 있다."

이는 당신이 반드시 기억해야 하는 진실이다!

나폴레온 힐

차례

이 책을 읽기 전에 ··· 7
서문 상상하라! 성공은 당신이 있는 바로 그곳에 있다 ··· 12

1장 모든 성공에는 '마스터 마인드'가 존재한다 ··· 19
　나폴레온 힐의 성공 수업 | '성공의 법칙'에 담긴 아이디어들 ··· 86

2장 **성공의 법칙 1** • 명확한 목표를 잠재의식 깊숙이 심어라 ··· 91

3장 **성공의 법칙 2** • 마음속 두려움을 지우고 자신감을 채워라 ··· 135
　나폴레온 힐의 성공 수업 | 어째서 우리는 6가지 두려움을 품고 사는가? ··· 180

4장 **성공의 법칙 3** • 돈을 끌어당기는 기회, 저축 습관으로 잡아라 ··· 189

5장 **성공의 법칙 4** • 주도성과 리더십으로 의도된 기적을 이뤄라 ··· 233
　나폴레온 힐의 성공 수업 | 불관용을 내려놓으려면 어떻게 해야 할까? ··· 278

6장 **성공의 법칙 5** • 상상력을 발휘해 일의 부가가치를 높여라 ··· 285
　나폴레온 힐의 성공 수업 | 왜 항상 만족은 멀리 있는가? ··· 339

| 7장 | **성공의 법칙 6** • 끊임없는 열정으로 목표를 눈앞에 가져와라　　⋯ **347**

나폴레온 힐의 성공 수업 | 성공을 가로막는 우리 내면의 적은 누구인가? ⋯ **391**

| 8장 | **성공의 법칙 7** • 자제력으로 생각과 열정의 균형을 잡아라　　⋯ **399**

나폴레온 힐의 성공 수업 | 상상력은 어떻게 삶의 변화를 일으키는가? ⋯ **440**

모든 성공에는 '마스터 마인드'가 존재한다

"협력의 힘을 믿지 않는 사람은
바퀴 빠진 마차가 어떻게 되는지 보라."

이 책은 성공하는 데 필요한 기본 법칙에 관한 강연을 정리한 책이다. **성공하려면 조화롭고 균형 잡힌 정신으로 끊임없이 변화하는 환경에 적응해야 한다.** 그리고 어떤 힘이 본인의 주변 환경에 영향을 미치는지 알아야 조화로운 삶을 살 수 있다. 따라서 당신이 이런 환경의 힘을 해석하고 이해하고 최대한 활용하도록 도와주는 이 책은 사실상 성공으로 곧장 인도하는 청사진인 셈이다.

책을 읽기 전에 '성공의 법칙'이 거쳐온 역사를 어느 정도 알아두는 것이 좋다. 이 책의 토대를 이루는 법칙과 원칙을 완전히 이해하는 과정에서 무엇을 얻을 수 있는지 정확히 알아두자. 또 세상에서 본인의 입지를 확보하기 위한 싸움에서 이 책이 어떤 도움이 되고 또 어떤 한계가 있는지도 알아야 한다.

오락적인 관점에서만 보면 이 책은 오늘날 가판대에서 흔히 볼 수 있는 가벼운 이야깃거리 위주의 잡지보다 훨씬 재미가 덜할 것이다. 이 책은 성공적인 삶을 일구려 본인의 시간을 기꺼이 할애하는 진지한 사람들을 위해 집필되었다. 난 순전히 재미만을 위해 글 쓰는 사람들과 경쟁할 생각이 없다.

책을 쓰면서 세웠던 목표가 2가지 있다. 첫째, 성실한 사람이 본인의 약점을 파악하도록 돕고, 둘째, 그 약점을 극복할 명확한 계획을 세울 수 있게 해주는 것이다.

세계에서 가장 성공한 이들도 성격적인 결함을 고친 뒤에야 비로소 성공 가도에 오를 수 있었다. **성공을 가로막았던 결점 가운데 가장 두드러진 것으로는 편협함, 물욕, 탐욕, 질투, 의심, 복수, 이기주의, 자만심, 노력 없이 성과를 거두려는 성향, 버는 돈보다 더 많이 쓰는 습관**

등이 있다.

　이 책에서는 이와 같은 인류 공통의 장해물과 여기 언급되지 않은 다른 여러 가지 문제를 다룬다. 합리적인 지성을 갖춘 사람이라면 이에 대해 별다른 노력이나 불편함 없이 쉽게 배울 수 있을 것이다.

　성공의 법칙은 이미 오래전에 실험 단계를 거쳤으며 진지하게 고려하고 분석할 만한 실적도 충분히 거두었다. 또 매우 현실적인 시각을 지닌 이들이 책 내용을 검토하고 보증했다.

성공의 법칙, 그 가치를 믿어라

　성공의 법칙은 처음에 강연에서 공개되었다. 나는 7년 넘게 미국 전역의 수많은 대도시와 소도시를 돌아다니면서 강연했는데, 어쩌면 당신도 수십만 명의 청중과 함께 그 자리에 있었을지도 모르겠다.

　강연할 때마다 나는 청중이 어떤 반응을 보이는지 살피려고 강연장 곳곳에 조수들을 앉혀두었다. 그 덕분에 성공의 법칙의 영향력을 정확히 알게 되었고 관련 연구와 분석 결과를 바탕으로 강연 내용을 개선해나갔다.

　성공의 법칙이 처음으로 중요한 성과를 거둔 것은 영업 사원 3천 명을 교육했을 때였다. 그들은 대체로 판매 경험이 없었지만 교육을 받고 6개월 만에 100만 달러 이상의 매출을 올렸다. 이에 그 회사는 내게 3만 달러의 보수를 지급했다.

　내 강연을 듣고 성공한 영업 사원이나 영업팀이 어찌나 많은지 일일이 다 언급하기는 힘들 정도다. 분명한 것은 그 수많은 사람이 다양한 성과를 거두었다는 점이다.

오하이오주 캔턴에서 《데일리뉴스》를 발행하던 고故 돈 R. 멜렛 역시 '성공의 법칙' 강연에 주목했다. 멜렛은 나와 파트너십을 맺고 신문 발행인 직을 그만둔 뒤, 내가 하는 사업을 도울 준비를 하다가 1926년 7월 16일에 암살당했다.

멜렛은 사망하기 전에 당시 미국철강회사 이사장이던 게리와 협의해 미국철강회사 전 직원을 대상으로 15만 달러에 '성공의 법칙' 강연을 진행하기로 했다. 안타깝게도 게리가 사망하면서 이 계획은 무산되었지만, 이는 내 강연의 가치를 증명해주는 사례다. 게리는 이 강연의 가치를 판단할 자격이 충분한 사람이다. 그런 그가 '성공의 법칙' 강연을 검토한 뒤 15만 달러라는 거액을 투자하려고 했다는 사실은 이 강연의 실질적 효과를 입증하는 강력한 증거라 할 수 있다.

이 장을 읽다 보면 낯선 기술 용어가 몇 개 나올 수도 있지만 너무 신경 쓸 필요 없다. 처음부터 다 이해하려고 애쓰지 않아도 끝까지 읽고 나면 의미가 명확해질 것이다.

이번 장은 뛰어난 개인적 업적의 초석이 될 새로운 심리학 법칙을 설명한다. <u>나는 이 법칙을 '마스터 마인드Master Mind'라고 부르는데, 이는 특정한 임무를 완수하려고 뜻을 모은 두 사람 이상이 조화롭게 협력하는 과정에서 형성되는 사고방식을 의미한다.</u>

판매업에 종사하는 사람이라면 평소 업무를 할 때 이 법칙이 수익에 도움이 되는지 시험해볼 수 있다. 영업 사원 예닐곱 명이 이 법칙을 효과적으로 활용했다가 매출이 믿을 수 없을 정도로 늘어난 사례가 있다.

흔히들 생명 보험은 판매하기 가장 어려운 상품이라고 한다. 생명 보험처럼 누구에게나 꼭 필요한 상품이 판매가 어렵다니 사실이 아닐 것 같지만, 실제로 그렇다. 그런데 주로 소액 보험을 판매하는 푸르덴셜생명보험사 영업 사원 몇 명이 이런 상황에서 마스터 마인드 법칙을 실험해보려고 소모임을 결성했다. 그 결과, 이들은 모두 실험 시작 후 불과 3개월 동안 전년도보다 더 많은 보험 계약을 체결했다. 마스터 마인드 법칙을 적용하는 방법을 배운 똑똑한 생명 보험 영업 사원들이 달성한 결과를 보면 아무리 낙관적이고 상상력이 풍부한 사람이라도 놀랄 것이다.

생명 보험보다 구체적인 형태의 서비스를 판매하는 다른 판매 사원들에게도 마스터 마인드의 법칙은 똑같이 유용하다. 이 장을 읽을 때는 이 점을 명심하도록 한다. 그리고 이 장만 읽어도 당신의 인생을 완전히 바꾸어놓을 이 법칙을 충분히 이해할 수 있을 것이다.

직원들의 인성이 기업의 성공 수준을 결정한다. 고객에게 직원들의 인성이 더욱 즐겁고 매력적으로 보이도록 하면 사업이 번창할 것이다. 미국 대도시에는 비슷한 성능과 가격의 상품을 구입할 수 있는 매장이 수없이 많지만, 항상 다른 매장보다 눈에 띄게 매출이 높은 매장이 하나씩 있다. 그리고 해당 매장에는 고객과 접촉하는 직원들의 인성에 신경 쓰는 관리자가 있기 마련이다. 고객은 상품만큼이나 인성을 중시한다. 고객이 상품보다 접촉하는 직원의 인성에 더 많은 영향을 받는 건 아닌지 의문이 들 정도로 말이다.

생명 보험은 보험액을 산출하는 과학적 기반이 확실해서 어느 회사에서 보험에 가입하든 보험금 차이가 크지 않다. 하지만 미국에서 영업하는 수백 개의 생명 보험 회사 가운데 열 개 정도의 회사가 이 시장 대부분을 차지하고 있다.

왜 그럴까? 바로 직원들의 인성 때문이다! 생명 보험 상품을 구매하는 100명 중 99명은 보험 약관에 대해 잘 모르고 놀랍게도 약관 내용이 어떻든 신경도 쓰지 않는다. 고객이 실제로 구매하는 것은 좋은 인성의 중요성을 잘 아는 보험 영업 사원의 호감 가는 성격이다.

성공은 우리 인생의 과업, 아니 적어도 가장 중요한 부분이라고 할 수 있다. **이 책의 '15가지 성공의 법칙'이 말하는 성공의 의미는 '다른 사람의 권리를 침해하지 않고 자신의 핵심 목표를 달성하는 것'이다.** 당신의 주된 인생 목표가 무엇이든 간에 호감 가는 성격을 키우고 어떤 일을 할 때 마찰이나 시기심 없이 남들과 협력하는 섬세한 기술을 익힌다면 그 목표를 훨씬 쉽게 달성할 수 있을 것이다.

사실 인생에서 가장 큰 문제 중 하나가 바로 다른 사람들과 조화롭게 협상하는 기술을 배우는 것이다. 이 책은 매년 수많은 사람을 불행과 가난, 실패로 몰아넣는 불화와 마찰의 파괴적인 영향에서 벗어나 조화롭고 침착한 태도로 삶을 헤쳐 나가는 방법을 가르쳐준다. 그러므로 당신은 자신이 완전히 달라질 것을 기대하면서 책을 읽도록 한다.

성공의 법칙이 우리에게 알려주는 것

힘이 없으면 남다른 성공을 거둘 수 없다. 다른 이들이 조화의 정신으로 협력하도록 이끌 만한 인성을 갖추지 못한 사람은 그 힘을 얻을 수 없다. 이 책에서는 그런 인성을 키우는 방법을 단계별로 보여준다.

다음은 당신이 이 책에 소개된 각 법칙에서 얻게 될 교훈을 정리한 내용이다.

법칙 1. 명확한 목표를 잠재의식 깊숙이 심어라 이 법칙은 사람들이 필생의 업을 찾으려고 노력하는 과정에서 낭비하는 헛된 노력을 줄이게 해준다. 그것은 목적 없는 삶에서 완전히 벗어나 명확하게 계획된 목표에 매진하는 방법을 알려준다.

법칙 2. 마음속 두려움을 지우고 자신감을 채워라 이 법칙은 사람이라면 가지고 있는 6가지 기본적인 두려움, 즉 가난에 대한 두려움, 노년에 대한 두려움, 비판에 대한 두려움, 실연에 대한 두려움, 질병에 대한 두려움, 죽음에 대한 두려움을 극복하도록 도움을 준다. 또 확실하고 유용한 지식에 기반한 진정한 자신감과 자기중심주의의 차이를 가르쳐준다.

법칙 3. 돈을 끌어당기는 기회, 저축 습관으로 잡아라 이 법칙은 소득을 체계적으로 배분하고 그중 일부를 꾸준히 저축해서 가장 유명한 개인적인 힘의 원천을 형성하는 방법을 알려준다. 돈을 모으지 않고 성공할 수 있는 사람은 없다. 이 규칙에는 예외가 없으며 그 누구도 피해 갈 수 없다.

법칙 4. 주도성과 리더십으로 의도된 기적을 이뤄라 이 법칙은 당신이 선택해 노력을 기울이는 분야에서 추종자가 아닌 리더가 되는 방법을 알려준다. 리더십 본능이 발달하면 앞으로 참여하는 모든 일에서 점차 정상에 오르게 될 것이다.

법칙 5. 상상력을 발휘해 일의 부가가치를 높여라 이 법칙은 당신의 마음을 자극해서 명확한 핵심 목표를 달성하는 데 도움 되는 새로운 아이디어를 고안하고 새로운 계획을 개발하도록 해준다. 이는 '오래된 돌로 새집을 짓는' 방법으로서, 다시 말해 오래되고 잘 알려진 개념에서 새로운 아이디어를 끌어내는 방법과 오래된 아이디어를 새로운 용도로 사용하는 방법이다. 일종의 실용적인 영업 기술이라고도 할 수 있는데, 진지하게 받아들이는 사람에게는 진정한 지식의 금광이 될 것이다.

법칙 6. 끊임없는 열정으로 목표를 눈앞에 가져와라 이 법칙은 당신과 당신 아이디어에 관심을 보이며 다가오는 모든 이의 기대를 충족할 수 있게 해준다. 열정은 호감 가는 성격의 토대다. 다른 사람들이 당신과 협력하게 하려면 호감 가는 성격을 갖추어야 한다.

법칙 7. 자제력으로 생각과 열정의 균형을 잡아라 자제력은 열정을 통제해서 당신이 원하는 방향으로 이끌어주는 '평형 바퀴'다. 이 법칙은 가장 실용적인 방식으로 '자기 운명의 주인이자 영혼의 선장'이 되는 법을 가르쳐준다.

법칙 8. 받는 것 이상의 일을 해내라 이 법칙은 이 책에서 가장 중요한 내용 중 하나다. 점증하는 보상의 법칙을 활용하면 당신은 자신이 제공하는 서비스보다 훨씬 많은 금전적 보상을 얻을 수 있다. 그리고 받는 것 이상의 일을 잘 해내는 습관이 몸에 배지 않은 사람은 어떤 분야에서도 진정한 리더가 될 수 없다.

법칙 9. 호감 넘치는 사람으로 거듭나라 호감 가는 성격은 노력이라는 '지렛대'를 올려놓는 '받침점' 역할을 한다. 이 법칙을 현명하게 활용하면 수많은 장해물을 제거할 수 있다. 이 한 가지 교훈만으로도 일류 영업 사원이 대거 탄생했고 하룻밤 사이에 리더가 만들어졌다. 이 법칙은 어떤 환경이나 다른 사람의 성격에 쉽게 적응할 수 있게 성격을 발전시키는 방법으로 안내해준다.

법칙 10. 스스로 만들어낸 생각, '정확한 사고'를 하라 이 법칙은 지속적인 성공을 이루기 위한 중요한 초석 중 하나다. 당신은 이 법칙을 통해 '사실'과 단순한 '정보'를 구분하고, 알려진 사실을 '중요한' 것과 '중요하지 않은' 것으로 분류하며, 중요한 사실을 판별하는 방법을 배울 수 있다. 또 어떤 소명을 추구하든 사실을 바탕으로 확실한 작업 계획을 세우게 된다.

법칙 11. 원하는 목표에 집중력 있게 몰입하라 이 법칙은 한 번에 한 가지 주제에 집중해서 실용적인 계획을 세우는 방법을 가르쳐준다. 다른 사람들의 지식을 활용해 당신의 계획과 목적을 뒷받침하는 등 이익을 도모하는 실용적 지식도 알려준다.

법칙 12. 성공의 지름길을 찾는다면 협력하라 이 법칙은 모든 일에서 팀워크가 얼마나 중요한지 가르쳐준다. 그리고 '마스터 마인드' 법칙을 활용하는 방법과 마찰, 질투, 갈등, 시기, 탐욕에서 벗어나 당신의 노력과 다른 사람의 노력을 일치시키는 방법, 다른 이들이 갖고 있는 정보를 당신이 하는 일에 적용하는 방법도 알려준다.

법칙 13. 결국 해내고 싶다면 기꺼이 실패를 경험하라 이 법칙은 과거와 미래의 모든 실수와 실패를 발판으로 삼는 방법을 가르쳐준다. 이 과정에서 알게 되는 '실패'와 '일시적인 패배'의 차이는 매우 크고 중요한 차이다. 당신은 자신의 실패와 다른 사람들의 실패에서 교훈을 얻는 방법도 배울 것이다.

법칙 14. 관용의 마음으로 모든 것을 마주하라 이 법칙은 인종적·종교적 편견의 재앙적인 영향을 피하는 방법을 가르쳐준다. 이런 편견 탓에 수백만 명이 어리석은 논쟁을 벌이다가 마음이 오염되고 이성과 탐구의 문까지 닫혀서 결국 실패에 이르고 만다. 이 법칙의 교훈은 아홉 번째 성공의 법칙이 주는 교훈과 쌍둥이라고 할 수 있다. 관용을 베풀지 않으면 정확한 사상가가 될 수 없다. 편협한 사람은 지식의 책을 덮고 표지에 '끝! 다 배웠다!'라고 쓴 다음, 친구가 되어야 할 사람을 적으로 돌린다. 편협한 태도는 기회를 말살하고 마음을 의심과 불신, 편견으로 채운다.

법칙 15. 베푼 만큼 돌아온다, 황금률을 기억하라 인간의 행동과 관련된 이 보편적인 법칙을 이용하면 개인이나 집단의 조화로운 협력을 쉽게 얻어낼 수 있다. 황금률 철학의 기반이 되는 이 법칙을 이해하지 못하는 사람은 평생 고통과 가난, 궁핍 속에서 살아가게 된다.

15~30주 안에 이 15가지 성공의 법칙을 완전히 익혀서 자기 것으로 만들면 당신은 명확한 핵심 목표를 달성하기에 충분한 개인적인 힘을 발전시킬 준비가 된 것이다. <u>성공 법칙의 목적은 당신이 현재 가지고 있는 모든 지식과 미래에 습득하게 될 지식을 발전시키고 정리해서 힘으로 전환하도록 하는 것이다.</u>

이 책은 메모할 준비를 하고 읽어야 한다. 책을 읽는 동안 이 법칙을 활용해서 이익을 증진시킬 방법과 수단이 '번쩍' 떠오르기 때문이다.

또 당신이 가장 아끼는 사람들에게도 성공의 법칙을 알려주자. 남에게 알려주다 보면 그 주제에 대해 이해가 깊어진다는 건 잘 알려진 사실이다. 부모가 성공의 법칙을 어린 자녀의 머릿속에 새겨준다면 이 가르침이 아이의 삶을 송두리째 변화시킬 것이다. 배우자가 있는 사람이라면 부부가 함께 이 책을 읽어야 한다. 그 이유는 이번 장을 다 읽기도 전에 깨닫게 될 것이다.

힘의 토대를 이루는 물질, 지식, 문명

힘은 인간의 노력과 관련된 3가지 기본 요소 중 하나다.

힘은 자연의 물리 법칙을 조정해서 생기는 물리적인 힘과 지식을 정리하고 분류하면서 생기는 힘으로 나뉜다. 그중 체계적인 지식에서 생기는 힘이 더 중요한데, 이를 통해 물리적인 힘을 변형하거나 방향을 바꾸거나 활용하는 도구를 소유할 수 있어서다.

이 책의 목적은 당신이 자신의 지식 구조에 포함하고 싶은 사실을 모으려 할 때 안전하게 이동할 수 있는 경로를 알려주는 데 있다.

지식을 수집하는 방법은 크게 2가지가 있다. 하나는 다른 사람이 정리한 사실을 연구, 분류해서 완전히 자기 것으로 흡수하는 방법이고, 다른 하나는 보통 개인적 경험이라고 하는 사실을 수집, 정리, 분류하는 과정을 거치는 방법이다.

이 책에서는 주로 다른 사람이 수집하고 분류한 사실과 정보를 연구하는 방법이나 수단에 대해 다룬다.

우리가 흔히 '문명'이라고 부르는 발전 상태는 인류가 축적한 지식의 척도일 뿐이다. 이 지식은 정신적 지식과 물리적 지식으로 나누어진다.

인간이 정리한 유용한 지식 중에는 우주의 모든 물질 형태를 구성하는 80여 가지 물리적 요소를 발견하고 분류한 주기율표가 있다. 인간은 연구와 분석, 정확한 측정으로 행성, 태양, 별 등 우주를 이루는 물질적 측면의 '거대한' 부분을 발견했다. 그중에는 인간이 사는 작은 지구보다 1천만 배 이상 큰 것도 있다고 알려졌다.

그런가 하면 80여 개의 물리적 요소를 분자, 원자, 그리고 가장 작은 입자인 전자로 분해해서 우주를 구성하는 물리적 형태의 '미세한' 부분도 발견했다. 전자는 눈으로는 볼 수 없지만 양전자와 음전자로 이루어진 힘의 중심이며, 물리적 성질을 지닌 모든 사물의 시작점이다.

지식을 수집, 정리, 분류하는 과정의 세부적인 사항과 관점을 모두 이해하려면 물리적 물질의 가장 작고 단순한 입자부터 시작해야 한다. 그것이 자연이 우주의 물리적인 부분을 구성하는 전체 틀을 만드는 기초 단위이기 때문이다.

분자는 원자로 이루어져 있다. 원자는 빛의 속도로 끊임없이 회전하는 작고 보이지 않는 물질 입자인데, 이는 지구가 태양 주위를 공전하는 것과 정확히 같은 원리를 따른다.

분자 안에서 하나의 연속 회로를 따라 회전하는 작은 입자인 원자는 물질을 이루는 가장 작은 입자인 전자로 이루어져 있다. 앞서 말했듯 전자는 2가지 형태의 힘일 뿐이다. 전자는 종류와 크기, 성질이 균일하다. 따라서 모래알 하나, 물방울 하나 안에서도 우주 전체의 운행 원리가 똑같이 작동한다.

이 얼마나 놀라운 일인가! 경이롭기 그지없다! 다음에 식사할 때 모든 음식과 접시, 식기, 식탁 등이 결국 전자의 집합체라는 사실을 떠올리면, 이 모든 것의 규모가 얼마나 엄청난지 조금이나마 실감할 수 있을 것이다.

물질세계에서는 하늘에 떠 있는 가장 큰 별을 보든, 지상에서 찾을 수 있는 가장 작은 모래알을 보든 상관없이 그 관찰 대상은 상상하기 힘든 빠른 속도로 서로의 주변을 도는 분자, 원자, 전자의 체계적인 집합체일 뿐이다.

모든 물질 입자는 계속해서 매우 격렬하게 움직이는 상태를 유지한다. 거의 모든 물질이 움직이지 않는 것처럼 보일 수도 있지만 완전히 정지해 있는 물질은 없다. 한마디로 '고정된' 물질 같은 건 없다. 가장 단단한 강철 조각도 회전하는 분자, 원자, 전자가 조직화된 덩어리일 뿐이다. 게다가 강철 조각 속의 전자는 금, 은, 황동, 백랍(납과 주석의 합금.—편집자) 속의 전자와 같은 성질을 지녔고 같은 속도로 움직인다.

80여 가지 물질의 형태는 서로 달라 보이는데, 실제로 저마다 다른 원자 조합으로 구성되어 있으므로 다를 수밖에 없다. (원자 속의 전자는 항상 동일하지만, 어떤 전자는 양전하를 띠고 어떤 전하는 음전하를 띤다.)

물질은 화학을 이용해 원자 단위로 분해할 수 있는데 원자는 그 자체로는 변하지 않는다. 80여 가지 원소는 원자 결합과 위치 변화를 통해 생성된다. 현대 과학의 관점에서 원자의 위치 변화가 일어나는 화학적 방식을 설명하면 다음과 같다.

✦ 수소 원자에 전자 네 개(양전하 두 개, 음전하 두 개)를 더하면 리튬 원자가

된다. 리튬 원자(양전하 세 개, 음전하 세 개로 구성)에서 양전하 한 개, 음전하 한 개를 제거하면 헬륨 원자(양전하 두 개, 음전하 두 개로 구성)가 된다.

이렇듯 우주에 존재하는 80여 가지 원소는 원자를 구성하는 전자의 수와 각 원소를 구성하는 분자의 원자 수 및 배열만 서로 다르다. 예를 들어, 수은 원자의 핵에는 양전하(전자) 80개와 음전하(전자) 80개가 들어 있다. 화학자가 양전하 두 개를 방출하면 그 즉시 백금이 된다. 여기서 더 나아가 화학자가 음전자('궤도' 전자) 하나를 제거하면 수은 원자는 양전자 두 개와 음전자 하나, 즉 전체적으로 양전하 하나를 잃게 된다. 결국 핵에 양전하 79개가 존재하고 외곽에 음전하 79개가 존재하는 금이 될 것이다!

과거의 연금술사와 현대의 화학자는 이런 전자적 변화가 발생할 수 있는 공식을 부지런히 탐구해왔다. 화학자는 수소, 산소, 질소, 탄소 등 4가지 원자만 있으면 문자 그대로 수만 개의 합성 물질을 만들 수 있다는 사실을 안다.

한 원소에 포함된 모든 원자는 화학적으로 동일하지만, 원자의 전자 수 차이 때문에 질적(화학적)인 차이가 생긴다. 원자의 수와 공간 배열 차이(분자 내에서)가 물질, 즉 화합물의 물리적·화학적 차이를 발생시킨다. 동일한 종류의 원자가 다른 비율로 조합되면 완전히 다른 물질이 생성된다.

특정 물질의 분자에서 원자 하나만 빼내도 생명과 성장에 필요한 화합물이 치명적인 독으로 바뀔 수 있다. 인은 원소이므로 한 종류의 원자만 포함하고 있다. 그런데 어떤 인은 노란색이고 어떤 인은 빨간색을 띠며, 이는 인을 구성하는 분자 내 원자의 공간 분포에 따라 달라지는 것이다.

원자는 자연이 모래알부터 우주를 떠도는 가장 큰 별에 이르기까지 모든 물질의 형태를 만드는 보편적인 입자다. 원자는 자연이 참나무나 소나무, 사암이나 화강암, 쥐나 코끼리를 만드는 '구성 요소'다.

몇몇 뛰어난 사상가는 우리가 사는 지구와 지구상의 모든 물질 입자가 서로 연결된 두 개의 원자에서 시작되었으며, 이것이 수억 년 동안 우주를 날아다니면서 다른 원자와 접촉하고 축적되어 단계적으로 지구가 형성되었다고 추론한다. 그러면서 석탄층을 비롯해 철광석, 금, 은, 구리 매장지 등 다양한 물질이 쌓인 곳이 이를 설명해준다고 주장한다.

그들은 지구가 우주를 돌면서 다양한 성운 혹은 원자와 접촉했고 이때 자기 인력의 법칙이 작용해 그 물질을 재빨리 끌어당겼을 것으로 추론한다. 지표면 구성을 보면 이 이론을 뒷받침할 만한 것이 있긴 하지만 확실한 증거는 없다.

여기서 내가 분석 가능한 가장 작은 물질 입자에 대해서 간략하게나마 설명한 이유가 있다. 이것이 힘의 법칙을 개발하고 활용하는 방법을 알아내기 위한 출발점이기 때문이다.

유체 에너지, 모든 물질을 움직이게 하다

모든 물질은 일정한 진동 상태 혹은 운동 상태에 있다. 분자는 원자라는 빠르게 움직이는 입자로 구성되어 있으며, 원자는 다시 전자라는 빠르게 움직이는 입자로 구성되어 있다.

모든 물질 입자에는 원자가 상상할 수 없을 정도로 빠른 속도로 서로의 주위를 돌게 하는 보이지 않는 '유체' 혹은 힘이 존재한다. 이 유체는 아직 분석된 적이 없는 에너지 형태로, 과학계 전체를 당황시키고 있다. 많은 과학자가 유체를 전기 같은 에너지라고 생각하지만 이를 진동이라고 여기는 이들도 있다. 어떤 연구자들은 이 힘(혹은 뭐라고 부르든 간에)이 움직이는 속도가 우주에 존재하는 물리적 객체의 외관을 결정짓는다고 믿는다.

이와 같은 '유체 에너지'는 진동하면서 소리를 낸다. 인간의 귀는 초당 3만 2천 회에서 3만 8천 회의 진동을 통해 생성되는 소리만 감지할 수 있다. 초당 진동수가 우리가 소리로 감지할 수 있는 수준 이상으로 높아지면 열의 형태로 나타난다. 열은 초당 약 150만 회의 진동에서 발생하기 시작한다.

진동수가 그보다 훨씬 높아지면 빛의 형태로 나타난다. 초당 300만 회의 진동은 보라색 빛을 생성하고 그 이상의 진동은 눈에 보이지 않는 자외선과 다른 복사선을 방출한다. 진동수가 그보다 높아지면(현재로서는 얼마나 높아야 하는지 아무도 모른다.) 인간의 생각하는 힘을 만들어낸다.

내 생각에는 진동의 '유체' 부분에서 우리가 아는 모든 형태의 에너지가 발생하며, 이것이 유체의 보편적인 특성이다. 소리의 '유체' 부분은 빛의 '유체' 부분과 동일하고 소리와 빛의 효과 차이는 진동수의 차이일 뿐이다. 생각의 '유체' 부분도 초당 진동수를 제외하면 소리, 열, 빛의 '유체' 부분과 정확하게 일치한다.

지구와 태양과 별 등 모든 행성을 구성하는 물질의 형태가 전자뿐이듯, 모든 물질이 계속 빠르게 움직이도록 하는 유체 에너지의 형태도 한 가지뿐이다.

생각이 파동이라면?

 태양, 달, 별, 그리고 우주의 다른 행성들 사이의 광대한 공간은 에테르라는 에너지로 채워져 있다. 나는 모든 물질 입자를 움직이는 '유체' 에너지가 우주의 모든 공간을 채우고 있는 보편적인 '유체'인 에테르와 동일하다고 생각한다. 지구 표면에서 80킬로미터 정도 떨어진 곳까지는 산소와 질소로 구성된 기체 물질인 대기가 존재한다. 대기는 소리 진동은 전달하지만 빛과 에테르가 운반하는 더 높은 진동은 전달하지 못한다. 반면 에테르는 소리부터 생각에 이르기까지 모든 진동을 전달한다.

 공기는 모든 동식물 생명체에 산소와 질소를 공급하는 국지적인 물질이며 산소 없이는 그 무엇도 존재할 수 없다. 질소는 식물에 가장 중요한 필수 요소 중 하나고 산소는 동물의 생명을 유지하는 주요 요소다. 높은 산의 꼭대기에 가까워질수록 공기 중 질소가 줄어들어서 식물이 살 수 없다. 고지대의 '가벼운' 공기는 주로 산소로 이루어져 있어 결핵 환자들이 요양을 위해 고지대로 간다.

 분자, 원자, 전자, 공기, 에테르 등에 대한 간단한 설명조차 부담스러운 사람도 있을 것이다. 하지만 이 장이 이 책의 기초로서 필수적인 역할을 한다는 사실을 곧 알게 될 것이다. 이 기초적인 설명이 현대 소설처럼 짜릿한 재미가 없다고 해서 낙담할 필요는 없다. 당신은 이용 가능한 힘이 무엇이고 이 힘을 어떻게 조직하고 적용할지 알아내려고 진지하게 노력하고 있다. 이 발견을 성공적으로 완수하려면 결단력과 끈기, 그리고 지식을 수집하고 정리하려는 확실한 열망을 한데 모아야 한다.

진동에 대한 내 이론을 뒷받침하기 위해 세상을 떠난 벨의 생각을 소개한다. 그는 장거리 전화의 발명가이자 진동 문제에서 공인된 권위자다.

✦ 어두운 방에서 원하는 주파수로 철 막대를 진동시킬 수 있는 힘이 있다고 가정해보자. 처음에 느리게 진동할 때는 그 움직임을 촉각으로만 느낄 수 있다. 그러다가 진동이 커지면 낮은 소리가 나면서 2가지 감각으로 느끼게 된다.

초당 약 3만 2천 회 진동할 때는 소리가 크고 날카롭지만 4만 회 진동하면 소리가 들리지 않는다. 평범한 인간의 감각으로는 막대의 움직임도 촉각으로 감지되지 않는다.

이 지점부터 초당 약 150만 회의 진동에 이르기까지 우리 감각으로는 그 사이의 진동 변화가 미치는 영향을 알아차릴 수 없다. 그러다 이 단계를 넘어서면 먼저 뜨거운 감각으로 움직임을 알아차릴 수 있고 그 후 막대가 빨갛게 달아오르면 시각적으로도 느낄 수 있다. 진동수가 300만 회에 이르면 보라색 빛을 뿜어내고, 그 이상이 되면 자외선과 다른 보이지 않는 복사선을 방출하는데 그중 일부는 기구로 감지하거나 우리가 사용할 수 있다.

평범한 인간의 감각으로는 움직임을 듣거나 보거나 느낄 수 없는 거대한 공백을 살펴보면 그 진동의 영향에 대해서 배울 것이 많겠다는 생각이 든다. 우선 이 공백에는 에테르 진동으로 무선 메시지를 보낼 수 있는 힘이 존재한다. 그런데 공백의 어마어마한 크기를 생각하면 그보다 훨씬 많은 것이 있을 게 분명하다. 무선 기기처럼 실제로 새로운 감각을 감지할 수 있는 기계를 만들어야 한다.

그 거대한 공백을 생각하면 무선파만큼, 아니 무선파보다 더 놀라운 결과를 안겨줄 진동 형태가 많지 않다고 말할 수 있을까? 이 공백에는 우리가 뭔가를 생각할 때 뇌와 신경 세포에서 방출된다고 가정한 진동도 존재하는 듯하다. 이건 자외선을 방출하는 진동을 넘어서는 더 높은 수준의 진동일 수도 있다. (마지막 문장은 내가 생각해낸 이론이다.)

이 진동을 전달하려면 전선이 필요할까? 무선파처럼 전선 없이도 에테르를 통과할 수 있지 않을까? 수신자는 그걸 어떻게 인식할까? 어떤 신호를 듣게 될까, 아니면 다른 사람의 생각이 자기 머릿속으로 들어온 걸 깨닫는 것일까?

현재 무선파에 대해 알려진 정보를 바탕으로 몇 가지 추측을 할 수 있다. 앞서도 말했듯이 무선파는 이론적으로 반드시 존재해야 하는 방대한 진동 가운데 우리가 인식할 수 있는 유일한 진동이다. 심파가 무선파와 비슷하다면 뇌에서 나와 세상과 우주를 무한히 흘러 다닐 것이다. 심파가 모든 물질의 분자를 둘러싼 에테르를 통과할 때는 우리 몸이나 두개골, 그 어떤 단단하고 밀도 높은 장해물도 이를 방해하지 못한다.

다른 사람의 생각이 우리 뇌로 들어와서 우리 생각이 아닌 생각을 심는다면 끝없는 간섭과 혼란이 발생하지 않을까? 다른 사람의 생각이 지금 자신의 생각을 방해하지 않는다는 걸 어떻게 알 수 있을까? 나는 내 힘으로는 설명할 수 없는 많은 정신적 방해 현상을 발견했다. 일례로 연설자가 청중 앞에서 연설할 때 느끼는 영감이나 좌절감이 그렇다. 나도 살면서 이런 일을 여러 번 경험했지만 정확한 물리적 원인을 파악할 수 없었다.

최근 이루어진 많은 과학적 발전을 보면 사람들이 서로의 생각을 읽고, 말이나 글 혹은 현재 알려진 의사소통 수단 없이도 생각을 뇌에서 뇌로 직접 전달할 날이 머지않은 것 같다. 눈 없이 보고, 귀 없이 듣고, 혀 없이 말하는 시대를 기대하는 것도 무리는 아닙니다. 간단히 말해, 마음과 마음이 직접 소통할 수 있다는 가설은 생각이나 생명력도 전기적 교란의 일종이라서 무선 전파처럼 전선이나 모든 것을 관통하는 에테르를 통해 멀리까지 전달될 수 있다는 이론에 근거한다.

생각과 전기적 교란 사이에는 같은 성질을 띤다는 것을 암시하는 유사점이 많다. 뇌와 동일한 물질로 구성된 신경은 뛰어난 전류 도체다. 죽은 사람의 신경에 전류를 흘리는 실험을 처음 했을 때 연구자들은 시신이 움직이는 모습에 큰 충격을 받았다. 신경에 전기가 통하게 하자 살아 있을 때와 매우 비슷한 방식으로 근육이 수축되어 벌어진 일이었다.

신경은 전류가 전자석에 작용하는 것과 매우 유사하게 근육에 작용하는 듯하다. 전류는 직각으로 놓인 철 막대가 자성을 띠게 하고, 신경은 그 안을 흐르는 생명력이라는 무형의 전류를 통해 잘 배열된 근육 섬유를 수축시킨다.

생각과 생명력이 전기와 동일한 성질을 지녔다고 간주할 수 있는 이유는 여러 가지가 있다. 전류는 공간 전체를 채우면서 모든 물질에 스며들어 있는 가상의 물질인 에테르의 파동 운동이라고 생각된다. 우리는 에테르가 존재한다고 믿는다. 에테르가 없다면 전류가 진공 상태를 통과할 수 없고 햇빛이 우주를 통과할 수 없기 때문이다. 따라서 비슷한 성격의 파동 운동만이 생각과 생명력이라는 현상을 만들어낼 수 있다고 믿는 게 합리적이다. 뇌세포가 전지 역할을 하고 생성된 전류가 신경을 따라 흐른다고 가정할 수 있다.

하지만 그게 끝일까? 독일 물리학자 헤르츠가 전파의 존재를 발견하기 전까지는 다들 무선파를 감지하지 못했던 것처럼 생각이나 생명력도 감각으로 감지되지 않는 파동 형태로 우리 몸 밖으로 나가 전 세계를 돌아다니고 있는 건 아닐까?

모든 인간의 뇌는 송신국이자 수신국

나는 모든 인간의 뇌가 생각 주파수의 진동을 송신하고 수신하는 방송국이라는 사실을 수없이 많이, 적어도 스스로 만족할 만큼 여러 번 증명해왔다. 이 이론이 사실로 판명되고 합리적인 통제 방법이 마련된다면 지식을 수집, 분류, 정리하는 데 얼마나 큰 역할을 할지 상상해보라. 이런 현실이 가능해질 수 있다는 생각만으로도 놀랍지 않은가!

토머스 페인은 미국 독립전쟁 시대의 위대한 지성인 중 한 명이다. 미국에서 혁명이 행복한 결말을 맞이한 데에는 그의 공이 매우 크다. 그는 예리한 정신력을 발휘해서 독립 선언서를 작성하고 그 문서에 서명한 이들을 설득해 독립을 현실화했다.

페인은 자신의 방대한 지식 창고의 원천을 다음과 같이 설명했다.

"자신의 마음을 관찰하면서 인간 정신의 발전 상태를 확인해본 사람이라면 생각에는 두 종류가 있다는 사실을 알 것이다. 하나는 성찰과 사고 행위를 통해 직접 만드는 생각이고, 다른 하나는 저절로 떠오르는 생각이다. 나는 이렇게 자발적으로 찾아오는 생각을 소중히 여기자는 원칙을 세워두고, 그게 환대할 만한 가치가 있는 생각인지 최대한 면밀하게 살펴보곤 한다. 거의 모든 내 지식은 이렇게 얻은 것이다. 학교 교육에서 얻은 지식은 나중에 스스로 학습을 시작하도록 도와주는 작은 자본 같은 역할을 할 뿐이다. 모든 학습자는 결국 자기의 스승이 된다. 원리를 이해하지 못하면 기억할 수 없다. 원리의 정신적인 거주지는 이해다. 개념을 이해해야만 기억이 오래 지속된다."

미국의 위대한 애국자이자 철학자인 페인의 이야기는 모든 사람이 한번쯤 경험했을 일이다. 외부 출처에서 어떤 생각이나 완전한 아이디어를 얻는 긍정적인 경험을 해보지 못한 불행한 사람이 있을까?

그렇게 갑자기 찾아오는 생각을 전달하는 수단이 에테르 외에 뭐가 있을까? 에테르는 우주의 무한한 공간을 채우며 소리, 빛, 열 등 현재 알려진 모든 형태의 진동을 전달하는 매개체다. 그러니 에테르가 생각의 진동을 전달하는 매개체가 되지 못할 이유가 어디 있겠는가?

모든 정신, 즉 뇌는 에테르를 통해 다른 뇌와 직접 연결되어 있다. 뇌에서 어떤 생각을 내보내면 그 뇌와 '공감'하는 다른 뇌들이 그걸 즉시 포착해서 해석한다. 나는 화학식 H_2O가 물을 생성한다는 사실만큼 이것도 사실이라고 확신한다. 이 원리가 우리 삶의 모든 측면에서 어떤 역할을 할 수 있을지 상상해보라.

여기서 가장 놀라운 건 에테르가 마음에서 마음으로 생각을 전달하는 매개체 역할을 할 가능성이 아니다. 나는 에테르가 우리 뇌에서 나온 모든 생각의 진동을 감지한 다음, 생각을 발산할 때 사용된 에너지 강도에 상응하는 순환 파장 운동으로 그 진동을 보존한다고 생각한다. 이 진동은 영원히 계속되며 우리 머릿속에 떠오르는 생각의 2가지 원천 중 하나이기도 하다. 또 하나의 원천은 에테르를 통해 생각 진동을 방출한 뇌와 직접 접촉하는 것이다.

이 이론이 사실이라면 우주 전체의 무한한 공간은 문자 그대로 인류가 내보낸 모든 생각을 찾을 수 있는 '정신적 도서관'이 될 것이다.

여기서는 3장에서 다룰 중요한 가설 중 하나의 기초를 마련하는 중이니, 해당 내용을 읽을 때 이 사실을 염두에 두도록 한다.

이건 체계화된 지식에 관한 이야기다. 인류가 물려받은 유용한 지식 대부분은 잘 보존되어 자연의 경전에 정확하게 기록되어 있다. 이 불변의 경전에는 인간이 엄청난 투쟁을 겪으면서 현재의 문명으로 성장해 온 과정이 기록되어 있다. 경전의 모든 페이지는 지구와 다른 행성을 구성하는 물리적 요소와 모든 공간을 채우는 에테르로 이루어져 있다.

인간은 자신들이 사는 이 땅의 암석과 지표면에 새겨진 기록을 살피다가 지구에 살았던 동물들의 역사를 보여주는 뼈와 해골, 발자국 같은 분명한 증거를 발견했다. 자연이 믿을 수 없을 정도로 오랜 시간에 걸쳐 심어놓은 이 증거에서 인간은 깨달음과 인도를 얻었다. 증거는 더없이 명확해서 오해의 여지가 전혀 없다. 지구에서 발견된 자연의 경전이 새겨진 거대한 돌과 과거에 살았던 모든 인간의 생각이 에테르로 기록된 이 경전의 끝없는 페이지는 창조주와 인간 사이의 진정한 의사소통의 원천이다. 이 경전은 인간이 사고할 수 있는 수준에 도달하기 전에, 아니 사실 아메바(단세포 동물) 단계에 이르기 전부터 기록되기 시작했다.

이 경전은 인간의 힘으로 바꿀 수 없다. 또 고대의 사어死語나 야만적인 종족의 상형 문자가 아니라 눈이 있는 사람이라면 누구나 읽을 수 있는 보편적 언어로 이야기를 전한다. 우리가 알아야 하는 모든 지식을 전해주는 자연의 경전은 아무도 고치거나 어떤 식으로든 손상시킬 수 없다.

인간이 지금까지 발견한 사실 가운데 가장 놀라운 건 최근에 알아낸 전파 원리인데, 이는 자연 경전의 중요한 일부분인 에테르의 도움을 받아 작동한다. 에테르가 일반적인 소리 진동을 감지해서 그 진동을 오디오 주파수에서 라디오 주파수로 변환한 다음, 이를 잘 조율된 수신국으로 전달해 다시 원래의 오디오 주파수 형태로 변환하는 과정을 상상해보자. 이 모든 게 단 1초 만에 일어난다. 그런 힘이 생각의 진동을 모아 그 진동을 영원히 지속시킬 수 있다고 해도 별로 놀랍지 않을 것이다.

현대의 무선 장치를 이용하면 에테르를 매개체 삼아 소리를 즉시 전송할 수 있다. 이 사실이 알려지고 널리 인정받자, 생각의 진동이 마음에서 마음으로 전달된다는 이론도 단순히 가능성 있는 추측에서 개연성 높은 이론으로 바뀌었다.

마스터 마인드 사용법

이제 두 사람 이상의 생각이 조화롭게 어우러지는 마스터 마인드를 통해 유용한 지식을 수집, 분류, 정리하는 방법을 설명하는 단계로 넘어왔다. '마스터 마인드'라는 용어는 추상적이며, 한 사람의 생각이 다른 이들의 생각에 미치는 영향을 주의 깊게 연구한 소수의 사람을 제외하면 알려진 바가 거의 없다.

인간의 마음을 주제로 한 자료와 참고 문헌을 무수히 뒤져보았지만 마스터 마인드의 원리에 관한 언급을 전혀 찾을 수 없었다. 내가 이 용어에 처음 관심을 가진 계기는 카네기와의 인터뷰인데 이에 대해서는 2장에서 자세히 설명하겠다.

나는 우리 마음이 우주를 채우는 에테르와 동일한 보편적인 유체 에너지로 구성되어 있다고 생각한다. 어떤 마음은 서로 만나는 순간부터 충돌하는 반면 어떤 마음은 서로에 대해 자연스러운 친밀감을 느낀다는 건 과학 전문가뿐만 아니라 일반인도 잘 아는 사실이다. 마음과 마음이 만나거나 접촉할 때 생기는 자연적인 적대감과 친밀감이라는 양극단 사이에는 마음끼리 다양한 반응을 주고받을 폭넓은 가능성이 존재한다.

어떤 마음은 서로에게 너무나도 자연스럽게 적응한 나머지 '첫눈에 반하는' 결과가 생긴다. 그런 경험을 모르는 사람이 있을까? 또 어떤 경우에는 서로의 마음이 너무 적대적으로 느껴져 처음 만난 순간부터 상대방을 격하게 싫어하는 모습을 보인다. 이 같은 결과는 서로 아무 말 하지 않아도, 사랑이나 증오를 자극하는 일반적인 원인이 전혀 작용하지 않아도 그냥 발생한다.

'마음'은 유체나 물질 혹은 에너지(뭐라고 부르든 간에 같은 물질은 아니더라도 에테르와 비슷하다.)로 구성되어 있을 가능성이 매우 크다. 두 개의 마음이 서로 접촉할 만큼 가까워지면 이 '마음 물질(에테르의 전자라고 부르자.)'이 섞이면서 화학 반응이 일어나고 두 사람에게 유쾌하거나 불쾌한 영향을 미치는 진동이 시작된다.

두 개의 마음이 만났을 때의 효과는 무심히 지켜보는 사람도 명백하게 느낄 수 있다. 모든 결과에는 원인이 있게 마련이다! 두 마음이 막 접촉한 뒤 정신적인 태도에 변화가 생겼다면 그 이유가 무엇일까? 접촉으로 생성된 새로운 영역에서 각 마음의 전자나 단위가 재배열되고 그 과정에서 교란이 발생했다고 의심하는 게 가장 합리적인 추론 아닐까?

지금까지 이 교훈을 견고한 기초 위에 세우려고 먼 길을 걸어왔다. **두 개의 마음이 만나거나 가까이 접촉할 경우, 각자의 마음속에 접촉 직전까지 존재했던 것과는 전혀 다른 눈에 띄는 '효과' 혹은 정신 상태가 발생한다**는 사실을 인정함으로써 얻은 성과다. 마음과 마음이 서로 반응하는 '원인'이 무엇인지 안다면 좋겠지만 이를 밝히는 게 꼭 필요하지는 않다. 어떤 경우든 반응이 생긴다는 사실을 알게 되었으니, 이제 '마스터 마인드'라는 용어가 의미하는 바를 보여줄 출발점이 마련된 셈이다.

두 사람 이상의 마음이 완벽하게 조화로운 정신으로 모이거나 뒤섞이면 마스터 마인드가 형성될 수 있다. 그리고 이 조화로운 혼합 상태에서 화학 반응이 일어났을 때 한 명 혹은 모든 사람의 개별적인 마음이 쓸 수 있는 제3의 마음이 생긴다. **각자의 마음에 우호적이고 조화로운 동맹이 존재하는 동안에는 마스터 마인드를 계속 활용할 수 있다.** 하지만 우호적인 동맹이 깨지는 순간 마스터 마인드는 붕괴되고 이전에 존재했다는 증거까지 모두 사라진다.

마음에서 일어나는 이런 화학 반응의 원리가 '소울메이트'와 '삼각관계' 같은 사건의 원인이 되기도 한다. 그리고 안타깝게도 사건 관련자

가운데 많은 사람이 결국 이혼 법정에 들어가 저속한 추문을 만들어내는 무지하고 무식한 사람들에게 조롱받는다.

문명 세계 사람들은 결혼 후 처음 2~3년 동안은 사소한 성격 차이 때문에 많은 불화를 겪는다. 이 시기는 '적응'의 시기다. 이 기간에 잘 참고 결혼 생활을 지속시키면 영구적인 동맹이 될 가능성이 크다는 사실을 경험 있는 기혼자라면 부인하지 않을 것이다. 이번에도 '원인'을 모르는 채로 '효과'를 누리게 되는 것이다.

다른 원인도 물론 있겠지만 결혼 초기에 상호 간의 조화가 부족한 이유는 마음속 화학 반응이 조화롭게 융합되는 속도가 느려서다. 달리 말해, 마음이라는 에너지의 전자나 단위가 처음 접촉할 때는 극도로 우호적이거나 적대적이지 않다. 그러다가 끊임없이 연합하며 점차 조화롭게 적응한다. 단, 연합 과정에서 역효과가 발생해 결국 이들 사이에 적대감이 뚜렷하게 자리 잡는 경우가 드물게 있다.

남자와 여자가 10~15년 정도 함께 살다 보면 사랑이라는 심적 상태가 존재한다는 증거가 전혀 없어도 사실상 서로에게 없어서는 안 될 존재가 된다. 이런 유대감과 성적인 관계는 마음속에 자연스러운 친밀감을 형성할 뿐만 아니라 비슷한 표정을 짓는 등 두 사람이 여러 가지 면에서 서로 매우 닮아가게 한다. 인간 본성에 대해 잘 아는 유능한 분석가라면 낯선 사람들 틈에서 누군가의 남편을 소개받으면 그의 아내를 바로 찾아낼 수 있다. 그만큼 오랫동안 결혼 생활을 이어온 사람들은 눈에 드러나는 표정, 얼굴 윤곽, 목소리 톤이 매우 비슷해진다.

인간의 마음속에서 발생하는 화학 반응은 눈에 매우 잘 띄기 때문에 숙련된 강연자라면 청중이 자기 이야기를 어떻게 받아들이고 있는지 재빨리 알아챈다. 적대감의 효과를 '느끼는' 방법을 아는 강연자는 1천 명의 청중 가운데 단 한 명이라도 적대감을 품어도 쉽게 안다. 심지어 청중의 표정을 관찰하거나 어떤 영향을 받지 않고도 알 수 있다. 그러므로 청중은 굳이 소리나 표정으로 만족 혹은 불만족을 표현하지 않고도 연설자가 연설을 더 잘하도록 유도할 수도 있고 반대로 연설을 방해해 망칠 수도 있다.

최고의 영업 사원은 '거래 체결에 적합한 심리적 시기'가 도래하는 순간을 안다. 잠재 고객이 어떤 말을 해서 아는 게 아니라 고객의 마음속에서 일어난 화학 반응을 이해하거나 '느껴서' 아는 것이다. 말은 화자의 의도를 착각하게도 하지만, 마음속 화학 반응을 올바르게 해석하면 그럴 가능성이 작아진다. 유능한 영업 사원은 구매자가 구매를 마무리하는 시점까지 부정적인 태도를 보이는 습관이 있음을 안다.

유능한 변호사는 거짓말을 잘하는 영악한 증인이 늘어놓는 교묘한 말을 꿰뚫는 육감이 발달해 있다. 마음속 화학 반응으로 증인의 머릿속에 있는 생각을 올바르게 해석한다. 하지만 많은 변호사가 이 능력의 진정한 근원을 모르는 상태에서 능력을 발전시켰다. 이 능력의 토대가 되는 과학적 원리를 모르는 채 기술만 갖춘 셈인데 영업 사원도 대부분이 그렇다.

타인의 마음속에서 일어나는 화학 반응을 올바르게 해석하는 재능이 있는 사람은, 비유적으로 표현하면 누군가의 마음속에 있는 저택 현관으로 걸어 들어가 건물 전체를 여유롭게 둘러보면서 모든 세부 사항을 기록하고 건물 내부를 완전히 파악한 뒤 다시 나오는 사람이라고 할 수 있다. 이때 건물 소유주는 방문객이 다녀갔다는 사실조차 알지 못한다. 11장에서는 이 원리를 실용적으로 활용한 사례를 살펴볼 수 있다. 이는 중요한 원칙에 다가가는 여러 가지 방법 가운데 하나다.

지금까지 충분히 시간을 들여서 우리 마음속에서 일어나는 화학 반응의 원리를 설명했다. 당신도 일상적인 경험과 우연한 관찰로 알 것이다. 두 사람의 마음이 가까이 다가가는 순간 양쪽에서 눈에 띄는 정신적 변화가 일어나고 이로써 때로는 적대감이, 또 때로는 친밀감이 나타난다는 사실을 말이다. 모든 이의 마음에는 전기장이 존재한다. 이 전기장의 성격은 그 배후에 있는 개인의 '기분'과 전기장을 형성하는 '마음의 화학적 성질'에 따라 달라진다.

나는 개인의 마음속에서 일어나는 정상적이고 자연스러운 상태의 화학 반응이 신체적인 유전과 마음을 지배하는 생각의 본질에서 생긴 결과물이라고 생각한다. 그리고 우리 마음은 계속해서 변하는데, 개인의 철학과 일반적인 사고 습관이 마음에서 벌어지는 화학 반응을 변화시키는 것이다. 나는 이 원칙이 사실이라고 믿는다. 누구나 자기 마음속 화학 반응을 자발적으로 일으켜서 접촉하는 모든 사람의 마음을 끌어당기거나 밀어낼 수 있다는 건 익히 알려진 사실이다!

다른 말로 하면, 누구나 다른 사람을 끌어들여 기쁘게 하거나 밀어내면서 적대시하는 정신적 태도를 취할 수 있다. 말이나 표정, 다른 신체적 움직임이나 태도가 뒷받침되지 않아도 가능한 일이다.

마스터 마인드를 이용하는 사람들

'마스터 마인드'의 정의로 다시 돌아가보자. <u>마스터 마인드는 두 사람 이상의 마음이 완벽한 조화의 정신으로 어우러져서 조직화될 때 생겨나는 마음이다.</u> 이제 여기서 말하는 '조화'라는 단어의 의미가 완전히 이해될 것이다. 완벽한 조화가 존재하지 않으면 두 사람의 마음이 한데 어우러질 수도 조직화될 수도 없다. 완벽한 조화는 사실상 모든 사업과 사회적 동반자 관계의 성패를 좌우하는 비결이다.

영업 책임자와 군 지휘관, 그리고 다른 분야의 모든 리더가 성공하려면 '공통의 이해와 협력 정신'이 필요하다는 사실을 잘 안다. 공통된 목표를 추구하고자 하는 집단정신은 자발적으로든 강제적으로든 개개인의 마음이 '마스터 마인드'로 어우러질 때 생겨난다. 개인의 마음속에서 화학 반응이 일어나 결국 하나가 된다는 뜻이다.

이런 융합이 일어나는 방법은 다양한 형태의 리더십에 관여하는 개인의 수만큼이나 많다. 모든 리더는 추종자의 마음을 조직화하는 자기만의 방법이 있다. 어떤 리더는 힘을 사용하고 어떤 리더는 설득력을 이용한다. 어떤 리더는 처벌에 대한 두려움을 이용하고 어떤 리더는 보상을 이용해 특정 집단에 속한 개개인의 마음을 집단정신으로 융합시킨다. 당신은 리더들이 개인의 마음을 집단정신으로 융합시킬 때 사용하는 기술이 뭔지 알아내려고 정치, 사업, 금융의 역사를 깊이 파고들지 않아도 된다.

전 세계의 위대한 리더는 마음속 화학 반응을 유리하게 조합해서 다른 사람들의 마음을 끌어당기는 능력을 타고났다. 나폴레옹 보나파르트는 만나는 모든 이의 마음을 강력하게 매료시켰다. 한마디로 자석 같은 능력을 지닌 대표적 인물이었다. 나폴레옹의 추진력과 사람을 끄는 성격에 이끌린 군인들은 죽음 앞에서도 망설이지 않았다. 이런 나폴레옹의 성격은 그의 마음속에서 일어난 화학 반응에서 비롯되었다.

어떤 집단에 속한 개인이 극도로 부정적이고 반항적인 정신을 품었다면 그 집단의 마음을 마스터 마인드로 어우러지게 할 수 없다. 부정적인 마음과 긍정적인 마음은 마스터 마인드로 어우러지지 못한다. 유능한 리더들도 이 사실을 몰라서 실패한 경우가 많다.

마음속에서 생기는 화학 반응의 원리를 이해하는 유능한 리더는 실제로 특정 집단의 마음을 일시적으로 융합시켜서 집단정신을 발휘하게 할 수 있다. 하지만 리더가 떠나는 순간 그 집단정신은 달라질 것이다. 가장 성공한 생명 보험 판매 조직이나 다른 조직의 영업 사원들이 일주일에 한 번 이상 모이는 이유는 무엇일까? 바로 **개개인의 마음을 마스터 마인드로 통합시켜 일정 기간 동안 그들의 마음을 자극하기 위해서다!**

흔히 '격려 모임'이라고 하는 자리에서는 대개 리더와 집단 구성원들이 대화를 나누거나 가끔 외부 강사를 초청해 강연을 듣는다. 그 과정에서 개개인의 마음은 서로 접촉하거나 재충전된다.

인간의 뇌는 전지에 비유할 수 있다. 뇌가 지치거나 에너지가 고갈되면 의기소침해지고 의욕도 꺾여서 기력이 떨어진 듯하다. 이런 기분을 느껴본 적이 없는 운 좋은 사람이 있을까? **뇌의 에너지가 고갈되면 재충전이 필요한데 그러려면 자신보다 활력이 넘치는 사람과 접촉해야 한다. 훌륭한 리더는 재충전의 필요성을 이해하고 충전 방법도 잘**

안다. 이 지식은 **리더와 추종자를 구별하는 중요한 특징이다!**

다행히 이 원리를 잘 아는 사람은 주기적으로 활기 넘치는 사람과 접촉해서 뇌를 활성화하거나 재충전한다. 서로를 진정으로 사랑하는 남녀 사이의 성적인 접촉은 정신을 재충전하는 가장 효과적인 자극 중 하나이므로 현명하게 활용해야 한다. 이를 제외한 다른 유형의 성관계는 오히려 정신적인 활기를 약화시킨다. 사회 각계각층의 위대한 지도자들은 성적인 본능이 매우 강했다. '섹스'는 외설스러운 단어가 아니다. 모든 사전에 이 단어가 실려 있다.

그리고 유능한 심리 치료사는 몇 분 안에 뇌를 재충전할 수 있다. 박식한 의사와 건강 전문가들 사이에서는 모든 질병은 뇌가 고갈되거나 활력이 떨어진 상태에서 시작된다는 이론을 받아들이는 경향이 커지고 있다. 즉, 뇌가 완벽하게 활성화된 사람은 거의 모든 종류의 질병에 면역력이 있다.

현명한 건강 전문가들은 '자연' 혹은 마음이 치유 가능한 모든 질환을 낫게 한다는 것을 안다. 약, 신앙, 안수, 척추 지압, 접골 요법, 기타 모든 형태의 외부 자극은 자연적인 치유력에 대한 인공적인 보조물에 불과하다. 정확히 말해 이것은 마음속 화학 반응이 신체의 세포와 조직을 재조정하고 뇌를 활성화하고 인간의 몸이 정상적으로 기능하도록 하는 방법일 뿐이다. 정통파 전문가라면 이 말이 사실임을 인정할 것이다.

그렇다면 마음속 화학 반응이라는 분야가 미래에 발전할 가능성은 어느 정도일까? 마음을 조화롭게 어우러지게 하는 원리를 이용하면 완벽한 건강을 누릴 수 있다. 또 같은 원칙을 이용해 모든 사람을 끝없이 압박하는 경제적 문제를 해결할 힘을 키울 수도 있다.

과거의 성과를 자세히 조사하면 대개가 우연한 발견, 혹은 많은 사람의 마음이 우연히 모인 결과다. 그렇다면 마음속 화학 반응이 미래에 어떤 결과를 불러올지 가늠할 수 있다. 대학교수진이 현재 다른 과목을 가르치는 것과 같은 방식으로 마음속 화학 반응을 가르칠 시기가 다가오고 있다. 그리고 이 과목과 관련된 연구와 실험은 학생들에게 가능성의 길을 열어줄 것이다.

마음속 화학 반응, 그 원리와 효과

경제계와 상업계의 일상 업무에서 마음속 화학 반응을 적절히 활용할 수 있다는 것은 이미 입증된 사실이다.

마음속 화학 반응의 원리를 통해 두 사람 이상의 마음이 완벽한 조화를 이루면 초인적인 위업을 달성하는 능력을 키울 수 있다. 이 능력은 인간이 어떤 일이든 성공하도록 도와주는 힘이다. 완벽한 조화의 정신으로 마음을 모으고 본인의 개성과 당면한 개인적 이익은 묻어두는 지혜를 가진 사람은 이런 무한한 능력을 발휘할 수 있다.

이 장 전체에서 '조화'라는 단어가 얼마나 자주 등장하는지 보라! '완벽한 조화'가 이루어지지 않으면 '마스터 마인드'를 발전시킬 수 없다. 두 사람의 마음이 어떤 목적 달성을 위해 완벽히 조화되어 각성하고 달아오르기 전까지는 개개인의 마음이 서로 어우러지지 못한다. 두 사람의 관심사가 달라져서 서로 다른 길을 가기 시작하는 순간, 각자의 마음은 분리되고, 우호적이고 조화로운 동맹에서 생겨난 '마스터 마인드'라는 제3의 요소는 붕괴된다.

이제 마음속 화학 반응을 이용해 큰 힘과 많은 재산을 축적한 유명인사를 몇 명 살펴보자. 먼저 경제와 사업, 전문 분야에서 중대한 위업을 이룬 세 유명인부터 시작하겠다. 포드와 에디슨, 파이어스톤이다. 이들 가운데 경제적·재정적 능력이 가장 뛰어난 사람은 포드다. 포드를 연구한 이들은 그가 역사상 가장 영향력이 큰 인물이라고 한다.

포드는 금전신탁 부문에서 미국 정부를 넘어선 유일한 사람이다. 그는 해변에서 놀던 아이가 양동이에 모래를 채우는 것처럼 손쉽게 수백만 달러를 모았다. 포드를 잘 아는 사람들의 말에 따르면, 그는 일주일 안에 10억 달러 정도의 거금도 거뜬히 구할 수 있었다. 평범한 사람이 한 달 치 집세를 마련하는 것보다도 적은 노력으로 포드는 이런 일을 해냈다. 포드의 업적을 아는 사람이라면 아무도 이를 의심치 않는다. 그리고 포드는 이 책의 토대가 되는 법칙을 현명하게 활용해 필요한 돈을 구했다.

1927년 포드는 새로운 자동차가 완성 단계에 있을 때 37만 5천 대 이상의 선주문을 받으면서 대금을 현금으로 받았다. 자동차 한 대 가격을 600달러로 추정한다면, 자동차를 한 대도 인도하지 않은 상태에서 2억 2,500만 달러를 벌어들인 셈이다. 이것은 포드의 능력에 대한 신뢰의 힘이다.

다들 알다시피 에디슨은 철학자이자 과학자며 발명가다. 그는 아마 지구상에서 가장 열성적인 경전 연구자일 것이다. 그런데 그가 연구하는 경전은 인간이 만든 경전이 아니라 자연의 경전이다. 자연의 경전을 꿰뚫어 보는 날카로운 통찰력이 있는 에디슨은 인류를 위해 누구보다 많은 자연법칙을 이용하고 결합했다. 그는 바늘과 회전판을 결합해 사람의 목소리 진동을 녹음한 뒤 이를 현대식 축음기로 재생시킨 사람이다. (인간이 한 말을 녹음해서 재생했듯 우주의 무한한 에테르에 저장된 생각의 진동을 포착해 올바르게 해석할 수 있을지도 모른다.)

백열전구를 발명해서 번개를 인간이 사용할 수 있는 빛으로 만든 사람도 에디슨이다. 또 현대적인 형태의 영화도 만들었는데, 이는 그의 뛰어난 업적 중 일부에 불과하다. 그가 행한 현대의 '기적', 즉 초인적인 힘을 가장한 엉터리 속임수가 아니라 과학의 밝은 빛 아래에서 행한 일은 인간이 쓴 소설에 나오는 모든 '기적'을 뛰어넘는다.

파이어스톤은 오하이오주 애크런에 있는 파이어스톤타이어사의 창업주다. 그가 업계에서 이룬 업적은 자동차 이용자들 사이에서 매우 유명하므로 따로 언급할 필요는 없을 듯하다.

이들 세 사람은 별다른 자본 없이, 그리고 소위 '정규 교육'도 거의 받지 못한 채 사업과 직업 경력을 쌓기 시작했다. 하지만 지금은 다들 학식을 갖추었고 부유하며 막강한 영향력을 발휘하는 위치에 올랐다. 이제 그들의 부와 힘의 근원을 조사해보자. 지금까지는 결과만 다루었는데, 당신은 무엇보다 결과가 발생한 원인을 알고 싶을 것이다.

널리 알려진 것처럼 포드, 에디슨, 파이어스톤은 오래전부터 절친한 친구 사이였다. 예전에는 1년에 한 번씩 숲에 가서 휴식과 명상, 회복의 시간을 가지기도 했다. 이들 사이에 힘의 진정한 원천인 '마스터 마인드'를 만드는 조화로운 유대감이 존재했는지는 알려져 있지 않으며 그들 스스로도 알고 있었는지 의문이다. 그러나 세 사람의 마음이 조화되어 생겨난 집단정신 덕분에 이들은 다른 사람들이 모르는 힘과 지식의 원천을 '이해'할 수 있었다.

이 책에서 설명하는 법칙의 원리나 효과가 의심스럽다면, 여기 내가 제시한 내용의 절반 이상이 이미 알려진 사실임을 기억하자. 일례로 이 세 사람이 막강한 힘과 부를 지녔다는 건 분명한 사실이다. 이들이 자본도 없고 교육도 거의 받지 못한 상태에서 시작했고, 주기적으로 친밀하게 접촉했으며 서로 조화롭고 우호적인 관계였다는 것은 잘 알려져 있다. 그리고 이들이 각자의 활동 분야에서 남들과 비교하기 힘들 정도로 놀라운 업적을 쌓은 것도 유명한 사실이다.

문명 세계의 거의 모든 사람이 이 '결과'를 알고 있는 만큼 원리와 효과에 대해 논쟁할 필요는 없다. 또한 포드, 에디슨, 파이어스톤이 이룬 업적의 원인과 관련해 한 가지 확실한 점이 있다. 이들의 업적은 속임수나 사기, '초자연적'인 현상이나 소위 말하는 '계시', 혹은 다른 형태의 비정상적인 법칙에 기반을 두지 않았다. 이들은 교묘한 속임수를 쓴 게 아니라 자연법칙에 따라 일했다. 경제학자와 과학자도 이 법칙을 잘 알지만 마음속 화학 반응의 기초가 되는 법칙은 예외일 수 있다. 마음속 화학 반응은 아직 이론이 충분히 정립되지 못한 탓에 과학자가 잘 아는 법칙 목록에 끼지 못했다.

완벽한 조화의 정신으로 개개인의 마음을 융화시키는 집단은 누구나 '마스터 마인드'를 만들 수 있다. 이 집단은 두 명 이상으로 구성되며, 예닐곱 명 정도의 마음을 융화시켰을 때 가장 바람직한 결과가 나온다.

마음속 화학 반응의 원리를 이용하는 방법을 발견한 사람은 예수 그리스도라고 한다. 기적 같은 예수 그리스도의 업적은 그가 열두 제자의 마음을 융화시켜서 생긴 힘에서 비롯되었다는 가설이 있다. 제자 중 가룟 유다가 믿음을 저버리자 즉시 '마스터 마인드'가 붕괴되었고 예수 그리스도는 인생에서 가장 큰 시련을 겪게 되었다고 볼 수 있다.

두 명 이상의 마음이 조화를 이루어 '마스터 마인드'로 알려진 효과를 발휘하면 집단에 속한 모든 사람은 집단 내 다른 구성원들의 '잠재의식'과 접촉해서 지식을 수집할 수 있는 힘이 생긴다. 이 힘은 즉각적으로 눈에 띄며 정신이 더 빠르게 진동하도록 자극하거나 아니면 더 생생한 상상력과 육감과도 같은 의식의 형태로 자신의 존재를 증명한다. 이 육감을 통해 새로운 아이디어가 '번쩍' 떠오를 것이다. 이 아이디어는 개인의 정신을 지배하는 주제의 본질과 형태를 취한다. 그 집단이 어떤 주제를 논의하기 위해 모였다면, 마치 외부의 영향력이 지시하듯 모든 참석자의 머릿속에 그 주제에 대한 아이디어가 쏟아져 들어올 것이다. '마스터 마인드'에 참여하는 이들의 마음이 자석처럼 작용해서 가장 체계적이고 실용적인 아이디어와 사고 자극을 끌어들이는데 그것이 어디서 오는지는 아무도 모른다!

여기서 '마스터 마인드'라고 칭하는 마음이 융합되는 과정은 여러 개의 전지를 하나의 전송선에 연결해 그 선에 흐르는 전력을 '강화하는' 행위에 비유할 수 있다. 전지를 하나씩 추가할 때마다 배터리가 지닌 에너지의 양만큼 그 전선에 흐르는 전력이 증가한다. 개개인의 마음을 '마스터 마인드'로 융합하는 경우도 마찬가지다. 마음속 화학 반응 원리를 통해 각자의 마음이 집단에 속한 모든 이의 마음을 자극하고, 그 마음 에너지가 커져서 에테르라고 하는 우주의 에너지에 침투해 연결되면 이것이 다시 우주 전체의 모든 원자에 영향을 미친다.

현대의 무선 장치는 이 이론을 상당 부분 입증해준다. 강력한 송신소나 방송국을 세워서 소리 진동을 '강화'해야 진동 에너지가 훨씬 큰 에테르가 이를 포착해 모든 방향으로 전달할 수 있다. 많은 개인의 마음이 모여 강한 진동 에너지를 생성하는 '마스터 마인드'는 라디오 방송국과 매우 흡사하다.

대중 연설가는 마음속 화학 반응이 미치는 영향을 느낀다. 청중 개개인의 마음이 연설가와 '공명(연설자 마음의 진동 속도와 일치하는 것)'하는 순간, 연설가의 마음속 열정이 눈에 띄게 커져서 종종 자신을 비롯한 모두가 놀랄 만큼 훌륭한 연설을 한다.

보통 연설을 시작하고 처음 5~10분은 '워밍업'에 해당된다. 연설가와 청중의 마음이 완벽한 조화의 정신으로 어우러지는 과정이다. 연설가는 일부 청중이 이런 '완벽한 조화' 상태에 도달하지 못하면 무슨 일이 일어나는지 안다.

영적인 모임에서 발생하는 초자연적인 현상은 그곳에 모인 마음들이 서로에게 반응한 결과다. 그룹이 형성되고 10~20분쯤 지나서 초자연적인 현상이 나타나는 일은 드물다. 사람들의 마음이 조화를 이루거나 어우러지려면 어느 정도 시간이 필요하다.

영적인 집단의 구성원이 받는 '메시지'는 다음 출처 중 하나 혹은 양쪽 모두에서 온 것이다.

- 집단 구성원의 잠재의식이라는 거대한 창고
- 우주의 에테르 저장소. 여기에는 모든 생각의 진동이 보존되어 있을 가능성이 매우 크다.

개인이 마음속 화학 반응의 원리를 이용해 다른 사람의 마음속에 있는 지식 저장고를 탐색할 수 있다는 건 잘 알려진 사실이다. 이 힘이 확장되어 에테르에 존재하는 모든 진동과도 접촉할 수 있으리라고 가정하는 게 합리적일 듯하다. 하지만 잘 알려진 자연법칙이나 인간의 이성은 죽은 사람과의 소통 이론을 지지하지 않는다.

생각에서 발생한 진동처럼 높고 정교한 진동이 에테르에 보존된다는 이론은 물질이나 에너지(우주의 2가지 요소)는 생성하거나 파괴될 수 없다는 사실에서 비롯되었다. 에테르에 포착되어 흡수될 만큼 '강화된' 진동은 영원히 지속된다고 가정하는 게 합리적이다. 에테르와 섞이지 않거나 다른 방식으로 접촉하지 않는 낮은 주파수의 진동은 아마 자연스럽게 소멸할 것이다.

소위 천재라고 하는 사람들은 우연이든 아니든 다른 정신과 동맹을 맺은 뒤 본인의 정신적 진동을 '강화해서' 우주의 에테르에 보관된 방대한 지식의 사원에 접촉한 덕분에 명성을 얻었다. 내가 조사한 바에 따르면 위대한 천재는 모두 성적으로 매우 민감했다. 성적인 접촉이 가장 잘 알려진 정신 자극제라는 사실도 여기서 설명한 이론에 무게를 실어준다.

백만장자와 마음속 화학 반응

경제 분야에서 활약한 이들의 업적에서 드러난 힘의 근원을 자세히 조사하기 위해 '빅식스Big Six'로 알려진 시카고 그룹의 사례를 살펴보겠다. 자신의 이름을 딴 껌 회사를 소유하고 있는 리글리 2세는 연간 개인 소득이 1,500만 달러가 넘는다. 역시 자신의 이름을 붙인 식당 체인을 운영하는 존 R. 톰슨, 광고 대행사 로드앤드토머스를 소유한 래스커, 미국에서 가장 큰 운송사인 파말리익스프레스를 소유한 찰스 맥컬러프, 옐로우택시캡을 소유한 존 리치와 존 허츠가 그 주인공이다.

신뢰할 수 있는 회계 법인의 추산에 따르면 이 여섯 사람의 연간 소득은 2,500만 달러 이상이다. 한 사람당 평균 400만 달러 이상의 소득을 올리는 셈이다. 여섯 사람으로 구성된 이 집단 전체를 분석한 결과, 이들은 특별한 교육적 혜택을 누리지 못했고 자본이나 확실한 신용 없이 일을 시작했다. 그리고 그들이 거둔 재정적 성과는 운 좋게 우연히 얻은 게 아니라 각자의 개인적인 계획 덕분이라는 사실이 드러났다.

이 여섯 명은 몇 년 전 우호적인 동맹을 맺고, 일정한 시기에 만나 다양한 사업 분야에서 아이디어와 제안을 서로 공유했다. 리치와 허츠를 제외하면 여섯 명 중 누구도 법적인 파트너십을 맺지 않았다. 이 모임은 서로 아이디어와 제안을 주고받고 때로 긴급한 상황에 처한 구성원을 수표와 기타 증권을 보증하는 등의 방식으로 돕기 위한 것이었다.

이 빅식스 그룹에 속한 이들은 모두 백만장자가 되었다. 일반적으로 수백만 달러를 벌어들이는 것 외에 아무것도 하지 않는 사람에 대해 언급하는 것은 별 가치가 없다. 하지만 이 특정 집단의 재정적 성공은 논평, 연구, 분석, 심지어 모방할 만한 가치가 있는 무언가가 있다. 그 '무언가'는 그들이 완벽한 조화의 정신으로 서로의 마음을 융화시키는 방법을 깨우치게 했고, 이를 통해 사람들에게 닫혀 있던 문을 여는 '마스터 마인드'를 형성했다.

미국철강회사는 세계에서 가장 강력하고 막강한 산업 조직 중 하나다. 이 위대한 거물 기업이 성장할 수 있었던 아이디어는 시카고 근처의 작은 마을에서 나고 자란 다소 평범한 소도시 변호사인 게리의 머릿속에서 탄생했다. 게리는 완벽한 조화의 정신으로 한데 어우러진 사람들을 주변에 두었고, 이들은 위대한 미국철강회사를 움직이는 정신인 '마스터 마인드'를 만들어냈다.

무역, 금융, 기타 어떤 분야에서든 뛰어난 성공을 거둔 이들을 살펴보면 그 뒤에는 마음속 화학 반응의 원리를 적용하여 '마스터 마인드'를 만든 사람이 있음을 확신할 수 있다. 뛰어난 성공은 종종 한 사람이 해낸 일 같지만, 자세히 살펴보면 그와 마음의 조화를 이룬 다른 사람을 찾을 수 있다. 두 사람 이상이 마음속 화학 반응의 원리를 작동시키면 '마스터 마인드'를 만들 수 있다는 사실을 기억하자.

힘(인력)은 지적인 노력을 통해 표현되는 조직적인 지식이다! 노력에 참여하는 개인이 완벽한 조화의 정신으로 지식과 에너지를 조율하지 않는다면 조직적이라고 말할 수 없다. 사실상 조화로운 노력을 제대로 조율하지 못하는 것이 모든 사업 실패의 주요 원인이다.

나는 유명 대학 학생들과 협력해 흥미로운 실험을 진행했다. 학생들에게 '헨리 포드가 부자가 된 이유와 방법'을 주제로 에세이를 작성해

달라고 하면서, 포드의 자산에서 본질이 무엇이라고 생각하는지, 이 자산이 무엇으로 구성되어 있는지 자세히 설명하라고 했다.

학생들은 대체로 재무제표와 자산 목록을 구해서 포드의 부를 추정하는 기초 자료로 사용했다. '포드의 부의 원천'에는 물질 자산 가치의 10~25퍼센트를 차지하는 것으로 추산되는 은행 예금, 원자재와 완제품의 재고, 부동산과 건물, 영업권 등이 포함되었다.

그런데 수백 명의 학생 가운데 한 명이 다음과 같이 답했다.

"헨리 포드의 자산은 주로 2가지로 구성되어 있습니다. 첫째는 운전자본과 원자재 및 완제품, 둘째는 포드 본인의 경험에서 얻은 지식과 포드의 관점에서 이 지식을 최대한 활용하는 방법을 아는 잘 훈련된 조직의 협력입니다. 이 두 자산의 가치를 실제 액수로 정확하게 추정하는 건 불가능하지만 상대적 가치는 포드자동차의 체계적인 지식이 75퍼센트, 원자재와 완제품 재고를 포함한 모든 종류의 현금과 물리적 자산의 가치가 25퍼센트라고 봅니다."

나는 학생이 이 보고서를 쓸 때 분석력이 매우 뛰어나고 경험이 풍부한 이들의 도움을 받았을 것으로 생각했다.

당연한 이야기지만 포드에게 가장 중요한 자산은 본인의 두뇌고 그 다음이 가까운 동료들의 두뇌다. 그가 통제하는 물리적 자산은 동료들과의 조화로운 노력으로 축적한 것이기 때문이다.

만일 포드자동차가 소유한 공장을 모두 파괴하고 모든 기계, 모든 원자재와 완제품, 모든 완성된 자동차, 은행에 예치된 돈을 모두 없애더라도 포드는 여전히 지구상에서 경제력이 가장 막강한 사람일 것이다. 그뿐 아니라 포드의 사업을 구축한 두뇌들이 짧은 시간 안에 부를 다시 복원해낼 것이다. 포드 같은 두뇌에는 항상 무한한 자본이 제공된다.

포드는 지구상에서 가장 막강한 경제력을 지녔다. 내가 아는 한 그는 체계적인 지식의 원리를 세상 누구보다 예리하고 실용적으로 이해하고 있다. 포드는 막강한 권력과 재정적인 성공을 거두었지만 이 힘을 축적하기 위해 원칙을 적용하는 과정에서 종종 실수를 저질렀을 수도 있다. 포드가 마음을 조정하는 방법이 종종 조잡했다는 것에는 의심의 여지가 없다. 세월이 흐르면서 자연스럽게 활용의 지혜를 쌓기 전의 일이다.

또 포드가 마음속 화학 반응 원리를 적용한 것이 적어도 처음에는 다른 사람의 마음, 특히 에디슨의 마음과 우연히 맺은 동맹의 결과였다는 건 틀림없다. 자연법칙에 대한 포드의 놀라운 통찰력은 에디슨이나 파이어스톤을 만나기 훨씬 전에 자신의 아내와 친밀한 관계를 맺으면서 시작되었을 가능성이 크다. 자기가 거둔 성공의 진짜 근원이 아내와 '마스터 마인드' 원리를 적용한 덕분이라는 걸 모르는 남성이 많다. 포드 부인은 놀라울 정도로 지적인 여성이다. 나는 부인의 마음이 포드의 마음과 융합된 것이 포드의 권력을 향한 진정한 출발점이 되었다고 믿는다.

포드의 명예나 영광을 빼앗을 생각은 아니지만, 운 좋게도 지식을 습득하고 응용하는 능력을 타고난 에디슨이나 파이어스톤과 다르게 포드는 경력 초기에 문맹과 무지라는 강력한 적과 씨름해야 했다. 포드는 거칠고 다듬어지지 않은 목재 같은 자신의 유전적 자산에서 이 재능을 끌어내야 했다.

<u>포드는 상상할 수 없을 만큼 짧은 기간 안에 인류의 가장 끈질긴 적셋을 제압하고 이를 자신의 성공 토대를 구성하는 자산으로 전환했다. 그 적은 바로 무지와 문맹, 빈곤이다!</u> 이 3가지 야만적인 세력의 손을 막은 사람, 더 나아가 이를 이용해 이익을 얻은 사람은 불운한 사람들이 면밀히 연구할 만한 가치가 있다.

우리는 산업 권력의 시대에 살고 있다! 이 모든 힘의 근원은 조직적인 노력이다. 기업 경영진은 근로자를 효율적으로 조직했을 뿐만 아니라, 미국철강회사처럼 합병을 이루어 사실상 무한한 권력을 축적했다. 하루 동안 벌어진 사건을 다루는 뉴스를 보면 어떤 기업이나 금융의 합병에 대한 보도가 나오지 않는 날이 거의 없다. 기업의 경영진이 엄청난 자원을 모아 큰 권력을 창출했다고 할 수 있다. 어떤 날은 은행, 어떤 날은 철도 회사, 또 어떤 날에는 철강 기업이 합쳐진다. 모두 고도로 조직되고 조정된 노력을 통해 힘을 키우려고 합병한다.

일반적이고 조직되지 않은 지식은 제대로 된 힘이 아니라 잠재적인 힘에 불과하다. 다시 말해 실제 힘을 계발할 수 있는 재료다. 오늘날의 도서관에는 현대 문명이 물려받은 모든 가치 있는 지식의 정리되지 않은 기록이 남아 있지만, 이 지식은 체계화되지 않았기에 힘이 아니다.

모든 형태의 에너지와 모든 종류의 동식물은 조직화되어야 생존할 수 있다. 지금은 멸종해서 자연의 묘지에 뼈를 묻은 대형 동물들이 조직화되지 못하면 곧 소멸하고 만다는 사실을 조용히 증언한다.

가장 작은 물질 입자인 전자부터 우주에서 가장 큰 별에 이르기까지 양극단 사이에 존재하는 모든 물질은 자연의 첫 번째 법칙 중 하나가 조직화라는 확실한 증거를 제공한다. 이 법칙의 중요성을 인식하고 법칙을 유리하게 활용할 수 있는 다양한 방법에 익숙해지려고 노력하는 사람은 행운아다.

통찰력 있는 사업가는 조직적인 노력의 중요성을 인식하고 관련 법칙을 자기 힘의 날실과 씨실로 삼는다. 그런데 마음속 화학 반응에 대한 지식도 전혀 없고 그런 원리가 존재한다는 사실조차 몰랐으나 자신이 소유한 지식을 체계화해서 엄청난 힘을 축적한 사람도 많다. 마음속 화학 반응의 원리를 발견하고 '마스터 마인드'로 발전시킨 사람들은 대체로 아주 우연히 이 지식을 발견했다. 따라서 그 발견의 진정한 본질을 깨닫지 못하거나 자기 힘의 근원을 이해하지 못하기도 한다.

내 생각에 현재 마음속 화학 반응을 의식적으로 사용해서 마음을 융합시키고 힘을 계발하는 사람은 열 손가락으로 셀 수 있을 정도다. 그러므로 마음속 화학 반응을 실천하는 사람이 너무 많아질 거라 걱정하지 않아도 된다.

사업가가 수행해야 하는 어려운 과제 중 하나는 자신과 관계있는 사람들이 조화로운 정신으로 노력을 조정하도록 유도하는 것이다. 어떤 사업이든 직원끼리 지속해서 협력하도록 유도하는 건 거의 불가능하다. 가장 효율적인 리더만이 이 바람직한 목표를 달성할 수 있다. 가끔은 그런 리더가 등장한다. 그러면 세상은 포드, 에디슨, 록펠러, 미국 철도 사업가인 E. H. 해리먼과 제임스 J. 힐 등을 만나게 된다.

권력과 성공은 사실상 동의어다! 그중 하나에서 다른 하나가 생겨난다. 따라서 조화로운 조정 원칙을 통해 개개인의 마음을 융합시키거나 다른 방법으로 권력을 키우는 지식과 능력을 갖춘 사람은 성공적인 성취가 가능한 모든 합리적인 사업에서 성공할 수 있다.

진정한 조화가 세상과 사람에 미치는 효과

정신적 조화를 추구하는 모든 집단에서 '마스터 마인드'가 우후죽순처럼 생겨날 것이라고 걱정할 필요는 없다! 기독교인이라고 자처하는 이들 중에 진정한 기독교인이 드물듯 사람들 사이에 진정한 의미의 조화가 존재하는 경우는 드물다.

조화는 '마스터 마인드'라는 심적 상태를 계발할 때 필요한 핵심 요소다. 조화가 없으면 '마스터 마인드'도 존재할 수 없다. 이 사실은 아무리 반복해서 말해도 지나치지 않다.

윌슨은 국제연맹(1차 세계대전 직후인 1920년 미국 대통령 윌슨의 제창으로 국제 평화 유지를 위해 설립된 연합체.—편집자)을 설립하자고 제안했을 때 세계의 문명국을 대표하는 이들로 구성된 '마스터 마인드' 계발을 염두에 두었다. 윌슨의 개념은 인간의 마음속에서 만들어진 가장 영향력 있는 인도주의적 아이디어였다. 지구상에서 진정한 형제애를 누리기에 충분한 힘을 포괄하는 원칙을 다루었기 때문이다. 국제연맹 혹은 이와 유사하게 조화의 정신으로 전 세계인의 마음을 융합시키는 날이 분명히 올 것이다. 이렇게 마음 통합이 이루어지면 명문 대학과 비종파적 학습 기관이 무지와 미신 대신 이해와 지혜를 받아들일 것이다. 그 시기는 빠르게 다가오고 있다.

✤ 종교 부흥회의 심리학

'부흥회'로 알려진 오래된 종교 행사는 '마스터 마인드', 즉 마음속 화학 반응을 연구할 좋은 기회를 제공한다. 음악은 부흥회에서 사람들의 마음을 융화시킬 때 꼭 필요한 조화를 이루는 데 상당한 역할을 한다. 음악이 없다면 부흥회는 지루한 행사가 될 것이다. 부흥 예배를 진행하는 집회 지도자는 신도들의 마음을 조화시키는 데 별 어려움이 없다. 하지만 이런 조화 상태는 지도자가 있는 동안에만 지속되고, 지도자가 없으면 일시적으로 만들어진 '마스터 마인드'가 붕괴된다.

적절한 무대 배경과 적절한 음악으로 추종자의 감정적 본성을 일깨운 지도자는 모든 사람의 눈길을 끄는 '마스터 마인드'를 만들 때 어려움이 없다. 모든 참석자의 마음속 화학 반응이 전체적으로 변화되어 긍정적이고 기분 좋게 충전된다. 지도자는 이 에너지를 '성령'이라고 부른다.

나는 과학 연구자와 실험의 본질을 알지 못하는 일반인으로 이루어진 그룹을 대상으로 실험을 진행했다. 이를 성령이라고 부르지는 않았지만 이와 같은 정신 상태와 긍정적인 분위기를 조성했다.

그리고 시카고협동조합의 창립자인 해리슨 파커를 위해 영업 기술을 알려주는 교육 기관의 운영을 도울 때도 '성령'과 같은 마음속 화학 반응의 원리를 이용했다. 그 결과 이전에 영업 경험이 없는 3천 명의 남녀로 구성된 집단의 본질을 변화시켜, 9개월도 안 되는 기간에 1천만 달러 상당의 증권을 판매해 100만 달러 이상을 벌었다.

이 기관에 등록한 보통 사람은 일주일 이내에 영업 실력이 정점에 도달했는데, 그 후에는 영업 회의로 뇌를 활성화할 필요가 있는 것으로 나타났다. 영업 회의는 현대의 종교 부흥회와 거의 같은 순서로 진행되었고, 영업 사원을 고무시키는 음악과 '강력한' 연설자 등 무대 장치까지 부흥회와 거의 같았다.

이를 종교나 심리학, 정신 화학 혹은 뭐든 원하는 대로 불러도 좋다. 모두 같은 원리에 기반을 두고 있으니 말이다. 하지만 집단정신이 완벽하게 조화될 때마다 각자의 정신이 '마스터 마인드'라는 눈에 띄는 에너지를 통해 즉시 보충되고 강화되는 것은 분명하다. 이 미지의 에너지가 성령일 수도 있겠지만, 다른 이름으로 불려도 똑같이 긍정적으로 작용한다.

♣ 마음 에너지는 인체에 어떤 영향을 미치는가?

인간의 뇌와 신경계는 복잡해서 제대로 이해하는 사람이 거의 없다. 이를 제대로 제어하고 지시하면 놀라운 성과를 올릴 수 있고, 제어하지 못하면 정신병원에 수용된 환자처럼 자연 속에서 경이와 환상을 보게 될 것이다.

인간의 뇌는 사람이 생각하는 힘을 얻는 지속적인 에너지 유입과 직접 연결되어 있다. 뇌는 이 에너지를 받아서 섭취한 음식에서 생성된 에너지와 섞은 다음 혈액과 신경계의 도움을 받아 신체의 모든 부분에 분배한다. 이렇게 해서 우리가 생명이라고 부르는 것이 된다.

이 외부 에너지가 어디에서 나오는지 아무도 모르는 듯하다. 우리가 아는 사실은 그게 필요하고 없으면 죽는다는 것이다. 이 에너지는 에테르라고 불리며, 호흡할 때 공기 중의 산소와 함께 체내로 흘러 들어간다고 가정하는 것이 타당해 보인다.

모든 정상적인 인체는 섭취한 음식을 분해, 동화, 적절히 혼합, 합성하는 작업을 수행하기에 충분한 일류 화학 실험실과 화학 물질을 갖추고 있다고 할 수 있다. 이 작업은 신체를 만드는 데 필요한 곳에 분배하기 위한 준비에 해당한다.

인간과 동물을 대상으로 충분한 시험을 거친 끝에 음식을 합성하고 변형해 신체를 만들고 수리하는 데 필요한 물질을 만드는 이 화학 작용에서 정신이라는 에너지가 중요한 역할을 한다는 사실이 증명되었다. 걱정, 흥분, 두려움은 소화 과정을 방해하고 극단적인 경우 이 과정을 완전히 중단시켜 질병이나 사망을 초래한다. 그러므로 정신이 음식 소화와 분배의 화학 작용에 관여한다는 것은 분명하다.

과학적으로 증명되지는 않았지만, 많은 저명한 권위자가 정신 혹은 생각으로 알려진 에너지가 부정적인 요소에 오염되면 신경계 전체가 작동을 멈추고 소화가 방해받아서 여러 가지 질병이 나타날 수 있다고 믿는다. 재정적 어려움과 짝사랑이 그런 부정적 요소 목록의 맨 위에 자리 잡고 있다.

가족 중 누군가가 끊임없이 잔소리하는 등의 부정적인 환경도 야망을 잃고 점차 망각 속으로 빠져들게 한다. "아내가 남편을 성패를 좌우한다."라는 옛 속담은 문자 그대로 사실이다.

고등학생 정도 되면 특정한 음식을 조합해서 먹을 경우 소화불량이나 심한 복통, 심지어 사망에 이를 수 있다는 사실을 안다. 건강은 부분적으로 '조화로운' 음식 조합에 달려 있지만, 그것만으로 건강이 완전히 보장되지는 않는다. 마음이라는 에너지 단위와도 조화를 이루어야 한다.

조화 없는 곳에 성공은 머물지 않는다

'조화'는 자연법칙 중 하나다. 이 법칙이 없다면 체계적인 에너지도, 어떤 형태의 생명도 존재할 수 없다. 신체와 정신의 건강은 문자 그대로 조화의 원리를 중심으로 하며 그 위에 구축된다! 신체 기관이 조화롭게 작동하지 않으면 생명 에너지가 붕괴되기 시작하고 죽음이 다가온다. 체계적인 에너지(힘)의 원천에서 조화가 사라지는 순간, 그 에너지 단위는 혼란스러운 무질서 상태에 빠지고 힘은 중립적이거나 수동적인 상태가 된다.

조화는 또한 '마스터 마인드'로 알려진 마음속 화학 반응이 힘을 키우는 핵심이다. 이 조화를 파괴하면, 개개인의 마음이 한데 모여 조화롭게 노력할 때 생기는 힘이 파괴된다.

내가 이 진리를 가능한 모든 방법으로 끊임없이 반복해서 언급하고 제시하는 데는 이유가 있다. 당신이 이 원리를 이해하고 활용하는 방법을 배우지 않으면 이 교훈은 아무 쓸모가 없기 때문이다.

어떤 걸 성공이라고 부르든, 인생에서의 성공은 본인과 환경이 조화를 이루어 환경에 적응해야 가능하다. 왕의 궁전도 그 안에서 조화가 이루어지지 않으면 농부의 오두막이나 마찬가지다. 반대로, 조화를 이룬 농부의 오두막은 조화롭지 못한 부자의 저택보다 더 많은 행복을 가져다줄 수 있다.

완벽한 조화가 없으면 천문학은 '성인의 유골'만큼이나 쓸모없다. 별과 행성이 서로 충돌하고 모든 것이 혼돈과 무질서 상태에 빠지고 만다. 조화의 법칙이 없다면 도토리는 참나무, 포플러, 단풍나무 등의 이

질적인 나무로 자랄 것이다.

조화의 법칙이 없으면 혈액이 손톱을 자라게 하는 음식을 머리카락이 자라야 할 두피에 흘려보내 뿔 같은 게 자랄 수도 있다. 미신을 믿는 미개한 사람들은 이런 모습의 사람을 보고 상상 속의 뿔 달린 존재로 오해할지도 모른다.

조화의 법칙이 없으면 지식이 체계화될 수 없다. 사실과 진실, 자연법칙의 조화를 제외하면 체계적인 지식이 뭐가 있느냐는 의문이 생긴다. 사업 파트너십에서의 조화든 천상계 행성들의 질서 있는 움직임이든 불화가 앞문으로 기어들어 오기 시작하면 조화는 뒷문으로 빠져나간다.

내가 조화의 중요성을 지나치게 강조하는 것 같다면 <u>**조화 부족은 실패의 첫 번째 원인이고, 종종 마지막이자 유일한 원인이라는 사실을 기억하자!**</u> 조화가 없으면 멋진 시나 음악이나 웅변도 있을 수 없다. 좋은 건축물은 조화가 중요하다. 조화가 부족한 집은 흉측한 건축 자재 덩어리에 불과하다. 건전한 경영은 조화에 그 존재의 본질이 있다. 잘 차려입은 모든 남녀는 조화를 나타내는 생생한 그림이자 감동적인 예시다.

조화가 세상의 일, 아니 온 우주의 운용에 중요한 역할을 한다는 걸 증명하는 일상적인 예시가 이렇게 많은데, 어떻게 지적인 사람이 삶의 '명확한 목표'에서 조화를 제외할 수 있겠는가? <u>**목표의 중요한 주춧돌인 조화를 제외하는 건 '명확한 목표'가 없는 것과 마찬가지다.**</u>

인체는 장기, 샘, 혈관, 신경, 뇌세포, 근육 등으로 구성된 복잡한 조직이다. 신체 구성 요소의 활동을 자극하고 조정하는 정신 에너지는 끊임없이 변화하는 다양한 에너지의 복합체다. 태어나서 죽을 때까지 마음의 힘은 끊임없는 갈등을 겪는데 그중에서 누구나 경험하는 갈등이 있다. 예를 들어, 선한 충동과 잘못된 충동의 갈등이나 동기 부여의 힘과 욕망 사이의 투쟁이 그것이다.

인간에게 주어진 과제 중 마음의 힘이 조화를 이루어 주어진 목표를 체계적으로 달성하도록 조직적으로 이끄는 것은 섬세함이 가장 많이 요구된다. 그리고 이런 조화의 요소가 없다면 그 누구도 정확하게 사고할 수 없다.

기업, 정치와 기타 분야의 리더가 마찰 없이 어떤 목표를 달성하도록 사람들을 조직하기란 매우 어렵다. 각 개인의 내면에는 조화를 이루기에 가장 유리한 환경에 있을 때조차도 조화를 이루기 힘든 힘이 있다. 한 사람의 마음도 이처럼 쉽게 조화를 이루지 못하니, '마스터 마인드'를 통해 질서 있게 하나로 기능하도록 여러 사람의 마음을 조화시키는 게 얼마나 어려운지 짐작될 것이다.

리더가 '마스터 마인드'의 에너지를 성공적으로 계발하고 이끌려면 재치, 인내심, 끈기, 자신감, 마음속 화학 반응에 대한 깊은 지식, 그리고 짜증스러운 기색 없이 빠르게 변화하는 상황에 자신을 적응시킬 수 있는 능력(완벽한 평정심과 조화의 상태에서)이 있어야 한다. 과연 이 요구 사항을 충족시킬 수 있는 사람이 몇 명이나 될까?

성공한 리더는 리더십 목표와 관련해서 발생하는 모든 상황에 맞게 카멜레온처럼 자기 마음의 색을 바꾸는 능력이 있어야 한다. 또 화를 내거나 자제력이 부족한 모습을 보이지 않고 기분을 바꾸는 능력도 있어야 한다. 성공한 리더는 15가지 성공의 법칙을 이해하고, 필요할 때마다 이를 조합해서 실행할 수 있어야 한다. 이 능력이 없는 리더는 강력한 힘을 발휘할 수 없고 자리를 오래 유지할 수 없다.

♣ 사전을 벗어난 교육의 진짜 의미

예전부터 '교육하다'라는 단어의 의미에 대한 일반적인 오해가 있었다. 사전에서는 '교육하다'라는 단어를 지식을 전수하는 행위로 정의했기 때문에 이 오해를 없애는 데 도움이 되지 않는다. 교육이라는 영어 단어 'educate'는 라틴어 'educo'에서 유래되었다. 이는 '내면에서 발전하다, 유도하다, 끌어내다, 사용의 법칙을 통해 성장한다'라는 뜻이다.

자연은 모든 형태의 게으름을 싫어한다. 그래서 사용되는 요소에만 지속적인 생명을 부여한다. 팔이나 신체의 다른 부분을 묶어놓고 사용하지 않으면 그 부분은 곧 위축되어 생명을 잃고 만다. 반대로 하루 종일 무거운 망치를 휘두르는 대장장이처럼 팔을 많이 사용하면 팔이 더 강해진다.

힘은 체계적인 지식에서 나오지만, 그 지식을 제대로 적용하고 사용해야만 힘이 생긴다. 사람은 가치 있는 힘을 소유하지 않고도 움직이는 지식의 백과사전이 될 수 있다. 하지만 이 지식을 체계적으로 분류하고 실행에 옮겨야만 힘이 생긴다. 교육을 잘 받은 사람 중에는 지식이 풍부한 사람도 있으나, 그렇지 못한 사람보다도 일반적인 지식이 훨씬 적은 사람도 있다. 이들의 차이는 전자는 자신이 소유한 지식을 활용하는 반면 후자는 활용하지 않았다는 것이다.

'교육받은' 사람은 다른 이의 권리를 침해하지 않고도 자기 삶의 중요한 목적을 달성하는 데 필요한 것을 습득할 줄 안다. 소위 '학식'이 있는 사람 중 상당수가 자신이 '교육받은' 사람의 자격에 전혀 미치지 못한다는 사실을 알면 놀랄 것이다. 또 '학식'이 부족하다고 여겼던 많은 사람은 자신이 잘 '교육받았다'는 사실을 알면 크게 놀랄지 모른다.

성공한 변호사라고 해서 반드시 법리를 가장 많이 외우고 있는 것은 아니다. 대신 자신이 맡은 사건과 관련한 법리와 그 원칙을 뒷받침하는 다양한 의견을 어디에서 찾을 수 있는지 안다. 그뿐 아니라 필요할 때 원하는 법을 찾아낸다. 이는 모든 분야의 전문가에게 해당되는 이야기다.

포드는 초등 교육도 거의 받지 못했지만 자연법과 경제법을 결합하는 능력이 있었기에 세상에서 가장 잘 '교육받은' 사람 중 한 명이라 할 수 있다. 그에게는 사람들의 마음을 비롯해 원하는 물질은 무엇이든 얻을 수 있는 힘이 있었다.

몇 년 전 세계대전 중에 포드는 《시카고트리뷴》을 상대로 자신의 명예를 훼손하는 내용을 게재했다는 이유로 소송을 제기했다. 그중 하나는 포드가 '무식한 사람'이고 '무지한 평화주의자'라는 내용이었다.

소송이 재판에 회부되자 《시카고트리뷴》 측 변호사들은 포드의 입을 통해 그가 무식하다는 기사 내용이 사실임을 입증하려고 했다. 그래서 온갖 주제에 대해 따져 물으면서 반대심문을 진행했다. 이때 포드에게 던진 질문은 다음과 같았다.

"1776년 식민지 미국에서 벌어진 반란을 진압하기 위해 영국이 얼마나 많은 군인을 보냈나요?"

포드는 얼굴에 건조한 미소를 지으면서 태연하게 대답했다.

"정확히 몇 명인지는 모르겠지만 고국으로 돌아간 숫자보다는 훨씬 많았다고 들었습니다."

법관, 배심원, 법정 방청객은 물론이고 질문을 던진 변호사도 내심 불만스러워하면서도 크게 웃을 수밖에 없었다. 심문이 한 시간 이상 계속되었지만 포드는 완벽하게 침착한 태도를 유지했다. 그는 한동안 젠체하는 변호사들이 자기를 괴롭히도록 내버려두었지만 이내 싫증이 났다. 그래서 매우 불쾌하고 모욕적인 질문이 나오자 포드는 몸을 똑바로 세우고 그 질문을 던진 변호사를 가리키며 이렇게 대답했다.

"방금 당신이 던진 어리석은 질문이나 다른 질문에 정말 대답하고 싶다면, 나는 내 책상 위에 있는 여러 버튼 중 하나를 누르겠습니다. 그러기만 하면 당신이 한 모든 질문과 당신이 능력이 없어서 묻거나 대답하지 못한 다른 많은 질문에 대한 정답을 알려줄 수 있는 사람을 불러올 수 있다는 걸 상기시키겠습니다. 이제 누구라도 대답할 수 있는 어리석은 질문에 답하기 위해 내 머릿속에 쓸모없는 것을 많이 채워야 하는 이유를 친절하게 설명하겠습니까? 내 주변에는 부르기만 하면 원하는 사실을 모두 알려줄 수 있는 능력 있는 사람들이 있는데도 말입니다."

이 답변은 기억나는 대로 인용한 것이지만 포드의 실제 답변과 상당히 비슷하다.

법정에는 침묵이 흘렀다. 질문하던 변호사는 입이 쩍 벌어지고 눈이 휘둥그레졌다. 판사는 의자에서 몸을 앞으로 기울여 포드를 바라보았다. 배심원들은 마치 폭발음을 듣고 잠이 깬 사람처럼 주위를 두리번거렸다.

당시 법정에 있었던 저명한 성직자는 나중에 이렇게 회상했다. 그 장면을 보면서 본디오 빌라도가 재판 중에 예수 그리스도의 말을 듣고 "진리가 무엇이냐?"라고 반문한 유명한 성경의 한 대목을 떠올렸다고 한다.(성경에 따르면, 빌라도는 이어서 "그에게서 아무 죄도 찾지 못했다."라고 언급한다.—편집자)

포드의 답변에 질문자는 차갑게 얼어붙었다. 그 답변이 나오기 전까지 변호사는 자신의 상식을 교묘하게 드러내고 이를 많은 사건과 주제에 대한 포드의 무지와 비교하면서 상당한 재미를 느끼고 있었다. 하지만 포드의 그 대답이 변호사의 즐거움을 망쳤다. 이 일은 진정한 교육이란 단순히 지식을 수집하고 분류하는 게 아니라 정신적인 발전을 의미한다는 것을 다시금 증명했다. 포드는 아마 미국 전체 주의 주도主都를 말하지는 못했겠지만, 미국 전체 주에서 '수많은 바퀴를 돌릴 자본'을 모을 수 있었고 실제로 모았다.

교육은 다른 사람의 권리를 침해하지 않고도 필요할 때 모든 것을 얻을 수 있는 힘으로 구성된다. 포드는 이 정의에 잘 들어맞는 사람이다. 그래서 나는 앞서 언급한 사건을 포드의 단순한 철학과 연결해 설명했다.

포드에게 혼자 답할 수 없는 미로 같은 질문을 던져서 이론적으로 그를 쉽게 얽어맬 만한 '배운' 사람은 많다. 하지만 포드가 산업계나 금융계 관련한 논쟁을 벌인다면 그런 사람의 모든 지식과 지혜를 몰살시킬 수 있다.

포드는 화학 실험실에서 물을 수소와 산소로 분해한 뒤 이 원자들을 다시 예전 상태로 결합할 수는 없지만 원한다면 이를 대신해줄 수 있는 화학자들을 주변에 두는 방법은 안다. 다른 사람의 지식을 지적으로 활용할 줄 아는 사람은 그저 지식만 갖고 있을 뿐 무엇을 해야 할지 모르는 사람보다 교육받은 사람이다.

✤ 제대로 교육받은 사람의 돈 버는 법

한 유명한 대학 총장이 매우 척박하고 넓은 땅을 물려받았다. 이 땅에는 상업적인 가치가 있는 목재나 광물, 다른 귀중한 뭔가가 없어서 그냥 토지세만 나가는 땅이었다.

그러다 정부가 이 땅을 가로지르는 고속도로를 건설하게 되었다. 자동차를 타고 이 도로를 달리던 어떤 '교육받지 못한' 남자가 이 척박한 땅이 사방 수 킬로미터에 걸쳐 멋진 전망을 자랑하는 산 위에 있다는 것을 알아차렸다. 그 땅은 작은 소나무와 다른 어린나무들로 뒤덮여 있었다. 그는 총장에게서 아주 저렴한 가격으로 땅의 일부를 샀다. 그런 뒤에 고속도로 근처에 커다란 식당이 딸린 독특한 통나무집을 지었다. 근처에 주유소도 만들었다. 도로를 따라 방이 하나씩 있는 통나무집 12채를 짓고 이 집들을 하룻밤에 3달러의 숙박비를 받고 관광객에게 빌려주었다. 그는 식당과 주유소, 통나무집에서 첫해에 1만 5천 달러의 순수익을 올렸다.

이듬해에는 계획을 확대해서 방 세 칸짜리 통나무집 50채를 추가로 짓고 인근 도시에 사는 사람들에게 여름 별장으로 빌려주었는데 임대료는 한 계절당 150달러를 받았다. 건축 자재 비용은 들지 않았다. 총장이 아무 가치도 없다고 생각한 바로 그 땅에서 목재가 많이 자랐기 때문이다. 게다가 통나무 방갈로의 독특하고 특이한 모습은 광고판이 되어주었다.

이 사람은 또 통나무집이 있는 곳에서 8킬로미터도 채 안 되는 곳에 오래된 농장을 샀다. 이때 판매자는 엄청나게 비싼 가격으로 팔았다고 생각했다. 이후 남자는 30미터 길이의 댐을 건설하더니 그곳으로 흘러 들어오는 물줄기를 이용해 농장 부지 한쪽을 호수로 바꾸고, 호수에 물고기를 방류한 다음 여름 휴양지를 찾는 사람에게 이곳을 매각했다. 여름 한철만에 남자가 이 간단한 거래로 얻은 총이익은 2만 5천 달러가 넘었다.

비전과 상상력이 풍부한 이 사람은 용어의 정통적인 의미에서 '교육받지' 못한 사람이다. <u>지식을 사용하면 사람은 강해질 수 있다</u>는 사실을 이 사례로 알 수 있다.

남자에게 땅을 팔았던 총장은 이 거래에 관해 이렇게 말했다.

"생각해보세요! 다들 무식하다고 했던 그 사람이 쓸모없는 땅으로 교육받은 내가 5년간 번 것보다도 더 많은 수익을 단 1년 만에 올렸습니다."

당신도 성공의 법칙으로 성공할 수 있다

미국 모든 주에는 여기에서 설명한 아이디어를 활용할 기회가 있다. 지금부터 이 책에서 설명한 것과 비슷한 지형을 연구해보자. 그러면 돈벌이를 할 만한 장소를 찾을 수 있을 것이다. 사람들은 내가 사례로 든 그런 편의 시설을 좋아하기 때문에 이 아이디어는 해수욕장이 적은 지역에 특히 적합하다.

자동차 덕에 미국 전역에 고속도로가 대거 건설되었다. 고속도로 근방에는 관광객을 위한 오두막 시설을 건설할 만한 장소가 있으며, 상상력과 자신감이 있는 사람이라면 이런 오두막을 꾸준히 돈을 벌어들이는 조폐국으로 바꿀 수 있다.

당신 주변에도 돈을 벌 기회가 있다. 이 책은 이 기회를 '발견하도록' 도와주고 또한 최대한 활용하는 방법을 알려준다. 그렇다면 성공 법칙의 철학을 이용해 가장 많은 이익을 얻을 수 있는 사람은 누구일까?

- 열차 승무원과 승객 사이에서 더 나은 협력 정신을 원하는 철도 회사 관계자
- 수입 창출 능력을 높이고 서비스를 더 유리하게 마케팅하고자 하는 급여 소득자
- 자신이 선택한 분야에서 영업왕이 되고자 하는 영업 사원. 성공 법칙의 철학은 지금까지 알려진 모든 판매 원칙을 다루며, 다른 데서는 볼 수 없는 여러 원칙까지 포함한다.
- 직원들이 한층 화합하는 가치를 이해하는 공장 관리자
- 효율이 높은 기록을 세워서 급여도 많이 받고 책임도 큰 직책으로 승진하고 싶은 철도 회사 직원
- 새로운 고객을 늘려서 사업을 확장하려는 상인. 성공 법칙의 철학은 매장의 모든 고객을 움직이는 광고로 만드는 방법을 가르쳐주므로 사업을 키우는 데 도움이 된다.
- 영업 사원의 판매 능력을 성장시키고 싶은 자동차 대리점 관리자. 이 책 내용 중 상당 부분이 현존하는 가장 뛰어난 자동차 영업 사원이 그동안

쌓은 경험에서 비롯되었다. 따라서 자동차 영업 사원들을 지휘하는 관리자에게 매우 유용할 것이다.

- 새로운 보험 가입자를 확보하고 현재 고객의 보험 상품을 늘리려고 하는 보험 대리점 관리자. 오하이오주의 한 보험 영업 사원은 도전과 실패에 대한 교훈이 있는 14장을 읽고는 금속업체인 센트럴스틸사 임원에게 5만 달러짜리 보험을 판매했다. 이 영업 사원은 15가지 성공의 법칙을 배운 뒤 뉴욕생명보험사의 보험왕이 되었다.

- 현재 직업에서 최고의 자리에 오르고 싶거나, 수익성이 더 높은 사업 분야로 진출할 기회를 찾는 학교 교사

- 어떤 분야에 진출해서 평생 직업을 찾을지 아직 결정하지 않은 대학생과 고등학생. 이 책은 학생이 본인에게 가장 적합한 직업을 결정하는 데 도움이 될 개인 분석표를 제공한다.

- 고객에게 더 친절한 서비스를 제공해 사업을 확장하고자 하는 은행가

- 임원 자리에 오르고자 하는 야심만만한 은행원

- 직접적인 광고로 직업윤리를 위반하는 일 없이 사업을 확장하고자 하는 의사. 한 저명한 의사는 직접 광고가 금지된 분야의 전문직 종사자에게는 이 책이 1천 달러의 가치가 있다고 말했다.

- 기업체나 산업체에서 지금까지 시도되지 않았던 새로운 홍보 방법을 개발하고자 하는 홍보 전문가. 이 장에서 설명한 원리를 부동산 홍보에 적용한 어떤 홍보 전문가는 상당한 부를 얻었다.

- 판매 촉진을 위한 차별화된 방법을 원하는 부동산 중개업자. 이 장에는 완전히 획기적인 부동산 홍보 계획에 관한 설명이 포함되어 있으므로 이를 활용하면 확실히 부를 쌓을 수 있다. 이 계획은 거의 모든 주에서

활용할 수 있고 기업 홍보를 해본 적이 없는 사람도 사용할 수 있다.
- 순수익을 늘리기 위해 제품을 마케팅할 새로운 방법을 찾는 농부. 그리고 앞서 소개한 부동산 홍보 계획에 적합한 토지를 소유한 농부. 수천 명의 농부가 농작물 재배에는 적합하지 않지만 오락이나 숙박 용도로 활용했을 때 수익성이 매우 높은 '금광' 같은 토지를 보유하고 있다.
- 직급과 수입이 높은 자리로 승진할 실용적인 계획을 찾는 속기사와 회계사. 성공의 법칙은 개인 서비스 마케팅을 위한 최고의 법칙이다.
- 직원들이 원활하게 협력하여 생산 효율성이 올라가고 사업 확장이 되기를 원하는 인쇄업자
- 책임이 더 크고 결과적으로 급여도 많이 받을 수 있는 직업을 갖기 원하는 일용직 노동자
- 품위 있고 윤리적인 방법으로 고객을 확대하고, 법률 서비스가 필요한 더 많은 이에게 호감 가는 방식으로 자신을 알리려는 변호사
- 직원 간에 협력을 강화해서 현재의 사업을 확장하거나, 현재의 업무를 적은 비용으로 처리하려는 기업 임원
- 직원들에게 더 정중하고 효율적으로 서비스하는 방법을 가르쳐 사업을 확장하려는 세탁소 주인
- 더 크고 효율적인 영업 조직을 원하는 생명 보험 대리점
- 각 매장이 더 효율적으로 판매하여 이익을 더 늘리려는 체인점 사업가
- 가정 불화와 협력 부족 탓에 불행한 결혼 생활을 하는 기혼자

성공 법칙의 철학은 앞서 언급한 모든 이에게 확실하고 신속한 도움을 제공한다.

핵심 아이디어는 1장 전반에 걸쳐 매우 자세히 설명한 '마스터 마인드'라는 용어로 표현할 수 있다. 널리 알려져 있듯 모든 새로운 아이디어, 특히 추상적인 아이디어는 여러 번 반복해야 우리 마음에 자리 잡는다. 여기서 '마스터 마인드' 원리를 다시 언급하는 것도 그래서다.

'마스터 마인드'는 두 사람 이상의 마음이 목적 있고 조화로운 정신으로 우호적인 동맹을 맺어야 계발될 수 있다. 조화로운 정신이든 아니든 여러 사람의 마음이 동맹을 맺으면 동맹에 참여하는 모든 사람에게 영향을 미치는 또 다른 마음이 발전한다. 두 사람 이상의 마음이 만나 접촉했을 때 또 다른 마음이 생겨나지 않는 경우는 없다.

그런데 이 보이지 않는 창조물이 항상 '마스터 마인드'인 것은 아니다. 두 사람 이상의 마음이 만나서 '마스터 마인드'와 정반대되는 부정적인 힘이 발달하는 사례도 아주 많다.

이 책 곳곳에서 이야기하겠지만 조화로운 정신으로 섞일 수 없는 마음도 있다. 화학 분야에도 이 원리와 비슷한 것이 있다. 이를 참고하면 여기서 언급한 원리를 더 명확하게 이해할 수 있다. 예를 들어, 화학식 H_2O는 수소 원자 두 개와 산소 원자 하나가 결합된 것을 의미하며 두 원소를 물로 바꾼다. 수소 원자 하나와 산소 원자 하나는 물을 생성하지 않는다. 게다가 서로 조화를 이루도록 만들 수도 없다!

알려진 원소 중에는 무해하던 것이 결합하면 즉시 치명적인 독극물로 바뀌는 것이 많다. 달리 말하면 잘 알려진 많은 독극물을 특정한 다른 원소와 결합하면 중화되고 무해해지기도 한다. <u>**특정 원소를 결합하면 전체적인 본질이 바뀌듯, 특정한 마음을 결합시키면 그 마음의 본질이 바뀌어 '마스터 마인드'가 생기거나 그와 반대되는 매우 파괴적**</u>

인 것이 생긴다.

가령 장모와 원만하게 지낼 수 없다는 걸 알게 된 사위라면 '마스터 마인드' 원리가 부정적으로 적용되는 상황을 잘 알 것이다. 이와 같이 어떤 마음들은 서로 조화를 이루지 못하고 '마스터 마인드'로 섞일 수 없다.

리더들은 이 사실을 기억해두는 게 좋다. <u>리더는 조직에서 가장 전략적인 지점에 배치된 사람들이 우호적이고 조화로운 정신으로 섞이도록 조직을 구성할 책임이 있다.</u> 사람들을 그룹화하는 능력은 리더의 가장 뛰어난 특성이다. 2장에서 당신은 이 능력이 카네기가 축적한 권력과 재산의 주요 원천임을 알게 될 것이다.

철강 사업의 기술적 측면에 대해 전혀 아는 게 없었던 카네기는 자신과 '마스터 마인드'를 구성하는 이들을 모아 세상에서 가장 성공적으로 철강 산업을 건설했다.

포드의 엄청난 성공도 이와 동일한 원칙을 성공적으로 적용한 덕분이다. 그는 매우 자립적이었지만, 사업을 성공적으로 발전시키는 데 필요한 지식을 자신에게서만 찾지 않았다. 포드도 카네기처럼 자신이 소유하지 않았고 소유할 수도 없는 지식을 제공해주는 사람들을 주변에 두었다. 게다가 포드는 집단적 노력에서 조화를 이룰 수 있는 사람들을 선택했다.

'마스터 마인드' 원리를 만들어낸 가장 효과적인 동맹은 남녀의 마음이 어우러져서 발전한 것이다. 그 이유는 남성끼리보다 남녀의 마음이 더 쉽게 조화를 이루기 때문이다. 또 성적 접촉이라는 추가적인 자극은 종종 남녀 사이의 '마스터 마인드' 발달에 영향을 미친다.

남성은 목표나 대상이 무엇이든 간에 여성이 영감을 제공하거나 격려를 받으면 더 열정적으로 된다. 이런 특성은 사춘기 때부터 나타나 평생 지속된다.

그 첫 번째 증거는 소년이 여성 관중 앞에서 하는 운동 경기에서 관찰할 수 있다. 여성 관중이 없으면 축구 경기는 매우 재미없게 진행된다. 하지만 소녀가 관람석에서 지켜본다면 소년은 거의 초인적인 힘을 쏟는다. 그리고 그 소년이 커서 어른이 되어 여성에게 영감과 격려를 받으면 소년 시절 운동할 때와 같은 열정으로 돈 버는 데 뛰어든다. 특히 그 여성이 '마스터 마인드' 법칙을 이용해 본인의 마음을 통해 남성의 마음을 자극하는 방법을 안다면 남성은 더욱 열심일 것이다. 반대로 여성이 '마스터 마인드' 법칙을 부정적으로 활용하면, 즉 잔소리, 질투, 이기심, 탐욕, 허영심 등을 동원하면 남성을 확실한 실패로 이끌 수도 있다!

고인이 된 미국 문학가 엘버트 허버드는 이 원리를 잘 이해했다. 그래서 불화를 겪던 아내와 이혼하고, 그에게 영감의 원천이 되어준 여성과 재혼해서 세간을 뒤흔들었다. 그런데 허버드의 행동이 최선이 아니었다고 말할 수 있을까?

우리 인생에서 가장 중요한 일은 성공하는 것이다! 성공으로 가는 길에는 제거해야 할 방해물이 많을 수 있다. 그중 가장 해로운 것이 조화롭지 않은 마음과 맺은 불행한 동맹이다. 이럴 때 동맹을 깨지 않으면 실패를 겪고 패배감을 느낄 것이다.

비판에 대한 두려움을 비롯해 6가지 기본적인 두려움을 터득한 사람은 관습에 얽매인 사람에게는 과격한 행동으로 보일 수도 있는 행동을 주저하지 않고 취하기도 한다. 자기가 적대적인 동맹에 구속되어 제한받고 있음을 깨달았을 때처럼 말이다.

사업상 동맹이든 사회적인 동맹이든, 조화롭지 않은 동맹 탓에 실패하고 잊히는 것보다는 비판에 직면하는 편이 백배 낫다.

솔직히 나는 결혼을 둘러싼 조건이 조화로울 수 없는 상황에서는 이혼이 정당하다고 생각한다. 이혼이 아닌 다른 방법으로는 조화 부족 문제를 해결할 수 없다는 소리가 아니다. 물론 극단적인 이혼 단계를 밟지 않고도 적대감의 원인을 제거하고 조화를 이룰 수도 있다.

개인마다 뇌의 화학적 특성이 다르기에 어떤 마음은 조화로운 정신과 융화되지 않고 그렇게 하도록 강요하거나 유도할 수 없지만, **당신의 동맹에 속한 다른 사람에게 조화 부족에 대한 모든 책임을 지우려고 너무 서두르지는 마라. 당신 뇌에 문제가 있을 수도 있다는 사실을 기억하자!**

또 다른 사람과 조화를 이루지 못하고 그럴 의지도 없는 마음이라도 다른 유형의 마음과 완벽하게 조화를 이룰 수 있다. 이 진실이 발견되면서, 결과적으로 사람을 고용하는 방법에 급진적인 변화가 일어났다. 이제는 원래 고용된 직위에 적합하지 않다는 이유로 사람을 해고하는 게 당연하지 않다. 분별력 있는 리더는 그런 사람을 다른 자리에 배치하려고 애쓴다. 다른 직위에 부적합했던 사람이 새로운 직위에서는 귀중한 인재가 될 수도 있다는 게 여러 번 증명되었다.

이 책을 읽는 사람은 다음 장으로 넘어가기 전에 '마스터 마인드' 법칙을 철저히 이해했는지 확인해야 한다. 사실상 이 책 전체가 마음이 작동하는 이 법칙과 밀접하게 연관되어 있다. '마스터 마인드' 법칙을 숙지하고 적용하는 방법을 배우면 새로운 기회의 세계가 열린다.

특히 마스터 마인드를 다룬 이번 장에는 영업에 재능이 있는 학생이 최고의 영업 사원이 되는 데 필요한 정보가 충분하다. 판매 조직에서 영업 사원들을 두 명 이상의 그룹으로 나눈 뒤 우호적인 협력 정신으로 연합하면서 이 책의 제안을 활용하게 하면 '마스터 마인드' 법칙을 효과적으로 활용할 수 있다.

유명 자동차 브랜드를 담당하는 한 대리점이 영업 사원 12명을 고용하고 있었다. 대리점은 이들을 두 명씩 여섯 그룹으로 나누어 '마스터 마인드' 법칙을 적용하는 걸 목표로 삼았다. 그 결과 모든 영업 사원이 새로운 최고 판매 기록을 세울 수 있었다.

이 대리점은 '원어위크클럽One-A-Week Club'을 만들었다. 클럽에 속한 영업 사원 전부가 일주일에 평균 한 대씩 자동차를 판매했다는 의미다. 정말 놀라운 성과인데 어떻게 해낸 걸까? 대리점은 클럽의 일원이 된 영업 사원에게 잠재 고객 100명의 명단을 제공했다. 영업 사원은 잠재 고객에게 일주일에 한 장씩 우편엽서를 보내고 매일 최소 열 명에게 직접 전화를 걸었다. 우편엽서에서는 판매하려는 자동차의 장점을 하나만 설명하고 개인적인 만남을 요청했다. 그랬더니 판매가 빠르게 증가했다!

대리점은 일주일에 자동차를 평균 한 대씩 판매해서 클럽에 가입할 자격을 얻은 영업 사원에게는 추가로 보너스를 제공했다. 이 계획은 조직 전체에 새로운 활력을 불어넣었다.

생명 보험 대리점에도 이와 유사한 방법이 효과적일 수 있다. 방법을 굳이 바꿀 필요도 없다. 예를 들어 '폴리시어위크클럽Policy-A-Week Club'을 만드는 것이다. 이는 회원 각자가 매주 합의된 최소 금액의 보험을 한 개 이상 판매하겠다고 약속했다는 뜻이다.

자동차 대리점의 원어위크클럽은 매주 1회씩 오찬 모임을 한다. 한 시간 30분 동안 진행되는 모임에서는 이 책에서 소개한 법칙을 적용하는 방법과 수단을 토론한다. 이때 사람들은 조직의 다른 구성원의 아이디어를 배우고 이익을 얻는 기회를 더 늘릴 수 있다.

점심 식사 자리에는 식탁이 두 개 마련된다. 한 식탁에는 원어위크클럽의 회원 자격을 취득한 사람들이 앉는다. 그리고 고급스러운 도자기 그릇 대신 평범한 그릇이 놓인 다른 식탁에는 회원 자격이 없는 사람들이 앉는다.

자동차 판매 분야뿐 아니라 다른 판매 분야에서도 이 방법을 활용할 수 있다. 이 방법은 조직 리더나 관리자는 물론 영업팀의 구성원 전부에게도 이익을 가져다준다.

내가 이 방법을 간략하게나마 설명한 이유는 책에서 설명한 원칙을 실제로 적용하는 방식을 보여주기 위해서다. 모든 이론이나 규칙, 원칙을 가늠하는 진정한 척도는 그게 실제로 효과가 있느냐는 것이다! '마스터 마인드' 법칙은 효과가 있다.

이 점을 이해했다면 이제 2장으로 넘어갈 준비가 된 것이다. 2장에서는 입문 과정에서 설명한 법칙을 적용하는 방법을 더 확실하게 배울 것이다. 당신이 2장 내용을 숙지하고 기본적인 사항을 활용하게 되면, 여기서 설명한 것을 훨씬 효과적으로 적용할 수 있다.

'성공의 법칙'에 담긴 아이디어들

이 책에 담긴 15가지 성공의 법칙을 제대로 이해하기 위해 알아야 할 주요 아이디어들을 짚고 넘어가보자.

1. 힘: 힘이란 무엇이고 어떻게 만들어서 사용하는가.
2. 협력: 협력적 노력의 심리학과 이를 건설적으로 활용하는 방법
3. 마스터 마인드: 두 사람 이상의 목적과 노력이 조화를 이루어 마스터 마인드가 생성되는 방식
4. 헨리 포드, 토머스 A. 에디슨, 하비 S. 파이어스톤: 이들이 가진 권력과 부의 비밀
5. 빅식스: 기업 리더 여섯 명이 마스터 마인드 법칙으로 연간 2,500만 달러 이상의 이익을 올린 방법
6. 상상력: 실용적인 계획과 새로운 아이디어를 창출할 수 있도록 자극하는 방법

7. 텔레파시: 생각이 대기를 거쳐 한 사람의 마음에서 다른 마음으로 전달되는 방법. 모든 뇌는 생각을 발신 및 수신하는 방송국이라고 할 수 있다.
8. 영업 사원과 대중 연설자가 청중의 생각을 '감지'하거나 '동조'하는 방법
9. 진동: 장거리 전화를 발명한 알렉산더 그레이엄 벨 박사가 설명한다.
10. 공기와 대기가 진동을 전달하는 방법
11. 아이디어가 갑자기 머릿속에 '번쩍' 떠오르는 방식과 이유
12. 성공 법칙의 철학이 지나온 역사, 25년 넘게 진행된 과학 연구와 실험 기간에 대해 설명한다.
13. 엘버트 H. 게리 판사가 읽고, 승인하고, 받아들인 성공의 법칙
14. 앤드류 카네기는 내가 이 책을 쓰도록 계기를 마련해주었다.
15. 성공 법칙의 교육: 영업 사원들이 100만 달러의 매출을 올리도록 도왔다.
16. 소위 말하는 '영성주의'에 관한 설명
17. 모든 힘의 근원이 되는 조직적인 노력
18. 자신을 분석하는 방법
19. 오래되고 낡고 쓸모없는(?) 농장을 이용해서 돈을 번 방법
20. 이 책의 지침에 따라 열심히만 하면 지금 하는 일에서도 금광을 발견할 수 있다.
21. 당신의 실용적인 아이디어나 계획을 발전시키려면 자본이 필요하다.
22. 사람들이 실패하는 이유 몇 가지
23. 헨리 포드가 지구상에서 가장 강력한 인물인 이유, 그리고 그가 그런

힘을 얻게 된 법칙을 우리가 활용하는 방법

24. 사람들이 자기도 모르게 다른 사람을 적대시하는 이유
25. 정신적 자극제이자 건강 증진제 역할을 하는 성적 접촉의 효과
26. '부흥회'라고 하는 열광적인 종교 행사에서는 무슨 일이 일어나는가.
27. 자연법칙에서 배운 것
28. 마음속 화학 반응이 우리를 만들거나 파괴하는 방식
29. 영업 기술에서 '심리적 순간'이 의미하는 것
30. 마음이 활력을 잃으면 어떻게 '재충전'할 것인가.
31. 모든 협력적 노력에서 조화의 가치와 의미
32. 헨리 포드의 자산은 무엇으로 구성되어 있는가?
33. 지금은 합병과 고도로 체계화된 협력적 노력의 시대다.
34. 우드로 윌슨은 국제연맹 설립 계획을 세울 때 '마스터 마인드' 법칙을 염두에 두었다.
35. 다른 사람들과 요령 있게 협상할 수 있는가에 성공 여부가 달려 있다.
36. 모든 인간은 적어도 2가지의 뚜렷하게 구별되는 성격을 가지고 있는데 하나는 파괴적이고 다른 하나는 건설적이다.
37. 교육은 흔히 설명이나 규칙을 암기하는 것이라고 오해하지만 실은 인간의 마음을 펼치고 활용해 내면에서부터 발전시키는 것을 의미한다.
38. 개인적인 경험을 통해 지식을 수집하는 2가지 방법과 다른 사람이 경험으로 얻은 지식을 흡수하는 방법
39. 헨리 포드, 벤저민 프랭클린, 조지 워싱턴, 에이브러햄 링컨, 시어도어 루스벨트, 윌리엄 하워드 태프트, 우드로 윌슨, 나폴레옹 보나파르트, 캘빈 쿨리지(미국 30대 대통령.—편집자), 제시 제임스(미국 서부 개척 시

대에 활동한 갱단 두목.—편집자)에 대한 분석

40. 나폴레온 힐의 '성공 수업'

이어서 90쪽에 제공되는 도표는 개인 분석표다. 항목들을 주의 깊게 살피면서 15가지 성공의 법칙에 대한 각 인물의 점수 평가를 비교한 다음, 맨 오른쪽 두 개의 행에 자신의 점수를 적어보자. 이때 이 책을 다 읽기 전과 후로 구분해서 적어야 한다.

이 표에서 분석한 열 명은 세계적인 유명 인사다. 이들 중 여덟 명은 성공한 사람으로, 두 명은 실패한 사람으로 알려져 있다. 실패한 사람은 제임스와 나폴레옹이다. 비교를 위해 분석한 뒤 이 두 사람이 어느 항목에서 0점을 받았는지 잘 살펴보면 실패한 이유를 알 수 있다. 항목 중 하나라도 0점을 받으면 다른 항목들의 점수가 전부 높아도 실패로 이어진다.

성공한 사람은 모두 '명확한 목표' 항목에서 100점을 받았다는 사실에 유의하자. 이 항목은 성공을 거두기 위한 기본적인 전제 조건이다. 흥미로운 실험을 하고 싶다면 표에 나온 인물의 이름을 당신이 아는 사람의 이름으로 바꾸어보라. 그중 다섯 명은 성공한 사람이고 다섯 명은 실패한 사람이어야 한다. 마지막으로 당신이 자신의 약점을 확실히 알고 있는지 확인하도록 한다.

	헨리 포드	벳지민 프랭클린	조지 워싱턴	시어도어 루스벨트	에이브러햄 링컨	우드로 윌슨	윌리엄 H. 태프트	나폴레옹 보나파르트	켈빈 쿨리지	제시 제임스	나 (책 읽기 전)	나 (책 읽은 후)
명확한 목표	100	100	100	100	100	100	100	100	100	0		
자신감	100	80	90	100	75	80	50	100	60	75		
저축 습관	100	100	75	50	20	40	30	40	100	0		
주도성/리더십	100	60	100	100	60	90	100	100	25	90		
상상력	90	90	80	80	70	80	65	90	50	60		
열정	75	80	90	100	60	90	20	80	50	80		
자제력	100	90	50	75	95	75	80	40	100	50		
보수 이상으로 일하는 자세	100	100	100	100	100	100	100	100	100	0		
호감가는 성격	50	90	80	80	80	75	90	100	40	50		
정확한 사고	90	80	75	60	90	80	90	100	70	20		
집중력	100	100	100	100	100	100	100	100	100	75		
협력	75	100	100	50	90	40	100	50	60	50		
정중력	100	90	75	60	80	60	60	40	40	0		
실패에서 얻는 이익	100	100	80	75	100	70	100	0	75	0		
관용	90	100	100	100	100	100	100	100	100	0		
황금률 실천	100	100	100	100	100	100	100	100	100	0		
평균	91	90	86	82	81	79	75	70	71	37		

성공의 법칙 1

명확한 목표를 잠재 의식 깊숙이 심어라

"명확한 핵심 목표가 있는 사람이 나아가면
모든 사람이 비켜서서 길을 내준다."

당신은 지금까지 성공한 사람들이 사용해왔고 앞으로도 계속 사용하게 될 성공의 법칙이 담긴 책을 읽고 있다. 나는 여러 원리와 법칙을 누구나 쉽고 빠르게 이해할 수 있도록 가능하면 쉽게 서술했다.

여기서 설명하는 원리 중 어떤 것은 사람들에게 이미 익숙한 것이고 어떤 것은 처음 소개되는 것이다. 처음부터 마지막에 이르기까지 **이 책의 진정한 철학적 가치는 내용 자체보다 당신의 생각을 촉진하는 데 있음을 명심해야 한다.** 사람들은 보통 단발적이고 무의미한 생각에 엄청난 힘을 낭비한다. 그런데 이 책은 당신이 그 힘을 활용하여 마음을 가다듬고 명확한 목표를 향해 나아가도록 이끄는 정신적인 자극제가 된다.

성공을 어떻게 정의하든 성공하려면 한 가지 목표를 정하고 정진해야 한다. 그리고 여러 사안을 고려해야 한다.

성공에도 훈련이 필요하다

나는 권투 선수 잭 뎀프시가 다가오는 시합에 대비해 훈련하는 모습을 보려고 아주 먼 곳까지 간 적이 있다. 훈련하는 것을 보니 그는 한 가지 훈련에만 의존하지 않고 다양한 운동을 활용했다. 샌드백은 특정한 근육을 단련시킬 뿐만 아니라 시선을 빠르게 움직이게 하는 훈련에도 좋았다. 덤벨은 또 다른 근육 훈련에 도움이 되었고 달리기는 다리와 엉덩이 근육을 발달시켰다. 균형 잡힌 식사는 지방 없는 탄탄한 근육을 만드는 데 필요한 재료를 공급했다. 적절한 수면, 여가, 휴식은 승리에 필요한 다른 자질을 제공했다.

당신도 인생이라는 승부에서 이기려고 현재 훈련 중이거나 앞으로 훈련에 참여하게 될 것이다. 이기려면 주의를 기울여야 하는 사항이 많다. 체계적이고 기민하고 활력 넘치는 마음은 다양하고 잡다한 자극을 통해 형성되는데, 이 책에서 이 자극에 관해 자세히 설명할 것이다.

정신을 발달시킬 때도 신체 발달과 마찬가지로 다양하고 체계적인 훈련이 필요하다. 말을 훈련시키는 사람은 습관과 반복으로 원하는 걸음걸이를 개발해 장해물을 뛰어넘게 한다. 인간의 마음도 이와 비슷하게 다양한 생각을 불러일으키는 자극을 활용해 훈련해야 한다.

이 책을 읽다 보면 광범위한 주제를 아우르는 생각이 떠오를 것이다. 그러니 노트와 연필을 준비해두고 생각이나 아이디어를 기록하자. 이렇게 기록하면서 책을 두세 번 읽고 나면 당신의 인생 계획 전체를 바꿀 만큼 많은 아이디어가 생길 것이다.

수년간 이 원리를 실험해온 유명한 과학자가 있다. 그는 실험을 계속하다 보니 마음이 유용한 아이디어를 끌어들이는 자석 같다는 사실을 깨달았다.

혹시 책을 읽으면서 지금보다 더 많은 지식이 필요하지는 않다고 느낀다면 오산이다. 사실 어떤 주제에 대해 잘 안다고 자신할 수 있는 사람은 별로 없다.

인생은 무지를 없애고 삶의 유용한 진실을 깨닫기 위한 길고 험난한 과정이다. 나는 이런 상상을 자주 한다. 삶의 입구에 서 있는 위대한 존재가 자신을 지혜롭다고 여기는 사람의 이마에는 '불쌍한 바보'라고 쓰고 자신을 성인이라고 여기는 사람의 이마에는 '불쌍한 죄인'이라고 쓰는 장면을 말이다. 달리 표현하면 세상 누구도 온전한 정신으로 삶을 즐기는 데 필요한 것들을 다 알지는 못한다. 성공하려면 겸손한 태도를 취해야 한다! 진정으로 겸손해지기 전까지는 다른 사람의 경험과 생각에서 많은 걸 얻지 못한다.

도덕에 관한 진부한 설교처럼 들리는가? 뭐, 그래도 할 수 없다. 무미건조하고 흥미 없는 설교라도 진정한 자아를 비추어 우리가 얼마나 비천하고 피상적인 존재인지 깨닫게 해준다면 도움이 될 것이다.

인생에서의 성공은 인간을 얼마나 잘 이해하느냐에 달려 있다! **인간이라는 동물을 연구하기에 가장 좋은 곳은 본인 마음속이므로 최대한 정확하게 자신을 살펴야 한다.** 가능한 한 자신을 철저히 파악하라. 다른 사람에 대한 이해도 깊어질 것이다.

다른 사람들의 겉모습뿐만 아니라 진짜 실체를 알고 싶다면 다음과 같은 부분을 연구해보자.

- 자세와 걸음걸이
- 목소리 톤, 음색, 목소리 고저, 음량
- 시선. 눈을 바라보면 찔리는 데가 있는 듯 시선을 피하는지 아니면 똑바로 바라보는지 확인한다.
- 단어의 용법, 사용 경향, 특성, 품격

이런 것들은 열린 창이다. 우리는 이를 거쳐 '영혼으로 바로 걸어 들어가' 그 사람의 본모습을 살펴볼 수 있다! 한 걸음 더 나아가, 어떤 사람에 대해 알고 싶다면 다음과 같은 상태일 때 연구해야 한다.

- 화가 났을 때

- 사랑에 빠졌을 때

- 돈이 관련되었을 때

- 음식을 먹을 때(혼자 있거나 보는 사람이 없다고 여길 때)

- 글을 쓸 때

- 곤경에 처했을 때

- 기쁘고 의기양양할 때

- 낙담하고 패배감에 젖었을 때

- 위험한 재난에 직면했을 때

- 다른 사람에게 '좋은 인상'을 주려고 할 때

- 다른 사람의 불행을 알게 되었을 때

- 다른 사람의 행운을 알게 되었을 때

- 스포츠 경기에서 졌을 때

- 스포츠 경기에서 이겼을 때

- 혼자서 깊은 생각에 잠겨 있을 때

어떤 사람의 실체를 파악하려면 여러 상황에서 어떤 모습인지 관찰해야 한다. 이것이 사람을 보자마자 바로 판단을 내리면 안 되는 이유다. 외모가 중요한 것은 의심할 여지 없는 사실이지만 외모에 속아 넘어가는 경우도 종종 있지 않은가.

이 책을 다 읽고 나면 성급한 판단이 아닌 다른 방법으로 자신과 다른 사람을 평가할 수 있게 된다. 또 이 철학에 통달하면 장식품, 옷, 태도 같은 겉모습을 뚫고 내면 깊숙한 곳을 들여다볼 수 있게 된다.

이건 확실한 사실이다! 수년간 실험과 분석을 거쳤기에 장담할 수 있다.

몇몇 사람들은 내게 왜 이 책에 '최고의 판매 기술'이라는 제목을 붙이지 않느냐고 물었다. 그 이유는 '판매 기술'이라는 단어가 일반적으로는 상품이나 서비스의 마케팅과 관련이 있어서 독자가 책의 본질을 지나치게 제한적으로 해석할 수 있기 때문이다. 하지만 판매 기술의 좀 더 심오한 의미를 고려하면 사실 이 책은 최고의 판매 기술과 관련이 있다.

이 책의 철학에 통달한 사람은 최소한의 저항과 마찰만 겪으면서 인생을 성공적으로 헤쳐나갈 수 있을 것이다. 이 책은 평범한 사람들이 간과하는 많은 진실을 정리하고 잘 활용하도록 도와준다.

누구나 삶에 중요한 영향을 미치는 모든 문제에 대한 진실을 알고 싶어 하는 것은 아니다. **나는 연구 과정에서 자신의 약점에 관한 진실을 알고 싶어 하는 사람이 매우 드물다는 것에 무척 놀랐다.**

우리는 현실보다 환상을 선호한다! 새로운 진실을 받아들일 때도 액면 그대로 받아들이지 않는다. 하지만 어떤 사람은 새로운 아이디어를 너무 자의적으로 해석하는 바람에 결국 쓸모없게 만들기도 한다.

이 책의 1장과 이번 2장은 새로운 아이디어를 받아들이기 위한 토대를 마련하는 내용을 담았다. 내가 전하고자 하는 생각은 최근 호《아메리칸매거진》의 사설과도 통한다.

✦ 얼마 전 비 내리는 밤에 '알래스카의 순록왕'이라고 불리는 칼 로멘이 내게 실화 하나를 들려주었다. 계속 머릿속을 맴돌고 있는 그 이야기를 이제

독자에게 전하려고 한다.

몇 년 전 그린란드 에스키모 한 명이 미국 북극 탐험대에 합류했다. 그리고 충실한 봉사에 대한 보상으로 나중에 뉴욕시에 잠시 들르게 되었다. 그는 온갖 경이로운 광경과 소리에 감탄을 금치 못했다. 고향 마을로 돌아온 에스키모는 하늘 높이 솟아오른 건물, 전차(사람들이 사는 집이 길을 따라 움직인다고 설명했다.), 거대한 다리, 인공조명, 그리고 대도시에서 벌어지는 여러 가지 눈부신 일에 관한 이야기를 들려주었다.

이야기를 들은 마을 사람들은 차가운 시선으로 그를 바라보면서 자리를 떴다. 그는 즉시 '거짓말쟁이'를 뜻하는 '사그들룩Sagdluk'이라는 별명을 얻었고 이 부끄러운 이름을 무덤까지 가져갔다. 그의 원래 이름은 죽기 훨씬 전에 완전히 잊혔다.

크누드 라스무센(덴마크 인류학자이자 탐험가.—편집자)이 그린란드에서 알래스카로 여행할 때 미텍이라는 에스키모가 동행했다. 미텍은 코펜하겐과 뉴욕을 방문했는데 그곳에서 처음 접하는 많은 것을 보고 큰 감명을 받았다. 하지만 그린란드로 돌아온 그는 사그들룩의 비극을 떠올리고는 진실을 말하는 건 현명하지 않다고 판단했다. 그래서 사람들이 이해할 수 있는 이야기만 들려주면서 자신의 평판을 지키려고 했다.

미텍은 라스무센 박사와 함께 거대한 허드슨강 유역에서 카약을 손질하고 매일 아침 노를 저어 사냥을 갔다고 말했다. 오리, 거위, 물개가 많았고 그 방문이 매우 즐거웠다고 했다.

고향 사람들이 보기에 미텍은 매우 정직한 사람이었다. 그래서 이웃들은 그를 매우 존경했다.

진실을 말하는 사람은 항상 험난한 길을 갔다. 소크라테스는 독배를 마셨고, 예수는 십자가에 못 박혔고, 스테파노(기독교 최초의 순교자.—편집자)는 돌에 맞아 죽었고, 브루노(16세기 이탈리아의 철학자이자 천문학자. 지동설 등을 주장하다가 화형당했다.—편집자)는 화형당했고, 갈릴레오는 겁먹고 천체에 대한 진실을 철회했다. 역사의 페이지를 따라가다 보면 이런 피의 흔적이 끝없이 이어진다.

인간 본성의 어떤 부분 때문에 우리는 새로운 아이디어의 영향을 못마땅하게 여긴다.

우리는 대대로 전해오는 신념과 편견이 방해받는 걸 싫어한다. 나이가 들면 동면에 들어가듯 오래된 관습에 얽매여 살아가는 사람이 매우 많다. 그러다가 새로운 아이디어가 굴을 침범하면 으르렁거리며 겨울잠에서 깨어난다.

적어도 에스키모족에게는 변명거리가 있었다. 그들은 사그들룩이 설명한 놀라운 광경을 떠올릴 수 없었다. 오랜 세월 음울한 북극의 밤이 그들의 소박한 삶을 제한했기 때문이다.

하지만 오늘날에는 삶의 새로운 경향에 마음을 닫을 이유가 없다. 정신적인 무기력만큼 흔하고도 비극적인 건 없다. 육체적으로 게으른 사람이 열 명이라면 정신이 침체된 사람은 1만 배는 될 것이다. 그리고 그렇게 침체된 정신은 두려움의 온상이다.

버몬트에 사는 한 늙은 농부는 기도를 드릴 때마다 항상 "오, 신이여, 제게 열린 마음을 허락하소서!"라는 간청으로 마무리하곤 했다. 그를 모범으로 삼는 이가 많아진다면 다들 편견에 얽매이지 않고 살아갈 수 있을 것이다. 그러면 세상이 얼마나 살기 좋아지겠는가.

<u>사람은 자기가 매일 살고 일하는 익숙한 환경이 아닌 다른 곳에서 새로운 아이디어를 수집하려고 노력해야 한다.</u> 새로운 아이디어를 찾지 않으면 정신이 시들고 정체되고 좁아지고 닫힌다. 농부는 도시에 자주 가서 낯선 얼굴들을 접하고 높은 빌딩 사이를 걸어야 한다. 그러면 기분이 상쾌해져서 더 큰 용기와 열정을 안고 농장으로 돌아갈 수 있다. 이와 반대로 도시인은 가끔 시골로 여행을 가서 본인의 일상적인 노동 환경과 다른 새로운 광경을 보며 마음을 상쾌하게 환기해야 한다.

　변화와 다양한 음식 섭취가 꼭 필요하듯 정신적인 환경도 정기적으로 바꾸어야 한다. 일상적인 업무 영역에서 벗어나 새로운 아이디어를 접하면 마음이 기민해지고 탄력적으로 변해 더 빠르고 정확하게 일할 준비가 된다.

　이 책을 읽으면 당신은 일상적인 업무에 임할 때와 달리 완전히 새로운, 때로는 지금까지 전혀 접해보지 못했던 아이디어를 만날 수 있다. 또한 어떤 업무에 종사하든 한층 더 효율적이고 열정적이고 용감하게 임할 수 있는 새로운 아이디어를 얻게 될 것이다. 새로운 아이디어를 두려워하지 말자! 그것이 성패를 좌우할지 모른다.

　이 책에서 소개하는 아이디어 중 일부는 이미 우리에게 익숙해서 별도의 설명이나 타당성 증명이 필요하지 않다. 반면에 어떤 아이디어는 너무 새롭고 낯설게 느껴져 쉽게 받아들이기 어려울 수 있다.

　하지만 이 책에서 소개하는 모든 원리는 철저한 검증을 거쳤다. 대부분은 이론과 실제를 구분할 줄 아는 과학자와 각계 인사가 검증했다. 여기서 다루는 모든 원리는 누구나 정확하게 실행할 수 있다.

우리가 피해야 하는 가장 심각한 폐해는 확실한 사실에 근거하지 않은 견해를 형성하는 것이다. 영국 철학자이자 사회학자인 허버트 스펜서의 유명한 경고가 떠오른다.

"모든 정보를 차단하는 장벽이자 모든 논쟁을 가로막으며 우리를 영원한 무지 속에 가두는 확실한 원칙이 있다. 바로 조사를 하기도 전에 경멸부터 하는 것이다."

마스터 마인드 법칙을 공부할 때도 이 점을 염두에 두는 게 좋다. 다만 이 법칙은 완전히 새로운 정신 작동 원리를 담고 있는 만큼 직접 실천해보기 전에는 받아들이기 어려울 수도 있다.

그러나 마스터 마인드 법칙은 천재들이 이룬 업적을 기반으로 삼고 있다. 많은 과학자가 마스터 마인드 법칙이 집단적인 노력이나 협업에서 비롯된 중요한 성취의 기반이라고 했다.

벨은 마스터 마인드 법칙이 건전할 뿐만 아니라 곧 모든 고등교육 기관에서 이 법칙을 심리학 과정의 일부로 가르칠 것이라고 말했다. 스타인메츠는 나와 이 주제에 관한 이야기를 나누기 훨씬 전부터 마스터 마인드 법칙을 적용했다. 그 결과 이 책에서 언급한 것과 같은 결론에 도달했다. 버뱅크와 버로스도 비슷한 말을 했다. 에디슨에게 직접 질문한 적은 없지만 그가 한 말들을 살펴보면 마스터 마인드를 적어도 가능성 있는 법칙으로 지지해줄 것으로 생각된다. 게이츠도 15년 전에 나와 대화를 나누면서 이 법칙을 지지했다. 게이츠는 스타인메츠, 에디슨, 벨과 같은 위치에 있는 최고 수준의 과학자다.

지적인 사업가들과도 이야기를 나누었는데 그들은 과학자는 아니지만 마스터 마인드 법칙이 타당하다고 인정했다. 따라서 이런 문제를 판단할 능력도 없는 사람들이 진지하고 체계적인 조사를 거치지도 않은 채 섣불리 이 법칙을 평가하는 건 용납할 수 없다.

이 책은 성공으로 안내하는 지도다

이 책이 어떤 내용이고 당신에게 어떤 영향을 미치게 될지 간략하게 설명하겠다. 내가 25년 넘게 사업을 하고 전문적인 경험을 쌓으면서 수집한 정보가 이 책의 바탕이 되었다. 한때 나는 변호사로 일한 적이 있는데, 말하자면 이 책은 16개 장 전체가 내 사례를 뒷받침하는 증거다.

나는 이 책을 출판하기 전에 명문대 두 곳에 원고를 보내서 저명한 교수에게 원고를 읽고 경제적 관점에서 타당하지 않은 진술은 삭제하거나 수정해달라고 요청했다. 대학 측은 이 요청을 받아들여 원고를 주의 깊게 검토해주었다. 그 결과, 한두 군데 문구가 조금 바뀌었을 뿐 변경된 대목은 하나도 없었다.

원고를 검토한 교수 중 한 명은 이렇게 말했다. "고등학생들이 성공의 법칙이 가르쳐주는 15가지 교훈을 배우지 못하는 건 비극입니다. 내가 일하는 이 훌륭한 대학뿐 아니라 다른 대학들이 이 책을 교과 과정에 포함시키지 않는 것도 유감스럽습니다."

이 책은 당신이 갈망하는 '성공'이라는 목표를 달성하는 데 도움이 되는 지도나 청사진이 되어줄 것이다. 그렇다면 이쯤에서 성공이 무엇인지 정의해보자.

<u>성공이란 다른 사람의 권리를 방해하지 않고 인생에서 원하는 걸 전</u>

부 얻을 수 있는 힘을 키우는 것이다.

여기서 성공과 불가분의 관계에 있는 '힘'이라는 단어를 특히 강조하고 싶다. 우리는 치열한 경쟁 시대에 살고 세상은 적자생존의 법칙이 지배한다. 따라서 지속적인 성공을 누리고 싶은 사람은 힘을 이용해서 그 목표를 이루어야 한다.

그렇다면 힘이란 무엇일까? 힘은 체계화된 에너지 혹은 노력이다. 이 책에서는 사실과 지식, 정신 능력을 힘의 단위로 조직하는 방법을 가르쳐주기 때문에 '성공의 법칙'이라는 이름을 붙였다.

이 책은 다음과 같은 사실을 확실하게 보장한다. 이 법칙을 완전히 터득하고 잘 적용하면 원하는 건 무엇이든 이룰 수 있다. 단, '합리적인 범위 내에서'라는 조건이 따른다. 이 조건은 교육, 지혜 혹은 지혜 부족, 신체적 지구력, 기질 등 이 책에서 성공의 가장 필수적인 요소로 언급한 다른 모든 자질을 고려한다.

특별한 성공을 거둔 사람들은 모두 의식적으로든 무의식적으로든 이런 성공의 법칙을 전부 혹은 일부 이용했다. 이 말이 의심스럽다면, 15가지 교훈을 터득해서 합리적이고 정확하게 분석하고 카네기, 록펠러, 힐, 해리먼, 포드처럼 막대한 물질적 부를 축적한 사람 또한 분석해 보라. 그들이 조직적인 노력의 원리를 이해하고 적용했다는 것을 알게 될 것이다.

❖ 카네기가 말하는 성공이란?

20년여 전 카네기에 관한 글을 쓰려고 그를 인터뷰한 적이 있다. 인터뷰 중에 그에게 성공의 비결이 무엇이냐고 물었다. 그러자 그는 즐거운 듯 눈을 반짝이며 반문했다.

"질문에 답하기 전에 '성공'이라는 말의 뜻을 정의해주겠습니까?"

내가 그 요청에 당황하자 카네기는 다시 질문을 던졌다. "성공이라는 말은 내 돈과 관련이 있지 않나요?"

그래서 돈은 사람들이 성공을 측정하는 기준이라고 답하자, 그는 이렇게 말했다. "글쎄요. 내가 어떻게 돈을 벌었는지 알고 싶다면, 그리고 그게 당신이 성공이라고 부르는 것이라면 당신 질문에 답하죠. 우리 회사에는 마스터 마인드라는 게 있답니다. 감독관, 관리자, 회계사, 화학자, 기타 필수적인 직책을 담당하는 20명 이상의 사람들로 구성되어 있지요. 그룹 구성원 모두가 조화로운 협력 정신으로 조정되고 조직되어 특정한 목표 달성을 향해 나아갑니다. 그게 내가 돈을 벌게 해준 힘입니다. 그룹 구성원들의 마음이 완전히 똑같지는 않지만, 각자 자신이 해야 할 일을 세상 누구보다 잘 해내고 있습니다."

바로 그날 그 자리에서 이 책의 씨앗이 내 마음에 뿌려졌다. 그리고 그 씨앗은 나중에 뿌리를 내리고 싹을 틔웠다. 이 인터뷰는 수년간에 걸친 연구의 시작점이 되었고, 마침내 1장에서 '마스터 마인드'라고 설명한 심리학 원리를 발견하게 되었다.

나는 카네기의 말을 전부 귀담아들었다. 그 후 수년간 사업가들과 접촉하면서 다양한 지식을 쌓은 뒤에야 비로소 그가 말한 내용을 완전히 이해하고 그 이면에 있는 원리를 명확히 파악할 수 있었다. 그게 바로 성공의 법칙에서 기초가 된 조직적인 노력의 원리였다.

카네기의 직원들은 '마스터 마인드'를 구성했고, 매우 잘 조직되고 조정되어 강력한 힘을 발휘했다. 덕분에 카네기는 상업과 산업 분야에서 수백만 달러를 모을 수 있었다. 마스터 마인드가 관여한 철강 사업은 하나의 사례일 뿐이다. 그들이 마스터 마인드를 석탄 사업이나 은행업 혹은 식료품 사업에 집중했어도 똑같이 부를 이룰 수 있었을 것이다. 마스터 마인드에는 강한 힘이 있다. 그것은 당신이 자신의 능력을 가다듬고 다른 잘 조직된 마인드와 연합해 인생의 명확한 핵심 목표를 달성할 수 있게 하는 힘이다.

나중에 카네기의 예전 사업 동료 몇 명을 자세히 살펴보았다. 그 결과, '마스터 마인드' 법칙은 확실히 존재했을 뿐만 아니라 카네기가 거둔 성공의 주요 원천이었다.

아마 슈와브보다 카네기를 더 잘 아는 지인은 없을 것이다. 어떤 글에서 슈와브는 카네기의 성격에서 '미묘한 무언가'를 매우 정확하게 묘사했다. 카네기가 엄청난 자리까지 올라갈 수 있었던 자질이었다.

✦ 난 그토록 풍부한 상상력과 생생한 지성, 본능적인 이해력을 가진 사람을 본 적이 없다. 그는 다른 사람의 생각을 파고들어 지금까지 해왔거나 앞으로 할 수 있는 모든 것을 파악해냈다. 그는 내가 말을 꺼내기도 전에 다음에 할 말을 알아차리는 듯했다. 주의 깊게 관찰하는 습관이 있는 그는 무수한 문제에 대해 많은 지식을 쌓을 수 있었다.

그의 가장 뛰어난 자질은 풍부한 재능으로 다른 사람들에게 영감을 주는 것이었다. 그는 자신감이 넘쳤다. 무언가에 대해 의심이 들어서 카네기와 논의하면, 그는 순식간에 그것이 옳다는 것을 알려주면서 절대적인 믿음을 품게 하거나, 약점을 지적해 의심을 해소해주었다. 다른 사람들을 끌어당기고 격려하는 자질은 그의 힘에서 비롯되었다.

그의 리더십 결과는 놀라웠다. 자신의 사업을 세부적으로 이해하지 못하는 데다가 철강이나 공학에 대한 기술적 지식도 전혀 없었으나 그런 기업을 세울 수 있었던 사람은 산업 역사상 한 명도 없었다. 카네기가 사람들에게 영감을 주었던 능력은 어떤 판단력보다도 더 깊은 무언가에서 나왔다.

슈와브의 마지막 문장은 내가 카네기가 지닌 힘의 주요 원천으로 꼽은 '마스터 마인드'를 뒷받침해준다.

슈와브는 또한 카네기가 철강 사업에서 성공했듯 다른 사업에서도 성공할 수 있었다는 사실을 확신했다. 카네기의 성공은 철강 사업 자체에 대한 지식 덕분이 아니라 자신의 마음과 다른 사람들의 마음을 이해했기 때문임이 분명하다.

이 생각은 아직 뛰어난 성공을 거두지 못한 사람들에게 큰 위안이 된다. 성공은 모든 사람이 이용할 수 있는 법칙과 원칙을 올바르게 적용하는 문제일 뿐이다. 이 법칙은 이 책에 자세히 설명되어 있다.

카네기는 '마스터 마인드' 법칙을 적용하는 법을 배웠다. <u>그는 자신의 마음과 다른 사람들의 마음을 조직화하고 움직여 명확한 핵심 목표를 향해 나아갔다.</u>

✦ 조직적인 노력의 힘은 세다

전략가는 사업에서든 전쟁에서든 체계적으로 조율된 노력의 가치를 잘 안다. 모든 군사 전략가는 적의 진영에 불화의 씨앗을 뿌리는 것이 중요하다는 사실을 안다. 그래야 적들의 협력을 무너뜨릴 수 있다. 2차 세계대전 후반에는 선전이 많이 활용되었다. 조직을 혼란시키는 선전의 힘은 전쟁에 사용된 모든 총과 폭발물보다 훨씬 더 파괴적이었다.

1차 세계대전의 가장 중요한 전환점 중 하나는 연합군이 프랑스 장군 페르디낭 포슈의 지휘를 받게 되었을 때였다. 상황을 잘 아는 군인들은 이것이 적의 파멸을 불러온 조치였다고 주장한다.

현대의 철도 교량은 조직적인 노력의 가치를 보여주는 훌륭한 사례다. 작은 철제 막대와 들보는 무게를 분산시켜서 수천 톤을 지탱할 수 있다는 것을 아주 간단하고 명확하게 보여준다.

어떤 남자에게 항상 자기들끼리 다투는 일곱 명의 아들이 있었다. 어느 날 그는 아들들을 불러 모아 서로 협력하지 않으면 어떻게 되는지 보여주겠다고 했다. 그는 막대기 일곱 개를 모아 다발로 묶어놓았다. 그러고선 아들들에게 한 명씩 돌아가며 막대기 다발을 부러뜨려보라고 했다. 아들들은 차례로 시도했지만 소용없었다. 그러자 아버지는 끈을 자르고 아들들에게 막대기를 하나씩 나누어주면서 이번에는 무릎에 대고 해보라고 했다. 모두들 막대기를 쉽게 부러뜨리자 아버지는 이렇게 말했다.

"너희가 화합의 정신으로 함께 뭉치면 막대기 다발과 비슷해서 아무도 너희를 이길 수 없다. 그러나 서로 다투면 누구나 한 번에 한 명씩 너희를 이길 수 있다."

아버지와 일곱 아들의 이야기에는 가치 있는 교훈이 담겨 있다. 한 공동체의 사람들, 특정 회사의 직원과 고용주, 우리가 살고 있는 나라와 지역에 모두 적용된다.

<u>**조직적인 노력은 힘이 될 수 있지만 이를 현명하게 이끌지 않으면 위험한 힘이 될 수도 있다.**</u> 그래서 조직적인 노력의 힘을 성공적으로

이끄는 방법을 16장에 제시한다. 우리는 궁극적인 행복으로 이어지는 진실과 정의와 공정성에 기초한 성공을 바란다.

경쟁과 돈에 열광하는 이 시대에 두드러지게 나타나는 비극 중 하나는 자신이 가장 좋아하는 일을 하는 사람이 너무 적다는 것이다. 이 책의 목표 중 하나는 당신이 물질적 번영과 풍요로운 행복을 모두 찾을 수 있는 일을 발견하도록 돕는 것이다. 이를 위해 1장에서 개인 분석표를 제공한다. 이 표는 자신을 점검하고 잠재적 능력과 숨겨진 힘을 찾도록 도와준다. 이 책은 당신이 숨겨진 힘을 확인하고, 야망과 비전을 일깨우는 데 자극제가 될 것이다.

❖ 조직적이고 체계적인 노력의 쓰임

30년 전에 포드가 일하던 일터에서 포드와 똑같은 업무를 보던 남자가 있었다. 당시만 해도 그는 포드보다 유능한 일꾼이었다. 그런데 오늘날 이 남자는 여전히 주당 100달러 미만의 임금을 받으면서 같은 일을 하고 있지만, 포드는 세계에서 가장 부유한 사람이 되었다.

두 사람의 물질적 부에 이렇듯 현격한 차이가 생긴 결정적인 이유가 무엇일까? 포드는 조직적인 노력의 원리를 이해하고 활용했지만 그 사람은 그러지 못한 탓이다.

내가 이 글을 쓰고 있는 요즘 오하이오주 셸비라는 작은 도시에서는 교회와 지역 사회 사업체가 더욱 긴밀하게 협력하려고 역사상 처음으로 이 조직적인 노력의 원리를 활용하고 있다. 성직자와 사업가가 동맹을 맺은 결과, 도시의 모든 교회가 사업체들의 지지를 받고 모든 사업체가 교회들의 지지를 받고 있다. 그래서 교회와 사업체 모두 자기

분야에서 실패하는 게 사실상 불가능할 정도로 입지가 강해졌다. 연합에 속한 사람들이 다른 이들을 실패하는 걸 방관하지 않았다.

이는 각 개인의 힘을 그룹으로 통합하기 위해 연합을 형성했을 때 어떤 일이 일어날 수 있는지 보여주는 예시다. 이 연합은 규모가 비슷한 다른 도시들은 누리기 힘든 물질적·도덕적 이점을 셸비시에 안겨주었다. 이 계획은 매우 효과적이고 만족스럽게 진행되어 지금은 미국 전역의 다른 도시로 확장하려는 움직임이 진행 중이다.

조직적인 노력의 원리가 어떻게 강력한 힘을 발휘하는지 구체적으로 떠올릴 수 있도록 잠시 상상력을 발휘해보자. 모든 교회와 신문과 로터리클럽과 여성 클럽과 기타 비슷한 성격의 시민 단체가 힘을 모아 단체에 속한 모든 구성원의 이익을 추구하는 동맹을 결성한다면 어떤 결과가 나올지 그려보자. 그 동맹으로 얻을 수 있는 결과는 상상을 초월할 것이다.

조직적인 노력으로 뛰어난 힘을 발휘할 수 있는 분야가 3가지 있는데 바로 교회, 학교, 신문이다. 이 3가지 놀라운 세력과 여론 형성자가 인간 행동을 변화시키려고 연합한다면 무슨 일이 일어날까? 그들은 한 세대 안에 기업 윤리 기준을 바꿀 수 있다. 예를 들어, 황금률이 아닌 다른 기준에 따라 사업을 수행하는 사람은 자멸할 것이다. 그런 연합은 한 세대 안에 모든 문명 세계의 사업적·사회적·도덕적 경향을 바꾸는 영향력을 발휘할 수 있다. 또 이 연합은 다음 세대의 마음속에 바람직한 이상을 심어줄 수도 있다.

앞서도 말했지만 조직적인 노력에서 힘이 생긴다! 그리고 성공은 힘에 기반한다!

앞의 예시를 읽으면서 당신은 '조직적인 노력'이라는 말의 의미를 명확하게 이해했을 것이다. 이를 더 강조하는 차원에서 다시 반복하겠다. 큰 부를 축적하고 일반적으로 성공이라고 부르는 삶의 높은 지위에 도달하려면 이 책에서 설명하는 주요 원리를 이해하고 적용할 수 있는 능력과 비전을 키워야 한다.

♣ 5퍼센트 성공자들의 공통점

이 책은 경제학 원리나 응용 심리학 원리와 완벽하게 조화를 이룬다. 특히 심리학 원리를 충분히 설명하여 쉽게 이해할 수 있게 했다.

원고를 출판사에 보내기 전 나는 미국에서 가장 저명한 은행가와 사업가에게 보내 검토를 부탁했다. 그러자 뉴욕시에서 가장 유명한 은행가 중 한 명이 다음과 같은 의견을 들려주었다.

"저는 예일대에서 석사 학위를 받았지만, 예일대에서 공부하는 동안 성공의 법칙에 대한 귀하의 강의를 수강할 수 있는 특권을 누릴 수 있었다면 이 학위가 내게 안겨준 모든 것과 기꺼이 바꾸겠습니다.

아내와 딸도 원고를 읽었는데 아내는 원고를 '인생의 마스터 건반'이라고 부르더군요. 피아니스트가 피아노 건반과 음악의 기본을 통달하면 어떤 곡이든 연주할 수 있는 것처럼 성공의 법칙을 적용하는 방법을 아는 사람은 각자의 소명에 맞는 완벽한 교향곡을 연주할 수 있을 것 같다면서요."

세상에는 완벽하게 똑같은 사람은 없다. 그러니 나는 이 책을 읽은 사람들이 똑같은 관점을 얻을 것으로 기대하지 않는다. 당신은 이 책을 읽고 이해한 다음에 그중 자신에게 필요한 것을 적절히 활용해 성격을 균형 있게 발전시켜야 한다. 이때 1장에서 제공하는 개인 분석표를 활용해 자신을 분석해서 본인에게 부족한 게 뭔지 알아내라. 이 분석표는 책 내용을 완전히 숙지한 뒤에 작성해야 한다. 그래야 자신을 정확하게 이해한 상태에서 질문에 답할 수 있다. 이 분석표는 매우 손쉬운 방법으로 자신의 능력을 정확히 파악하게 해준다. 그리고 이 책은 자신의 타고난 재능이 무엇인지 알아내고 경험을 통해 얻은 지식을 정리, 조정, 활용하도록 도와준다.

나는 이 책에 담긴 자료를 20년 넘게 수집, 분류, 정리했으며, 또한 지난 14년 동안 1만 6천 명 이상의 남녀를 분석했다. 분석 과정에서는 흥미로운 사실이 많이 도출되었고 중요한 사실은 모두 신중하게 정리해 이 책에 실었다.

예를 들어, 분석에 동원된 전체 인원 95퍼센트가 실패자였고 단 5퍼센트만이 성공자였다. ('실패'란 힘든 투쟁 없이는 생활 필수품을 얻지 못할뿐더러 행복을 발견하지 못한다는 뜻이다.) 아마 전 세계인을 정확하게 분석해도 성공과 실패의 비율이 똑같게 나올 것이다. 타고난 재능을 체계적으로 활용하는 법을 배우지 못한 사람들에게는 단순히 생존하기 위한 투쟁조차도 힘들다. 이에 비해 체계적인 노력의 원리를 터득한 사람들은 생활필수품은 물론 사치품까지 비교적 간단하게 얻을 수 있다.

1만 6천 명을 분석하며 알게 된 가장 놀라운 사실 중 하나는 실패자 95퍼센트는 명확한 핵심 목표가 없는 탓에 실패한 반면, **성공자 5퍼센트는 명확한 목적이 있었고 그 목적을 달성하기 위한 확실한 계획도 세워두었다**는 점이다. 이 분석에서 밝혀진 또 하나 중요한 사실이 있다. 실패자 95퍼센트는 자기가 좋아하지 않는 일에 종사했지만 성공자

5퍼센트는 가장 좋아하는 일을 하고 있었다는 것이다. 사실 가장 좋아하는 일에 종사하는 사람이 실패자가 될 수 있을지 의심스럽다. 또한 성공자 5퍼센트는 모두 체계적으로 돈을 저축하는 습관이 있었지만 실패자 95퍼센트는 아무것도 저축하지 않았다. 이는 진지하게 생각해 볼 가치가 있는 사항이다.

이 책의 주요 목표 중 하나는 당신이 원하는 일을 하면서 돈과 행복 양쪽 모두에서 가장 큰 이익을 얻도록 돕는 것이다.

명확한 목표의 심리적 효과

'명확한'이라는 단어에 이 장 전체의 핵심 주제가 담겨 있다. 전 세계인의 95퍼센트가 자신에게 가장 적합한 일이 무엇인지도 모르고, 노력해야 할 명확한 목표의 필요성조차 생각하지 못한 채 삶을 목적 없이 떠돈다는 것은 굉장히 충격적이다.

인생의 명확한 핵심 목표를 선택하는 데는 심리적인 이유와 경제적인 이유가 있다. 먼저 이 질문의 심리적 측면에 주의를 기울여보자. 사람의 행동은 항상 마음을 지배하는 생각과 조화를 이룬다는 것은 이미 잘 알려진 심리학 원리다.

의도적으로 마음에 고정시킨 명확한 핵심 목표는 강한 실현 의지를 불러일으킨다. 결국 잠재의식 전체를 지배하면 행동에까지 영향을 미쳐 목표를 이루게 한다.

인생의 명확한 핵심 목표는 신중하게 선택해야 하며, 선택한 다음에

는 종이에 적어서 하루에 한 번 이상 볼 수 있는 곳에 두어야 한다. 이렇게 하면 목표가 잠재의식에 매우 강하게 각인되는 효과가 있다. 목표가 일종의 패턴이나 청사진으로 받아들여져 삶의 모든 활동을 지배하고 목표 달성까지 단계적으로 이끌어간다.

잠재의식에 명확한 핵심 목표를 각인하는 심리학 원리를 자기 암시 혹은 반복적인 자기 제안이라고 한다. 일종의 자기최면이지만 두려워할 필요는 없다. 가난에 시달리던 비천한 코르시카인이던 나폴레옹이 프랑스의 최고 권력자 자리에 올라선 것도 이 원리 덕분이다. 에디슨이 신문 판매원에서 시작해 세계적인 발명가 자리까지 올라간 것도 이 원리 덕분이다. 켄터키 산속의 통나무집에서 태어난 링컨이 지구상에서 가장 위대한 국가의 대통령이 된 것도, 시어도어 루스벨트가 미국 대통령 가운데 가장 공격적인 지도자가 된 것도 이 원리 덕분이다.

당신이 이루려고 노력하는 목표가 지속적인 행복을 안겨줄 것이라는 확신하는 한, 자기 암시의 원리를 두려워할 필요가 없다. 명확한 목표가 건설적이고 그 목표를 달성하는 동안 누구에게도 고난과 불행이 따르지 않고 평화와 번영을 가져다줄 것이라고 확신해도 좋다. 그런 다음 이해의 한계까지 자기 암시의 원리를 적용해 이 목표를 신속하게 달성하면 된다.

내가 글을 쓰고 있는 방 바로 맞은편 길모퉁이에는 하루 종일 거기서 땅콩을 파는 사람이 있다. 그는 쉴 새 없이 바쁘게 움직이고, 손님이 없을 때는 땅콩을 구워 작은 봉지에 포장한다. 그는 삶에 대한 명확한 목표가 없는 95퍼센트의 거대한 군상 중 한 명이다. 그가 땅콩을 파는 것은 다른 일보다 그 일을 더 좋아해서가 아니라 자신의 노동에 더 큰 보상을 안겨줄 명확한 목표를 생각해본 적이 없어서다. 그가 땅콩을 파는 것은 삶이란 바다를 떠돌아다닐 뿐이기 때문이다. 더 큰 비극은 이 일에 투입하는 노력을 다른 일로 돌린다면 훨씬 많은 수익을 얻을 것이라는 사실이다.

또 다른 비극은 그가 무의식적으로 자기 암시의 원리를 자신에게 불리한 방향으로 이용한다는 것이다. 그의 생각을 그림으로 표현해보면 땅콩 굽는 기계, 작은 종이 봉지, 땅콩 사는 사람들 외에는 아무것도 없을 것이다. 이 사람이 먼저 더 수익성 있는 직업에 종사하는 자신을 상상하고, 그 상상에 따라 더 수익성 높은 일을 하기 위한 조치를 한다면 땅콩 사업에서 벗어날 수 있다. 더 큰 수익을 얻겠다는 명확한 목표를 달성하는 데 충분한 노동력을 투입한다면 상당한 수익을 얻게 될 것이다.

내게는 가장 친한 친구 중에 미국에서 유명한 작가이자 연설가가 있다. 그는 약 10년 전에 자기 암시 원리의 가능성을 알아차리고 즉시 활용하기 시작했다. 이때 매우 효과적이라고 알려진 계획도 세웠다. 당시 그는 작가도 연설가도 아니었는데 말이다.

매일 밤 잠자리에 들기 전에 그는 눈을 감고 상상 속에서 긴 회의 탁자를 떠올렸다. 탁자에는 자신의 성격으로 흡수하고 싶은 특성을 갖춘 유명한 사람들을 몇 명 앉혔다. 링컨, 나폴레옹, 워싱턴, 랠프 월도 에머슨, 허버드였다. 그런 다음 이 가상의 인물들과 다음과 같은 이야기를 나누었다.

✦ "링컨, 인내심과 모든 인간에 대한 공정한 태도, 그리고 당신의 뛰어난 특

징인 예리한 유머 감각을 내 성격에 포함시키고 싶습니다. 내게는 이런 자질이 필요하고 이를 계발하기 전까지는 만족하지 않을 겁니다."

"워싱턴, 당신의 뛰어난 특징인 애국심, 자기희생, 리더십을 내 성격에 포함시키고 싶습니다."

"에머슨, 돌로 된 감옥 벽과 자라는 나무, 흐르는 시냇물, 피어나는 꽃, 어린아이의 얼굴에 쓰인 자연법칙을 해석하는 능력과 비전의 특성을 내 성격에 포함시키고 싶습니다. 이런 것들은 당신의 뛰어난 특징이었지요."

"나폴레옹, 내 성격에 자립심과 장해물을 극복하고 실수에서 이익을 얻고 패배에서 힘을 키우는 전략적 능력을 구축하고 싶습니다. 이는 당신의 뛰어난 특징이었습니다."

"허버드, 명확하고 간결하고 강력한 언어로 자신을 표현하는 당신의 능력과 동등하거나 그보다 더 뛰어난 능력을 계발하고 싶습니다."

친구는 여러 달 동안 밤마다 이들이 상상의 탁자에 둘러앉아 있는 모습을 보았다. 마침내 그는 이들의 뛰어난 특성을 본인의 잠재의식에 뚜렷하게 아로새겼고 이들의 성격을 다 합친 성격을 계발하기 시작했다.
잠재의식은 자석에 비유할 수 있다. 잠재의식이 어떤 확실한 목적으로 활기를 띠면 목적을 성취하는 데 필요한 모든 것을 끌어들이는 경

향이 있다.** 비슷한 것은 비슷한 것을 끌어당기는데 풀잎이나 자라는 나무에서도 이 법칙의 증거를 확인할 수 있다. 도토리는 흙과 공기에서 참나무를 키우는 데 필요한 재료를 끌어들이는데 도토리가 떨어진 장소에서는 참나무와 포플러가 섞인 나무가 자라지 않는다. 그리고 흙에 심은 모든 밀알은 밀을 키우는 데 필요한 재료를 끌어당긴다. 같은 줄기에서 귀리와 밀이 동시에 자라는 일은 절대 없다.

사람도 이와 같은 끌어당김의 법칙을 따른다. 도시의 빈민촌에 가보면 사고방식이 같은 사람들이 어울려 사는 모습을 볼 수 있다. 또한 부촌에 가보면 마찬가지로 같은 성향의 사람들이 어울려 살고 있다. 성공한 사람들은 항상 성공한 사람들과 어울리고 싶어 하고, 험난한 삶을 사는 사람들은 항상 비슷한 환경에 있는 사람들과 어울리기를 원한다. 한마디로 불행은 친구를 좋아한다고 할 수 있다.

물이 자연스럽게 수평을 이루듯 사람들은 재정적으로나 정신적으로 비슷한 이들과 어울리기를 원한다. 예일대학교 교수와 문맹인 노숙자는 공통점이 없다. 두 사람이 장시간 함께 있으면 괴로울 것이다. 공통점이 없는 사람들은 섞이지 않는 물과 기름과 같다.

지금까지의 설명은 다음처럼 요약할 수 있다. 원하든 원하지 않든, 당신은 본인의 인생철학과 조화를 이루는 사람들을 끌어들인다. 이 사실에 비추어볼 때 당신에게 도움이 되고 방해가 되지 않는 사람들을 끌어들일 명확한 핵심 목표를 품고 마음을 활성화하는 것은 무척이나 중요하다. 당신의 명확한 핵심 목표가 현재 수준보다 훨씬 높다고 가정해보자. 그게 무슨 문제가 되겠는가? **인생에서 높은 목표를 세우는**

건 당신의 특권, 아니 의무다. 당신은 자기 자신과 지역 사회에 대해 높은 기준을 세울 의무가 있다.

이성적인 범위 내에서 명확한 핵심 목표를 잘 개발한 사람은 이루지 못할 일이 없음을 뒷받침하는 증거는 많다. 몇 년 전 루이스 빅터 에이팅게는 애리조나교도소에서 종신형을 선고받았다. 당시 그는 스스로 인정했듯 '나쁜 사람'이었다. 게다가 그는 1년 안에 결핵으로 죽을 것으로 여겨졌다.

아이팅게는 낙담할 만한 이유가 충분했다. 그에 대한 여론은 무척이나 안 좋았고, 나서서 격려하거나 도와줄 친구가 한 명도 없었다. 그런데 마음속에서 무언가가 일어나자 그는 건강을 되찾고, 무서운 결핵을 이겨내고, 마침내 감옥 문을 열어 자유를 얻었다.

그 '무언가'가 대체 무엇이었을까? 바로 결핵을 이기고 건강을 되찾기로 마음먹은 것이었다. 그것은 매우 명확한 핵심 목표였다. 결심한 지 1년도 안 되어 그는 승리했다. 자유를 얻겠다고 마음먹고 명확한 핵심 목표를 그쪽으로 확장하자 곧 주변에 있던 감옥 벽이 사라졌다.

어떤 끔찍한 상황이든 자기 암시의 원리를 적용해 명확한 핵심 목표를 만드는 사람의 발목을 잡지 못한다. 이런 사람은 빈곤의 족쇄를 벗어던질 수 있고, 가장 치명적인 질병을 물리칠 수 있다. 낮은 지위에서 벗어나 권력과 풍요로 나아갈 수 있다.

위대한 리더는 명확한 핵심 목표에 따라 리더십을 구축한다. 추종자는 리더가 명확한 핵심 목표를 가지고 있고 행동으로 그 목표를 뒷받침할 용기 있는 사람이라는 것을 알면 기꺼이 그를 따른다. 까다로운 말도 명확한 핵심 목표가 있는 기수가 고삐를 잡으면 순순히 따른다.

명확한 핵심 목표를 가진 사람이 군중을 헤치고 나아가면 모든 사람이 비켜서서 길을 내준다. 하지만 주저하면서 어느 길로 가고 싶은지 확신이 서지 않는 듯한 모습의 사람에게 군중은 한 치도 길을 내주지 않을 것이다.

명확한 핵심 목표가 없는 부모와 자녀의 관계만큼 눈에 잘 띄고 부정적 영향을 주는 관계도 없다. 아이들은 부모가 흔들리면 금세 알아차리고 멋대로 이용하며 이런 경향은 평생 지속된다. <u>종합하면 명확한 핵심 목표가 있는 사람은 늘 주변의 존경과 관심을 받는다.</u>

명확한 목표에 대한 심리적 측면은 여기까지 살펴보고, 이제 문제의 경제적 측면으로 넘어가보자.

명확한 목표의 경제적 효과

증기선이 바다 한가운데서 방향타를 잃고 맴돌기 시작하면 곧 연료가 떨어져 해안에 도착하지 못하게 된다. 원래는 해안까지 여러 차례 왕복할 만큼 충분한 연료를 싣고 있었는데도 말이다. <u>명확한 목표와 이를 달성하기 위한 명확한 계획 없이 일하는 사람은 방향타를 잃은 배와 비슷하다.</u> 힘든 노동과 좋은 의도만으로는 성공을 거두기에 충분하지 않다. 마음속에 명확한 목표를 정해두지 않는다면 어떻게 자기가 성공을 했다고 확신할 수 있겠는가?

잘 지은 집은 청사진 같은 명확한 목표와 계획을 기반으로 시작된다. 계획 없이 무질서하게 집을 짓는다면 어떤 일이 벌어질지 상상해보라. 기초가 완성되기도 전에 부지 곳곳에 건축 자재가 쌓이고, 일꾼들은 집을 어떻게 지어야 할지 잘 몰라 서로의 일을 방해하고 말 것이다. 그 결과 혼란과 오해가 생겨 엄청난 비용이 낭비된다.

명확한 목표나 계획 없이 졸업하고 취직하는 사람이 많다는 사실을 아는가? 오늘날에는 과학적인 방법으로 성격을 분석하고 가장 적합한 직업을 결정할 수 있다는 점을 감안하면, 세계 성인 인구의 95퍼센트가 적절한 직업을 찾지 못했다는 건 현대의 비극처럼 보이지 않는가?

성공이 힘에 달려 있고, 힘은 조직적인 노력이며, 명확한 목표가 조직화로 나아가는 첫 번째 단계라면, 왜 명확한 목표가 꼭 필요한지 쉽게 알 수 있다. 살면서 명확한 목표를 정하기 전까지 에너지를 낭비하고 너무 많은 주제와 방향으로 생각을 분산시키면 힘이 생기기는커녕 우유부단해지고 약해진다.

작은 돋보기에서 조직적인 노력의 가치에 대한 훌륭한 교훈을 얻을 수 있다. 돋보기로 햇빛을 특정 지점에 집중시키면 판자에 구멍이 난다. 확대경(명확한 목표)을 제거하면 같은 햇빛을 같은 판자에 100만 년 동안 비추어도 타지 않을 것이다.

1천 개의 건전지를 적절히 배열해서 전선으로 연결하면 상당한 크기의 기계를 몇 시간 동안 작동시킬 수 있는 전력이 생긴다. 하지만 같은 전지를 개별적으로 분리해놓으면 그중 하나만 가지고는 기계를 딱 한 번 돌릴 만큼의 에너지조차 얻지 못한다. 우리의 정신 능력은 이 건전지에 비유할 수 있다. 이 책에 수록된 16개 장에서 제시하는 계획에 따라 능력을 조직하고 인생의 확실한 목적을 달성하는 방향으로 나아가면 힘을 키우기 위한 협력 혹은 축적 원칙을 활용하게 되는데, 바로

'조직적인 노력'이다.

카네기는 이렇게 조언했다. "모든 달걀을 한 바구니에 넣고 아무도 바구니를 넘어뜨리지 않도록 지켜보자." 물론 이 조언은 부업에 에너지를 낭비하면 안 된다는 뜻이었다. 뛰어난 경제학자였던 카네기는 사람들이 어떤 한 가지 일에 에너지를 집중하도록 하면 실제로 잘 해낸다는 사실을 알고 있었다.

이 책을 쓰겠다는 계획을 세우고선 나는 텍사스의 한 대학교수에게 원고를 가져갔다. 당시 나는 "생각을 잘 정리해두었던 덕분에 모든 공개 연설에서 도움이 될 원리를 발견했습니다."라며 열의에 넘쳐서 설명했다. 그 교수는 몇 분간 15개 항목의 개요를 살펴본 다음, 나를 돌아보며 말했다.

"당신의 발견은 더 나은 연설을 하는 데 도움이 될 겁니다. 하지만 그게 전부는 아닙니다. 그건 당신이 더 나은 작가가 되는 데도 도움이 될 겁니다. 이전에 쓴 글에서는 당신이 생각을 흩뜨리는 경향이 있었어요. 예를 들어, 저 멀리 있는 아름다운 산을 묘사할 때 당신은 아름다운 야생화밭이나 흐르는 시냇물, 노래하는 새에 주의를 기울이면서 여기저기 지그재그로 우회하다가 마침내 산을 바라볼 수 있는 적절한 지점에 도착했어요. 하지만 체계화의 기초를 이루는 15개 항목을 살펴보니, 앞으로는 말을 하든 글을 쓰든 훨씬 나을 것 같습니다."

다리가 없는 사람이 시각 장애인을 만났다. 그는 자기가 다리는 없지만 눈은 잘 보인다는 걸 확실히 증명하려고 시각 장애인에게 두 사람에게 큰 이익이 될 동맹을 맺자고 제안했다. "당신이 나를 업어주면 난 당신 다리를 사용하고 당신은 내 눈을 사용할 수 있습니다. 그러면 우리 둘이 더 빨리 친해질 수 있을 겁니다."

노력을 합치면 더 큰 힘이 생긴다. 이 책의 중요한 요점 중 하나인 이 말은 여러 번 반복할 가치가 있다. 세상의 막대한 부는 이처럼 연합된 노력의 원리를 이용해서 만들어졌다. 한 사람이 혼자 힘으로 평생 이룰 수 있는 것은 아무리 체계적으로 하더라도 미미하지만, 다른 사람과 연합하면 이룰 수 있는 것에 사실상 한계가 없다.

카네기가 인터뷰할 때 언급한 '마스터 마인드'는 20명 이상의 마음으로 구성되었다. 그 그룹에는 다양한 기질과 성향의 사람들이 모여 있었다. 각자 특정한 역할을 맡았고, 그들 사이에는 완벽한 이해와 팀워크가 존재했다. 카네기의 일은 그들 사이에 조화를 유지하는 것이었다. 그리고 그는 그 일을 훌륭하게 해냈다.

축구 경기를 잘 아는 사람이라면 선수들의 노력을 가장 잘 조정하는 팀이 이긴다는 것을 안다. 결국 팀워크가 승리한다. 인생의 위대한 경기에서도 마찬가지다. **성공을 위한 투쟁을 할 때는 자기가 원하는 게 무엇인지, 즉 명확한 목표가 무엇인지 정확히 알아야 하며 그 명확한 목표를 이루는 데 조직적인 노력의 원칙이 얼마나 중요한지도 항상 명심해야 한다.**

사람들은 대체로 돈에 대한 욕망을 품고 있다! 하지만 그 욕망은 이 책에서 말하는 명확한 목표가 아니다. 목표가 돈 모으는 것이더라도 정확한 방법을 정해야 한다. 사업으로 돈을 벌겠다고 말하는 것만으로는 충분하지 않다. 어떤 분야에서 사업을 할지 정해야 한다. 또 그 사업체가 위치할 장소도, 사업을 수행할 정책도 정해야 한다.

내가 1만 6천 명 이상의 사람들을 분석할 때 사용한 설문지에는 이런 질문이 있다. '당신의 명확한 인생 목표는 무엇인가?' 이 질문에 상당수가 다음과 같이 답했다.

"내 인생의 명확한 목표는 가능한 한 세상에 많은 봉사를 하고 좋은 삶을 사는 것이다."

이 대답은 우물 안 개구리가 우주의 크기를 논하는 것처럼 불확실하다. 이 장의 목적은 당신이 평생 할 일이 무엇인지 알려주는 게 아니다. 사실 그것은 당신을 완전히 분석한 뒤에야 비로소 할 수 있는 일이다. 그보다 이 장의 목적은 명확한 목표의 가치와 그 명확한 목표를 실현하는 데 필요한 수단인 조직적인 노력의 원리를 이해하는 게 중요하다는 사실을 알려주는 것이다.

각자의 분야에서 큰 성공을 거둔 100명 이상의 남녀를 대상으로 사업 철학을 주의 깊게 관찰했다. 그 결과, 다들 신속하고 확실한 결정을 내리는 사람이라는 공통점이 발견되었다.

명확한 핵심 목표를 세우고 일하는 습관은 신속한 결정을 내리는 습관을 낳고, 이 습관은 당신이 하는 모든 일에 도움을 줄 것이다. 게다가 명확한 핵심 목표를 가지고 일하는 습관을 들이면 주어진 과제를 완전히 터득할 때까지 모든 주의를 집중하는 데도 도움이 된다. '노력의 집중'과 '명확한 주요 목표를 가지고 일하는 습관'은 성공에 필수적인 두 요소다.

가장 유명하고 성공한 사업가는 모두 주요하고 뛰어난 목표가 있었고 신속하게 결정을 내릴 줄 알았다. 다음은 몇 가지 주목할 만한 사례다.

- 울워스는 미국 전역에 파이브앤드텐센트스토어를 체인화하는 것을 명

확한 핵심 목표로 정했다. 그리고 성공하기까지 이 일에만 정신을 집중했다.
- 리글리 2세는 5센트짜리 껌 생산과 판매에 집중했고, 결국 이 한 가지 아이디어를 수백만 달러 규모의 사업으로 만들었다.
- 에디슨은 자연법칙을 탐구하는 데 집중했고, 역사상 어떤 사람보다 더 유용한 발명을 하려고 노력했다.
- 헨리 L. 도허티는 공공시설 건설과 운영에 집중해 억만장자로 자수성가했다.
- 잉거솔 형제는 1달러짜리 시계라는 한 가지 아이디어만으로 엄청난 돈을 벌었다.
- E. M. 스태틀러는 '집 같은 호텔 서비스'에 집중하여 이를 이용하는 수백만 명에게 유용한 서비스를 제공하고 부자가 되었다.
- 반스는 에디슨 구술 녹음기 판매에 집중해서 젊은 나이에 필요 이상의 돈을 벌고 은퇴했다.
- 윌슨은 25년 동안 백악관에 집중했다. 명확한 핵심 목표를 고수하는 것의 가치를 알고 있었던 그는 덕분에 대통령이 되어 백악관에 입성했다.
- 링컨은 노예 해방에 집중했고 가장 위대한 미국 대통령이 되었다.
- 마틴 W. 리틀턴은 한 연설을 듣고 위대한 변호사가 되고 싶다는 열망으로 오로지 그 목표에만 정신을 집중했다. 지금 그는 미국에서 가장 성공한 변호사가 되었고 사건당 수임료가 거의 5만 달러 이하로 떨어지지 않는다.
- 록펠러는 석유에 집중해서 자기 세대에서 가장 부유한 사람이 되었다.
- 포드는 '저렴한 소형 자동차'에 집중하여 역사상 가장 부유하고 막강한

사람이 되었다.
- 카네기는 철강에 집중해 엄청난 부를 쌓았고 미국 전역의 공공 도서관에 이름을 새겼다.
- 킹 C. 질레트는 안전한 면도기에 집중해 전 세계에 제품을 팔았으며 억만장자가 되었다.
- 조지 이스트먼은 코닥 카메라 필름에 집중해 수백만 명의 사람들에게 큰 즐거움을 주면서 부를 쌓았다.
- 콘웰은 '다이아몬드 에이커'라는 단순한 강의에 집중했는데 그 아이디어로 600만 달러 이상을 벌었다.
- 윌리엄 랜돌프 허스트는 센세이션을 일으키는 신문에 집중해 그 아이디어의 가치를 수백만 달러로 높였다.
- 헬렌 켈러는 시각과 청각에 장애가 있고 말도 못 했지만 말하는 법을 배우는 데 집중한 덕분에 본인의 명확한 핵심 목표를 실현했다.
- 존 H. 패터슨은 금전 등록기 사업에 집중해서 부자가 되었고, 덕분에 사람들은 한층 안전해졌다.
- 독일의 빌헬름 2세는 전쟁에 집중해 엄청나게 많은 전쟁을 벌였다. 이 사실을 잊지 말자!
- 플라이슈만 형제는 소박한 효모 케이크에 집중해서 전 세계의 모든 빵이 저절로 부풀어 오르게 했다.
- 필드는 세계 최대의 소매점에 집중해서 백화점 설립이라는 꿈을 실현시켰다.
- 아머는 도축 사업에 집중해 거대한 산업을 일구었고 많은 재산을 모았다.
- 라이트 형제는 비행기에 집중해 공중을 지배하게 되었다.

- 조지 풀먼은 침대 열차에 집중해서 수많은 사람이 편안하게 여행을 다니게 되었고 자신도 부자가 되었다.
- 반주류연합은 금주법 개정안에 집중했고 (좋든 나쁘든) 현실화했다.

성공한 사람은 모두 자기가 노력을 기울일 명확하고 훌륭한 목표를 가지고 일한다. 당신도 세상 누구보다 잘할 수 있는 일이 있다. 어느 방향으로 노력을 기울여야 할지 계속 찾아보고, 찾은 뒤에는 명확한 핵심 목표를 세운 뒤 모든 힘을 조직화해서 해낼 것이라는 믿음을 갖고 임하자. 자신에게 가장 적합한 일을 찾거나 가장 좋아하는 일을 발견하면 큰 성공을 거둘 가능성이 커진다. 일반적으로 자기 마음과 영혼을 모두 쏟아부을 수 있는 특정한 분야에서 성공할 가능성이 가장 크다.

이 교훈의 기초가 되는 심리적 원리를 살펴보자. 명확한 핵심 목표를 정하는 진짜 이유를 모르면 감당할 수 없는 손실을 볼 수 있다. 이 원리는 다음과 같다.

✦ 첫째, 인체의 모든 자발적인 움직임은 마음의 작용, 다시 말해 생각의 제어와 지시를 받는다.

둘째, 의식 속에 있는 어떤 생각이나 아이디어는 관련된 기분을 생기게 하고, 그 기분을 생각의 본질과 완벽하게 조화를 이루는 적절한 근육 활동으로 바꾼다.

예를 들어, 우리가 눈꺼풀을 깜빡이겠다고 생각하면 운동 신경이 생각을 옮겨 이에 적절히 상응하는 근육 활동이 즉시 발생한다.

이 원리를 달리 설명해본다. 당신이 평생 직업을 명확한 목표로 정하고 그 목표를 달성하겠다고 마음먹는다고 하자. 선택하는 순간부터 그 목표가 의식에서 지배적인 생각이 되고, 당신은 그 목표를 달성하는 데 필요한 사실과 정보, 지식에 끊임없이 주의를 기울인다. **마음속에 명확한 목표를 심는 순간부터 마음은 의식적이든 무의식적이든 그 목표를 달성하는 데 필요한 자료를 모아서 저장하기 시작한다.**

욕구는 인생의 명확한 목표를 결정하는 요소다. 아무도 당신 대신 당신의 지배적인 욕구를 선택할 수 없다. 스스로 선택해야 당신의 명확한 핵심 목표가 된다. 상충되는 욕망에 밀려나지 않는 이상, 목표는 실제로 실현될 때까지 마음에 계속 남아 있다.

나는 여기서 이 점을 명확히 하고 싶다. **성공적으로 목표를 성취하려면 이를 이루고자 하는 불타는 욕구가 뒷받침되어야 한다.** 대학에 들어가서 스스로 학비를 버는 학생은 부모에게 학비와 용돈을 받는 학생보다 더 많은 것을 얻는다. 자신의 길을 스스로 개척하려는 사람은 교육에 대한 열망이 더 강하고, 그 열망의 대상이 합리적이라면 실제로 실현될 가능성도 크다.

과학은 자기 암시의 원리를 통해 깊이 뿌리박힌 모든 열망이 온몸과 마음을 욕망의 본질로 포화시키고 마음을 강력한 자석으로 바꾸어 열망하는 대상을 끌어당긴다는 사실을 확실히 증명한다. 이 말의 의미를 제대로 이해하지 못하는 사람을 위해 다른 방식으로 설명해보겠다. 예를 들어, 단순히 자동차를 원한다고 해서 자동차가 저절로 굴러들어오지는 않겠지만, 자동차에 대한 불타는 열망이 있다면 그 열망이 자동차를 사기 위한 적절한 행동으로 이어질 것이다. 또한 단순히 자유를 원하기만 하고 그 자유를 얻을 만한 일을 하지 않는다면, 감옥에 갇힌 사람은 결코 풀려나지 못할 것이다.

욕망에서 성취로 이어지려면 먼저 불타는 욕구가 있어야 하고, 그 욕구를 명확한 목표로 결정화한 다음, 그 목표를 달성하기 위한 적절한 행동을 취해야 한다. 성공을 보장하려면 이 3단계가 꼭 필요하다는 사실을 기억하자.

나는 한때 사람들의 성격을 정확하게 분석하고 싶다는 불타는 욕구가 있었다. 그 욕구가 너무나 끈질기게 깊이 자리 잡아서 10년 동안 이 연구와 학습에 몰두했다.

조지 S. 파커는 세계 최고의 만년필을 만든다. 그의 회사는 위스콘신 주의 작은 도시 제인스빌에 있지만 전 세계에 제품이 수출되어 판매되고 있다. 20년 전 파커의 명확한 목표는 돈으로 살 수 있는 최고의 만년필을 생산하는 것이었다. 그는 이 목표를 실현하고 싶다는 불타는 욕구를 품었다. 당신이 만약 파커 만년필을 가지고 있다면 파커에게 성공을 안겨준 증거가 있는 셈이다.

당신은 건설자이자 건축업자다. 나무와 벽돌, 강철로 집을 짓듯 당신은 성공이라는 건물을 짓기 위해 일련의 계획을 세워야 한다. 우리는 성공에 필요한 재료가 풍부하고 저렴한 멋진 시대에 살고 있다. 도서관에는 지난 2천 년간의 각종 연구 결과가 정리되어 누구든 마음껏 이용할 수 있다. 설교자가 되고 싶다면 해당 분야에서 먼저 살았던 사람들의 역사를 모두 살펴볼 수 있다. 정비사가 되고 싶다면 기계의 발명과 금속 및 금속성 물질의 발견과 사용에 대한 전체 역사를 활용할 수 있다. 변호사가 되고 싶다면 법적 절차와 관련된 모든 역사를 참조할 수 있다. 평생 농부로 살아가고 싶다면 워싱턴의 농무부에서 축산업 및 농업과 관련해 인류가 배운 모든 사실을 이용할 수 있다.

세상에 오늘날처럼 찬란한 기회가 넘쳐났던 적이 없다. 모든 곳에서 더 나은 쥐덫을 만들거나 더 나은 속기 서비스를 제공하거나 더 나은 설교를 하거나 더 괜찮은 도랑을 파거나 더 친절한 금융 서비스에 대한 수요가 점점 커지고 있다.

나는 무엇을 언제 어떻게 왜 해야 하는가?

마지막으로 당부한다. 인생에서 가장 명확한 핵심 목표를 정하고 그 목표에 대한 설명을 기록해 매일 아침저녁으로 볼 수 있는 곳에 붙여두라.

이 일을 더 이상 미루지 마라. 당신은 자신의 나무를 깎는 사람이고, 자신의 물을 긷는 사람이고, 자기 인생에서 가장 명확한 핵심 목표를 정하는 사람이다. 그런데 왜 이미 알고 있는 것에 집착하는가? 명확한 목표는 스스로 정해야 한다. 다른 사람이 당신을 대신해 정해주지도 않을 것이고 저절로 생기지도 않을 것이다. 그렇다면 당신은 무엇을, 언제, 어떻게 할 것인가?

지금 당장 당신의 욕망을 분석해서 원하는 것이 무엇인지 알아내고 그것을 이루기로 마음먹자. 3장에서는 다음 단계를 설명하고 진행 방법을 알려줄 것이다. <u>이 책은 아무것도 우연에 맡기지 않고 모든 단계를 명확하게 알려준다.</u> 당신이 할 일은 명확한 핵심 목표라는 목적지에 도착할 때까지 지시를 따르는 것이다. 목표를 명확히 하고 '불가능'을 모르는 끈기를 발휘하도록 한다.

<u>명확한 핵심 목표를 정할 때는 아무리 높은 목표를 정해도 괜찮다는 것을 명심하자.</u> 또 시작하지 않으면 아무 데도 도달할 수 없다는 변함없는 진실도 명심하자. 인생 목표가 모호하면 성취도 모호하고 매우 빈약할 것이다. 자기가 원하는 것과 원하는 시기, 원하는 이유, 그것을 얻을 방법을 알아야 한다. 심리학 분야에서는 이를 'WWWH 공식'이라고 한다. 무엇what을, 언제when, 왜why, 어떻게how의 영어 머리글자를 따서 이렇게 칭한다.

이 장을 일주일 간격으로 네 번 읽어보자. 네 번째 읽을 때는 처음에 보지 못했던 것을 많이 발견하게 될 것이다. 당신의 성공 여부는 여기서 제시한 지침을 얼마나 잘 따르냐에 달려 있다.

자신만의 학습 규칙을 정하지 말자. 이 책의 내용은 다년간의 숙고와 실험의 결과물이므로 여기에 명시된 규칙을 따라야 한다. 정 마음대로 해보고 싶다면 일단 이 책이 제안한 방식으로 한 다음에 나중에 해보라. 현재로서는 수업을 듣는 학생 입장에 만족하는 게 낫다. 전체 과정을 완벽하게 익히면 나중에 학생은 물론 교사도 될 수 있다. 물은 낮은 곳에서 높은 곳으로 흐르지 않는다. 당신도 이 책의 지침을 그대로만 따른다면 실패할 리 없다.

앞서 1장에서는 '마스터 마인드'라는 심리학 원리를 소개했다. 이제 이 원리를 이용해 명확한 핵심 목표를 현실로 전환할 준비가 되었다. 목표를 실현하기 위한 매우 확실하고 구체적인 계획이 없으면 명확한 핵심 목표가 없는 것과 마찬가지다.

당신은 맨 처음 인생에서 가장 중요한 목표가 무엇인지 정하도록 한다. 다음으로는 이 목표를 명확하고 간결하게 설명한다. 그런 뒤 목표 달성을 위한 구체적인 계획을 세운다. 마지막으로는 이 계획을 수행하고 명확한 핵심 목표를 현실로 전환하는 과정에서 협력할 사람들과 동맹을 맺어라.

이 우호적인 동맹의 목적은 '마스터 마인드' 법칙을 사용하여 계획을 지원하는 것이다. 동맹은 당신과 가장 잘 맞는 사람들 사이에서 이루어져야 한다. 기혼자라면 신뢰와 공감하는 관계의 배우자가 동맹의 구성원이 될 수 있다. 어머니, 아버지, 형제자매 혹은 가까운 친구도 동맹의 다른 구성원이 될 수 있다.

독신이지만 연인이 있다면 그 사람도 동맹의 구성원이 될 수 있다. 이건 농담이 아니다. 당신은 지금 인간 정신의 가장 강력한 법칙 중 하나를 공부하고 있다. 여기서 제시된 규칙이 당신을 어디로 이끌어 갈지 확신할 수 없더라도 진지하고 성실하게 규칙을 따르면서 최선의 이익을 얻기 위해 노력해야 한다.

'마스터 마인드'를 형성하는 데 도움을 주려고 우호적인 동맹 형성에 동참하는 사람들은 당신이 정한 명확한 핵심 목표에 관한 진술서에 서명해야 한다. 모든 구성원은 동맹을 형성할 때 당신이 세운 목표의 본질을 확실히 알아야 한다. 그리고 목표에 진심으로 동의하고 당신에게 전적으로 공감해야 한다. 동맹의 각 구성원에게 명확한 핵심 목표에 대한 진술서 사본을 제공하라. 하지만 이 경우를 제외하고는 자신의 핵심 목표는 혼자만 알고 있어야 한다. 세상에는 '의심 많은' 사람들이 가득한데 이 멍청한 사람들이 당신과 당신의 야망을 비웃으면 대의에 도움이 되지 않는다. 당신에게 필요한 건 조롱과 의심이 아니라 친절한 격려와 도움이라는 점을 기억하자.

기도의 힘을 믿는다면 적어도 24시간에 한 번, 혹은 그보다 더 자주 자신의 명확한 핵심 목표를 기도 제목으로 삼아라. 세상에서 건설적인 봉사를 위해 열심히 노력하는 사람들을 도울 수 있고 또 도울 의향이 있는 신이 존재한다고 믿는다면, 인생에서 가장 중요한 것을 성취하기 위해 신에게 도움을 청해도 좋다. 또한 우호적인 동맹에 가입한 이들이 기도의 힘을 믿는다면, 그들에게도 이 동맹의 목표를 달성하기 위해 매일 기도해달라고 요청하자.

이제 가장 필수적인 규칙 하나가 남았다. **우호적인 동맹 구성원들과 함께 가장 긍정적이고 명확한 용어를 써서 "명확한 핵심 목표를 달성할 수 있으리라고 믿는다."라는 말을 하라.** 이 확언이나 진술은 적어도 하루에 1회 이상, 가능하면 더 자주 하도록 한다.

이렇게 긍정의 말을 하는 것이 당신을 가고 싶은 곳으로 인도할 것이라는 믿음을 품고 꾸준히 하라! 며칠 혹은 몇 주 동안 하다가 중단하지 말고 계속 따른다. **시간이 얼마나 걸리든 상관없이 명확한 핵심 목표를 달성할 때까지 긍정의 말을 하자.**

때로는 명확한 핵심 목표를 달성하기 위해 정해놓은 계획을 변경해야 할 수도 있다. 필요하다면 주저하지 말고 계획을 변경하자. 변경이나 변화가 필요 없는 계획을 세울 수 있을 만큼 선견지명이 뛰어난 사람은 없다. 그리고 우호적인 동맹 구성원이 '마스터 마인드' 법칙에 대한 믿음을 잃으면 즉시 다른 사람으로 대체해야 한다.

카네기도 자신의 '마스터 마인드' 그룹의 구성원 중 일부를 교체했다고 말한 적이 있다. 시간이 지나면서 구성원을 동맹의 정신과 목적에 더 충성스럽고 열정적으로 적응할 다른 사람으로 교체했다고 한다.

당신의 명확한 핵심 목표가 무엇이든 간에 불성실하고 비우호적인 동료들에게 둘러싸여 있으면 성공할 수 없다. 성공은 충성심, 믿음, 성실함, 협력, 그리고 사람이 자신의 환경에 제공하는 다른 긍정적인 힘에 기반을 둔다.

당신은 직업이나 사업으로 관련 있는 사람들과 우호적인 동맹을 맺고 사업이나 직업에서 성공을 이루고 싶을 것이다. 이 경우 여기서 설명한 것과 같은 절차 규칙을 따르도록 한다. 당신의 명확한 핵심 목표는 개인적으로 이익이 될 수도 있고, 사업이나 직업에 이익이 될 수도 있다. '마스터 마인드' 법칙은 어느 경우든 동일하게 작용한다. 이 법칙을 일시적으로나 영구적으로 적용하는 데 실패했다면, 동맹 구성원 중 일부가 믿음과 충성심, 성실한 태도로 동맹의 정신에 참여하지 않았기 때문일 것이다.

바로 앞의 문장은 두 번 읽어볼 가치가 있다! 당신의 명확한 핵심 목표가 당신의 '취미'가 되어야 한다. 이 취미와 계속 함께하라. 함께 자고, 함께 먹고, 함께 놀고, 함께 일하고, 함께 살고, 함께 생각해야 한다.

<u>당신이 원하는 게 무엇이든 계속해서 강하게 원하면 얻을 수 있다.</u> 원하는 게 합리적인 범위 내에 있고 실제로 얻을 수 있다고 믿는다면 말이다. 단순히 무언가를 '바라는 것'과 실제로 얻을 수 있다고 믿는 것에는 차이가 있다. 이 차이를 이해하지 못한 수백만 명이 실패했다. '믿음이 있는 사람'은 '실천하는 사람'이다. <u>명확한 핵심 목표를 달성할 수</u>

있다고 믿는 사람은 불가능이라는 단어를 인식하지 못한다. 일시적인 패배도 인정하지 않는다. 그들은 성공할 것을 알고 있으며, 한 가지 계획이 실패하면 재빨리 다른 계획으로 대체한다.

모든 주목할 만한 업적은 성공하기 전에 어떤 식으로든 일시적인 좌절을 겪었다. 에디슨은 최초의 축음기에 "메리에게는 어린 양이 있었네."라는 말을 녹음하는 데 성공하기까지 1만 번 이상의 실험을 거쳤다. 여기서 머릿속에 떠오르는 단어가 하나 있다면 바로 '끈기'일 것이다!

이제 당신은 성취의 열쇠를 손에 넣었다. 그 열쇠로 지식의 사원으로 가는 문을 열고 들어가기만 하면 된다. 하지만 우선 지식의 사원을 찾아가야 한다. 사원은 제 발로 다가오지 않는다. 이 법칙이 생소하다면 처음에는 '가는' 것 자체가 쉽지 않을 것이다. 도중에 여러 번 넘어지겠지만 계속 움직여야 한다. 그러면 곧 오르고 있는 산의 꼭대기에 도달할 테고, 그 아래 계곡에서 당신의 믿음과 노력에 대한 보상이 될 풍부한 지식을 볼 수 있다.

모든 것에는 대가가 있다. 세상에 '공짜'는 없다. 마스터 마인드 법칙을 실험하면서 가장 높고 고귀한 형태의 자연과 다투게 될 것이다. 자연을 속일 수는 없다. 자연은 당신이 정당한 대가를 치른 뒤에야 비로소 당신이 얻고자 하는 대상을 내준다. **자연이 원하는 대가는 지속해서 굴하지 않고 끈기 있게 노력하는 것이다!**

여태껏 당신은 무엇을 해야 하는지, 그 일을 언제, 어떻게, 왜 해야 하는지 배웠다. 다음 장에서 자신감에 대해 완전히 익히면 이번 장에서 제시된 지침을 수행할 자신감을 얻을 것이다.

✦   나는 인간 운명의 주인이다!

　　명예와 사랑, 재산이 나의 발아래에서 기다리고 있다.

　　나는 도시와 들판을 걷고,

　　먼 사막과 바다를 통과한다.

　　오두막과 시장과 궁전을 지나

　　이윽고 초대받지 않은 모든 문을 두드린다!

　　잠자고 있다면 깨어나고, 잔치를 벌이고 있다면

　　내가 돌아서기 전에 일어나라. 운명의 시간이다.

　　나를 따르는 자들은 어디든 도달할 수 있고

　　죽음을 제외하고 원하는 모든 적을 정복할 수 있다.

　　그러나 의심하거나 주저하는 자들은

　　실패와 빈곤과 비참함에 시달리게 되어

　　나를 헛되이 찾으면서 쓸데없이 간청할 것이다.

　　나는 대답하지 않고, 다시는 돌아오지 않을 것이다!

― 잉걸스

성공의 법칙 2

마음속 두려움을 지우고 자신감을 채워라

"모든 영혼에는 위대한 미래의 씨앗이 심겨 있다.
하지만 제대로 활용하지 않는다면
싹을 틔우거나 성숙하지 못할 것이다."

이 장의 토대가 되는 기본 원칙에 접근하기 전에 이 내용이 실용적이라는 사실, 25년간의 연구 결과를 바탕으로 한다는 사실, 세계 일류 과학자들이 관련된 모든 원리를 시험해보고 인정했다는 사실을 명심하자. 회의주의는 진보와 자기 발전을 가로막는 치명적인 적이다. 이 책의 토대가 되는 원리를 시험해본 적도 없는 관념적인 이론가가 이 책을 썼다고 생각한다면 이쯤에서 그만 읽는 편이 낫다.

지금은 회의론자를 위한 시대가 아니다. 인류가 과거에 찾아낸 것보다 더 많은 자연법칙을 발견하고 활용하는 시대다. 우리는 30년이라는 짧은 기간 안에 하늘을 정복하고 바다를 탐험했다. 이제 지상에서의 거리는 거의 문제가 되지 않으며 전기를 이용해 산업의 바퀴를 돌린다. 과거에는 풀이 한 포기밖에 자라지 않던 땅에서는 이제 일곱 포기가 자란다. 그리고 전 세계 국가들끼리 즉각적인 소통도 가능해졌다. 이렇듯 확실히 지금은 깨달음과 발견의 시대지만 우리가 가진 지식은 아직 수박 겉핥기 수준에 불과하다. 그러나 우리 내면에 간직된 비밀스러운 힘으로 연결되는 문을 열면 과거의 모든 발견이 무색해질 만큼 엄청난 지식을 얻을 것이다.

생각은 우리가 알고 있는 가장 고도로 체계화된 에너지 형태다. 지금은 우리 안에 존재하는 생각이라는 신비한 힘을 잘 이해할 수 있는 실험과 연구가 가능한 시대다. 우리는 이미 인간의 마음을 충분히 조사한 끝에 인간이 자기 암시 원리를 통해 수천 세대에 걸쳐 축적된 두려움의 영향을 떨쳐낼 수 있음을 알아냈다. 두려움이 빈곤과 실패, 그리고 수많은 불행의 주요 원인이라는 것도 벌써 발견했다. 그리고 두려움을 극복한 사람은 세상이 아무리 못살게 굴더라도 어떤 일이든 성공적으로 해낼 수 있다는 사실도 안다.

자신감을 키우려면 먼저 두려움이라는 악마부터 제거해야 한다. 두려움은 우리 어깨에 올라앉아 "넌 할 수 없어. 넌 시도하는 걸 두려워해. 여론도 무섭고 실패하는 것도 무섭지. 그리고 무엇보다 네게 능력이 없을까 봐 두려워해."라고 귓가에 속삭인다.

하지만 두려움이라는 악마는 점점 수세에 몰리고 있다. 과학이 두려움을 날려버릴 치명적인 무기를 발견했고, 자신감에 대한 이 장에서는 진보의 오랜 적인 두려움과 싸울 때 쓸 수 있는 무기 사용법을 알려줄 것이다.

인간을 괴롭히는 6가지 기본적인 두려움

사람은 날 때부터 6가지 기본적인 두려움을 품고 있다. 이 6가지 두려움에는 더 작은 두려움이 포함되기도 하지만, 여기서는 6가지 기본적인 두려움을 집중적으로 살펴보고 그 근원을 설명한다.

6가지 기본적인 두려움은 다음과 같다. 당신의 두려움은 이 중 무엇인지 확인해보자.

1. 가난에 대한 두려움
2. 노년에 대한 두려움
3. 비판에 대한 두려움
4. 실연에 대한 두려움

5. 질병에 대한 두려움

6. 죽음에 대한 두려움

세상을 이해할 수 있는 나이가 된 모든 인간은 6가지 기본적인 두려움 중 한 가지 이상의 두려움에 사로잡히게 된다. 두려움을 떨쳐버리기 위한 첫 번째 단계로 두려움을 물려받은 근원부터 살펴보겠다.

❖ 육체적 · 사회적 유전으로 보는 두려움

인간은 2가지 형태의 유전을 통해 태어나는데 하나는 육체적 유전이고 다른 하나는 사회적 유전이다.

인간은 육체적 유전 법칙을 통해 아메바(단세포 동물) 단계에서부터 서서히 진화했으며, 한때 지구상에 존재했다가 지금은 멸종된 것으로 알려진 동물을 비롯해 모든 동물 형태에 상응하는 진화 단계를 거쳤다. 그 과정에서 각 세대는 해당 세대의 특성과 습관, 외모가 인간의 본질에 더해졌다. 따라서 인간의 육체적 유전은 여러 가지 습성과 육체적 형태의 집합체라고 할 수 있다.

인간의 6가지 기본적인 두려움은 정신적 상태이므로 육체적 유전으로 전달될 수 없는 건 거의 확실하지만, 육체적 유전으로 6가지 두려움이 깃들기에 가장 알맞은 장소가 마련된 것은 분명하다. 예컨대 신체적 진화의 전 과정이 죽음, 파괴, 고통, 잔인함에 기반을 두고 있다는 것, 그리고 한 생명체의 죽음이 그보다 고등한 다른 생명체가 존속할 수 있는 밑거름이 되는 고도화 과정에서 지구 토양을 이루는 성분들이 운반 수단을 찾는다는 건 잘 알려진 사실이다. 식물은 토양과 대기 중의 성분을 자양분 삼아 살아가고, 동물은 자기보다 약한 동물이나 식물을 잡아먹으면서 살아간다.

식물 세포는 매우 높은 수준의 지능을 가지고 있으며 이는 동물 세포도 마찬가지다. 물고기의 동물 세포는 쓰라린 경험을 하면서 물수리를 두려워해야 한다는 지식을 배웠을 것이다. 인간을 비롯한 많은 동물은 자기보다 작고 약한 동물을 잡아먹고 살기에, 인간에게 먹혀서 인간의 일부가 된 이 동물들의 '세포 지능'에는 산 채로 잡아먹힌 경험에서 비롯된 두려움이 포함되어 있다.

이 이론은 터무니없어 보일 수도 있고 사실이 아닐 수도 있지만 적어도 논리적인 이론이다. 나는 이 이론을 딱히 옹호하려는 게 아니며 이것이 6가지 기본적인 두려움을 설명한다고 생각하지도 않는다. 두려움의 근원에 대해서는 이보다 훨씬 나은 설명이 있는데, 바로 지금부터 살펴볼 사회적 유전이다.

인간의 가장 중요한 기질은 사회적 유전으로 생긴다. 사회적 유전이란 한 세대가 이전 세대에게 물려받은 미신, 믿음, 전설, 사상 등을 다음 세대에 전달하는 것을 말한다.

'사회적 유전'이라는 말은 종교와 기타 모든 본질에 대한 교육, 일반적으로 '개인적 경험'이라고 여기는 독서, 입소문, 스토리텔링, 영감 등 사람이 지식을 습득하는 다양한 출처를 의미한다. 어린아이의 마음을 통제하는 사람은 사회적 유전 법칙을 적용하여 집중적인 교육으로 거짓이든 진실이든 어떤 생각이라도 아이에게 심을 수 있다. 아이가 그 생각을 진실로 받아들이면, 세포와 기관이 몸을 형성하듯 그 생각이 아이의 성격을 형성한다. 그리고 그렇게 형성된 성격은 바꾸기 어렵다.

아직 사물을 제대로 이해하지 못하는 두 살 정도 되는 어린아이의 마음은 유연하게 열려 있으며 순수하고 자유롭다. 아이가 신뢰하는 사람이 아이의 마음에 심어놓은 생각이 뿌리를 내리고 자라면, 그 생각이 아무리 논리나 이성에 어긋나더라도 절대 뿌리 뽑거나 지울 수 없다. 많은 종교인은 자기네 종교 교리를 아이 마음에 깊이 심어서 다른 어떤 종교도 비집고 들어갈 자리가 없게 만들 수 있다고 주장한다. 이 주장은 별로 과장된 게 아니다.

사회적 유전 법칙이 어떤 식으로 작동하는지 설명을 들었으니 이제 인간이 6가지 기본적인 두려움을 물려받은 근원을 조사할 준비가 되었을 것이다. 아직 본인이 소중히 여기는 미신을 짓밟는 진실을 조사할 만큼 성숙하지 않은 사람을 제외하면 누구든 6가지 기본적인 두려움에 적용된 사회적 유전 법칙이 얼마나 타당한지 개인적인 경험에 비추어 확인할 수 있다. 이제 편견과 선입견은 잠시 접어두고 인간이 맞서는 최악의 적인 6가지 기본적인 두려움의 기원과 본질을 살펴보자.

❖ 가난에 대한 두려움

이 두려움의 기원을 말하려면 용기가 필요하고, 진실을 듣고 받아들이려면 아마 더 큰 용기가 필요하다. 가난에 대한 두려움은 동족을 경제적으로 약탈하려는 인간의 유전적 경향에서 비롯되었다. 인간보다 열등한 동물은 본능에 따라 움직이는 데다가 생각하는 능력이 부족한 탓에 동족을 잡아먹기도 한다. 이에 비해 사고력, 추리력과 함께 뛰어난 직관력을 갖춘 <u>인간은 동족을 실제로 잡아먹지는 않지만 재정적으로 '잡아먹음으로써' 더 큰 만족감을 얻는다!</u>

모든 시대를 통틀어 돈을 향한 인간의 광기가 최고조에 달한 것은 지금인 듯싶다. 두둑한 은행 잔고를 보유하지 못한 사람은 먼지보다 못한 존재로 여겨진다. <u>가난만큼 많은 고통과 굴욕을 안겨주는 것도 없으니 사람들이 가난을 두려워하는 건 당연하다.</u> 인간은 오랜 경험으로 돈과 세속적인 소유물에 대한 문제에서는 도무지 믿을 사람이 없다는 것을 확실히 배웠다.

결혼의 경우도 당사자 중 한쪽 혹은 양쪽이 소유한 재산 때문에 시작되거나 끝나는 경우가 많다. 그러니 이혼 법정이 붐비는 것도 당연하다!

우리 사회는 돈과 떼려야 뗄 수 없는 관계를 맺고 있으니 'Society'를 '$ociety'라고 표기하는 게 적절할지도 모른다. 사람은 부를 소유하고자 하는 열망이 너무 간절해서 무슨 수를 써서라도 부를 획득하려고 한다. 물론 가능하다면 합법적인 방법을 이용하지만, 필요나 편의에 따라 다른 방법을 쓰기도 한다. 그만큼 가난에 대한 두려움이 끔찍한 것이다!

살인, 강도, 강간 등 타인의 권리를 침해하는 온갖 범죄를 저지르더라도 부를 잃지만 않는다면 다시 높은 지위를 되찾을 수 있다. 그러니 가난이야말로 범죄이자 용서할 수 없는 죄인 것이다.

사람들이 가난을 두려워하는 것도 당연하다!

세상의 모든 법률에는 가난에 대한 두려움이 인류의 6가지 기본적인 두려움 중 하나라는 증거가 담겨 있다. 약자를 강자로부터 보호하기 위한 법률도 많다. 가난에 대한 두려움이 유전적인 두려움인지 아니면 타인을 속이려는 인간의 본성에서 비롯되었는지 증명하려고 애쓰는 것은 '3×2=6'임을 증명하려고 하는 것과 비슷하다. 동족인 인간을 신뢰할 만한 근거가 있다면 아무도 가난을 두려워하지 않을 것이다. 지구상에는 모든 사람의 필요를 채울 만큼 충분한 음식과 거처와 옷과 사치품이 있다. 그러므로 본인에게 필요한 것 이상을 소유하고도 다른 사람들을 여물통 밖으로 밀어내려는 돼지 같은 습성만 없다면 누구나 이 축복을 누릴 수 있을 것이다.

❖ 노년에 대한 두려움

이 두려움은 주로 2가지 근원에서 비롯된다. 첫째, 노년에 가난해질 수 있다는 생각이다. 둘째, '불과 유황'이니 '연옥'이니 하는 허튼소리를 늘어놓는 거짓되고 잔인한 종교적 가르침이다. 노년은 지금과 다른 세상, 어쩌면 이 비참한 세상보다 훨씬 끔찍할지도 모르는 사후 세계가 가까워지는 것을 의미하기에 두려움의 대상이 되었다.

나이 들어가는 것을 두려워하는 데에는 2가지 타당한 원인이 있다. 하나는 자기가 소유한 재산을 빼앗아 갈 수도 있는 인간에 대한 불신이고, 다른 하나는 사회적 유전 법칙을 통해 무의식적으로 마음에 새겨진 사후 세계에 대한 끔찍한 그림이다.

그러니 사람이 나이 드는 걸 두려워하는 것은 당연하지 않겠는가?

❖ 비판에 대한 두려움

이 두려움이 어떻게 생겨났는지 정확하게 파악하기는 힘들지만 하나는 확실하다. 인간이 비판에 대한 두려움을 품고 있다는 사실 말이다. 비판에 대한 두려움은 고도로 발달한 형태로 인간의 마음속에 자리한다.

그 시기에 대해서는 어떤 이들은 정치가 존재하면서부터 인간의 마음속에 이 두려움이 나타났다고 한다. 또 여성이 스타일에 신경 쓰며 옷을 입기 시작한 시대로 거슬러 올라간다고 믿는 사람도 있다. 몇몇 해학적인 사람은 성경 내용이 기원이라고 주장하기도 한다.

익살꾼도 아니고 예언자도 아닌 그저 평범한 사람일 뿐인 나는 비판에 대한 두려움이 인간이 물려받은 본성에서 왔다고 생각한다. 인간은 이 본성 때문에 타인의 물건을 빼앗을 뿐 아니라, 타인의 성격을 비판하면서 자기 행동을 정당화하려 한다.

비판에 대한 두려움은 다양한 형태로 나타나는데 사소하고 하찮으며 때로는 극도로 유치하기까지 하다. 이를테면 꽉 끼는 모자는 모근의 혈액 순환을 차단하여 탈모에 안 좋은 영향을 미친다. 그런데도 남성은 모자를 쓴다. 모자가 실제로 필요해서가 아니라 '남들이 모자를 쓰니' 혹시 안 쓰면 비난받을까 봐 관례를 따른다. 이에 비해 외모를 꾸미기 위한 목적으로 헐렁한 모자를 쓰는 여성은 대머리거나 머리숱이 적은 경우가 거의 없다.

그렇다고 여성이 모자와 관련된 비판을 받을지도 모른다는 두려움에서 자유롭다고 생각하면 안 된다. 이 두려움과 관련해서는 자기가 남성보다 낫다고 주장하는 여성이 있다면 오래전에 유행했던 모자를 쓰고 거리를 걸어보라고 하자!

약삭빠른 의류 제조업체는 비판에 대한 두려움을 잽싸게 이용한다. 계절이 바뀔 때마다 패션의 유행도 바뀐다. 유행하는 스타일은 도대체 누가 결정하는 걸까? 물론 의류 구매자가 아니라 제조업체다. 왜 그렇게 자주 유행 스타일을 바꾸는 걸까? 답은 뻔하다. 더 많은 옷을 팔기 위해서다. 의류 제조업자는 사람들이 지금 다들 입고 다니는 옷이 아닌 지난 유행의 옷을 입는 것을 두려워한다는 사실을 안다. 같은 이유로 자동차 제조업체도 자꾸 모델형을 바꾸어 자동차를 출시한다. 실제로 그렇지 않은가? 당신도 경험으로 이런 사실을 알고 있지 않은가?

지금까지 삶의 작고 사소한 것을 중심으로 비판에 대한 두려움이 사람들의 행동에 미치는 영향을 설명했다. 이제 인간관계라는 더 중요한 문제에서 이 두려움이 영향을 미칠 때 사람이 어떤 식으로 행동하는지 살펴보겠다. 평균 35~40세에 해당하는 '정신적인 성숙기'에 도달한 사람을 예로 들어보자. 만일 그의 마음을 읽을 수 있다면, 종교인들이 가르치는 꾸며낸 이야기에 매우 확고한 불신과 저항감을 품고 있는 걸 알게 될 것이다. 그러나 이런 본인의 신념을 공개적으로 밝힐 만큼 용기 있는 사람은 그리 흔치 않다. 비판을 받는 것에 대한 두려움은 그만큼 강력하고 위력적이다.

한때 '불신자'라는 말이 곧 파멸을 의미하던 시대가 있었다. 그러니 사람들이 비판받는 것을 두려워할 이유는 충분하다.

♦ 실연에 대한 두려움

이 두려움의 근원은 다른 사람의 배우자를 훔치거나 몰래 친밀한 관계를 맺으려는 인간의 본성에서 비롯된다. 이 두려움은 6가지 두려움 중에서 가장 고통스럽다. 심신을 파괴하고 심하면 영구적인 정신이상까지 일으키기도 한다.

내가 연구한 '정신이 멀쩡한 바보들' 가운데 가장 이상하고 기묘한 부류는 상대의 이성을 질투하는 사람이다. 다행히 나는 개인적으로 이런 경험을 한 번밖에 안 했지만, 실연에 대한 두려움이 매우 고통스럽다는 사실을 알게 되었다. 또한 이 두려움은 다른 기본적인 두려움보다 인간의 정신을 더 혼란에 빠뜨리며 폭력적이고 영구적인 광기로 이어지는 경우도 종종 있다.

✤ 질병에 대한 두려움

이 두려움은 가난과 노년에 대한 두려움과 같은 원천에서 유래한다. <u>질병에 대한 두려움은 가난이나 노년과 밀접한 관련이 있다.</u> 그 이유는 이 또한 인간이 알지는 못하지만 불편한 이야기를 전해 들은 '끔찍한 세계'와 연결되어서다.

나는 건강법을 상업적으로 판매하는 사람들이 인간의 마음속에 질병에 대한 두려움이 계속 자리하게 하는 데 상당한 영향을 미쳤을 것으로 강하게 의심한다. 세상에는 인류의 기록에 남아 있는 것보다 더 예전부터 다양하고 잡다한 치료법과 건강법을 판매하는 이들이 존재했다. 그 일을 생계 수단으로 삼는 이들은 사람들에게 자신의 도움이 필요하다고 설득하기 위해 모든 수단을 동원하기 마련이다. 그렇게 지속적으로 설득에 노출되다 보면 사람들은 질병에 대한 두려움을 갖게 된다.

✤ 죽음에 대한 두려움

사람들은 6가지 두려움 가운데 죽음에 대한 두려움을 가장 두려워한다. 그 이유는 심리학을 가볍게 공부한 사람이 보더라도 명확하다.

죽음에 대한 끔찍한 공포의 직접적인 원인은 종교적 광신주의다. 여기에는 다른 모든 근원을 합친 것보다 더 큰 책임이 있다. 소위 '이교도'는 '문명인', 특히 신학의 영향을 받은 문명인만큼 죽음을 두려워하지 않는다.

아주 오래전부터 인간은 '어디에서' 와서 '어디로' 가느냐는 답이 나오지 않는 질문을 되풀이했다. "나는 어디에서 왔고 죽은 뒤에는 어디로 가는가." 정직하지만 속기 쉬운 사람들과 교활하고 교묘한 사람들은 서슴지 않고 이 질문에 답한다. 사실 이 질문에 답하는 일에는 별다른 학식이 필요하지 않다.

이제 죽음에 대한 두려움이 생긴 주요 근원을 살펴보자!

"내 장막에 들어와 내 신앙과 교리를 받아들이면(그리고 내게 봉급을 주면) 죽은 뒤 곧바로 천국에 들어가는 입장권을 주겠다."라고 한 종파주의의 지도자가 말한다. 그리고 덧붙인다. "내 장막에 들어오지 않으면 곧장 지옥 떨어져 영원히 불타게 될 것이다."

자칭 종교 지도자가 천국으로 향하는 입장권을 주거나 신앙심이 부족하다고 해서 지옥에 내려보낼 수 있을 리가 없다. 하지만 지옥에 떨어질지도 모른다는 가능성 자체가 너무 끔찍한 나머지 이런 말을 들은 사람들은 이성이 마비되고 죽음에 대한 두려움이 커진다!

사실 천국이나 지옥이 어떤 곳인지, 그런 장소가 실제로 존재하는지 아는 사람은 아무도 없다. 이에 대한 확실한 지식이 부족한 틈을 타 사기꾼이 인간의 마음을 침범해 온갖 술책과 속임수, 기만, 사기로 그 마음을 통제한다.

우리가 태어날 때 어디서 왔는지, 죽은 뒤 어디로 가는지 아는 사람

은 아무도 없다는 게 진실이다. 그렇지 않다고 주장하는 사람은 자신을 속이고 있거나, 가치 있는 일은 하지 않은 채 남을 잘 믿는 인간의 속성을 이용해 사기 치는 사람이다.

'천국으로 가는 입장권을 판매'하는 사람들은 자기가 천국이 어디에 있는지 알고 있을 뿐만 아니라 자신의 교리와 방식을 받아들이는 자는 입장권을 받을 수 있다고 진심으로 믿기도 한다. 이런 믿음을 한마디로 요약하면 맹신이다!

두려움, 사회적 유전과 직접 경험으로 배우다

사회적 유전이 인간이 오감을 이용해 알게 된 지식을 모으는 방법이라고 말하는 것만으로는 충분치 않다. 당신이 그 법칙을 포괄적으로 이해하려면 사회적 유전이 다양한 응용 분야에서 어떻게 작용하는지 알아야 한다. 몇몇 하등 동물의 삶이 어떻게 사회적 유전 법칙의 영향을 받는지부터 살펴보자.

약 30년 전 내가 인간을 지금의 모습으로 만든 지식의 주요 원천을 조사하기 시작한 지 얼마 지나지 않았을 무렵에 목도리뇌조(북미에 서식하는 꿩과의 조류.—편집자)의 둥지를 발견했다. 그 둥지는 상당히 떨어진 곳에서도 잘 보여서 나는 쌍안경으로 새끼가 부화할 때까지 자세히 관찰했다. 새끼들이 알에서 부화한 지 몇 시간 뒤부터는 매일 정기적으로 관찰하기 시작했다.

그러다 둥지에서 무슨 일이 일어나고 있는지 알고 싶어서 둥지에 가까이 다가갔다. 어미 새는 침입자가 3~4미터 거리에 도달할 때까지 새끼들 근처에 있다가 갑자기 깃털을 헝클어뜨리고 한쪽 날개를 다리 위로 뻗어 절뚝거리면서 멀리 도망쳤다. 나는 그런 속임수에 넘어가 어미 새를 따라가는 대신, 둥지로 가서 새끼 새들을 살펴보았다. 새끼 새들은 전혀 두려워하는 기색 없이 내게 시선을 돌린 채 고개를 양쪽으로 까닥거렸다. 손을 뻗어 새끼 한 마리를 집어 올리자 무서워하지 않고 손바닥에 가만히 앉아 있었다. 난 새끼 새를 살펴본 뒤 둥지에 다시 내려놓고 어미 새가 돌아올 수 있도록 안전한 거리로 물러났다.

얼마 지나지 않아 어미 새가 조심스럽게 둥지 근처로 돌아왔다. 그리고 둥지에서 몇 미터 거리에서 날개를 펼치고 먹이를 발견한 암탉이 새끼들을 불러 모을 때 내는 것과 비슷한 소리로 울었다.

어미 새는 곧 둥지로 와서 새끼 새들을 모아놓고 매우 흥분한 태도로 계속 몸을 떨며 날개를 흔들고 깃털을 곤두세웠다. 어미가 사회적 유전 법칙을 통해 자기방어에 대한 첫 번째 교훈을 가르치는 모습 같았는데 그 내용이 거의 귀에 들리는 듯했다.

"이 바보들아! 인간이 우리 적이라는 걸 모르니? 그 남자가 너희를 들어 올리도록 내버려두다니 부끄러운 줄 알아야지. 그가 너희를 데려가서 산 채로 먹어치우지 않은 게 신기할 정도야! 다음에 인간이 다가오는 걸 보면 재빨리 피해. 땅에 드러눕거나 나뭇잎 아래로 달려가거나 눈에 띄지 않는 곳에 숨어서 적이 사라질 때까지 꼼짝하지 말고 있어."

새끼 새들은 어미 새 주변에 둘러서서 매우 흥미롭게 강의를 경청했다. 어미 새의 흥분이 가라앉은 뒤 나는 다시 둥지로 접근했다. 경계 중인 둥지에서 6미터 정도 떨어진 곳에 다다르자 어미 새가 다시 날개를 접고 다리를 절뚝거리면서 날 반대 방향으로 유인하려고 시도했다. 둥지를 바라보았더니 새끼 새들의 모습은 보이지 않았다! 그사이 새끼 새들은 천적을 피하는 방법을 신속하게 배웠던 것이다. 나는 멀리 물러나서 어미가 새끼들을 다시 모을 때까지 기다렸다가 다시 다가갔지만 이번에도 결과는 마찬가지였다. 어미 새를 마지막으로 본 곳에 다다랐을 때 새끼 새들은 흔적도 찾을 수 없었다.

난 어릴 때 새끼 까마귀를 잡아서 애완용으로 키웠다. 그 새는 우리 집 환경에 만족했고 상당한 지능이 필요한 여러 가지 재주를 부리는 법도 배웠다. 날 수 있을 만큼 큰 뒤에는 원하는 곳으로 갈 수 있게 해주었다. 하지만 몇 시간씩 사라지기는 했어도 항상 어두워지기 전에 집으로 돌아왔다.

어느 날 야생 까마귀 몇 마리가 우리 집 근처 들판에서 올빼미와 싸움을 벌였다. 애완 까마귀는 야생의 친척들이 "까악, 까악." 우는 소리를 듣자마자 집 위로 날아오르더니 매우 흥분한 표정으로 집 한쪽 끝에서 다른 쪽 끝까지 걸어 다녔다. 그러더니 마침내 날개를 펼치고 '전투'가 벌어진 방향으로 날아갔다. 나는 무슨 일이 일어나는지 지켜보려고 따라갔다가 몇 분 뒤 낮은 나뭇가지에 앉아 있는 애완 까마귀를 발견했다. 바로 위의 가지에는 야생 까마귀 두 마리가 앉아서 이리저리 왔다 갔다 하며 지저귀고 있었는데, 마치 화난 부모가 자식을 꾸짖는 듯한 모습이었다.

내가 다가가자 야생 까마귀들은 날아갔다. 하지만 그중 한 마리는 나무 주위를 몇 번 맴돌면서 심한 욕설을 퍼붓는 것처럼 울어댔다. 그것은 분명히 잘 날 수 있으면서도 날아다니지 않는 어리석은 친척을 향해 내뱉는 욕설이었다.

그때 내가 애완 까마귀를 불렀지만 반응을 보이지 않았다. 그날 저녁 애완 까마귀는 집으로 돌아오긴 했으나 새장에는 가까이 다가가지 않았고 사과나무의 높은 가지에 앉아 10분 정도 지저귀었다. 틀림없이 동료들과 함께 야생으로 돌아가기로 결심했다는 이야기인 듯했다. 그리고 날아갔다가 이틀 뒤에 돌아와 안전거리를 유지하면서 한동안 지저귀다가 다시 떠나서는 그 뒤로 영영 돌아오지 않았다. 사회적 유전이 내게서 멋진 애완조를 빼앗아 갔다! 까마귀를 잃으면서 얻은 유일한 위안은 완전히 떠나기 전에 작별을 알리는 멋진 모습을 보여주었다는 것뿐이다.

여우가 가금류와 스컹크를 제외한 모든 종류의 작은 동물을 잡아먹는다는 건 잘 알려진 사실이다. 스컹크를 잡아먹지 않는 이유는 설명할 필요가 없을 것이다. 여우가 스컹크를 한 번 공격할 수는 있지만 두 번 공격할 수는 없다! 그래서 닭장에 스컹크 가죽을 걸어놓으면 아주 어리고 경험 없는 여우를 제외한 모든 여우가 가까이 다가오지 않는다.

스컹크 냄새는 한 번 맡으면 결코 잊을 수가 없다. 세상에는 그 비슷한 냄새도 없다. 어미 여우가 새끼에게 익숙한 스컹크 냄새를 감지하고 피하는 방법을 가르쳤다는 기록은 없지만, '여우 설화'를 잘 아는 사람이라면 여우와 스컹크가 같은 동굴에 머물지 않는다는 것을 안다.

하지만 여우에게 스컹크에 대해 알아야 할 모든 것을 가르치려면 한 가지 교훈만으로도 충분하다. 후각을 통한 경험으로 알게 된 사회적 유전 법칙은 평생 간다.

황소개구리는 빨간색 천 조각이나 다른 작고 붉은 물체를 낚싯바늘에 끼워 눈앞에서 흔들면 잡을 수 있다. 그런데 이런 식으로 황소개구리가 처음 미끼를 물었을 때 바로 낚으면 몰라도, 바늘이 제대로 걸리지 않아 황소개구리가 도망쳤다면 황소개구리는 같은 실수를 하지 않는다. 내가 직접 낚싯바늘에 걸렸다가 달아난 정말 탐나는 개구리를 낚으려고 많은 시간을 들인 적이 있는데 소용없었다. 이때 나는 미물인 개구리조차 사회적 유전을 통해 교훈을 배운다는 것을 깨달았다.

예전에 아주 멋진 수컷 에어데일(영국에서 유래된 황갈색 테리어종 중형견.—편집자)을 키운 적이 있는데, 이 개는 어린 닭을 물고 오곤 해서 골머리를 썩였다. 그럴 때마다 닭을 빼앗고 호되게 혼냈지만 버릇을 고치지 못했다.

어떻게든 개의 버릇을 고치고 사회적 유전 실험도 할 겸, 어느 날 나는 개를 암탉과 새로 부화한 병아리를 키우는 이웃 농장에 데려갔다. 암탉을 헛간에 데려다 놓자 개도 닭을 따라 들어갔다. 주변에 사람이 보이지 않자 개는 서서히 암탉 쪽으로 다가가 한두 번 냄새를 맡았다. 곧 자기가 찾던 고기 종류가 맞는지 확인했는지 닭을 향해 달려들었다. 그러는 사이에 암탉도 개를 '조사'해서 어느 정도 상황을 파악한 뒤 날개와 발톱을 이용해 기습 공격을 가했는데 이는 개가 예전에 경험해보지 일이었다. 첫 번째 라운드는 분명 암탉의 승리였다. 하지만 이 통통한 새를 쉽게 놓칠 수 없다고 판단한 개는 한 발 뒤로 물러났다가 다시 덤벼들었다. 그러자 암탉이 개의 등에 올라타 등에 발톱을 박아 넣고 날카로운 부리도 효과적으로 활용했다. 구석으로 도망간 개는 마치 누군가 종을 울려서 싸움을 말려주기를 바라는 듯 사방을 두리번거렸다.

하지만 암탉은 개에게 틈을 주지 않았다. 계속해서 개를 이리저리 몰아붙이면서 자기가 공격의 가치를 알고 있다는 걸 과시했다. 불쌍한 에어데일을 공격하는 동안 암탉은 속사포 같은 소리를 내질렀는데, 그건 마치 나이 많은 소년들에게 괴롭힘당하는 자식을 지키려고 달려온 어머니의 성난 목소리 같았다. 에어데일은 패잔병 같은 모습이었다! 개는 2분 정도 헛간 안을 이리저리 도망 다니다가 땅바닥에 최대한 납작 엎드려서 앞발로 눈을 보호하려고 애썼다. 암탉이 눈을 쪼려고 열심히 덤벼들었기 때문이다. 결국 암탉 주인이 나서서 암탉을 구했다. 아니, 정확히 말하면 개를 구했다. 개도 불만스러워하는 것 같지는 않았다.

그다음 날 나는 개가 자는 지하실에 닭 한 마리를 갖다 놓았다. 개는 새를 보자마자 꼬리를 다리 사이에 감추고 구석으로 도망갔다! 그러고 나서 다시는 닭을 잡으려고 하지 않았다. 촉각으로 얻은 사회적 유전의 교훈 덕분에 닭을 쫓는 게 즐거울지는 몰라도 많은 위험이 따른다는 사실을 깨달은 것이다.

첫 번째 사례를 제외한 나머지 예시는 내가 전부 직접적인 경험으로 지식을 수집하는 과정을 보여준다. 직접 경험해서 얻은 지식과 목도리뇌조 어미 새와 그 새끼들의 경우처럼 윗세대가 아랫세대를 가르쳐서 얻는 지식 사이에는 현저한 차이가 있다.

가장 인상적인 교훈은 젊은이가 윗세대에게 매우 선명하고 정서적인 교육 방식으로 배운 교훈이다. 앞서 날개를 펼치고 깃털을 곤두세우고 마치 중병에 걸린 환자처럼 몸을 떨면서 매우 격앙된 태도로 지저귀던 어미 목도리뇌조는 새끼들 마음속에 인간에 대한 두려움을 절대 잊지 못할 방식으로 심어주었다.

아이는 7~12세경부터 혼자 힘으로 추론하고 성찰하게 된다. 여기서 쓰는 '사회적 유전'이라는 용어는 부모나 권위 있는 사람이 이런 단계에 있는 아이에게 어떤 생각이나 교리, 신조, 종교, 윤리적 행동 체계 등을 가르치는 모든 방법을 가리킨다.

두려움의 형태는 다양하지만 가난과 노년에 대한 두려움만큼 치명적인 것도 없다. 우리는 가난이 두려워서 어떻게든 노후 자금을 모아두려고 자기 몸을 노예처럼 부린다. 그런데 몸을 혹사하다 보면 결국 그토록 피하려던 노화가 찾아온다.

이제 막 정신적으로 성숙하기 시작하는 나이인 40세가량의 사람이 자신을 몰아붙이는 모습을 보면 마음이 아프다. 40세가 되면 숲과 흐르는 시냇물, 어른과 아이의 얼굴에 나타나는 자연의 필체를 보고 이해하고 흡수할 수 있는 나이에 막 접어든다. 그러나 악마 같은 두려움에 시달리다 보면 서로 상충되는 욕망의 미로 속에서 눈이 멀고 길을 잃는다. 조직적인 노력의 원리를 간과하고 자신을 둘러싼 자연의 힘을 이용해 위대한 성취를 이루는 대신 그 힘에 저항하는 바람에 오히려 그 힘에 파괴된다.

위대한 자연의 힘 가운데 자기 암시의 원리만큼 인간의 발전에 유용한 것도 없다. 하지만 사람들은 대체로 이 힘을 모르기에 도움받기는커녕 오히려 방해물로 여긴다.

♦ 끌어당김의 법칙을 정반대로 사용하는 사람들

우리가 위대한 자연의 힘을 어떻게 잘못 이용하고 있는지 살펴보자.

실망감에 젖은 사람이 있다. 그의 친구는 거짓말을 했고 이웃은 그에게 무관심하다. 그래서 곧 자기 암시로 세상 사람은 다 믿을 수 없고 이웃은 전부 공감 능력이 없다고 판단한다. 이 생각이 그의 잠재의식에 너무 깊이 자리 잡은 탓에 다른 사람을 대하는 태도 전반에 영향을 미친다. 이제 2장에서 이야기했던 내용, 즉 마음을 지배하는 생각은 비슷한 생각을 하는 사람을 끌어들인다는 내용으로 돌아가보자.

끌어당김의 법칙을 적용하면 불신자가 다른 불신자를 끌어들이는 이유를 알게 될 것이다. 이 원리를 역으로 적용해본다. 만나는 사람들의 가장 좋은 면에만 주목하는 사람이 있다. 이웃이 무관심하게 굴어도 그는 알아차리지 못한다. 마음이 낙관주의, 선한 응원, 다른 사람에 대한 믿음 등으로 가득 차 있어서다. 사람들이 거칠게 말해도 그는 부드러운 어조로 대꾸한다. 이때 끌어당김의 법칙이 작용하면서 삶에 대한 태도와 지배적인 생각이 그와 조화를 이루는 사람들의 관심을 끈다.

이 원리를 좀 더 자세히 살펴보자. 좋은 교육을 받고 세상에 필요한 서비스를 제공할 능력이 있는 사람이 있다. 그는 언젠가 겸손이 큰 미덕이고 인생이라는 무대에서 전면에 나서는 것은 이기적인 태도라는 말을 들은 적이 있다. 그래서 다른 사람들이 과감하게 앞으로 나설 때 그는 조용히 뒷문으로 들어와 뒤쪽에 앉는다. 그가 계속 뒷자리를 고수하는 이유는 남들이 뭐라고 할지 두려워서다.

여론, 혹은 그가 여론이라고 믿는 것이 그를 뒷자리로 밀어내는 바람에 세상 사람들은 그의 소식을 잘 모른다. 좋은 교육을 받았어도 그는 그 사실을 세상에 알리는 걸 두려워하므로 아무 의미가 없다. 그는 남들의 비판을 받지 않으려면 조용히 뒤에 머물러야 한다고 계속해서 자신에게 말한다. 마치 비판이 큰 해를 끼치거나 인생 목표를 망가뜨리기라도 할 듯이 말이다.

또 다른 예로 가난한 부모 밑에서 태어난 사람이 있다. 그는 기억나는 첫날부터 빈곤의 증거를 보았고 가난하다는 말을 들었다. 가난의 차가운 손이 양어깨를 짓눌렀고 이 힘에 압도당한 그는 가난은 자신이 복종해야 할 저주라고 여기게 되었다. 그는 무의식적으로 '가난하면 영원히 가난하게 살 수밖에 없다'라는 믿음의 희생양이 되었고 그 믿음이 마음을 온통 지배했다. 주인에게 길들여진 나머지 스스로 굴레를 빠져나올 수 있다는 사실을 잊어버린 말과 비슷한 상황이다. 그는 자기 암시 때문에 삶의 무대 뒤로 빠르게 밀려났다.

그는 결국 포기했고 야망은 사라졌다. 이제 그에게는 기회가 오지 않거나 기회가 찾아와도 알아볼 능력이 없다. 그는 운명을 받아들였다! 팔다리가 그렇듯 정신력도 사용하지 않으면 위축되고 기능이 쇠퇴한다. <u>이와 마찬가지로 자신감도 사용하면 발달하지만 사용하지 않으면 사라진다.</u>

❖ 고생이 꼭 나쁘지만은 않은 이유

재산을 상속받았을 때의 가장 큰 단점은 하는 일 없이 놀고먹거나 자신감을 잃을 수 있다는 것이다. 몇 년 전 워싱턴에 사는 E. B. 매클레인 부인이 아들을 낳았는데 이 아이가 상속받은 재산이 약 1억 달러였다. 아기를 유모차에 태우고 바람을 쐬러 나갈 때면 간호사와 보조 간호사, 경호원, 그리고 다른 하인들이 줄줄이 따라갔다. 세월이 흘러도 이 같은 과보호는 계속 유지되었다. 아이는 옷을 입혀주는 하인이 있어 옷조차 자기 손으로 입지 않았다. 잠자거나 놀 때도 하인이 계속 돌봐주었다. 아이는 하인이 해줄 수 있는 일은 아무것도 직접 할 필요가 없었다.

어느덧 아이는 자라 열 살이 되었다. 어느 날 마당에서 놀던 아이는 뒷문이 열린 것을 보았다. 평생 혼자 문밖에 나가본 적이 없던 아이는 하인들이 보지 않는 틈을 타 문으로 달려 나갔고, 길 한복판에 이르기도 전에 차에 치여 죽었다. 평생 하인들 눈에 의지했던 탓에 아이는 자기 눈을 활용하는 법을 배우지 못했던 것이다.

내가 20년 전에 비서로 일할 때 모시던 상사는 아들 둘을 멀리 있는 대학교에 보냈다. 한 명은 버지니아대학교에 진학했고 다른 한 명은 뉴욕에 있는 대학교에 갔다. 나는 매달 상사가 아들들에게 100달러짜리 수표를 보내는 것을 처리했다. 100달러는 상사의 아들들이 마음대로 쓸 수 있는 용돈이었기에 매달 수표를 보낼 때마다 그 아이들이 부러웠다. '난 왜 가난한 집안에서 태어났을까!' 하고 생각하기도 했다. 앞날을 생각하면 내가 계속 보잘것없는 직원으로 일하는 동안 그 아이들은 높은 자리에 오를 게 분명했다.

때가 되자 그 아이들은 대학 졸업장을 들고 집으로 돌아왔다. 그들 아버지는 은행, 철도, 석탄 광산, 다른 가치 있는 재산을 소유한 부유한 사람이었다. 아버지 회사의 높은 직책이 그들을 기다리고 있었다. 하지만 20년이라는 시간은 고생이라고는 해본 적이 없는 이들에게 잔인한 장난을 칠 수도 있다. 이를 달리 표현하면, 힘든 일을 겪어본 적이 없는 이들에게는 자신을 망칠 기회가 생긴다는 것이다! 어쨌든 그 아들들이 학교에서 얻은 건 졸업장뿐만이 아니었다. 주량이 엄청나게 늘어서 돌아왔다. 이건 '용돈을 매달 100달러씩 받아서 아무런 어려움도 겪을 필요가 없었기에 발달한 능력'이었다.

그들의 길고 슬픈 이야기를 자세히 알고 싶은 사람은 없겠지만 그래도 '결말'에는 관심이 있을 것이다. 이 글을 쓰는 지금 내 책상 위에는 그들이 살던 지역에서 발행된 신문 한 부가 놓여 있다. 그들의 아버지는 파산했고 아들들이 태어난 값비싼 저택은 매물로 나와 있다. 아들 한 명은 알코올 중독에 따른 섬망증으로 사망했고 다른 한 명은 정신병원에 있다.

부잣집 아들들이 전부 다 불행해지는 건 아니다. 하지만 부모덕에 놀고먹다가 능력이 쇠퇴하고 이어서 야망과 자신감마저 잃기 쉽다. 필수 자질이 없는 사람은 마른 나뭇잎처럼 불확실성의 바람에 이리저리 날려가며 인생을 살아가기 마련이다.

고생은 단점이 아니라 확실한 이점이다. 고생스러운 시절을 거치면 영원히 잠복해 있었을 자질을 계발할 수 있다. 젊은 시절에 생존을 위해 고생한 사람들은 세상에서 자기 자리를 잘 찾는다. 그런데도 이런 이점을 잘 모르는 많은 부모가 "난 젊을 때 열심히 일해야 했지만 내 아이들은 편안하게 살게 해줄 거야!"라고 말한다. 참으로 가엾고 어리석다. 젊은이에게 '편안한' 삶은 헤쳐 나가기 힘든 장해물이 되기도 한다. 세상에는 인생 초반에 열심히 일해야 하는 것보다 나쁜 일들이 있다. 강요된 게으름은 강제 노동보다 훨씬 나쁘다. 어떻게든 열심히 일하면서 최선을 다해야 하는 상황에서는 절제와 자제력, 의지력, 만족할 줄 아는 능력, 그리고 게으른 사람은 결코 알 수 없는 수많은 미덕을 키울 수 있다.

<u>살려고 발버둥 칠 필요가 없으면 야망과 의지력이 약해질 뿐만 아니라 마음이 무기력해져서 자신감까지 잃게 된다.</u> 더 이상 노력할 필요가 없어서 고군분투하기를 그만둔 사람은 말 그대로 자기 암시의 원리로 자신감을 스스로 떨어뜨리는 셈이다. 이런 사람은 계속 발버둥 쳐야 하는 이들을 다소 경멸하는 시선으로 바라보는 지경까지 이른다.

앞서도 말했지만 인간의 마음은 전지에 비유할 수 있다. <u>우리 마음은 긍정적일 수도 있고 부정적일 수도 있는데 자신감은 마음을 재충전해서 긍정적으로 만드는 특성이 있다.</u> 이 원리를 영업 분야에 적용해서 자신감이 어떤 역할을 하는지 살펴보겠다.

✤ 거절을 이기는 막강한 힘

미국에서 가장 위대한 영업 사원 중 한 명은 한때 신문사 사무원이었다. 그가 '세계 최고의 영업 사원'이라는 타이틀을 얻은 방법을 분석해보자.

그는 다소 내성적이고 소심한 청년이었다. 삶의 무대에서 전면에 나서지 않고 뒷문으로 슬쩍 들어와서 뒷자리에 앉는 게 최선이라고 여기는 사람이었다. 어느 날 저녁, 자신감에 관한 강의를 듣고 깊은 감명을 받은 그는 지금까지 떠밀리듯 살아가던 틀에 박힌 생활에서 벗어나야겠다고 굳게 다짐했다.

그는 신문사 영업부장을 찾아가 광고 유치 업무를 하게 해달라고 부탁했고, 건당 수수료를 받는 조건으로 일하기 시작했다. 사무실 사람들은 모두 그의 실패를 예상했다. 광고 유치는 누구보다 뛰어난 영업 능력이 필요한 업무였다. 업무에 착수한 그는 방문할 상인 명단을 작성했다. 당연히 그가 최소한의 노력만으로도 광고를 유치할 수 있을 이들의 이름만 적었을 것으로 생각하겠지만 그는 그렇게 하지 않았다. 오히려 이전에 다른 광고 담당자가 찾아갔으나 광고 유치에 성공하지 못한 상인들 이름만 명단에 올렸다. 명단에는 이름이 딱 12개뿐이었다. 그는 상인들을 찾아가기 전에 공원에 가서 명단을 꺼내 "당신들은 이번 달 안에 내게서 광고 지면을 사게 될 겁니다."라고 100번 이상 되뇌었다.

그리고 나서 그는 영업 대상을 만나러 다니기 시작했다. 그는 첫날부터 '불가능한 영업 대상' 가운데 세 명에게 광고 지면을 팔았고 그 주의 남은 기간에 추가로 두 명에게 더 팔았다. 그달이 끝날 무렵에는 명단에서 한 명을 제외한 모든 상인과 광고 계약을 체결했다. 하지만 그 다음 달에는 광고 지면을 하나도 팔지 못했다. 그 고집 센 상인 외에는 아무도 찾아가지 않았기 때문이다. 매일 아침 가게 문이 열리자마자 찾아갔지만 상인은 매번 만남을 거절했다. 상인이 보기에는 젊은 영업 사원이 자신이 광고 지면을 사지 않으리라는 사실을 모르는 듯했다. 그달의 마지막 날에 그동안 이 집요한 젊은이를 계속 거절하던 상인이 말했다.

"젊은이, 자네는 내게 광고 지면을 팔려고 한 달을 허비했어. 대체 왜 시간을 그토록 낭비한 거지?"

"시간을 낭비한 게 아닙니다." 젊은이는 반박했다. "저는 그동안 학교에 다닌 셈이고 당신은 내 선생님이었습니다. 이제 전 상인들이 광고를 하지 않겠다고 거절할 때 내세우는 논거를 다 알게 되었고, 또 자신감을 키우는 훈련도 했습니다."

그러자 상인은 말했다. "나도 고백할 게 있네. 그동안 나도 학교에 다녔고 자네가 내 선생님이었어. 내게 끈기에 대한 중요한 교훈을 안겨줬으니 감사의 표시로 광고 지면을 사지."

필라델피아 지역 신문인 《필라델피아노스아메리칸》의 최대 광고주는 이렇게 유치되었다. 그리고 이 일은 그 젊은이를 백만장자로 만든 명성의 시작점이었다.

그는 자기 마음에 의도적으로 충분한 자신감을 불어넣어 불가항력적인 힘을 발휘해 성공을 거두었다. 그는 광고를 유치할 상인들의 명단을 작성할 때 100명 중 99명은 하지 않을 일을 했다. 광고 지면을 팔기 어려울 것으로 생각되는 사람들의 이름을 골랐다. 영업을 시도할 때 마주할 저항에서 힘과 자신감을 얻을 수 있음을 알고 있어서였다. 그는 모든 강과 사람은 저항이 가장 적은 쪽으로 향하기 때문에 구부러져 있다는 사실을 이해한 극소수의 인물 중 한 명이다.

자신감으로 가득한 사람이 되라

잠시 주제에서 벗어나 세상의 아내들에게 조언을 하나 해주려고 한다. 나는 대부분이 기혼자인 남성 1만 6천여 명을 분석한 결과, 아내에게 도움이 될 정보를 알게 되었다.

아내에게는 매일 남편이 자신 있게 일터로 향해 힘든 하루를 잘 견뎌내고 밤에 웃으면서 행복하게 집에 돌아오게 할 힘이 있다. 내가 아는 어떤 남성이 의치를 한 여성과 결혼했다. 어느 날 아내가 의치를 떨어뜨려 깨뜨리자 남편이 깨진 조각들을 집어 들고 살펴보기 시작했다. 깨진 의치 조각에 지대한 관심을 보이는 남편에게 아내는 이렇게 말했다.

"당신도 마음만 먹으면 그런 의치를 만들 수 있을 거예요."

아내가 이 말을 하기 전까지 그는 작은 농장의 경계를 넘어서는 야망을 품어본 적이 없는 농부였다. 아내는 남편 어깨에 손을 얹고 치과 관련 일을 해보라고 격려했다. 그리고 결국 남편을 설득하는 데 성공해서 오늘날 그는 버지니아주에서 가장 유명하고 성공한 치과의사가 되었다. 내가 이 부부의 상황을 속속들이 잘 아는 건 그가 바로 내 아버지이기 때문이다!

남편이 더 노력해서 큰일을 이루도록 격려해주는 아내를 둔 남성의 성취 가능성은 아무도 예측할 수 없다. 여성이 남성을 분발하게 하면 거의 초인적인 업적도 이룰 수 있다. 배우자가 제자리를 찾을 때까지 가치 있는 일을 하도록 독려하는 건 아내의 권리이자 의무다. 아내는 남편이 세상 누구보다 많은 노력을 기울이도록 설득할 수 있다. 세상에 이루지 못할 일은 없다는 믿음을 심어준다면 남편이 인생의 전투에서 승리하는 데 큰 도움이 될 것이다.

미국에서 가장 성공한 남성 가운데 한 명은 본인이 성공한 것은 전부 아내 덕이라고 말한다. 두 사람이 결혼할 때 아내가 서약서를 작성하고 남편이 서명해서 남편 책상 위에 놓아두었다. 다음은 그 서약서 내용이다.

✦ 나는 나 자신을 믿습니다. 나와 함께 일하는 사람들을 믿습니다. 내 고용주를 믿습니다. 내 친구들을 믿습니다. 내 가족을 믿습니다. 충실하고 정직한 태도로 최선을 다한다면 신이 성공에 필요한 모든 것을 빌려줄 것이라고 믿습니다. 나는 기도의 힘을 믿으며, 매일 잠들기 전에 다른 이들을 참을성 있게 대하고 나와 같은 믿음을 갖지 않는 이들에게도 관대할 수 있게 해달라고 기도합니다. 나는 성공은 지적인 노력의 결과물일 뿐 행운이나 교활한 행동, 친구, 동료, 고용주에 대한 배신으로 이룰 수 있는 게 아니라고 믿습니다. 내가 투자한 만큼의 결과를 얻는다고 믿으므로, 다른 사람들을 대할 때도 그들이 내게 해주기를 바라는 대로 행동하겠습니다. 내가 싫어하는 사람들을 비방하지 않겠습니다. 다른 사람들이 무엇을 하든 내 일을 무시하지 않겠습니다. 인생에서 성공하겠다고 다짐했고 성공은 항상 양심적이고 효율적인 노력의 결과이니 가능한 최선을 다하겠습니다. 마지막으로, 나도 때때로 다른 사람들의 기분을 상하게 한 뒤 용서를 구하므로 내 기분을 상하게 한 이들을 용서하겠습니다.

서명 _____

이 서약서를 작성한 여성은 사실상 최고의 심리학자나 마찬가지다. 이런 도움과 인도가 있다면 누구라도 주목할 만한 성공을 거둘 수 있을 것이다.

이 서약서를 분석하면 확고한 자신감을 볼 수 있다. 성공을 위해 노력할 때 자신을 도와줄 이들을 끌어들일 수 있는 긍정적인 태도를 계발하지 않으면 이런 신조를 자기 것으로 만들 수 없다.

이 신조는 성공에도 도움이 되지만 단순히 받아들이기만 하는 게 아니라 열심히 실천해야 한다! 반복해서 읽어서 외운 다음, 자기 정신의 일부가 될 때까지 날마다 반복해야 한다. 사본을 옆에 두고 이를 실천하겠다는 다짐을 매일 되새기자. 그러면 자기 암시의 원리를 효율적으로 이용해서 자신감을 키울 수 있다. 남들이 뭐라든 신경 쓰지 말자. 성공하는 게 본인의 목표고 이 신조를 숙지해서 활용하면 이에 큰 도움이 된다는 것만 기억하라.

2장에서 반복적인 확언을 통해 잠재의식에 단단히 새겨놓은 아이디어는 자동으로 어떤 계획이나 청사진이 된다는 것을 배웠다. 그리고 보이지 않는 힘이 계획한 목표를 달성하려고 노력할 때 자기 암시를 사용한다는 것도 알게 되었다.

선택한 아이디어를 마음속에 고정시키는 원리를 자기 암시라고 한다. 자기 마음에 어떤 제안을 하는 것이다. 에머슨이 글을 쓸 때 염두에 둔 것이 바로 이 자기 암시의 원리였다. <u>당신에게 평화를 안겨줄 수 있는 사람은 자기 자신뿐이다!</u>

또 당신에게 성공을 안겨줄 수 있는 사람도 본인뿐이다. 물론 아주 광범위한 성공을 목표로 한다면 다른 사람의 협력이 필요하겠지만, 긍정적이고 자신 있는 태도로 마음을 활성화하지 않으면 결코 협력을 얻을 수 없다.

어떤 사람은 높은 연봉을 받는 직위로 승진하는 반면, 똑같이 교육을 잘 받고 일도 많이 하는데 승진을 못 하는 경우도 있다. 두 유형을 조사해보면 그 이유를 명확히 알 수 있다.

승진하는 사람은 자신을 믿는다. 그리고 이 믿음을 뒷받침하는 매우 역동적이고 진취적인 행동으로 자기가 자신감 넘치는 사람임을 알린다. **이렇듯 자신감은 전염성이 있고 추진력과 설득력도 있어서 다른 사람들을 끌어당긴다.** 반면 제자리걸음만 하는 사람은 표정, 자세, 활기 없는 걸음걸이, 불명확한 말투 등에서 자신감이 부족한 게 확연히 드러난다. 자신감 없는 사람에게는 아무도 관심을 기울이지 않으며, 자신감 없는 사람은 당연히 다른 이들을 끌어당기지 못한다. 마음속에서 다른 사람을 밀어내기만 하는 부정적인 힘이 작용하는 탓이다.

영업 분야만큼 자신감이 중요한 분야도 없다. 영업 사원이 자신감이 있는지 없는지는 만나는 순간 바로 판단할 수 있다. 자신감이 넘치는 사람은 그 흔적이 온몸에 배어 있다. 영업 사원은 입을 떼는 순간부터 본인과 상품에 대한 자신감이 뿜어져 나온다.

이제 당신도 자기 암시의 원리를 이해하고, 이 원리를 직접 활용해 긍정적이고 역동적이며 자립적인 사람이 될 준비가 되었을 것이다. 다음의 서약서를 복사해서 서명한 뒤 항상 기억에 새겨두자.

✦ 자신감을 위한 서약서

첫째, 나는 내가 정한 명확한 목표를 달성할 능력이 있음을 안다. 그러므로 목표 달성을 위해 계속 적극적인 노력을 기울이겠다.

둘째, 내 마음을 지배하는 생각이 결국 행동을 통해 외부로 드러나고 점점 현실화된다는 것을 안다. 그러므로 매일 30분씩 내가 되고자 하는 모습을 떠올리고 이를 현실화하는 데 집중하겠다.

셋째, 나는 자기 암시의 원리에 따라 계속 마음에 품은 욕망은 결국 그것을 실현할 실질적인 수단을 통해 표출된다는 사실을 안다. 그러므로 매일 10분씩 이 책에서 알려주는 성공 요인을 발전시키겠다.

넷째, 나는 앞으로 5년 동안 명확한 인생 목표를 달성할 계획을 세우고 세부 사항을 기록하겠다. 그리고 5년간 기울일 노력에 가격을 매기겠다. 이 가격은 효과적이고 만족스러운 노력을 기울였을 때 얻고 싶은 대가를 미리 정해놓는 것이다.

다섯째, 진실과 정의에 기반하지 않은 부나 지위는 오래가지 않는다는 걸 알기에 모든 이해관계자에게 이익이 되지 않는 거래는 하지 않겠다. 이용하고 싶은 힘과 다른 이들의 협력을 끌어내 성공할 것이다. 내가 먼저 다른 이들을 도우면서 그들이 날 돕도록 유도할 것이다. 나는 모든 인류를 사랑하며 증오, 시기, 질투, 이기심, 냉소주의를 없앨 것이다. 다른 사람에 대한 부정적인 태도는 성공에 도움이 되지 않는다는 것을 잘 안다. 나 자신과 다른 사람을 믿으면서 그들도 나를 믿게 할 것이다.

이 서약서에 서명하고 외워서 하루에 한 번씩 큰 소리로 되뇌겠다. 서약서가 인생 전반에 영향을 미쳐 결국 나는 스스로 선택한 분야에서 성공적이고 행복한 일꾼이 될 것이라고 확신한다.

서명 _____

서약서에 서명하기 전에 지시 사항을 이행할 의향이 있는지 확인하자. 이 서약서 이면에는 아무도 설명할 수 없는 법칙이 존재한다. 심리학자들은 이를 자기 암시라고 부른다. 사실 이 법칙이 무엇이든 간에 실제로 작동한다는 점이 중요하다.

또 하나 명심하라. 전기는 산업의 바퀴를 돌려서 수백만 가지의 방식으로 인류에게 도움을 주지만, 잘못 사용할 경우에는 생명을 앗아갈 수 있다. 이는 자기 암시도 마찬가지다. 어떻게 활용하느냐에 따라 자기 암시는 당신을 평화와 번영의 산비탈로 이끌 수도 있고 비참함과 빈곤의 골짜기로 내몰 수도 있다. 당신이 성취 능력에 대한 의심과 불신으로 마음을 채운다면 자기 암시의 원리는 불신이 잠재의식을 지배하도록 하고 느리지만 확실하게 당신을 실패의 소용돌이에 빠지게 한다. 하지만 <u>당신이 마음을 빛나는 자신감으로 채우면 자기 암시의 원리가 이 믿음을 지배적인 생각으로 설정해서 당신이 성공의 정상에 도달할 때까지 앞을 가로막는 장해물을 극복하도록 도와준다.</u>

자신감을 키워주는 습관의 원리

나도 자기 암시의 위대한 원리를 실제로 적용하는 방법을 잘 모르는 사람이 겪는 어려움을 다 경험해보았다. 그래서 습관의 원리를 간단히 소개하려고 한다. 이를 이용해 누구든 자기 암시의 원리를 원하는 방향과 목적에 맞게 적용할 수 있다.

습관은 환경에서 비롯된다. 똑같은 일이나 생각, 말을 반복하면서 습관이 형성된다. 습관은 축음기 레코드의 홈에, 인간의 마음은 그 홈에 맞는 바늘에 비유할 수 있다. 생각이나 행동을 반복해서 어떤 습관이 형성되면, 축음기 바늘이 레코드 홈을 따라가는 것처럼 우리 마음도 그 습관을 따라간다.

습관은 시각, 청각, 후각, 미각, 촉각 등 오감 중 하나 이상을 특정한 쪽으로 반복해서 사용하면 만들어진다. 마약 중독이나 음주 같은 해로운 습관도 이 반복 원리로 형성된다.

잘 자리 잡은 습관은 신체 활동을 무의식적으로 통제한다. 여기서 자신감을 키워주는 강력한 요소인 생각을 찾을 수 있다. 그 생각은 어떤 습관이 형성될 때까지 우리 노력과 생각이 자발적으로, 혹은 필요하다면 강제로 원하는 노선을 따라가도록 인도한다. 그리고 마침내 습관이 형성되면 노력은 자발적으로 같은 노선을 따라간다.

'자신감을 위한 서약서'를 쓰고 반복하는 것은 습관의 원리를 활용하는 과정이다. 그 생각이 잠재의식에 완전히 자리 잡을 때까지 자신에 대한 믿음을 지배적인 생각으로 만드는 습관을 키우는 것이다.

우리는 어릴 때 팔과 손의 근육이 글자의 윤곽을 따라가도록 반복적으로 지시하는 방법을 통해 쓰는 법을 배웠고, 마침내 글자의 윤곽을 따라가는 습관을 만들었다. 이제 당신은 글자를 하나하나 천천히 따라가지 않고도 쉽고 빠르게 글을 쓸 수 있다. 글쓰기가 습관으로 자리 잡아서다.

습관의 원리는 신체 근육에 영향을 미칠 뿐만 아니라 정신적인 능력도 장악한다. 자신감과 관련된 내용을 완전히 숙지하고 적용하면 이를 쉽게 증명할 수 있다. 혼자 반복해서 되뇌는 말, 혹은 반복적인 말을 통해 마음속에 깊이 심은 욕망은 결국 외적인 신체 활동으로 표현된다. 습관의 원리가 바로 자신감의 토대다. 여기서 제시하는 지침을 이해하고 따른다면 당신은 습관의 법칙을 다루는 다른 수천 개의 강의에서보다 더 많은 직접적인 지식을 배울 수 있다.

당신은 자신을 깨워줄 비전의 손길을 기다리기만 할 뿐, 자기 안에 잠들어 있는 가능성에 대해서는 잘 모른다. 현재 환경의 평범한 영향을 극복할 만큼 충분한 자신감을 키우지 않는다면 앞으로도 가능성을 제대로 인식하지 못할 것이다.

인간의 마음은 경이롭고도 신비롭다. 몇 달 전 나는 에머슨의 수필집 『영적 법칙』을 다시 읽다가 그 사실을 깨달았다. 그러자 이상한 일이 일어났다. 이미 수십 번이나 읽었던 이 책에서 전에는 알아차리지 못했던 것들이 많이 보였다. 지난번에 읽은 이후로 내 마음이 넓어져 더 많은 걸 이해하게 된 것이다.

인간의 마음은 꽃잎처럼 계속 펼쳐지다가 결국 최고의 발달 단계에 도달한다. 그 최대치가 어디까지인지, 어디에서 끝나는지, 아니면 영영 끝나지 않는지는 대답할 수 없는 문제지만 개인의 성격과 몰두하는 정도에 따라 전개되는 정도가 달라지는 듯하다. 매일 분석적인 사고를 하는 사람의 마음은 계속 발전해서 이해력이 더 향상되는 모습을 보인다.

켄터키주 루이빌에 사는 리 쿡은 다리를 못 써서 휠체어를 타고 다녀야 했다. 쿡은 선천적인 장애가 있지만 노력한 끝에 거대한 기업의 주인이자 백만장자가 되었다. 그는 자신감이 강한 사람은 걷지 못해도 아주 잘 지낼 수 있음을 증명했다.

포드는 자신이 필요한 것보다도 훨씬 많은 재산을 소유하고 있다. 몇 년 전까지도 공장에서 기계공으로 일했던 그는 교육도 거의 받지 못했고 자본도 없었다. 그의 주변에서 일하던 사람들 중에는 더 똑똑한 사람도 있었을 것이다. 하지만 포드만이 빈곤 의식을 벗어던지고,

자신감을 키우고, 성공하는 데 전념해 결국 이루어냈다.

위스콘신에 사는 마일로 C. 존스는 몇 년 전 뇌졸중을 겪었다. 증상이 너무 심각해 침대에서 돌아눕지도 못하고 근육 하나 제대로 움직일 수가 없었다. 그렇게 육체는 쓸모없어졌지만 뇌에는 아무 이상도 없었다. 존스는 침대에 누운 채 머리를 써서 명확한 목표를 세웠다. 그것은 평범했지만 확실했고, 존스가 지금껏 세운 적 없던 '돼지고기 소시지를 만든다'는 목표였다. 그는 가족에게 전화를 걸어 계획을 알리고 실행에 옮기라고 했다. 건전한 정신과 충분한 자신감 외에는 아무것도 없었지만, 결국 존스는 '리틀 피그 소시지'라는 브랜드를 미국 전역에 알리고 명성과 부를 얻었다. 이 모든 일은 뇌졸중으로 쓰러져 그가 손으로 일을 할 수 없게 된 다음에 벌어졌다. 이렇듯 사고력을 발휘하면 힘을 얻을 수 있다!

포드는 많은 재산을 일구었고 여전히 매년 수백만 달러를 벌어들인다. 그가 자신을 믿고 그 믿음을 확실한 목적으로 바꾼 다음 이를 뒷받침할 명확한 계획을 세운 덕분이다. 포드와 함께 일했던 다른 기계공들은 주급 외에 아무것도 바라지 않았다. 그들은 평범한 자신에게 아무것도 요구하지 않았다. <u>더 많은 걸 얻고 싶다면 자신에게 더 많은 걸 요구해야 한다. 그리고 그 요구는 본인에게 해야 한다!</u>

인간의 심리에 대한 위대한 진실을 표현한 시를 한 편 소개한다.

- ✦ 당신이 패배했다고 생각한다면 패배한 것이다.

    감히 할 수 없다고 생각하면 할 수 없다.

    이기고 싶지만 이길 수 없다고 생각한다면

결국 이기지 못할 것이다.

질 거라고 생각한다면 이미 진 것이나 다름없다.
성공은 우리 의지에서 시작된다는 사실을
다들 잘 알고 있다.
모든 건 마음먹기에 달렸다.

자신이 뛰어나다고 생각해야 뛰어날 수 있으니
높은 곳까지 오르려면 생각도 높게 해야 한다.
스스로에 대한 확신이 있어야
상을 받을 수 있다.

살면서 벌어진 경쟁에서
항상 강하고 빠른 사람이 이기는 건 아니다.
하지만 결국 이기는 사람은
본인이 이길 수 있다고 생각한 사람이다.

이 시를 외워서 자신감을 키우는 도구로 사용해보자.

없던 자신감이 생기면 벌어지는 일

우리가 타고난 기질 중에는 '미묘한 무언가'가 존재하는데 이것이 적절한 외부 영향으로 자극을 받으면 예상치 못했던 높은 성과를 낸다. 거장이 바이올린을 쥐면 아름답고 매혹적인 음악을 연주할 수 있듯, 어떤 외부의 영향이 우리 마음을 사로잡으면 자기가 선택한 분야에서 영광스러운 성공의 교향곡을 연주할 수 있다. 우리 안에 어떤 힘이 숨겨져 있는지는 모른다. 한층 위대한 행동을 하도록 유도하고 시야를 넓혀주고 자신감을 키워서 더 큰 성취 욕구를 불러일으키는 그 특정한 자극을 접하기 전까지는 자신의 성취 능력이 어느 정도인지 알 수 없다.

이 책에 담긴 어떤 진술이나 생각, 고무적인 문구가 당신의 운명을 재구성하고, 생각과 에너지를 탐나는 인생 목표 쪽으로 향하도록 유도하는 데 필요한 자극을 줄 수 있을 것이다. 이상한 이야기지만 사실 **인생에서 가장 중요한 전환점은 종종 가장 예기치 못한 때 가장 예기치 못한 방식으로 찾아오곤 한다.** 인생에서 별로 중요하지 않아 보이던 경험이 종종 가장 중요한 일로 밝혀지는 전형적인 예를 하나 소개하겠다. 이 이야기는 우리가 자신감의 중요성을 완전히 이해하면 어떤 일을 이룰 수 있는지 알려준다.

내가 시카고에서 성격 분석 작업에 몰두하고 있을 때였다. 어느 날 부랑자 한 명이 사무실에 찾아와 면담을 요청했다. 하던 일을 멈추고 내가 맞이하자 그는 "이 책을 쓴 분을 만나러 왔습니다."라며 주머니에서 내가 몇 년 전에 쓴 『자신감』이라는 책을 꺼냈다. "어제 오후에 이 책을 읽게 된 게 운명 같습니다." 그는 말을 이어갔다. "미시간호에 얼음을 깨고 뛰어들 참이었거든요. 이 책을 읽기 전까지는 신을 비롯해 세상 모든 것과 모든 사람이 내게 앙심을 품고 있는 듯했죠. 하지만 이 책 덕분에 새로운 관점이 생겼고 밤새 나를 지탱해주는 용기와 희망을 얻었습니다. 이 책을 쓴 사람을 만나면 내가 다시 일어서도록 도와줄 거라 생각했습니다. 선생님이 저 같은 사람을 위해 무엇을 해줄 수 있는지 알고 싶습니다."

이 말을 들으면서 나는 그를 꼼꼼히 살펴보았다. 솔직히 그를 위해 할 수 있는 일은 없겠다고 생각했다. 무표정한 시선, 얼굴에 새겨진 낙담의 주름, 축 처진 자세, 열흘 정도 안 깎은 수염, 긴장한 태도 등은 그가 가망 없는 상황이라는 인상을 주었지만 그렇게 말할 용기는 없었기에 그에게 지금까지 있었던 일을 다 말해달라고 했다. 이런 고비까지 몰리게 된 이유를 최대한 솔직하게 이야기해달라고 부탁한 것이다. 이야기를 다 들은 후에 내가 도울 수 있는지 말해주겠다고 약속했다.

그가 늘어놓은 길고 자세한 이야기의 요지는 다음과 같다. 그는 전 재산을 소규모 제조업에 투자했다. 그러다 1차 세계대전이 발발하자 공장 운영에 필요한 원자재를 구할 수 없어 사업이 실패했다. 돈을 잃고 크게 상심한 그는 아내와 자녀들 곁을 떠나 부랑자가 되었다. 이후 자기가 잃은 것들을 계속 곱씹다가 자살을 생각하는 지경에 이르렀다.

그가 이야기를 마치자 나는 말했다. "매우 흥미로운 이야기군요. 당신을 도울 수 있기를 바랐는데 아무래도 방법이 없는 것 같습니다." 관에 누운 시체처럼 창백해진 그는 의자에 기대앉아 고개를 푹 숙이고는 "그렇게 결정됐군요."라고 했다. 나는 몇 초간 기다렸다가 말했다. "내가 당신을 위해 해줄 수 있는 일은 없지만, 원한다면 소개해줄 사람이 있습니다. 그가 당신이 잃어버린 재산을 되찾고 다시 일어설 수 있도록 도와줄 겁니다." 그는 이 말을 듣자마자 벌떡 일어나 내 손을 부여잡고 말했다. "신이시여, 제발 저를 그 사람에게 인도해주세요."

그가 신의 이름으로 부탁했다는 것은 고무적이었다. 그의 가슴속에 아직 희망의 불꽃이 살아 있다는 뜻일 테니까. 그의 팔을 잡고 내가 심리 테스트와 분석을 하는 실험실로 데리고 가서 커튼을 쳐놓은 곳 앞에 섰다. 커튼을 옆으로 젖히자 그가 자신의 머리부터 발끝까지 다 볼 수 있는 커다란 전신 거울이 나타났다. 나는 그 거울을 가리키며 말했다. "당신에게 소개해주겠다고 약속한 사람이 저기 있습니다. 세상에서 당신을 다시 일어서게 할 수 있는 유일한 사람이죠. 지금까지는 저 사람과 친하게 지낸 적이 없는 것 같은데, 그와 친해지지 않는다면 또 미시간 호수로 가게 될 겁니다. 그를 잘 알게 되기 전까지 당신은 자기 자신에게도, 세상에도 아무 가치가 없을 테니까요."

그는 거울로 다가가 수염 난 얼굴을 어루만지면서 잠시 자세히 살펴보더니, 곧 뒤로 물러나 고개를 숙이고 울기 시작했다. 그가 교훈을 이해한 것 같기에 다시 엘리베이터로 데려가 돌려보냈다. 그를 다시 만나게 될 거라는 생각은 들지 않았다. 게다가 구원받기에는 너무 멀리 가버린 것 같아서 그 교훈이 그가 세상에서 자기 자리를 되찾는 데 도움이 될지도 의심스러웠다. 그는 단순히 낙담한 정도가 아니라 거의 나락으로 떨어진 듯이 보였다.

그런데 며칠 뒤 거리에서 그를 다시 만났다. 그새 어찌나 많이 달라졌던지 나는 그를 알아보지 못할 뻔했다. 그는 고개를 들고 씩씩하게 걷고 있었다. 노인처럼 흐느적거리고 초조해 보이던 자세는 사라졌다. 새 옷을 차려입은 그에게서 성공한 사람 같은 분위기가 느껴졌다. 그는 나를 불러 세우더니 비참한 실패자였던 자신이 어떻게 이토록 빠른 시간 안에 달라졌는지 설명했다.

"마침 선생님 사무실로 가던 길이었습니다." 그는 이렇게 말했다. "좋은 소식을 전하려고요. 빈털터리 부랑자의 모습으로 사무실에 찾아갔던 그날, 그런 몰골이었는데도 불구하고 연봉 3천 달러짜리 일자리를 구할 수 있었습니다. 보세요, 1년에 3천 달러라고요! 그리고 고용주는 지금 입은 이런 새 옷을 살 돈도 선급으로 줬어요. 가족에게 보낼 돈도 선급해줬고요. 덕분에 다시 한번 성공의 길로 들어섰어요. 불과 며칠 전까지만 해도 희망과 믿음과 용기를 잃고 자살을 고민했던 걸 생각하면 꿈만 같습니다.

언젠가 선생님이 전혀 예상하지 못할 때쯤 성공한 모습으로 다시 찾아오겠다고 말하러 왔습니다. 그때는 백지 수표를 가져올 테니 원하는 금액을 적으세요. 내 진짜 모습을 보여줘서 과거의 나로부터 구해준 보답입니다. 선생님이 날 거울 앞에 세워놓고 내가 어떤 사람인지 알려주기 전까지는 정말 몰랐습니다."

그가 등을 돌려 시카고의 붐비는 인파 속으로 사라질 때, 나는 자립의 가치를 몰랐던 그 사람의 마음속에 얼마나 큰 용기와 힘과 가능성이 숨겨져 있는지 보았다. 그래서 거울 앞에서 그에게 가르쳐준 교훈을 나 자신도 되새겨야겠다고 마음먹었다. 그리고 그 거울 앞에 그를 도왔듯, 사람들이 자기 안에 잠들어 있는 힘을 발견하도록 돕는 것을 내 인생의 명확한 목표로 삼겠다고 결심했다. 당신이 손에 들고 있는 이 책은 내 명확한 목표가 달성 중이라는 증거다.

지금 이야기한 그 사람은 현재 미국에서 굉장히 성공한 회사의 사장이 되어 있다. 미국 전역은 물론이고 캐나다와 멕시코까지 사업을 확장하고 있다.

방금 말한 사건이 있고 얼마 뒤, 한 여성이 내 사무실에 찾아와 성격 분석을 의뢰했다. 그녀는 당시 시카고의 한 공립학교 교사로 일하고 있었다. 내가 분석표 양식을 주면서 작성하라고 했더니 그녀는 몇 분 뒤 내 책상으로 다가와 양식을 돌려주면서 "이걸 작성할 필요가 없겠네요."라고 했다. 이유가 뭐냐고 물었더니, "솔직히 말하면, 분석표의 어떤 질문을 보고 제 문제가 뭔지 이제 알게 됐습니다. 그래서 성격을 분석할 필요가 없어졌어요."라고 대답했다. 그 말만 남기고 떠난 뒤로 2년간 그녀의 소식을 듣지 못했다. 알고 보니 뉴욕에 가서 미국에서 가장 큰 광고 대행사에서 카피라이터로 일했다는데, 내게 편지를 쓸 당시 연봉이 1만 달러나 되었다.

당시 그 여성은 분석비를 수표로 보냈다. 분석 서비스를 이용하지도 않았지만 비용을 낼 만큼 본인에게 도움이 되었다고 여긴 것이다. 어떤 사소해 보이는 사건이 자기 경력의 중요한 전환점이 될지 예측하는 건 불가능하다. 하지만 확고한 자신감을 가진 사람일수록 이런 '전환점'을 쉽게 알아본다는 것만큼은 분명하다.

평범한 사람이 자신감을 키우는 확실한 방법이 있다는 사실을 모르는 것은 인류의 크나큰 손실 중 하나다. 젊은이가 학교를 졸업하기 전에 자신감을 키우는 방법을 배우지 못하는 것도 인류 문명의 헤아릴 수 없는 손실이다. **자신에 대한 믿음이 부족한 사람은 진정한 의미에서 교육을 받았다고 할 수 없다.**

인류를 뒤덮고 있는 두려움의 장막을 걷어내고 자신감이 안겨주는 이해의 햇빛을 받아들인 사람은 얼마나 행복하고 만족스러울까. 두려움이 지배하는 곳에서는 주목할 만한 성취가 불가능하다. 한 위대한 철학자가 말한 두려움의 정의를 떠올려보자.

"두려움은 마음이 달아나서 숨으면서 은신처를 찾는 지하 감옥이다. 두려움은 미신을 초래하는데, 미신은 위선이 영혼을 암살하는 단검이다."

내 책상에는 다음과 같은 문구가 크게 적힌 표지판이 있다.

"나는 날마다 모든 면에서 더 큰 성공을 거두고 있다."

이 표지판을 읽은 어느 회의론자가 내게 "정말 그렇게 믿으세요?"라고 물은 적이 있다. 그때 나는 "물론 아니죠. 이 문구가 한 일이라고는 그저 탄광 노동자로 시작한 내가 그곳에서 나와 10만 명이 넘는 사람들을 위해 일하면서 그들 마음속에 이 문장 같은 긍정적인 생각을 심도록 도와준 것뿐이니까요. 그러니 이걸 왜 믿겠습니까?"라고 대답했다.

그는 자리를 뜨면서 이렇게 말했다. "어쩌면 이런 철학은 어떤 힘을 품고 있을지도 모르겠군요. 나는 항상 실패할까 봐 두려워했는데 지금까지 그 두려움은 완전히 실현되었거든요."

당신을 가난, 불운, 실패로 몰아넣는 것도, 위대한 성취를 향해 나아가게 하는 것도 전부 본인의 생각에 달려 있다. 자신의 성공에 대한 믿음을 현명한 행동으로 뒷받침한다면 반드시 성공할 것이다. 하지만 **성공을 다짐하는 것과 그냥 바라기만 하는 것은 다르다.** 둘의 차이를 알고 이를 잘 활용해야 한다.

성경 마태복음에서 겨자씨 한 알만큼의 믿음을 가진 이들에 관해 뭐라고 말했는지 기억하는가? 적어도 그 정도 이상의 믿음을 가지고 자신감을 키우는 일에 착수하자. 다른 사람들이 뭐라고 말하는지는 신경 쓰지 말자. 당신이 명확한 목표를 이루기 위해 삶의 오르막길을 오를 때 그 사람들은 별 도움이 되지 않는다. 당신은 살면서 원하는 것이나 필요한 것은 무엇이든 얻을 수 있는 힘이 있으며, 이 힘을 활용하는 가장 좋은 방법은 자신을 믿는 것이다.

"너 자신을 알라."

이건 모든 시대를 아우르는 철학자들의 조언이다.

정말 자신을 알면 "나는 날마다 모든 면에서 더 큰 성공을 거두고 있다."라는 문구를 책상에 걸어두는 것이 어리석은 일이 아님을 알게 된다. 나는 책상에 이런 글귀가 적힌 표지판을 걸어두는 것을 두려워하지 않는다. 그리고 이 문구가 내게 영향을 미쳐 더욱더 긍정적이고 적극적인 사람이 되리라 믿는다.

25년쯤 전 나는 자신감을 키우는 문제에 대한 첫 번째 교훈을 얻었다. 어느 날 밤, 벽난로 앞에 앉아 나이 든 사람들 몇 명이 자본과 노동에 관해 대화 나누는 것을 듣고 있었다. 그러다가 나도 불쑥 대화에 끼어들어 고용주와 직원이 황금률에 따라 불화를 해결하는 방안을 이야기했다. 그중 내 말에 관심을 기울인 한 남자가 놀란 표정으로 말했다.

"참 똑똑한 젊은이군. 자네가 세상에 나가 교육을 받는다면 이름을 날릴 수 있을 거야."

내가 똑똑하고 살면서 가치 있는 일을 해낼 사람이라는 말을 들은 건 그때가 처음이라서 귀가 번쩍 뜨였다. 그래서 그 말을 듣고 곰곰이 생각해보았는데 점점 그가 한 말이 실현될 가능성이 있다는 확신이 커졌다. 솔직히 말해, 내가 세상에 기여한 것이나 지금까지 이룬 모든 성과는 전부 그가 즉흥적으로 한 말 덕분이다.

이런 암시는 강력한 힘을 발휘한다. 본인이 의도적으로 표현할 때는 더 효과가 크다. 이제 '자신감을 위한 서약서'로 다시 돌아가 완벽하게 숙지하자. 그러면 마음속 발전소가 가동되어 당신을 성공 사다리의 맨 꼭대기까지 데려갈 힘이 생길 것이다.

당신이 자신을 믿어야 다른 사람도 당신을 믿어준다. 그래야만 주변 사람도 당신과 생각의 '파장이 일치되어' 당신이 느끼는 것과 똑같은 것을 느낀다. 정신적 텔레파시 법칙은 이렇게 작용한다. 당신은 자신에 대한 생각을 계속 주변에 전파한다. 다른 사람은 그 생각의 진동을 포착해 본인 생각인 양 착각한다. 정신적 텔레파시의 법칙을 이해하면 자신감이 왜 15가지 성공의 법칙 중 두 번째로 제시되었는지 알 수 있다.

하지만 자신감과 자기중심주의의 차이를 알아야 한다. 자신감은 자기가 아는 것과 할 수 있는 일에 대한 건전한 지식에 기반하는 반면, 자기중심주의는 알고 싶은 것과 하고 싶은 일에 기반을 둔다. 두 용어의 차이를 모르면 이해심 있는 문화인이 보기에 당신은 지루하고 우스꽝스럽고 성가신 존재가 될지 모른다. 그러니 건설적인 행동을 똑똑하게 수행하는 경우를 제외하면 공공연하게 자신감을 드러내서는 안 된다.

자신감이 있으면 주변 사람이 저절로 알아차릴 테니 그때까지 그냥 두자. 그러면 그들은 자신의 관찰력을 자랑스러워하고 당신은 자기중

심적이라는 의심을 피할 수 있다. 극도로 자기중심적인 사람에게는 기회가 찾아오지 않고 모욕과 악평만 따라다닌다. 기회는 자기중심적인 사람보다 자신감 있는 사람에게 훨씬 쉽고 빠르게 다가온다. 자화자찬은 자립심을 드러내는 적절한 방법이 아니다. 이를 명심해서 소란스럽지 않은 건설적인 행동으로만 자신감을 발휘하자.

자신감은 지식에서 비롯된다. 자기 자신에 대해서 알고, 자기가 얼마나 많이 알거나 모르는지, 그걸 어떻게 알게 되었는지, 그 지식을 어떻게 활용할지도 알아야 한다. 허세가 심한 사람은 실패할 수 있으니 실제로 아는 것보다 더 많이 아는 척하지 말자. 가식은 아무런 쓸모가 없다. 교육받은 사람이라면 말하는 것을 3분만 들어도 상대를 꽤 정확하게 파악할 수 있다. 진짜 모습이 또렷하게 드러나므로 아무리 다르게 주장해도 소용없다. 이 경고를 잘 따른다면 이 장의 마지막 부분이 당신 인생에서 가장 중요한 전환점이 될 수도 있다.

자신을 믿되, 세상을 위해 자기가 무엇을 할 수 있는지 말로만 떠들지 말고 행동으로 보여주자!

이제 성공의 사다리를 올라가기 위한 다음 단계로 이끌어줄 4장으로 넘어갈 준비가 되었다.

어째서 우리는
6가지 두려움을 품고 사는가?

당신이 경계해야 하는 6가지 망령이 있다. 가난에 대한 두려움, 노년에 대한 두려움, 비판에 대한 두려움, 실연에 대한 두려움, 질병에 대한 두려움, 죽음에 대한 두려움이다. 세상 사람들은 제각각 무언가를 두려워한다. 그리고 두려움은 대개 유전된다.

이제부터 사람들에게 가장 큰 피해를 주는 6가지 기본적인 두려움을 살펴보자. 인생에서 성공하려면 두려움을 극복해야 한다. 6가지 두려움 중 당신을 괴롭히는 게 몇 가지나 되는지 확인한 뒤, 이를 극복하는 방법을 알아보자.

이 글의 목적은 당신이 치명적인 적을 물리치도록 도와주는 데 있다. 적들은 당신 눈에 잘 띄지 않는 뒤쪽에 도사리고 있다는 점에 유의하자.

지구상의 모든 인간은 이와 같은 눈에 보이지 않는 두려움에 어느 정도씩 얽매여 있다. 이 적을 없애는 첫 번째 단계는 그 두려움이 어디서 어떻게 생겼는지 알아내는 것이다.

두려움은 2가지 형태의 유전으로 우리를 옭아맨다. 하나는 생물학자 찰스 다윈이 연구한 육체적 유전이다. 그리고 다른 하나는 사회적 유전인데, 암흑시대에 살았던 사람들의 두려움, 미신, 믿음이 세대를 거듭하며 전해졌다.

먼저 육체적 유전이 6가지 기본적인 두려움을 형성하는 데 어떤 역할을 하는지 살펴보자. 자연은 처음부터 잔혹한 건설자였다. 가장 하등한 생명체부터 가장 고등한 생명체에 이르기까지 자연은 더 강한 생명체가 약한 생명체를 먹이로 삼도록 허락했다.

물고기는 벌레와 곤충을 통째로 잡아먹고, 새는 물고기를 잡아먹으며, 또 새보다 고등한 생명체가 새를 잡아먹는다. 이런 식으로 계속 이어지다가 결국 인간에까지 이른다. 그리고 인간은 다른 모든 하등한 생명체를 잡아먹을 뿐만 아니라 같은 인간도 해친다!

진화는 더 강한 생명체가 약한 생명체를 잔인하게 파괴하는 증거가 줄줄이 엮여 있는 긴 사슬이다. 그러니 약한 생명체가 자기보다 강한 생명체를 두려워하게 된 건 당연하다. 모든 살아 있는 동물은 공포 의식을 갖고 태어난다.

이제 사회적 유전이 인간의 기질에 어떤 영향을 미치는지 알아보자. 사회적 유전이란 인간이 배운 모든 것, 다른 생명체에 대한 관찰과 경험을 통해 배우거나 수집한 정보 일체를 말한다. 자신의 편견과 고정관념을 일시적으로라도 버리면 가장 나쁜 6가지 적에 대한 진실을 알게 된다.

가난에 대한 두려움 인류를 위협하는 이 적의 역사를 솔직히 말하려면 용기가 필요하다. 그리고 그 진실을 듣는 데는 더 큰 용기가 필요하다.

가난에 대한 두려움은 경제적으로 다른 인간을 착취하는 인간의 유전적 경향에서 비롯된다. 본능은 있지만 생각할 힘은 없는 동물들은 육체적으로 서로를 괴롭힌다. 하지만 직관력이 뛰어나고 생각이라는 더 강력한 무기를 가진 인간은 다른 인간을 실제로 잡아먹지는 않으나 재정적으로 '잡아먹으면서' 많은 즐거움을 얻는다.

이런 측면에서 볼 때 인간은 경제적으로 더 약한 자를 노리는 심각한 범죄를 저지르는 셈이다. 정부는 강자로부터 약자를 보호하는 법률을 통과시킬 의무가 있다.

노년에 대한 두려움 노년에 대한 두려움은 주로 2가지 원인에서 비롯된다. 첫째, 노년에 가난해질 수 있다는 생각이다. 둘째, '불과 유황'의 이미지를 곁들인 거짓되고 잔인한 종교적 가르침이다. 이로써 인간은 노년을 두려워하게 되었다. 많은 사람에게 노년은 다른 세상, 아마 이 세상보다 더 끔찍한 세상이 다가오는 것을 의미한다.

비판에 대한 두려움 인간이 왜 비판을 두려워하게 되었는지는 모르지만 그런 두려움을 품고 있는 것은 분명하다.

이 두려움이 없었다면 남성은 모자를 쓰지 않았을 것이다. 꽉 끼는 모자는 모근의 혈액 순환을 차단하여 탈모에 안 좋은 영향을 미친다. 그런데도 남성은 모자가 실제로 필요해서가 아니라 혹시나 다른 사람들이 비난할까 봐 남들을 따라 모자를 쓴다. 비판에 대한 두려움이 없었다면 남자는 모자를 벗고 머리카락을 지켰을 것이다.

　의류 제조업체는 인류의 이 두려움을 적극적으로 활용한다. 계절마다 유행하는 패션이 바뀌는 이유는 다른 사람들보다 뒤처지는 옷을 입을 용기가 있는 사람이 거의 없다는 사실을 의류 제조업체가 알고 있어서다. 만일 이 말의 진의가 의심스럽다면, 올해 유행하는 챙이 넓은 모자 대신 작년에 유행하던 챙이 좁은 모자를 쓰고 거리를 걸어보기 바란다. 그러면 눈에 보이지 않는 적인 비판에 대한 두려움 탓에 마음이 불편해질 것이다.

　실연에 대한 두려움 우리는 누군가의 사랑을 잃어버리는 것을 크게 두려워한다. 정신 병원에 가보면 이 두려움 탓에 질투에 미친 사람들이 가득하다. 질투는 광기의 한 형태다. 이 때문에 이혼 법원에는 사람들이 득실거리고, 살인과 여러 가지 형태의 잔혹한 범죄도 발생한다.

　이 두려움은 인간이 무력으로 다른 인간을 약탈하고 사냥하던 석기시대부터 사회적 유전을 통해 전해져왔다. 그리고 현시대에는 수법은 바뀌었지만 아직 이런 행태가 남아 있다. 이제 인간은 무력 대신 색색의 예쁜 리본과 빠른 자동차, 밀주 위스키, 반짝이는 보석, 웅장한 저택으로 다른 인간의 배우자를 훔친다. 인간은 발전하고 있다. 예전에는 '몰아붙였다'면 이제는 '유혹한다.'

　질병에 대한 두려움 질병에 대한 두려움은 육체적 유전과 사회적 유전에서 비롯된다. 태어나서 죽을 때까지 우리 몸속에서는 영원한 전쟁이 벌어진다. 이는 세포 집단 간의 전쟁인데 한 집단은 우호적인 신체의 건설자고 다른 집단은 파괴자 혹은 '질병을 일으키는 세균'이다. 자연의 잔인한 계획에 따라 더 강한 형태의 세포가 약한 세포를 먹이로 삼는 신체에서 두려움의 씨앗이 싹튼다. 여기에 사회적 유전은 청결과 위생에 대한 사람들의 부족으로 생긴다. 또 건강 악화를 빌미로 이익을 얻는 사람들은 교묘하게 암시의 법칙을 조작해 두려움을 더 키운다.

죽음에 대한 두려움 마지막 기본적인 두려움은 지금까지 이야기한 것들 가운데 가장 큰 두려움인 죽음에 대한 두려움이다.

인간은 수만 년 동안 답이 없는 질문을 계속 던져왔다. 우리는 '어디에서' 와서 '어디로' 가는가? 교활한 자들은 "나는 어디에서 왔고 죽은 뒤에는 어디로 가는가?"라는 영원한 질문에 주저하지 않고 답을 제공한다. 어떤 리더는 "내 장막으로 들어오면 죽은 뒤에 천국에 갈 수 있다."라고 말한다. 그리고 천국은 거리에 금이 깔려 있고 보석으로 장식된 멋진 곳이라고 설명하면서 이렇게 겁을 준다. "내 장막에서 나가면 곧장 지옥에 떨어질 것이다." 지옥은 불쌍한 희생자가 영원히 유황불 속에서 타오르는 끔찍한 상황에 처할 수 있는 불타는 용광로로 묘사한다. 인류가 죽음을 두려워하는 건 당연하다!

6가지 기본적인 두려움 중 당신에게 가장 큰 피해를 주는 게 무엇인지 알아보자. 적이 누구인지 파악하면 이미 반쯤 이긴 것이나 다름없다.

학교 교육 덕분에 인간은 이 6가지 적을 서서히 파악해가고 있다. 이 적과 싸우는 가장 효과적인 도구는 체계적인 지식이다. 무지와 두려움은 쌍둥이여서 대개 동시에 나타난다.

하지만 무지와 미신이 없다면 6가지 기본적인 두려움은 한 세대 안에 인간의 본성에서 사라질 것이다. 우리는 도서관에서 인류의 6가지 적을 물리칠 방안을 찾을 수 있다. 어떤 책을 읽어야 할지 알고만 있다면 말이다.

벤저민 키드의 『힘의 과학』을 읽으면 우리를 짓누르는 6가지 기본적인 두려움에서 벗어날 수 있다. 그다음에는 에머슨의 보상에 관한 에세이를 읽어보고, 자기 암시에 관한 좋은 책을 골라서 오늘의 믿음이 내일의 현실이 되는 원리도 알아보자. 역사학자이자 사상가인 제임스 하비 로빈슨의 『마인드 인 더 메이킹』은 자신의 마음을 이해하는 데 좋은 시작점이 될 것이다.

사회적 유전을 통해 암흑시대의 무지와 미신이 우리에게 전해졌다. 하지만 우리는 현대에 살고 있고, 모든 결과에는 자연적인 원인이 있다는 증거를 곳곳에서 볼 수 있다. 지금 당장 원인을 찾아 그 영향을 알아보면 곧 6가지 기본적인 두려움에서 해방될 것이다.

막대한 부를 축적한 사람들을 연구하고 그들이 거둔 업적의 근원을 찾는 것부터 시작하자. 포드는 시작점으로 삼기에 좋은 대상이다. 그는 25년이라는 짧은 기간 안에 빈곤을 극복하고 세상에서 가장 막강한 인물이 되었다. 그의 업적은 행운이나 우연이 아니다. 그의 성공은 우리도 똑같이 이용할 수 있는 특정한 원칙을 주의 깊게 관찰한 덕분이다. 포드는 6가지 기본적인 두려움에 얽매이지 않았다는 사실도 명심하자.

연구하기에는 포드가 너무 멀리 있는 사람이라고 생각된다면 가까이에 있는 아는 사람 두 명을 골라서 시작하자. 한 명은 실패에 대한 당신의 생각을 증명하고, 다른 한 명은 성공에 대한 생각을 증명해야 한다. 한 명은 실패하고 다른 한 명은 성공한 이유와 실제 어떤 일이 있었는지를 알아보자. 그 과정에서 원인과 결과에 대한 훌륭한 교훈을 얻을 것이다.

세상에 그냥 '일어나는' 일은 하나도 없다. 땅을 기어다니거나 바다에서 헤엄치는 가장 하등한 동물부터 인간에 이르기까지 모두가 자연적인 진화 과정의 산물이다. 진화는 '질서 있는 변화'다. 이 질서 있는 변화에 '기적'은 없다.

동물의 형태와 색상은 한 세대에서 다른 세대로 가면서 느리고 질서 있게 변화한다. 또 인간의 마음도 끊임없이 변화한다. 여기에는 개선에 대한 희망이 있다. 우리 마음은 다소 빠르게 변화할 수 있다. 한 달 동안 올바른 방향으로 자기 암시를 시도하면 6가지 기본적인 두려움을 어느 정도 극복하게 된다. 그리고 1년 동안 끈기 있게 노력하면 모든 두려움을 구석으로 몰아넣어 다시는 심각한 피해를 입지 않을 수 있다.

내일이 되면 오늘 마음속에 품고 있던 지배적인 생각과 비슷한 사람이 될 것이다! 6가지 기본적인 두려움을 물리치겠다는 결심의 씨앗을 마음속에 심으면 그 순간 절반은 승리한 셈이다. 이런 생각을 간직하면 6가지 최악의 적이 서서히 시야에서 사라지기 마련이다. 그 두려움은 마음속에만 존재하기 때문이다.

강한 사람은 아무것도 두려워하지 않는다. 심지어 신도 두려워하지 않는다. 강한 사람은 신을 사랑하지만 결코 두려워하지는 않는다! 두려움이라는 텃밭에서는 지속적인 힘을 키울 수 없다. 두려움을 바탕으로 키운 힘은 모두 무너지고 붕괴될 수밖에 없다. 이 진실을 이해하면 당신에게 일시적으로 충성을 맹세하는 이들의 두려움을 발판 삼아 권력을 얻으려고 애쓰는 불행한 일은 없을 것이다.

✦ 사람의 영혼과 육체는
고고한 결의가 담긴 행동을 위해 만들어졌다.
대담한 상상의 날개를 펼치고 끈기 있게 날아올라
평화에 대한 가장 날카로운 고통에 두려움 없이 맞서고
감각과 정신이 뒤섞인 기쁨을 맛보자.

아니면 인간은 비참함과 불행을 겪도록 만들어졌을지도 모른다.
두려움의 거름더미 위를 기어다니면서
작은 소리에도 움츠러들고,
육욕 때문에 자연스러운 사랑의 불꽃을 꺼뜨리며,
무가치한 시절에도 축복받은 시간이 있음을 깨닫지만
얼어붙은 죽음의 손이 봉인을 찍어놓았기에
질병을 싫어하면서도 치료를 두려워하게 된다.

하나는 앞으로 존재할 인간이며,
다른 하나는 지금 존재하는 악한 인간이다.

— 셸리

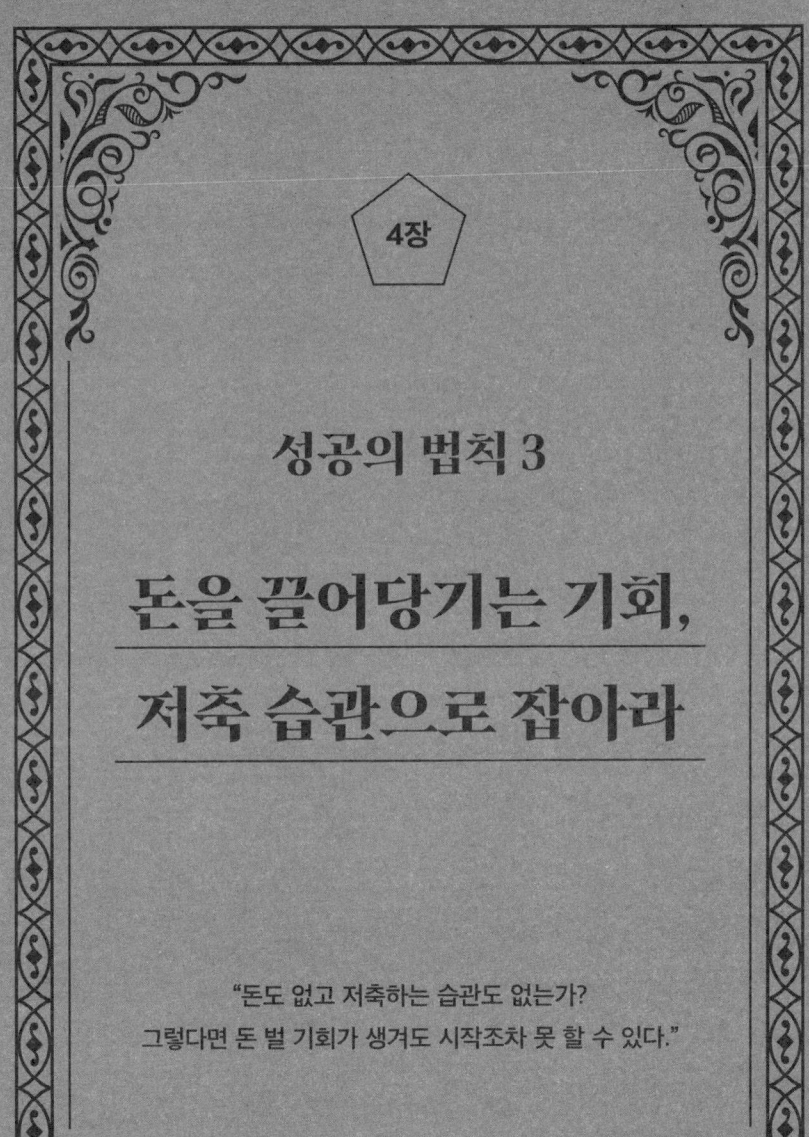

4장

성공의 법칙 3

돈을 끌어당기는 기회, 저축 습관으로 잡아라

"돈도 없고 저축하는 습관도 없는가?
그렇다면 돈 벌 기회가 생겨도 시작조차 못 할 수 있다."

저축 방법을 알려주지도 않은 채 저축하라고 조언하는 것은 말도 안 된다. 사람들은 저축이 중요하다는 것은 알지만 어떻게 해야 저축을 잘 할 수 있는지는 모른다.

저축은 전적으로 습관의 문제다. 그래서 이 장은 습관의 법칙을 간략하게 분석하면서 시작하겠다.

우리의 성격은 습관으로 만들어진다. 계속 반복하는 행동은 모두 습관이 된다. <u>습관이 마음에 자리를 잡으면 우리는 저절로 행동하게 된다.</u> 예를 들어, 직장이나 자주 방문하는 장소에 갈 때 항상 일정한 길로 가면 그게 습관이 되어 무의식중에도 그 길로 가기 마련이다. 심지어 출발할 때 다른 경로로 가야겠다고 마음먹었어도 어느새 평소 이용하던 길로 가고 만다. 또한 완전히 허구인 이야기도 반복하다 보면, 습관의 법칙에 영향받아서 그 이야기가 허구라는 사실을 잊게 된다.

습관으로 번영과 풍요를 끌어당겨라

습관의 법칙을 잘못 이용하는 바람에 가난하게 살아가는 사람이 많다. 습관의 법칙이나 '유사한 것들끼리 서로 끌어당기는' 끌어당김의 법칙을 이해하지 못해서 가난하게 사는 사람은 현재의 처지가 자신이 한 행동의 결과임을 잘 모른다.

우리는 돈 버는 능력에 한계가 있다고 여기면 그 이상은 결코 벌지 못한다. 습관의 법칙이 우리가 벌 수 있는 금액의 한도를 정하고 잠재의식은 그 한계를 받아들이기 때문이다. 그러면 곧 상황이 악화되는 듯 느껴지고 우리는 6가지 기본적인 두려움 중 하나인 가난에 대한 두려움에 완전히 휩싸인다. 결과적으로 기회도 찾아오지 않고 불행한 운명이 그대로 사실이 되어버린다.

저축 습관을 만든다고 해서 돈 버는 능력이 제한되지는 않는다. 오히려 그 반대다. 이 법칙을 적용하면 수입을 체계적으로 보존할 수 있을 뿐만 아니라 더 큰 기회가 생기고 비전, 자신감, 상상력, 열정, 주도권, 리더십까지 갖추게 되어 실제로는 돈 버는 능력이 향상된다. 습관의 법칙을 완벽하게 이해하면 '게임판을 완전히 장악해' 돈벌이라는 위대한 게임에서 승리할 수 있다. 그러려면 다음과 같은 방식으로 진행해야 한다.

첫째, 명확한 핵심 목표 법칙에 따라 벌고 싶은 액수를 비롯해 원하는 것을 마음속에 정확하고 확실하게 그린다. 그러면 이 그림을 청사진이나 지도로 삼은 잠재의식이 핵심 목표 달성을 위한 실용적인 계획에 맞추어 생각과 행동을 바꾸어준다. 습관의 법칙은 당신의 명확한 핵심 목표를 마음속에 단단히 고정시킨다. 2장에서 설명한 방식에 따라 목표가 확고하게 영구적으로 자리 잡을 때까지 말이다. 이 과정에서 빈곤 의식이 타파되고 그 자리에 번영 의식이 자라날 것이다. 이때부터 번영을 요구하고 기대하다 보면 저축 습관을 키우는 길이 생기고 무대가 마련된다.

둘째, 돈 버는 능력을 키우고 나면 수입의 일정 비율을 저축한다는 내용을 명확한 핵심 목표에 추가하는 방식으로 습관의 법칙을 다시 적용한다. 그러면 수입이 증가할수록 저축도 비례해서 증가한다. 자신을 계속 독려해서 돈 버는 능력을 향상시키는 동시에 수입의 일정 금액을 체계적으로 저축하면, 어느새 마음에서 가상의 한계를 모두 없애는 지점에 도달한다. 그때부터는 재정적 독립을 향한 길로 순조롭게 나아갈 수 있다. 이보다 더 실용적이고 쉽게 이룰 수 있는 목표도 없다!

습관의 법칙을 반대로 적용해 마음속에 가난에 대한 두려움을 심으면 어떻게 될까. 이 두려움이 돈 버는 능력을 감소시켜서 생활필수품을 마련하기도 힘든 지경이 될 것이다.

신문사들은 전국 각지에서 기업이 파산하고 있다는 기사로 지면을 채워 일주일 안에 공황을 일으킬 수 있다. 전체 기업 수에 비해 파산하는 기업의 수가 미미함에도 말이다. 범죄 급증도 대부분 선정적 저널리즘의 산물이다. 전국의 신문사들이 공포스러운 머리기사를 동원해 살인 사건 하나를 다루면 다양한 지역에서 유사한 범죄가 파동이 일듯 번진다. 실제로 일간지들이 살인 사건을 반복 보도하자 다른 지역에서도 비슷한 사건이 발생한 적이 있다.

우리가 어떤 사람이고 인생의 사명이 무엇이든 간에, 우리는 모두 습관의 희생자다. **일부러 머릿속에 새긴 생각이나 암시, 환경, 다른 사람의 영향 등으로 마음에 자리 잡은 모든 생각은 우리에게 그 본질과 일치하는 행동을 하게 한다.** 따라서 항상 번영과 풍요를 생각하거나 말하는 습관을 들이면 더 많은 기회, 새롭고 예상하지 못한 기회로 물적 증거가 나타나기 시작한다.

이것도 끌어당김의 법칙이다! 사업하는 사람이 "일이 잘 안 된다."라고 말하거나 생각하는 습관이 생기면 곧 사업에 문제가 발생한다. 비관론자가 부정적인 영향력을 오랫동안 발휘하면 동료들의 마음속에 가난과 실패에 대한 생각이 계속 떠돌고 결국 유능한 사람들의 일까지 망친다. 이런 사람이 되어서는 안 된다.

일리노이주에서 성공한 은행가 한 명은 자기 사무실에 다음과 같은 글귀를 걸어두었다. "여기에서는 풍요로움만 생각하고 이야기합니다. 비통한 이야기를 하고 싶다면 참아주세요. 우리는 그런 이야기를 원치 않습니다."

비관주의자를 좋아하는 회사는 없으며, 끌어당김의 법칙과 습관의 법칙을 잘 아는 사람도 비관주의자를 용납하지 않을 것이다. 이는 절도범이 사업장을 돌아다니는 걸 용납하지 않는 것과 마찬가지다. 그런 사람 한 명이 주변의 유능한 사람까지 망쳐놓기 때문이다.

많은 가정이 가난과 결핍에 관한 대화를 자주 나누는데, 바로 이것이 가난의 원인이다. 그들은 가난에 대해 생각하고 이야기하면서 가난을 운명으로 받아들인다. 조상이 가난했으니 자신들도 가난할 수밖에 없다고 여긴다. 가난을 생각하고 두려워하는 습관에서 빈곤 의식이 생겨난다.

빚의 희생자가 되지 마라

빚은 무자비한 주인이며 저축 습관을 망치는 치명적인 적이다. 가난만으로도 야망이 사라지고 자신감이 없어지며 희망이 파괴된다. 여기에 빚까지 더해져 잔혹한 이중고에 시달리는 사람은 사실상 실패할 수밖에 없다. 무거운 빚을 지고 있는 사람은 자기 일에 최선을 다할 수 없고, 존경심을 불러일으키는 말로 자신을 표현할 수 없으며, 명확한 인생 목표를 세우거나 실행할 수 없다. 빚의 노예가 된 사람은 무지의 노예나 실제 사슬에 묶여 있는 노예만큼이나 무력하다.

친한 친구 중에 한 달에 1천 달러를 버는 이가 있다. 그런데 사교 생활을 좋아하는 친구의 아내는 남편의 연 수입이 1만 2천 달러인데도 한 해에 2만 달러를 썼다. 그 결과 이 불쌍한 친구는 약 8천 달러의 빚을 지게 되었다. 자식들도 과소비 성향을 물려받은 탓에 빚이 많아 대학에 갈 수가 없다. 이 문제로 아버지와 자식들 사이에 불화가 생겨 온 가족이 불행하고 비참해졌다.

빚 때문에 누군가에게 구속되어 사슬에 묶인 죄수처럼 살아간다는 것은 생각만 해도 끔찍하다. **빚이 쌓이는 것도 습관이다.** 처음에는 적은 액수로 시작해도 서서히 늘어나 마침내 한 사람의 영혼을 차지할 정도로 엄청난 액수로 불어난다. 불필요한 빚을 진 상태로 결혼 생활을 시작하는 젊은이는 결코 그 짐에서 벗어나지 못한다. 시간이 흐르면 부부는 궁핍한 생활에 당혹스러워하게 되고, 돈 문제로 서로에게 자주 불만을 표출하다 보면 이혼 법정에 서기도 한다.

빚의 노예가 된 사람은 이상을 세우거나 실현할 틈이 없으므로 시간이 지나면 서서히 추락한다. 자신의 마음에 한계를 정하고, 다시는 헤어나오지 못할 두려움과 의심의 감옥 안에 자신을 가두어버리는 것이다. 그러니 어떤 희생을 치르더라도 빚의 고통을 피해야 한다!

"자신과 부양가족이 갚아야 할 빚을 생각하면서 누구에게도 빚을 지지 않겠다고 결심하라." 큰 성공을 거둔 사람이 내게 해준 조언이다. 그는 젊은 시절에 빚 때문에 좋은 기회를 잃은 적이 있다. 그래도 금방 정신을 차리고 불필요한 것을 사는 습관을 버린 덕분에 그는 빚의 굴레에서 벗어났다.

하지만 빚지는 습관이 있는 사람은 보통 제때 정신을 차릴 만큼 운이 좋지 못하다. 빚은 모래 수렁처럼 희생자를 점점 더 헤어나기 힘든 상황으로 끌어들이는 경향이 있어서다. 가난에 대한 두려움은 6가지 기본적인 두려움 가운데 가장 파괴적이다. 빚으로 절망에 빠진 사람은 가난에 대한 두려움에 사로잡힌 나머지 야망과 자신감을 잃고 점차 사람들에게 잊힌다.

빚은 두 종류가 있다. 각각이 본질상 매우 다르기에 여기서는 다음과 같이 구분해서 설명한다.

1. 쓸모없는 사치품 때문에 생긴 빚
2. 직업이나 사업상 거래 과정에서 발생한 빚. 이는 다시 자산으로 전환할 수 있는 서비스나 상품이다.

첫 번째 유형의 빚은 피해야 한다. 두 번째 유형의 빚은 채무자가 잘 판단해서 적절한 한도를 초과하지만 않는다면 질 수도 있다. 본인의 한계를 넘어서는 순간 투기의 영역에 접어들게 되는데, 투기는 풍요를 안겨주는 게 아니라 희생자를 삼켜버린다. 분수에 맞지 않게 사는 사람은 대체로 운명의 바퀴가 유리한 방향으로 돌아가면 빚을 전부 갚을 수 있을 것이라는 희망을 안고 투기에 빠진다. 하지만 운명의 바퀴는 대개 잘못된 곳에서 멈춘다. 그래서 투기에 빠진 사람은 빚에서 벗어나기는커녕 빚에 더 심하게 얽매이고 만다.

　가난에 대한 두려움은 희생자의 의지력을 무너뜨려 잃어버린 재산을 되찾을 수 없게 한다. 더 슬픈 것은 빚의 노예 상태에서 벗어나려는 의욕까지 다 잃게 한다는 것이다. 신문에는 거의 매일 빚에 시달리다가 자살한 사람의 기사가 나온다. 매년 다른 원인을 다 합친 것보다 빚이 원인인 자살 사례가 더 많이 발생하는 것은 가난에 대한 두려움이 얼마나 극심한지 보여주는 증거다.

　전쟁 중에는 수백만 명의 사람이 금방이라도 죽을 수 있다는 사실을 알면서도 눈 하나 깜짝 안 하고 최전선 참호에서 적과 맞섰다. 하지만 이런 사람마저 가난에 대한 두려움 앞에서는 움츠러들고 이성을 마비시키는 절망감에 사로잡혀 자살하기도 한다. 빚이 없는 사람은 가난을 이겨내고 경제적으로 큰 성공을 거둘 수 있지만, 빚에 쫓기는 사람은 그와 같은 성취를 이룰 가능성이 극히 희박하다.

　가난에 대한 두려움은 부정적이고 파괴적인 정신 상태다. 게다가 부정적인 정신 상태는 다른 유사한 정신 상태를 끌어당기는 경향이 있다. 예를 들어, **가난에 대한 두려움이 질병에 대한 두려움을 끌어들일 수 있고 이어서 노년에 대한 두려움까지 끌어들일 수 있다.** 그래서 피해자는 실제 노화의 징후가 나타나기 훨씬 전부터 가난에 시달리고 건강이 악화되며 실제로 노화가 진행된다.

　10여 년 전에 한 청년이 뉴욕시의 시티내셔널뱅크에서 책임 있는 직책을 맡았다. 수입에 비해 사치스러운 생활을 하던 그는 많은 빚을 지게 되어 근심에 빠졌고, 이 파괴적인 습관이 일에도 영향을 미쳐 결국 은행에서 해고되었다.

그는 급여가 적은 다른 직장을 구했다. 그러나 채권자들의 성화로 곤란한 상황에 처하자 사직하고 다른 도시로 향했다. 빚 갚을 돈을 모을 때까지 채권자들을 피해 있으려던 것이다. 하지만 채무자를 추적하는 방법을 알고 있었던 채권자들은 청년을 바싹 뒤쫓아왔고, 청년에게 빚이 많다는 사실을 알게 된 새로운 고용주는 그를 해고했다. 그는 두 달 동안 일자리를 찾아 헤맸지만 헛수고였다. 어느 추운 밤, 그는 브로드웨이의 높은 건물 옥상에서 뛰어내렸다. 빚 때문에 또 한 명의 희생자가 생기고 말았다.

가난에 대한 두려움을 극복하는 법

빚이 있는 사람이 가난에 대한 두려움을 극복하려면 2가지 단계를 확실히 거쳐야 한다. 먼저 신용으로 구매하는 습관을 끊고 이미 발생한 빚을 점진적으로 갚는다. 빚 걱정에서 벗어나면 심적인 습관을 개선하고 번영 쪽으로 진로를 바꿀 준비가 되었다고 할 수 있다. 그러면 아주 적은 돈이라도 수입의 일정 비율을 저축하는 습관을 명확한 핵심 목표의 하나로 삼아야 한다. 이 습관이 마음을 사로잡으면 저축에서 기쁨을 얻게 될 것이다.

바람직하지 못한 습관이 있더라도 다른 바람직한 습관을 만들어 대체하면 사라진다. 재정적 독립을 달성하려는 사람은 '지출' 습관을 '저축' 습관으로 대체해야 한다. 바람직하지 않은 습관을 버리는 것만으로는 충분하지 않다. 어떤 습관을 없애면 마음에 '구멍'이 생기는데 이 구멍을 다른 유형의 습관으로 채워야 한다. 그렇지 않으면 이전의 습관이 돌아와 그 자리를 다시 차지한다.

이 책에서 설명하는 여러 심리학 공식을 암기하고 실습해보자. 3장에도 그런 공식이 나오는데, 자신감을 키우는 것이 목적이다. 그리고 습관의 법칙으로 이 공식을 완전히 익히면 자기 정신의 일부가 된다.

당신도 재정적 자립을 이루려고 노력하고 있을 것이다. 가난에 대한 두려움을 극복하고 저축 습관을 기르면 돈 모으는 것은 별로 어렵지 않다. 이 책에서 당신이 돈으로만 성공을 측정한다는 인상을 받았다면 나는 매우 실망스러울 것이다. 그래도 돈은 성공의 중요한 요소다. 사람들이 능력을 발휘하고 행복하며 번영하도록 돕는 철학이라면 돈에 적절한 가치를 부여해야 한다. 돈의 위력 뒤에 굳건히 자리 잡지 못한 사람은 변화하는 환경의 바람에 이리저리 흩날리는 한 줌 모래알에 불과하다는 것이 물질주의 시대의 차갑고 잔인하고 무자비한 진실이다!

특별한 재능이 있는 사람은 많은 보상을 얻을 수 있지만, 재능을 펼칠 돈이 없다면 공허하고 허울 좋은 명예만 남는다. 돈이 없는 사람은 돈을 가진 사람에게 휘둘리게 된다! 그 사람의 능력이나 받은 교육, 타고난 재능과는 상관없이 나타나는 현상이다.

당신이 누구고 어떤 일을 할 수 있든, 세상 사람들이 은행 잔고를 기준으로 당신을 평가하는 현실에서 벗어날 수 없다. 사람들은 낯선 이를 만났을 때 보통은 가장 먼저 '저 사람은 돈이 얼마나 있을까?'라고 생각한다. 돈 있는 사람은 환대받고 사업 기회도 얻는다. 모든 관심이 그에게 쏠린다.

하지만 신발 뒤축이 닳아 있고, 옷이 구깃구깃하고, 옷깃이 더럽고, 여기저기서 가난의 징후가 뚜렷하게 드러나는 사람은 불행해지기 쉽다. 사람들이 발을 밟고 얼굴에 무례한 태도로 담배 연기를 내뿜으면서 지나갈 것이기 때문이다. 듣기 좋은 이야기는 아니지만 그래도 사실이다! 사람들이 남을 가진 돈이나 돈을 통제하는 능력에 따라 판단하는 경향은 특정한 계층에만 국한되지 않는다. 이를 인정하든 인정하지 않든 다들 그런 성향이 있다.

에디슨은 세계에서 가장 유명하고 존경받는 발명가다. 하지만 그가 돈을 아끼고 저축하는 습관을 기르지 않았다면 세상에 알려지지 않은 무명의 인물로 남았을 것이다.

포드도 젊을 때 저축하는 습관을 기르지 않았다면 그의 '말 없는 마차'가 순조롭게 출발하지 못했을 것이다. 또 포드가 재산을 모으고 돈의 힘으로 자신을 보호하지 않았다면, 경쟁자나 탐욕스럽게 포드의 사업을 빼앗으려고 했던 사람들이 오래전에 그를 삼켜버렸을 것이다.

성공을 향해 먼 길을 걸어왔지만 비상 상황에서 자금이 부족해 쓰러진 뒤 다시 일어서지 못한 이가 많다. 비상시에 대비한 예비 자본이 부족해 파산하는 업체도 매우 많다. 다른 원인을 다 합친 것보다 이 한 가지 원인 때문에 실패하는 회사가 더 많다! 예비 자금은 성공적인 사업 운영에 필수다!

마찬가지로 저축은 개인의 성공에 필수다. 저축해둔 돈이 없는 사람은 2가지 측면에서 어려움을 겪는다. 첫째, 현금이 있는 사람에게만 찾아오는 기회를 잡을 수 없고, 둘째, 예상치 못한 비상사태로 현금이 필요하면 당황한다.

또 저축 습관을 기르지 않은 사람은 저축 습관을 실천하면서 생기는 성공에 필수적인 다른 특성이 부족한 탓에 어려움을 겪기도 한다. 보통 사람들이 대수롭지 않게 쓰는 소액이라도 체계적으로 저축하고 적절히 활용하면 결국 재정적 독립을 이룰 수 있다.

나는 주택금융조합에서 자료를 제공받아 살펴보았는데, 매달 5~50달러를 저축하면 10년 뒤에 큰돈이 된다는 사실을 확인할 수 있었다. 사람들이 쓸모없는 상품이나 오락에 쉽게 매달 5~50달러를 쓴다는 현실을 고려하면 놀라운 사실이다.

돈을 벌고 저축하는 건 과학이지만 돈이 모이는 규칙은 매우 간단해서 누구나 따라 할 수 있다. **가장 중요한 전제 조건은 불필요한 사치품 지출을 없애고 현재를 미래에 종속시키려는 의지다.**

뉴욕의 유명한 은행가의 운전사로 일하면서 일주일에 20달러를 버는 한 청년이 있었다. 그는 고용주의 권유에 따라 일주일 동안 지출한 모든 금액을 정확하게 기록했다. 다음은 그가 지출한 돈을 항목별로 정리한 목록이다.

- ✦ 담배 · $0.75
- 껌 · $0.30
- 음료수 · $1.80
- 동료를 위한 담배 · $1.50
- 영화관 · $1.00
- 면도(팁 포함) · $1.60

신문(일간지와 일요판)	$0.22
구두 닦기	$0.30

합계: $7.47

하숙(식사 포함)	$12.00
수중에 남은 현금(저축액)	$0.53

합계: $12.53
∴ 총계: $20.00

    이 수치는 목록을 작성한 청년뿐만 아니라 다른 수천 명에게도 적용될 수 있는 비극적인 이야기를 들려준다. 그가 받은 20달러 중 실제로 저축한 금액은 53센트에 불과했다. 그는 이런저런 물건을 사는 데 7.47달러를 썼는데, 전부 지출액을 많이 줄일 수 있거나 완전히 없애도 되는 항목이다. 사실 스스로 면도하고 직접 구두를 닦으면 7.47달러를 전부 절약할 수도 있다.

    이 청년이 한 달에 25달러씩 저축한다고 가정해보자. 첫 10년이 지나면 그가 모은 돈이 5천 달러로 늘어날 것이다. 이 청년이 경비 지출 내역서를 작성할 당시의 나이가 21세였다. 한 달에 25달러를 저축했다면 31세 때 은행에 상당한 금액이 있을 테고 이 돈은 그가 재정적 독립을 이룰 많은 기회를 가져다주었을 것이다.

    근시안적인 사이비 철학자들은 일주일에 몇 달러를 저축하는 것만으로는 부자가 될 수 없다고 지적하기를 좋아한다. 그 말이 맞을 수도 있다. 하지만 적은 금액이라도 꾸준히 저축하다 보면 예상보다 빠르게 직접 재정적 자립을 이룰 수 있는 사업 기회가 생기기도 한다.

당신이 체계적인 저축 습관을 아직 들이지 못했다면, 한 달에 5달러씩 저축할 때 10년 뒤 얼마나 모이는지 보여주는 표를 만들어 매일 아침저녁으로 보는 거울 옆에 붙여두자. 이 표는 크게 확대 복사해서 전국의 모든 학교 벽에 붙여두고 학생들에게 저축 습관의 중요성을 끊임없이 일깨워도 좋을 것이다.

나도 몇 년 전까지는 저축 습관의 중요성을 진지하게 생각하지 않았다. 그러다가 손가락 사이로 술술 새어 나간 돈을 하나씩 적어보니 그 금액이 너무 놀라워서 이 장을 집필했고, 저축 습관을 15가지 성공의 법칙 중 하나로 추가했다.

다음은 당시에 내가 작성한 지출 내역서의 세부 내용이다.

- 4천 달러: 상속받은 돈. 친구와 함께 자동차 판매업에 투자했다가 1년 만에 전부 잃었다.
- 3,600달러: 잡지와 신문에 여러 가지 글을 기고해서 번 돈. 전부 쓸데없이 낭비했다.
- 3만 달러: 성공 법칙의 철학을 이용해 영업 사원 3천 명을 교육하고 번 돈. 잡지에 투자했지만 예비 자금이 부족해 성공하지 못했다.
- 3,400달러: 공개 연설, 강의 등으로 번 추가 수입. 들어오는 대로 다 썼다.
- 6천 달러: 정기적인 수입에서 매달 50달러씩 10년 동안 저축하면 모을

수 있는 금액이다.

- 합계: 4만 7천 달러

이 돈이 생기자마자 바로 주택금융조합이 제안하는 방식이나 복리이자가 발생하는 다른 방식으로 저축하고 투자했다면 어땠을까? 이 글을 쓰는 시점에 이 돈은 복리로 늘어나 9만 4천 달러가 되었을 것이다. 9만 4천 달러는 재정적 자유를 누리기에 충분한 돈이다.

나는 도박, 음주, 과도한 오락 같은 일반적인 낭비 습관이 없다. 생활 습관이 비교적 건전한데도 10년 조금 넘는 기간 동안 4만 7천 달러를 그냥 낭비했다는 게 믿기지 않지만 사실이다!

언젠가 나는 어느 대기업 사장이 직원들을 위해 연 파티에서 연설하고 500달러짜리 수표를 받은 적이 있다. 봉투를 열어 수표를 보았을 때 머릿속에 떠오른 생각이 생생히 기억난다. 그때 새 자동차를 사고 싶어 하던 차였는데 정확하게 첫 번째 대금 납부금이 500달러였다. 그렇게 수표를 손에 넣은 지 30초도 되기 전에 다 써버렸다.

아마 누구나 같은 경험을 해보았을 것이다. **우리는 저축할 방법과 수단보다는 가진 돈을 어떻게 쓸지에 대해 더 많이 생각한다.** 저축이나 저축에 필요한 자제력과 자기희생은 마음을 무겁게 하지만, 돈 쓸 생각을 하면 항상 마음이 설레곤 한다. 저축 습관은 소홀히 하면서 소비 습관을 키운 탓이다. 그리고 평소 우리 머릿속에 잘 떠오르지 않는 생각은 자주 떠오르는 생각만큼 환영받지 못한다.

사실 저축 습관도 지출 습관만큼 매력적으로 만들 수 있다. 다만 잘 정립된 규칙적이고 체계적인 습관으로 자리 잡기 전까지는 불가능하다. 우리는 자주 반복되는 일을 좋아한다. 과학적 연구에서 발견한 특성으로, 이는 '인간은 습관의 희생양'이라고 달리 표현되기도 한다.

저축 습관을 기를 때는 다른 습관을 기를 때보다 더 강한 의지력이 필요하다. 돈을 모으려면 다양한 부분에서 자제력을 발휘하고 오락과 쾌락을 희생해야 하기 때문이다. 그래서 저축 습관을 키운 사람은 성공을 위해 필요한 다른 습관, 특히 자제력과 자신감, 용기, 평정심 등을 동시에 키우고 두려움에서 벗어나게 된다.

소비 습관은 어떻게 인생을 망치는가?

저축 습관을 기르기로 마음먹었다면 가장 먼저 얼마나 저축할지를 생각해보아야 한다. 이때 저축할 사람은 자신이 통제할 수 있는 조건과 없는 조건을 두루 고려하도록 한다.

평범한 급여 소득자라면 번 돈을 다음처럼 배분하는 게 좋다.

- ✦ 저축   20%
- 생활비(의식주 관련 비용)   50%
- 교육비   10%
- 레크리에이션비   10%
- 보험비   10%

합계: 100%

하지만 일반적으로는 다음과 같은 배분 비율이 나타난다.

✦ 저축	계좌 없음
생활비(의식주 관련 비용)	60%
교육비	0%
레크리에이션비	35%
보험비	5%
	합계: 100%

'레크리에이션비' 항목에는 건강을 해치고 성격도 망가뜨릴 수 있는 음주나 파티, 기타 유사한 일에 지출한 돈이 대거 포함된다. 사실상 바람직하지 않은 지출이라 할 수 있다.

경험이 풍부한 한 조사 분석가는 "월 예산을 조사하면 그 사람이 어떤 삶을 사는지 정확하게 알 수 있다. 특히 '레크리에이션비' 항목에서 의미 있는 정보를 얻을 수 있다."라고 말했다. 따라서 우리는 마치 온실 관리자가 식물의 생사를 좌우하는 온도계를 주시하듯 이 항목을 주의 깊게 보아야 한다. 그리고 예산을 미리 정해놓을 때 '오락' 항목을 만드는 경우가 있는데 돈을 많이 낭비하고 심하면 건강까지 나빠질 수 있으니 주의가 필요하다.

우리는 지금 '오락'이 예산에서 너무 높은 비율을 차지하는 시대에 살고 있다. 주당 50달러도 채 못 버는 수만 명이 수입의 3분의 1을 '오락'에 낭비한다. 이 어리석은 사람들은 저축 계좌에 넣어야 할 돈을 낭비하고 있을 뿐만 아니라 성격과 건강까지 모두 파괴하는 아주 큰 위험에 처해 있다.

나는 도덕성이나 다른 주제에 관한 설교를 늘어놓으려고 이 책을 쓴 게 아니다. 성공을 거두는 데 필요한 기본 요소인 엄연한 사실을 다루고 있다. 하지만 성공이라는 주제와 직접 관련이 있는 사실 몇 가지는 꼭 짚고 넘어가야지, 그렇지 않으면 이 책 전체나 이 장의 내용에 해가 될 것이다. 나는 개혁가가 아니다! 도덕에 관해 설교하는 사람도 아니다. 이런 분야는 다른 유능한 사람들이 잘 다루고 있다. 여기서 나는 명예로운 성취로 나아가는 안전한 길을 제시하는 데 꼭 필요한 내용을 언급하고 있다.

나는 1926년 오하이오주 캔턴에서 《데일리뉴스》를 발행하던 돈 R. 멜렛과 파트너십을 맺었다. 멜렛은 내가 만든 성공의 법칙이 출세를 원하는 젊은이에게 건전한 조언이 되어줄 거라면서 관심을 보였다. 멜렛은 《데일리뉴스》 지면을 통해 캔턴의 암흑가 세력과 치열한 전투를 벌이고 있었다. 멜렛과 나는 오하이오주 주지사가 보내준 형사와 수사관의 도움을 받아 캔턴 주민의 생활 방식에 대한 정확한 정보를 수집했다.

그러나 멜렛은 1926년 7월 매복해 있던 자들에게 암살당했다. 전직 캔턴 경찰관 한 명을 포함한 범인 네 명은 이 범죄로 종신형을 선고받고 현재 오하이오주립교도소에서 복역 중이다. 캔턴의 암흑가 세력이 저지른 범죄가 조사되는 동안 모든 보고서가 내 사무실로 전달되었다. 따라서 여기에 제시된 정보는 절대적으로 정확하다.

연봉 6천 달러를 받던 한 대형 공장의 임원은 '오락용' 술값(그 '물건'을 술이라고 부를 수 있다면)으로 캔턴의 밀주업자(1920~1933년 미국에서는 금주법이 시행되어 술의 제조, 판매, 운반, 수출입이 금지되었다.—편집자)에게 월평균 300달러를 지불했다. 그의 아내도 집에서 진행된 이 오락에 참여했다.

월급이 150달러인 한 은행원은 술값으로 월평균 75달러를 써왔다. 더구나 이런 용납할 수 없는 낭비 외에도 별로 많지 않은 월급에 여기저기 여행까지 다니느라 신세를 망쳤다.

연봉이 5천 달러인 한 대형 제조 공장 관리자는 한 달에 적어도 125달러는 저축해야 했지만 실제로는 저축을 전혀 하지 않았다. 그러면서 밀주업자에게 월평균 150달러의 청구서를 받았다.

월급이 160달러인 한 경찰관은 도로변 술집에서 열리는 저녁 파티에서 매달 400달러 이상을 썼다. 그가 합법적인 수입과 실제 지출의 차이를 어떻게 메웠는지는 의문이다.

전년도 소득세 신고서를 통해 추정한 연 소득이 8천 달러 정도인 한 은행 직원이 있었다. 그는 멜렛의 사건으로 조사관들이 조사를 벌이는 3개월 동안에도 매달 밀주업자에게 500달러 이상의 청구서를 받았다.

주급 20달러를 받고 백화점에서 일하는 어떤 청년은 밀주 구입에 매주 평균 35달러를 썼다. 조사관은 그가 직장에서 돈을 훔치는 것 같다고 짐작했다. 이 청년은 아무래도 불행한 노년기를 맞을 듯하지만 지금은 어떻게 살고 있는지 알 수 없다.

한 생명 보험사 영업 사원은 수수료를 받고 일하는 관계로 정확한 소득은 파악할 수 없었다. 하지만 밀주업자에게 한 달 평균 200달러를 지출했다. 예금 계좌에 대한 기록이 발견되지 않아 계좌가 없는 것으로 추정되었는데, 나중에 보험사가 자금 횡령 혐의로 그를 고발해 체포되었을 때 이 추정이 사실임이 확인되었다. 그는 회사에 전달했어야 하는 돈을 쓰고 있었다. 그는 현재 오하이오주립교도소에서 장기 복역 중이다.

고등학교에 다니던 한 소년도 술값으로 거액을 썼다. 술을 살 때 현금을 내서 정확한 금액은 알 수 없었고, 밀주업자의 장부에도 금액이 적혀 있지 않았다. 이에 부모는 소년이 더 잘못되기 전에 집에 가두었다. 하지만 소년은 집 어딘가에 보관해두었던 돈을 훔쳐 달아났고, 발각되었을 때는 벌써 이 돈 가운데 300달러 이상을 써버린 뒤였다.

예전에 나는 41개 고등학교에서 한 달에 한 번씩 강의를 한 적이 있다. 그때 만난 고등학교 교장들은 저축 성향이 조금이라도 있는 학생이 2퍼센트도 안 된다고 했다. 고등학생 1만 1천 명을 대상으로 실시한 설문 조사에서도 저축 습관이 성공에 필수 요소 중 하나라고 응답한 학생은 5퍼센트에 불과했다. 이러니 부자는 더 부유해지고 가난한 사람은 더 가난해지는 것이 당연하다!

사회주의적인 발언이라고 하는 사람도 있겠지만 이것은 엄연한 현실이다. <u>수많은 사람이 손에 들어오는 돈을 다 써버리는 이런 낭비벽 심한 나라에서는 누구든 어렵지 않게 부자가 될 수 있다.</u>

오래전 지금과 같은 소비 광풍이 전국으로 퍼지기 전에 울워스는 사람들이 싸구려 물건을 사는 데 쓰는 푼돈을 긁어모으는 간단한 방법을 고안했다. 그리고 몇 년 만에 1억 달러 이상을 벌어들였다. 비록 울워스는 세상을 떠났지만 그가 만든 시스템은 지금도 유지되고 있어서 유산은 계속 불어나고 있다.

그가 세운 파이브앤드텐센트스토어는 매장 전면이 보통 밝은 빨간색으로 칠해져 있다. 빨간색은 위험을 나타내는 색이므로 상당히 적절하다고 할 수 있다. **우리 세대의 중대한 결함 중 하나는 소비 습관이다.** 파이브앤드텐센트스토어는 이 사실을 멋지게 증명하는 인상적인 기념물이다.

저축은 재정적 독립의 첫걸음

안타깝게도 대부분의 사람은 습관의 심리적 작용을 전혀 모르는 부모 밑에서 자랐다. 자기 잘못을 깨닫지 못한 부모는 돈을 마구 낭비하는 모습을 보이고 저축 습관도 길러주지 않은 채 자녀의 과도한 소비 습관을 방치한다. 어린 시절에 생긴 습관은 평생 우리를 따라다닌다. 부모가 저축 습관이 인격 형성에 중요하다는 것을 알고 자녀의 마음에 이 습관을 심어줄 수 있는 통찰력과 이해력을 갖추었다면 다행이다. 이런 교육은 훗날 풍부한 보상을 안겨준다.

생각지도 못했던 돈 100달러가 생기면 사람들은 무엇을 할까? 보통은 그 돈을 어떻게 쓸지부터 생각한다. 특히 저축 습관이 없는 사람의 머릿속에는 실제로 필요하거나 필요하다고 여기는 물건이 수십 가지 떠오르지만 100달러로 저축 계좌를 개설할 생각은 하지 않는다. 결국 날이 저물기도 전에 100달러를 다 쓰거나, 적어도 어떻게 쓸지 결정해서 이미 타오르고 있는 소비 습관의 불길에 기름을 붓는다. 우리는 이처럼 습관의 지배를 받고 있다!

저축 계좌를 개설하고 소득 일부를 꾸준히 계좌에 추가하려면 의지력과 확고한 결단력이 필요하다. 모든 사람이 원하는 재정적 자유와 독립의 여부를 미리 결정할 수 있는 규칙이 하나 있는데, 이 규칙은 소득 금액과 전혀 관련이 없다. 그 규칙이란 자기가 벌거나 받은 돈의 일정 비율을 체계적으로 저축하는 습관을 기르는 것이다. 그러면 재정적으로 독립할 가능성이 매우 커진다. **저축하지 않으면 수입이 아무리 많아도 결코 재정적으로 독립할 수 없다.**

이 규칙의 유일한 예외는 저축에 관심 없는 사람이 평생 다 못 쓸 정도로 많은 돈을 상속받는 경우뿐이다. 하지만 이 사례는 너무 드물어서 기적과도 같기에 기대해서는 안 된다.

나는 미국은 물론, 외국에도 친하게 지내는 사람이 많다. 거의 25년간 이들을 꾸준히 관찰해와서 어떻게 살고 있는지, 그들 중 누가 실패하고 성공했는지, 성공과 실패의 원인은 무엇인지 다 안다. 내 지인 중에는 수억 달러를 주무르거나 실제로 수백만 달러를 소유한 사람도 있다. 또 한때 수백만 달러의 재산이 있었지만 모두 손가락 사이로 새어 나가고 지금은 무일푼인 사람도 있다.

습관의 법칙이 어떻게 성패를 결정하는 결정적 요인이 되는지, 그리고 왜 체계적인 저축 습관을 키우지 않으면 재정적인 독립이 불가능한지 보여주기 위해, 내 지인들 가운데 몇 명의 생활 습관을 설명하겠다. 한때 광고 분야에서 100만 달러를 벌었지만 이제는 아무것도 남지 않은 사람의 이야기부터 시작한다. 이 이야기는《아메리칸매거진》에 처음 실렸는데 잡지사의 허락을 받아 여기에 다시 싣는다.

무일푼이 된 백만장자의 고백

이 이야기는 전부 사실이다. 이야기의 주인공인 W. C. 프리먼은 다른 사람이 자기와 똑같은 실수를 저지르지 않기를 바라는 마음에서 《아메리칸매거진》에 자신의 실수담을 공개했고, 잡지사의 허가를 받아 이 책에 재수록하게 되었다.

✦ **100만 달러를 벌었건만 지금 나는 빈털터리**

내 인생을 엉망으로 만든 엄청난 실수를 고백하는 게 부끄럽고 굴욕적이지만, 그래도 누군가에게 도움이 되었으면 하는 마음으로 고백을 하기로 결심했다.

지금까지 벌었던 100만 달러 정도의 돈이 어떻게 다 새어 나갔는지 솔직하게 털어놓겠다. 내가 25세까지 시골 학교에서 가르치거나 지역 주간지와 일간지에 글을 기고해서 번 수천 달러를 제외하면 이 돈은 전부 광고 분야에서 일하면서 번 것이다.

요즘은 수백만 달러, 심지어 수십억 달러를 가진 사람도 많으니 100만 달러는 별로 큰돈 같지 않을지도 모르지만 그래도 엄청난 돈이다. 그렇지 않다고 생각하는 사람이 있다면 100만 달러를 한번 세어보기 바란다. 전에 100만 달러를 세는 데 시간이 얼마나 걸릴지 계산해본 적이 있다. 1분에 평균 100달러를 셀 수 있었으나 이 속도를 기준으로 하면 매일 8시간씩 20일을 세고도 6시간 40분을 더 세야 했다. 누군가가 1달러짜리 지폐 100만 장을 다 세는 사람에게 그 돈을 전부 주겠다고 약속했을 때 과연 끝까지 셀 수 있을까? 어쩌면 돈을 세다가 미쳐버릴지도 모르지만, 그 정도 돈이면 엄청나게 유용하지 않겠는가?

이야기를 시작하면서, 먼저 내가 번 돈의 90퍼센트를 썼다는 사실은 단 한 순간도 후회하지 않는다고 말하고 싶다. 지금 이 90퍼센트를 돌려달라고 하는 것은 내 가족과 다른 많은 이가 느꼈을 행복을 거부하는 행동이라는 생각이 들어서다.

내가 후회하는 것은 번 돈을 다 써버렸고, 더구나 번 것보다 더 많이 썼다는 점이다. 예전에 벌었던 돈의 10퍼센트만이라도 지금 있다면, 그 10만 달러를 안전하게 투자할 테고 빚도 지지 않겠다. 그리고 그 돈만 있어도 정말 부자라고 느낄 것이다. 그저 돈만을 목적으로 돈을 모으려고 했던 적은 없었기에 이 말은 진심이다.

학교에서 가르치고 신문에 글을 기고하던 시절에는 걱정도 많고 책임도 따랐지만 그래도 낙관적으로 헤쳐 나갔다.

신문사 광고 영업자가 되어 큰돈을 벌다

21세에 결혼할 때는 양가 부모님의 전폭적인 지지를 받았다. 부모님은 헨리 워드 비처(19세기 미국에서 유명했던 목사이자 교육가. - 편집자)가 역설한 "조혼은 고결한 결혼이다."라는 교리를 철저히 믿으셨다.

결혼한 지 불과 한 달하고 하루 만에 아버지가 석탄 가스에 질식해 비극적인 죽음을 맞이하셨다. 아버지는 평생 훌륭한 교육자로 살았지만 돈은 전혀 모으지 못하셨다. 아버지가 세상을 떠나자 우리 가족은 어떻게든 힘을 합쳐 잘 지내야 했다. 아버지의 죽음으로 집이 허전해지고(당시 아내와 나, 어머니와 여동생이 함께 살았다.) 생계를 꾸리기도 힘들어졌지만 그래도 다들 즐겁게 살았다.

내가 태어나기 전까지 아버지와 함께 교사로 일했던 어머니는 재능이 넘치고 수완이 풍부한 분이셨다. 어머니는 가족의 오랜 친구인 한 부부에게 방을 세주기로 하셨다. 그들이 내는 하숙비는 우리 가족의 생계에 도움이 되었다. 어머니는 음식 솜씨가 좋기로 유명하셨다. 나중에는 부유한 친구 두 명이 더 우리 집에 들어와 살았고 덕분에 수입이 늘었다. 여동생은 우리 집 큰 거실에서 유치원생들을 가르쳐 가계에 상당한 도움을 주었고, 내 아내는 재봉과 옷 수선을 맡아서 자기 몫을 다했다.

매우 행복한 시절이었다. 늘 돈을 자유롭게 쓰고 싶어 하는 나를 제외하면 가족 중에 낭비하거나 사치스러운 사람도 없었다. 난 가족에게 선물을 주거나 친구들을 초대하는 걸 좋아했다.

첫아이인 아들이 태어났을 때 모두가 천국이 우리에게 문을 열어주었다고 생각했다. 우리 일에 누구보다 깊은 관심을 가지고 항상 도움을 주려고 했던 아내의 부모님도 첫 손주의 탄생을 기뻐하셨다. 아내보다 훨씬 나이가 많지만 독신이었던 매형은 처음에는 우리가 느끼는 기쁨을 이해하지 못했지만, 얼마 지나지 않아 의기양양하게 조카를 자랑하고 다니기 시작했다. 아기는 집에 정말 큰 변화를 가져왔다!

이런 세부적인 이야기까지 늘어놓는 이유는 내 젊은 시절이 어땠는지 강조하기 위해서다. 그 시절에는 비록 돈은 별로 없었지만 어느 때보다 행복했다. 하지만 이상하게도 나는 그 시절의 경험을 통해 돈의 가치를 배우지 못했다. 그래도 미래에 나를 이끌어줄 실질적인 교훈은 확실히 얻은 상태였다.

젊은 시절의 경험이 내게 어떤 영향을 미쳤는지 살펴보자. 아들이 태어나자 학교에서 가르치거나 신문에 글을 쓰는 것보다 더 많은 돈을 벌 수 있는 일을 해야겠다는 생각이 들었다. 아내와 어머니, 여동생이 가계를 꾸리기 위해 지금 하는 일을 무한정 계속하는 게 싫었다. 덩치가 크고 강하며 건강하고 능력도 꽤 괜찮은 내가 가족을 부양하는 책임을 전적으로 떠맡아야 한다고 생각했다.

돈을 더 벌고 싶은 마음에 교직과 신문 기고 외에 서적 판매도 시작했다. 이 일로 꽤 많은 돈을 벌었다. 결국 가르치는 일을 그만두고 서적 판매와 신문 기고에만 집중했다.

그러다 서적 판매 일로 뉴저지주 브리지턴에 가게 되었는데, 여기서 본격적으로 돈을 벌기 시작했다. 집을 자주 비워야 했지만 그래도 그만한 가치가 있는 희생이었다. 한 해 동안 학교 교사와 신문사 통신원으로 일하면서 번 것보다 더 많은 돈을 몇 주 만에 벌어 집에 보낼 수 있었다. 브리지턴 지역을 샅샅이 살펴보다가 지역 신문인 《모닝스타》에 관심을 갖게 되었다. 이 신문의 편집자 겸 발행인을 찾아가 혹시 도움이 필요하지 않냐고 물었다. 그러자 그는 "맙소사, 내가 당신을 어떻게 고용하겠습니까? 나 하나 먹고 살기도 빠듯한데요!"라고 했다.

"바로 그겁니다." 나는 이렇게 대꾸했다. "우리가 힘을 합치면 《모닝스타》를 성공시킬 수 있을 겁니다. 일주일 동안은 하루에 1달러씩 받고 일하겠습니다. 일주일 뒤에 성과가 좋으면 둘째 주에는 하루에 3달러씩 주시고, 그 후에도 계속 잘하면 셋째 주에는 하루에 6달러를 주십시오. 신문사가 내게 주당 50달러를 줄 수 있을 만큼 돈을 벌 때까지 그런 식으로 계속하는 겁니다."

발행인은 내 제안을 받아들였다. 그리고 두 달 뒤부터 주당 50달러를 받게 되었는데 내가 교사로 일할 때 받았던 봉급의 네 배였다. 돈을 버는 길로 순조롭게 나아가고 있다는 기분이 들었다. 하지만 나는 가족을 더 편하게 해주고 싶었다.

내가 《모닝스타》에서 맡은 일은 논설 작성(별로 뛰어나지 않음), 보도 기사(평범함), 광고문 작성 및 판매(상당히 성공적), 교정, 수금 등이었다. 일주일에 6일씩 일해야 했지만 견딜 수 있었다. 몸이 튼튼하고 건강했고 무엇보다 일이 굉장히 흥미로웠다. 또 이 주변은 뉴스거리가 많은 지역이었기에 《뉴욕선》, 《필라델피아레코드》, 《트렌튼타임스》 등에도 글을 기고해서 월평균 150달러를 벌었다.

《모닝스타》에서 일하면서 얻은 교훈이 결국 내 인생의 방향을 결정했다. 신문에 글을 쓰는 것보다 신문 광고를 파는 편이 훨씬 돈을 많이 벌 수 있다는 사실을 알게 된 것이다. 광고는 좋은 돈벌잇감이었다.

《모닝스타》에 광고성 기사를 하나 쓴 적이 있다. 사우스저지 굴 산업에 관한 논평 기사였는데 발행인은 관련 업체들이 현금으로 낸 광고비 3천 달러의 절반을 내게 나누어주었다. 내 평생 그토록 많은 돈을 직접 본 건 처음이었다. 생각해보라! 1,500달러는 내가 2년간 교사 일과 다른 잡일을 하면서 번 돈보다 25퍼센트나 많은 액수다.

내가 그 돈을 전부, 혹은 일부라도 저축했을까? 아니, 그러지 않았다. 저축이 무슨 소용일까 싶었다. 그 돈이면 아내와 아들, 어머니, 여동생에게 행복을 안겨줄 여러 가지 일을 할 수 있는데 말이다. 그래서 힘들게 번 돈을 아주 쉽게 써버렸다. 물론 지금은 형편이 어려워질 때를 대비해 그 돈을 따로 보관해두었다면 좋지 않았을까 하고 생각한다.

당시 내가 브리지턴에서 한 일이 《필라델피아레코드》의 뉴저지 특파원 샘 허드슨의 관심을 끌었다. 그는 다른 사람을 위해 일하는 것을 인생의 가장 큰 즐거움으로 여기는 신문 기자의 훌륭한 본보기였다.

샘은 내가 대도시로 진출할 때가 되었다고 말했다. 그는 내가 성공할 거라면서 필라델피아에 일자리를 구해주었다. 그래서 아내와 아이를 데리고 저먼타운으로 이사해서 필라델피아 저먼타운의 주간지 《가제트》의 광고 부서를 맡았다.

처음에는 브리지턴에서 벌었던 것만큼 돈을 벌지 못했다. 신문에 글을 기고하는 일은 포기해야 했기 때문이다. 이 일은 다른 기자들이 맡았다. 하지만 곧 전보다 수입이 25퍼센트 늘었다. 《가제트》가 광고를 실으려고 지면을 세 배로 늘렸고, 그때마다 급여가 대폭 인상되었다.

그 외에 《필라델피아프레스》 일요일판에 실릴 사회 뉴스 취재도 맡았다. 현재 뉴욕의 한 신문사에서 매우 중요한 임원직을 맡고 있는 브래드포드 메릴은 당시 이 신문사 편집장이었고 내게 방대한 취재 영역을 맡겼다. 이후 토요일을 제외한 주 6일 동안 매일 밤 바쁘게 일했다. 그때 칼럼 하나당 5달러를 받았고, 일요일에는 칼럼을 평균 일곱 개씩 써서 주당 35달러의 가외 수입이 생겼다.

쓸 수 있는 돈이 더 생기자 나는 다 써버렸다. 지출 예산을 세워야겠다는 생각은 전혀 하지 않았고 그냥 들어오는 대로 썼다. 지출 과정을 살펴볼 시간도 없었고 그래야 한다는 생각도 아예 하지 못했다.

1년 뒤 나는 《필라델피아프레스》의 광고 담당자로 스카우트되었다. 이건 젊은이에게 큰 기회였다. 나는 현재 《필라델피아이브닝불리틴》의 소유주인 윌리엄 L. 맥린의 아래에서 훌륭한 교육을 받았다. 사회 뉴스 취재도 계속했기에 수입은 저먼타운에서 벌던 것과 거의 비슷했다.

그런데 얼마 뒤 《새터데이나이트》와 《골든데이즈》의 발행인이던 제임스

엘버슨 시니어가 내 일에 관심을 보였다. 《필라델피아인콰이어러》를 막 인수한 그는 광고 관리자 자리를 제안했고 난 그 제안을 받아들였다.

늘어난 수입, 저축 없는 호화로운 생활

덕분에 수입이 크게 늘었다. 그리고 얼마 뒤 딸이 태어나면서 우리 가족의 행복도 늘었다. 비로소 나는 아들이 태어난 뒤로 계속 하고 싶었던 걸 할 수 있었다. 아내와 두 아이, 어머니와 여동생 등 모든 가족을 다시 한 지붕 아래에 모은 것이다. 마침내 어머니의 걱정과 책임을 덜어드리고 다시는 그런 걱정을 하지 않아도 되게 해드릴 수 있었다. 어머니는 아버지가 돌아가시고 25년 뒤 81세 나이로 돌아가셨다. 어머니가 내게 마지막으로 남긴 말을 결코 잊지 못할 것이다. "윌, 너는 태어난 이후로 한순간도 나를 걱정시킨 적이 없단다. 내가 영국 여왕이었더라도 네가 내게 준 것보다 더 많은 걸 가질 수는 없었을 거야."

당시 나는 고향인 뉴저지주 필립스버그에서 공립학교 교장으로 일하던 아버지보다 네 배 이상 많은 돈을 벌고 있었다. 하지만 돈은 체에서 흘러내리는 물처럼 쉽게 주머니에서 빠져나갔다. 수입이 늘어날수록 지출도 같이 늘었다. 지출이 수입을 넘을 합당한 이유가 없는데도 그랬다. 나는 빚이 점점 쌓이는 것을 알았으나 빚에서 벗어나지 못했다. 하지만 나는 빚 걱정을 하지 않았다. 언제든 갚을 수 있다고 생각했다. 그로부터 25년이 지난 뒤에야 나는 빚이 결국 큰 불안과 불행을 가져올 뿐만 아니라 친구와 신용까지 잃게 한다는 사실을 깨달았다.

하지만 딱 한 가지 잘한 일이 있다. 당시 돈을 버는 만큼 빨리, 때로는 버는 것보다 더 빨리 쓰는 큰 잘못을 저지르기는 했지만 내가 할 일을 회피한

적은 없다. 항상 할 일을 더 찾으려고 노력했고 어떻게든 찾아냈다. 가족과 함께 보내는 시간이 거의 없을 정도였다. 매일 밤 집에 가서 저녁을 먹고 아이들이 잠들 때까지 같이 놀아주다가 다시 사무실로 돌아가 일하곤 했다.

그렇게 세월이 흘렀고 둘째 딸이 태어났다. 딸들에게는 조랑말과 수레를, 아들에게는 승마용 말을 사주고 싶었다. 그리고 가족과 함께 탈 마차와 말도 필요하다고 생각해서 그걸 전부 샀다. 우리의 필요를 충족시키고 금전적으로도 감당 가능한 말 한 마리와 마차 한 대에서 끝난 게 아니라 이 모든 걸 갖춘 마구간을 갖고 싶었다. 결국 이런 것들을 갖추느라 연 소득의 거의 4분의 1을 썼다.

그리고 골프도 시작했다. 41세 때였다. 나는 열심히 일했던 것만큼 노는 데도 열심이라서 진심으로 몰두했다. 내가 골프를 꽤 잘 치게 되자 아들과 큰딸도 골프를 시작해서 아이들까지 골프에 능숙해졌다.

작은딸은 겨울에는 남쪽 지방에서 지내고 여름에는 애디론댁산맥(뉴욕 북동부에 위치한 산악 휴양지.—편집자)에서 지내야 하는 아이였다. 하지만 아이를 어머니와 둘이서 보내는 것보다 아들과 큰딸까지 함께 지내게 하는 것이 나을 듯했다. 아이들과 어머니는 매년 겨울에는 노스캐롤라이나주 파인허스트(골프 리조트로 유명한 휴양지.—편집자)에 갔고, 여름에는 애디론댁산맥이나 뉴햄프셔주의 비싼 휴양지로 향했다.

이것을 다 하려니 돈이 많이 들었다. 아들과 큰딸은 골프를 좋아해서 골프에 많은 돈을 썼고, 나도 뉴욕 주변의 골프장에서 돈을 꽤 썼다. 우리 셋이서 상을 80개나 탔는데 지금은 대부분 창고에 있다. 어느 날 이 상을 받는데 비용이 얼마나 들었는지 계산해보았는데 트로피 한 개당 250달러 정도였다. 15년 동안 골프에 총 4만 5천 달러를 썼으니 한 해 평균 3천 달러를 쓴 셈이다. 정말 터무니없는 일이다.

집에 손님들을 초대해서 호사스럽게 대접하기도 했다. 몽클레어(뉴욕 맨해튼에서 가까운 교외 지역으로 부유층이 많이 거주한다.—편집자) 사람들은 내가 백만장자라고 생각했다. 종종 사업가들을 초대해 골프를 치고 함께 저녁을 먹었다. 이들은 평범한 가정식으로도 만족했을 테지만 나는 유명한 케이터링 업체가 정성 들여 준비한 음식을 대접해야 직성이 풀렸다. 이 자리에 내놓는 음식은 접시당 10달러 이상이었는데, 집에서 파티할 때 부르곤 했던 사중주단의 연주비는 포함되지 않은 가격이다. 20명 정도가 편안히 앉을 수 있는 크기의 우리 집 식당이 자리가 꽉 찰 정도로 많은 손님을 초대했다.

아무리 벌어도 돈이 아닌 빚만 늘다

모든 게 아주 멋졌고 손님들을 초대하게 되어 기뻤다. 사실 굉장히 행복했다. 얼마나 빨리 빚이 쌓이고 있는지는 생각해보지도 않았다. 그러다가 빚에 시달리기 시작하는 날이 왔다. 한 달 동안 골프 클럽에서 손님을 접대하면서 점심 식사비와 시가값, 골프장 사용료 등으로 450달러를 지불한 적이 있다. 이 비용이 나와 친한 골프 클럽 이사들의 관심을 끌었다. 그들은 내가 돈을 너무 많이 쓴다면서 지출 내역을 확인해보라고 했다.

그때 나는 약간 충격을 받았다. 그래서 오랫동안 진지하게 생각한 끝에 말과 마차를 헐값으로 처분했으며, 몽클레어의 집을 포기하고 도시로 돌아갔다. 그리고 몽클레어에 미납 청구서를 남기지 않으려고 돈을 빌렸다. 내 재정 상태가 좋지 않다는 사실이 주변에 알려져 있었지만 필요한 돈을 쉽게 구할 수 있었다.

내가 40대에 겪은 일들과 관련된 부수적인 이야기가 2가지 더 있다.

나는 돈을 어리석고 무모하게 낭비했을 뿐만 아니라 아무렇게나 빌려주기까지 했다. 도시로 이사하기 전에 책상을 정리하면서 차용증 꾸러미를 확인했는데 총액이 4만 달러가 넘었다. 나는 찾아오는 사람마다 돈을 빌려주고 차용증은 모두 찢어버렸다. 나중에서야 만약 그 돈을 가지고 있었다면 1달러도 빚지지 않았을 것이라는 사실을 깨달았다.

또 내가 여러 번 접대했고 그 뒤 답례로 나를 접대했던 부유한 사업가가 한번은 이렇게 말했다. "빌리, 이제 당신과 그만 만나야겠어요. 당신은 나한테 돈을 너무 많이 써서 내가 도저히 따라갈 수가 없어요." 나보다 돈을 많이 버는 사람이 그런 말을 하다니! 그때 뭔가를 깨달았어야 했는데 그러지 못했다. 나는 전과 똑같이 계속 돈을 쓰면서 어리석게도 즐거운 시간을 보내고 있다고 생각했고, 미래에 대한 고민은 전혀 하지 않았다. 그는 지금 뉴욕에서 큰 금융 기관의 부사장인데 수백만 달러의 재산을 소유하고 있다. 그의 조언을 들었어야 했다.

1908년 가을, 나는 허스트사社에서 사임한 뒤 다른 분야에서 6개월간 비참한 경험을 하다가 다시 신문사에서 일하기 시작했다. 《뉴욕이브닝메일》의 광고 관리자로 일하게 된 것이다. 이 신문의 편집자이자 소유주인 헨리 L. 스토다드는 필라델피아에서 일할 때 아는 사이였는데, 그는 당시 《필라델피아프레스》의 정치부 기자였다.

이때도 빚에 시달리고 있긴 했지만, 《뉴욕이브닝메일》에서 내 인생 최고의 성과를 올렸고 여기서 일한 5년 동안 어느 때보다 많은 돈을 벌었다. 게다가 스토다드는 내 광고 기사를 자기 신문사에 팔 수 있는 특권도 주었다. 기사는 그의 신문에 1천 일 연속으로 게재되었고 나는 5만 5천 달러 이상을 벌었다.

스토다드는 여러 가지 면에서 매우 관대한 사람이었고, 본인이 보기에 이례적으로 사업을 발전시킨 경우에는 특별 보너스를 주었다. 이 무렵에는 빚이 엄청나게 늘어나 있었지만, 지출은 조금도 줄이지 않으면서 가급적 순조롭게 일을 진행하려고 이쪽에서 돈을 빌려 저쪽에 갚고 다시 저쪽에서 돈을 빌려 이쪽에 갚는 식으로 살았다. 광고 기사로 번 돈 5만 5천 달러면 빚을 다 갚고 저축까지 할 수 있었다. 하지만 나는 세상에 아무 걱정이 없는 사람처럼 그 돈을 쉽게 다 써버렸다.

1915년에는 혼자 광고 사업을 시작했다. 그때부터 1922년 봄까지 수수료로 엄청난 돈을 벌었다. 정말 많은 돈을 벌었지만 번 만큼 빨리 써버렸다. 마침내 친구들도 내게 돈을 빌려주는 데 지쳤다.

파산하고서야 내가 깨달은 것

내가 지출을 10퍼센트라도 줄이려는 의지를 보였다면 친구들은 기꺼이 그중 5퍼센트로는 자신들에게 빚진 돈을 갚고 5퍼센트는 저축하라고 했을 것이다. 그들은 내게 빌려준 돈을 돌려받는 것보다 내가 정신 차리는 모습을 보고 싶어 했다.

5년 전에 드디어 일이 터졌다. 충실하게 내 옆을 지켜주던 친구 두 명이 참다못해 내게 극단적인 조치가 필요하다고 솔직하게 말했다. 그들은 내게 올바른 교훈을 주었다. 결국 파산에 이른 나는 가슴이 찢어지는 기분이었다. 아는 사람 모두가 날 비웃는 것 같다는 어리석은 생각을 했다. 지적하는 사람들이 있긴 했지만 냉담한 태도는 아니었는데 말이다. 본인 직업을 통해 높은 명성을 얻고 많은 돈을 벌었던 사람이 재정적인 어려움에 빠진 데 대해 깊은 유감을 표한 것뿐이었다.

자존심이 강하고 예민한 나는 파산을 경험하고 강한 수치심을 느꼈다. 그래서 예전에 고객을 위해 특별한 일을 한 적이 있는 플로리다로 가기로 했다. 그곳이 내게 미래의 엘도라도가 될 것 같았다. 몇 년 안에 빚을 다 갚을 만큼의 큰돈을 벌어 뉴욕으로 돌아가겠다고 생각했다. 한동안은 이 야망을 실현할 수 있을 것 같았지만, 심각한 부동산 붕괴 사태에 발목을 잡혔다. 그래서 한때 많은 수입을 올렸고 수많은 친구와 지지자가 있었던 이곳으로 돌아왔다. 정말 이상한 경험이었다.

한 가지 확실한 것은 마침내 교훈을 얻었다는 것이다. 조만간 내 잘못을 만회할 기회가 오고 돈 버는 능력도 회복될 것으로 확신한다. 그때가 되면 수입의 40퍼센트로도 전처럼 잘살 수 있을 것이다. 나머지 60퍼센트는 둘로 나누어 30퍼센트로는 빚을 갚고 30퍼센트는 보험을 들거나 저축할 것이다.

과거를 돌아보며 우울해하거나 내 마음을 걱정으로 가득 채운다면, 실수를 바로잡기 위한 싸움을 계속할 수 없을 것이다. 게다가 내게 평생 놀라운 건강을 허락해준 조물주에게 감사하지도 않았을 것이다. 이보다 더 큰 축복이 어디 있겠는가?

또 훌륭한 교육을 통해 확고한 도덕적인 기준을 정립하게 해준 부모님의 기억에 감사하지 않았을 것이다. 도덕을 어기는 것은 검소함의 기준에서 벗어나는 것보다 훨씬 심각한 일이다. 내 직업에서 훌륭한 평판을 쌓도록 도와준 수많은 사업가와 아낌없는 격려와 지원을 보내준 좋은 친구들에게도 감사하지 않았을 것이다.

이런 기억은 내 인생의 햇살이다. 그리고 이를 이용해 미래의 성취를 위한 길을 닦겠다. 자기가 어떤 싸움을 해야 하는지를 인생 후반부에 깨닫기 시작했더라도 좋은 건강 상태와 흔들리지 않는 믿음, 지치지 않는 에너지, 끝없는 낙관주의, 싸움에서 이길 수 있다는 무한한 확신을 가진다면 죽음 이외에 무엇이 막을 수 있겠는가?

프리먼의 이야기는 소득액은 다를지 몰라도 저축을 전혀 하지 않는 수많은 사람의 경험담과 동일하다. 이 이야기에 나오는 생활 방식, 돈 쓰는 방식과 그 이유는 돈을 쓰는 사람들의 마음이 어떤 식으로 움직이는지 보여준다.

예산을 짜고, 낭비를 경계하라

내가 분석한 1만 6천여 가구의 소득과 지출이 포함된 통계를 종합해 본 결과, 건전하고 경제적인 기준에 따라 소득과 지출 예산을 세우려는 사람에게 도움 될 만한 사실이 몇 가지 밝혀졌다.

평균 소득은 월 100~300달러까지 다양하다. 이 구간 소득에 적합한 월 예산 허용 한도는 다음과 같다.

월 소득이 100달러인 2인 가구는 최소 10~12달러를 저축해야 한다. 주거비 혹은 임대료가 25~30달러를 초과해서는 안 되고, 식비는 평균 25~30달러 선이어야 한다. 옷값은 15~20달러 내로 유지하고, 레크리에이션비 및 잡비는 8~10달러로 줄여야 한다.

월 소득이 100달러에서 125달러로 증가하면 최소 20달러를 저축해야 한다.

월 소득이 150달러인 2인 가구는 저축 25달러, 주거비 혹은 임대료 35~40달러, 식비 35~40달러, 옷값 20~30달러, 레크리에이션비 및 잡비 10~15달러로 예산을 책정해야 한다.

월 소득이 200달러인 2인 가구는 저축 50달러, 주거비 혹은 임대료 40~50달러, 식비 35~45달러, 옷값 30~35달러, 레크리에이션비 및 잡비 15~20달러가 적당하다.

월 소득이 300달러인 2인 가구는 저축 55~65달러, 주거비 혹은 임대료 45~60달러, 식비 45~60달러, 옷값 35~45달러, 레크리에이션비 및 잡비 50~75달러로 소득을 배분해야 한다.

월 소득이 300달러인 2인 가구도 100달러나 125달러밖에 못 버는 가구만큼 검소하게 살 수 있다고 주장하는 이들도 있다. 하지만 이는 적절한 주장이 아니다. 한 달에 300달러를 벌 능력이 있는 사람은 외모를 잘 꾸미고 좀 더 고급스럽게 접대해야 하는 사람들과 어울려야 하기 때문이다.

월 소득이 100달러, 150달러, 300달러인 독신자는 소득이 똑같은 기혼자보다 훨씬 많이 저축해야 한다. 원칙적으로 부양가족과 빚이 없는 독신자는 주거비와 식비는 월 50달러, 옷값은 월 30달러, 레크리에이션비와 잡비는 월 10달러를 넘지 않아야 한다. 한 달에 150~300달러를 버는 사람은 이 비용을 약간 더 사용할 수 있다.

집에서 독립해 따로 살면서 주급이 20달러에 불과한 젊은 남성은 그중 5달러를 저축하고 나머지로 식비, 숙박비, 옷값을 충당해야 한다.

독립해서 혼자 살면서 똑같은 수입을 올리는 젊은 여성은 옷값이 좀 더 들 것이다. 여성용 의류는 남성용보다 비싸고 일반적으로 남성보다 여성이 외모에 신경을 많이 쓰기 때문이다.

3인 가구는 2인 가구보다 저축할 수 있는 금액이 훨씬 적다. 그러나 매월 갚아야 하는 부채가 있는 경우를 제외하면 어느 가족이든 총소득의 최소 5퍼센트는 저축할 수 있다.

오늘날에는 자동차를 할부로 구매하는 게 일반적인 관행인데 이 과정에서 소득에 비해 과도하게 지출하는 사람이 있다. 저렴한 자동차를 구입할 정도의 수입이 있는 사람이 고급 자동차를 사서는 안 된다. 자신의 욕망을 억제하고 만족해야 한다. 독신 남성 중에는 자기 소득에 어울리지 않는 자동차를 유지하느라 번 돈을 다 쓰고 빚까지 지는 이가 많다. 재정적 독립이 성공의 한 요소로 간주되는 상황에서 이런 행동은 치명적이다.

할부 구매가 너무 보편화되어 원하는 건 거의 뭐든지 쉽게 살 수 있게 되자 소득에 비해 과도하게 돈을 쓰는 경향이 빠르게 증가하고 있다. 재정적 독립을 달성하기로 마음먹은 사람은 이 경향에 휩쓸리면 안 된다. 의지만 있으면 누구나 그렇게 할 수 있다.

또 하나 주의할 점이 있다. 흥청망청하는 사회적 분위기를 경계하라는 것이다. '남이 정한 속도를 따라가는 것'이 소득의 일부를 꾸준히 저축하는 습관을 버린다는 이야기라면 이는 미덕이 아니다. 장기적으로 볼 때 체계적인 저축 습관을 형성하지 못한 채로 청년기와 성숙기를 보내고 마침내 노년기를 맞는 것보다는 시대에 약간 뒤처진 사람으로 사는 쪽이 훨씬 낫다.

일반적으로 저축 습관을 키우지 못한 사람은 나이가 든 뒤에 힘들게 살곤 한다. 그보다는 젊은 시절에 고생하는 게 낫다. 노년에 궁핍한 것만큼 큰 고통과 괴로움을 안겨주는 일도 없다. 나이가 들면 노동력의 가치가 떨어져 시장성이 없다. 어쩔 수 없이 생계를 위해 친척이나 자선 단체에 의지해야 할 수도 있다.

기혼자든 미혼자든 관계없이 다들 예산을 짜서 생활해야 한다. 하지만 예산을 짤 때 오락이나 레크리에이션 관련 지출을 줄일 용기가 없다면 어떤 예산 체계도 효과가 없다. 의지력이 약한 사람, 자기보다 수입이 많고 돈을 아무렇게나 쓰는 지인에게 뒤처지지 말아야 한다고 생각하는 사람은 예산을 짜봐야 아무 도움도 되지 않는다.

저축 습관을 들이려면 공들여 접대하지 않아도 친하게 지낼 수 있는 엄선된 친구들을 제외한 이들과는 어느 정도 거리를 두어야 한다. 소액이라도 돈을 저축하려고 지출을 줄일 용기가 없다고 인정하는 것은 성공을 이룰 인성이 부족하다는 것을 인정하는 셈이다.

책임 있는 직책을 맡을 사람을 뽑을 때 저축 습관이 있는 사람을 우선해서 고려하는 기업들이 있다. 따라서 저축 습관을 키우면 원하는 일자리를 얻고 은행 잔고가 늘어나는 이점이 있을 뿐만 아니라 돈 버는 능력까지 향상된다. **기업이 꾸준히 저축하는 사람을 고용하는 이유는 단순히 그 사람이 돈을 모은다는 사실 때문만이 아니다. 실제로 저축하는 사람이 성격적으로 더 유능해서다.**

저축 습관이 부족한 사람을 아예 채용하지 않는 기업도 있다. 내가 생각하기에 모든 기업이 직원에게 저축을 요구하는 게 일반적인 관행이 되어야 한다. 이는 저축 습관을 형성할 의지가 없는 수많은 이에게는 다행스러운 일이 될 것이다.

포드는 직원이 돈을 저축할 뿐만 아니라 쓸 때도 현명하게 쓰면서 건전하고 경제적으로 살게 하려고 다양한 노력을 기울여왔다. 직원이 저축하는 습관을 들이도록 유도하는 사람이야말로 진정한 자선가다.

저축으로 돈 벌 기회를 움켜진 사람들

몇 년 전 펜실베이니아주 농촌에 살던 한 청년이 필라델피아로 이사해 인쇄 공장에서 일하게 되었다. 그의 동료 한 명이 주택금융조합 지분을 소유하고 있었고, 이 조합을 통해 매주 5달러씩 저축하는 습관을 들였다. 이 청년도 동료의 영향을 받아 주택금융조합에 계좌를 개설하고 3년 동안 900달러를 저축했다. 일하던 인쇄 공장이 자금난 탓에 곧 망할 위기에 처하자, 청년은 조금씩 모아둔 900달러로 회사를 구하고 그 대가로 회사 지분의 절반을 받았다. 그는 긴축 재정 체제를 도입해 회사가 빚을 갚도록 도왔고, 오늘날에는 매년 회사 이윤의 절반에 해당하는 연 2만 5천 달러 이상의 돈을 받고 있다. 그가 저축 습관을 들이지 않았다면 이 같은 기회는 절대 오지 않았을 테고, 혹시 기회가 왔더라도 잡을 준비가 되어 있지 않았을 것이다.

포드사 설립 초창기에 포드 자동차가 완성되자 포드는 제품 제조와 판촉을 위한 자본이 필요했다. 그는 수천 달러를 모아둔 친구 몇 명에게 도움을 청했는데 그중 쿠젠스 상원의원이 있었다. 포드를 도우려고 수천 달러를 투자한 친구들은 나중에 수백만 달러의 이익을 얻었다.

울워스도 파이브앤드텐센트스토어를 처음 시작할 때 자본이 부족했다. 그래서 많은 즐거움을 포기하고 극도로 절약하면서 수천 달러를 모아둔 친구들 몇 명에게 의지했다. 울워스에게 투자한 친구들은 나중에 수십만 달러의 이익을 돌려받았다.

소프트칼라(풀기가 적고 감이 부드러운 칼라.―편집자)로 유명한 반 호이젠은 남성용 세미소프트칼라를 만들어야겠다는 아이디어를 떠올렸다. 그런데 아이디어는 좋았지만 홍보할 돈이 없어서 그는 수백 달러를 모아놓은 몇몇 친구에게 부탁했다. 덕분에 호이젠은 사업을 시작할 수 있었고 이 칼라가 모두를 부자로 만들어주었다.

엘프로덕토시가는 사업을 시작할 때 자본이 거의 없었다. 창업자들은 저축해두었던 약간의 자본만 있었다. 아무리 좋은 아이디어가 있고 좋은 시가를 만드는 방법을 알고 있다 해도, 저축해둔 적은 돈이 없었다면 아이디어는 그대로 사장되었을 것이다. 다행히 저축으로 시가 사업을 시작한 이들은 성공적으로 사업을 운영했고 몇 년 뒤 회사를 아메리칸토바코컴퍼니에 800만 달러를 받고 매각했다.

록펠러는 평범한 회계 장부 담당자였다. 그는 당시만 해도 사업으로 여겨지지 않았던 석유 사업이라는 아이디어를 떠올렸다. 사업하려면 자본이 필요했으므로 그는 저축하는 습관부터 들였다. 그리고 그의 이런 모습은 다른 사람들에게 좋은 인상을 주었고 사업에 필요한 돈을 빌릴 때 별 어려움이 없었다. 록펠러가 축적한 재산의 진짜 기반은 월급 40달러를 받는 회계 장부 담당자로 일하면서 기른 저축 습관이다.

힐은 전신 기사로 일하면서 월 30달러를 버는 가난한 청년이었다.

그는 미국 횡단 철도 시스템을 구축한다는 아이디어를 생각해냈지만, 이 아이디어를 실현할 만한 자금이 없었다. 하지만 그는 30달러의 적은 봉급을 저축해 시카고까지 갈 경비를 모았고, 시카고에 가서 자신의 아이디어에 자금을 대줄 자본가들의 관심을 끌 수 있었다. 힐이 적은 월급을 아껴 저축했다는 사실은 자본가들에게 그가 돈을 믿고 맡길 만한 사람임을 보여주는 좋은 증거가 되었다. 사업가라면 돈을 잘 관리해서 현명하게 사용할 능력을 입증하지 못한 사람에게 돈을 맡기지 않을 것이다.

시카고의 인쇄 공장에서 일하던 한 청년은 작은 인쇄소를 열어 직접 사업을 해보고 싶었다. 그는 인쇄 장비를 파는 업체의 경영자를 만나 인쇄기와 활자, 기타 소형 장비를 외상으로 줄 수 있는지 물어보았다. 그때 경영자가 가장 먼저 한 질문은 "자네, 저축한 돈이 있는가?"였다. 있었다! 젊은이는 거의 4년 동안 주급 30달러 중 15달러를 저축해왔다. 덕분에 그는 외상 거래를 할 수 있었고, 나중에는 더 큰 신용을 얻어 오늘날 시카고에서 가장 성공한 인쇄 공장을 운영하기에 이르렀다. 그의 이름은 조지 B. 윌리엄스다.

이로부터 여러 해가 지난 뒤 나는 윌리엄스를 알게 되었다. 1차 세계대전이 끝나갈 무렵인 1918년, 나는 윌리엄스를 찾아가 잡지 《힐의 황금률》 발행에 필요한 수천 달러의 자금을 빌려달라고 부탁했다. 그가 내게 가장 먼저 한 질문은 "저축하는 습관이 있습니까?"였다. 저축 습관이 있다는 사실 하나만으로 나는 그에게 3만 달러 이상의 돈을 빌릴 수 있었다.

기회는 곳곳에 존재한다. 하지만 돈이 준비되어 있거나 저축 습관을 통해 돈을 구할 수 있거나 저축 습관 형성과 어울리는 '인성'을 계발한 사람만 이 기회를 이용할 수 있다.

금융가 J. P. 모건은 예전에 "낭비벽 있는 성격 나쁜 사람에게 1천 달러를 빌려주느니 차라리 저축하는 습관이 있는 인성 좋은 사람에게 100만 달러를 빌려주는 편이 낫다."라고 말한 적이 있다. 이것이 바로 저축하는 사람들에게 세상이 취하는 일반적인 태도다. 재정 자립으로 향하는 고속도로를 달리기 시작할 때는 200~300달러 정도의 소액 저축만으로도 충분하다.

몇 년 전 한 젊은 발명가가 독특하고 실용적인 가정용품을 발명했다. 하지만 발명가들이 흔히 그렇듯 이를 상품화할 돈이 없었다. 게다가 저축 습관이 없던 터라 은행에서 돈을 빌리는 것도 불가능했다.

이때 룸메이트인 젊은 기계공에게 저축해둔 돈이 200달러 있었고, 그는 발명가를 돕기로 했다. 그 적은 돈은 약간의 물품을 제작하는 데 이용되었다. 그들은 집마다 돌아다니면서 제품을 팔고 다시 돌아와 다음 제품을 제작했다. 이런 식으로 반복해서 1천 달러의 자본금을 모았다. 이 돈에 그들이 얻은 약간의 신용을 더해서 제품 제작에 필요한 도구를 구입했다. 그리고 6년 뒤 젊은 기계공은 이 사업체에 대한 절반의 지분을 25만 달러에 팔았다. 만일 그에게 저축하는 습관이 없어서 발명가 친구를 돕지 못했다면 평생 그토록 많은 돈을 만져보지 못했을 것이다.

미국에서 형성되었거나 현재 형성되고 있는 부가 처음에 어떻게 시작되었는지 설명해주는 사례는 무수히 많다. 슬프고 잔인한 이야기처럼 들릴지 모르지만, **돈도 없고 저축하는 습관도 키우지 않았다면 돈 벌 기회가 생겨도 이를 활용할 수 없다.** 크든 작든 대부분의 부는 저축하는 습관을 들이는 데서부터 쌓이기 시작한다. 이 말은 아무리 반복해도 지나치지 않다! 아니, 계속 반복해서 떠올려야 한다. 이 기본 원칙이 마음속에 굳건히 자리 잡으면 재정적인 독립으로 향하는 길로 순조롭게 나아갈 수 있다. 저축하는 습관을 키우지 않아 평생 힘든 노동의 쳇바퀴에서 벗어나지 못하는 사람의 모습을 보는 건 슬픈 일이다. 그러나 오늘날 그런 사람이 수백만 명이나 된다.

인생에서 가장 위대한 것은 자유다! 적당한 수준의 재정적 독립을 이루지 못하면 진정한 자유를 누릴 수 없다. 평생 일터를 벗어나지 못한 채 주중에는 계속 특정한 장소에서 좋아하지 않는 특정한 업무를 해야 하는 건 끔찍하다. 어떤 면에서는 감옥에 있는 것과 다름없다. 행동의 선택지가 제한되어 있으니 말이다. 이런 생활은 '모범수'의 특권을 누리면서 감옥에 있는 것보다 나을 게 없고 어떤 면에서는 더 나쁘다. 적어도 감옥에 갇힌 사람은 잠자리나 먹을 음식, 입을 옷을 직접 해결해야 하는 책임에서 벗어나 있다.

자유를 억압하는 이 평생의 노동에서 벗어날 유일한 방법은 저축하는 습관을 들이고 아무리 큰 희생이 따르더라도 그 습관을 지키는 것이다. 대부분의 사람에게는 다른 탈출구가 없다. 당신이 보기 드문 예외에 속하지 않는다면 이 장의 모든 내용은 당신을 위한 것이며 당신에게 적용된다!

✦ 돈은 빌리지도 말고
　 빌려주지도 말자.
　 돈을 빌려주면 종종
　 돈과 친구를 모두 잃게 되고
　 돈을 빌리면
　 절약하는 습관이 무뎌진다.
　 무엇보다
　 자기 자신에게 진실해야 한다.
　 밤이 낮을 따르듯
　 이 원칙을 반드시 따라야 한다.
　 그러면 누구에게도
　 거짓을 말할 수 없을 것이다.

― 셰익스피어

5장

성공의 법칙 4

주도성과 리더십으로
의도된 기적을 이뤄라

"아무도 당신에게 기회를 주지 않았다고?
직접 기회를 만들어야겠다는 생각은 해본 적 없는가?"

이 장을 시작하기 전에 이 책 전반에 걸쳐 일관된 원리가 관통하고 있음에 주목해야 한다. 16개 장 전체가 체계적으로 힘을 기르는 데 필요한 요소가 전부 연결되어 완벽한 사슬을 조화롭게 이루고 있다. 그리고 16개 장의 기반에는 응용 심리학의 기본 원리가 깔려 있으며 장마다 다른 원리가 적용된다.

주도성과 리더십에 대한 이 장이 순서상 자신감을 다룬 다음에 배치된 이유가 있다. <u>자기에 대한 믿음이 있어야 유능한 리더가 되거나 중요한 일의 주도권을 잡을 수 있어서다.</u> 그리고 주도성과 리더십은 서로 연관된 용어다. 리더십은 성공을 이루는 데 필수 요소고, 주도성은 리더십이라는 필수 자질을 떠받치는 토대다. 수레바퀴에 중심축이 꼭 있어야 하듯 주도성도 성공에 필수 요소다.

그렇다면 주도성이란 무엇일까? 그건 누군가 시키지 않아도 해야 할 일을 스스로 알아서 하는 매우 드문 자질이다. 허버드는 주도성을 다음과 같이 설명했다.

+ **세상이 주는 돈과 명예라는 큰 상을 한꺼번에 받는 사람이 있는데, 바로 주도적인 사람이다.**
  주도성이란 무엇일까? 남이 시키지 않아도 옳은 일을 하는 것이다.
  시키지 않아도 옳은 일을 하는 것 다음으로 바람직한 태도는 시키면 바로 하는 것이다. 다시 말해, 어려운 임무를 수행할 때 주도적으로 나서야 한다. 다만 그렇게 할 수 있는 사람은 큰 영예를 얻지만 항상 상응하는 보상을 받는 것은 아니다.
  그런가 하면 남이 억지로 시켜야만 옳은 일을 하는 사람이 있다. 이런 이는 영예는커녕 아무 관심도 받지 못하고, 보상을 받더라도 보잘것없다. 이런 부류는 대개 벤치에 앉아 신세타령이나 하면서 시간을 보낸다.

그보다 더 낮은 단계의 부류는 누군가 방법을 알려주고 옆에서 지켜보고 있는데도 옳은 일을 하지 않는다. 이런 사람은 늘 실직 상태고 남의 경멸을 받는다. 그리고 부유한 부모를 둔 경우가 아니라면 언제든 운명의 철퇴를 맞을 수 있다.

당신은 어느 부류에 속하는가?

이 책을 다 읽은 뒤에 당신은 자신을 자세히 분석해 15가지 성공의 법칙 가운데 무엇이 가장 필요한지 결정해야 한다. 그러므로 허버드가 던진 질문에 답하면서 분석을 준비하는 것이 좋다. 당신은 어느 부류에 속하는가?

주도권을 잡는 습관이 없는 사람에게서는 리더십을 찾을 수 없다. 리더십은 스스로 기르는 것이지 남이 억지로 강요한다고 해서 생기지 않는다. 당신이 아는 리더들을 주의 깊게 분석해보면, 그들이 주도권을 행사했을 뿐만 아니라 명확한 목적을 염두에 두고 일했음을 알 수 있다. 또 그들이 3장에서 설명한 자신감과 관련한 자질을 갖추고 있다는 것도 알 수 있다.

여기서 이 사실을 언급하는 이유는 성공한 사람들이 15가지 성공의 법칙을 어떻게 활용했는지 살펴보는 게 당신에게 도움이 되기 때문이다. 그리고 더 중요한 이유는 이 책이 당신 마음에 심어주고자 하는 체계적인 노력의 원칙을 완전히 이해시키기 위해서다.

이 책은 성공으로 가는 지름길을 알려주거나 노력하지 않고도 주목할 만한 성과를 거둘 수 있는 기계적인 공식을 제시하지 않는다. 이 책의 진정한 가치는 성공의 법칙 자체가 아니라 당신이 법칙을 활용하는 방식에 달려 있다. 이 책의 주된 목적은 여기서 다루는 15가지 자질을 당신이 직접 계발하도록 돕는 것으로, 이 자질 가운데 가장 중요한 것이 바로 이 장의 주제인 주도성이다.

이제 이 장의 기초가 되는 법칙을 활용해서 사람들이 어렵게 여기는 사업 거래를 성공적으로 해낸 사례를 자세히 소개하겠다.

0달러로 학교를 세우다

1916년 나는 교육 기관을 설립하기 위해 2만 5천 달러가 필요했다. 하지만 그만한 자본금도 없었고 은행 대출에 필요한 담보도 충분치 않았다. 당시 상황에서 내가 운명을 한탄하거나, 부유한 친척이나 친절한 사람이 필요한 자금을 빌려주면 좋겠다는 생각만 하고 있었을까? 아니, 난 그런 식으로 행동하지 않았다.

이 책에서 당신에게 조언한 대로 행동했다. 우선 자금을 구하는 것을 명확한 핵심 목표로 삼았다. 그런 다음 이 목표를 현실화하기 위한 전체적인 계획을 세웠고, 충분한 자신감과 주도성을 바탕으로 계획을 실행에 옮겼다. 계획이 '실행' 단계에 도달하기까지는 6주 이상 끊임없이 조사하고 노력하고 고민했다. 탄탄한 계획을 세우려면 신중하게 자료를 선별한 뒤 이용해야 한다.

여기서 체계적인 노력의 원칙을 적용하는 모습을 볼 수 있다. 이 원리를 잘 이용하면 여러 이해관계자를 연결해 각자의 이익을 대폭 늘리는 동시에 서로를 지원하게 할 수 있다. 마치 사슬의 고리 하나하나가 다른 고리를 지원하는 것과 같다.

나는 광고와 판매 기술을 가르치는 교육 기관을 설립하고 싶었고, 그러려면 2가지가 필요했다. 하나는 내 수중에 없는 2만 5천 달러의 자본금이고, 다른 하나는 적절한 교육 과정인데 이것은 준비를 해두었다. 문제는 내가 가진 것을 원하는 동시에 2만 5천 달러를 대줄 사람들과 동맹을 맺는 것이었다. 이 동맹은 모든 이해관계자에게 이익이 될 계획을 통해 이루어져야 했다.

완성된 계획서를 검토해보니 공정하고 타당하다는 확신이 들어 만족스러웠다. 그래서 그 계획서를 평판이 좋은 한 경영 대학 소유주에게 보냈다. 당시 그 대학은 매우 치열한 경쟁 상황에 놓여 있어서 대응안이 절실히 필요했다.

계획서에는 다음과 같은 내용을 제시했다.

- 귀하는 이 도시에서 가장 평판이 좋은 경영 대학을 소유하고 있습니다.
- 귀하는 이 분야의 치열한 경쟁에 대처할 계획이 필요합니다.
- 귀하는 평판이 워낙 높아서 원하는 만큼 신용 거래가 가능합니다.
- 저는 귀하의 경쟁력을 높이는 데 도움이 될 계획을 가지고 있습니다.
- 저는 당신에게 필요한 것을 제공하고 귀하는 제게 필요한 것을 제공하는 내용이 담긴 계획서로 동맹을 제안합니다.

이어서 내가 세운 계획을 자세히 설명했다.

✦ 저는 광고와 판매 기술에 관한 매우 실용적인 강좌를 만들었습니다. 영업 사원을 교육하고 지도한 실제 경험과 여러 성공적인 광고 캠페인을 기획하고 감독한 경험이 바탕이 되었기에 강좌의 효과를 입증할 증거는 많습니다.

귀하의 신용을 이용해 이 강좌의 마케팅을 도와주신다면, 이를 귀 경영 대학의 정규 학과로 신설하고 제가 전적으로 학과를 책임지겠습니다. 이 도시의 다른 경영 대학에는 이와 같은 과정이 없으니 경쟁자가 될 수 없을 것입니다. 이 강좌를 마케팅하는 광고는 대학의 다른 정규 과정에 대한 수요를 자극하는 데도 도움이 될 것입니다. 광고에 지출하는 모든 금액은 저희 학과에 청구할 수 있습니다. 그러면 귀하는 추가 비용 부담이 없고, 이 광고로 다른 학과들도 홍보할 수 있을 것입니다.

이제 이 거래로 제가 어떤 이익을 얻는지 말씀드리겠습니다. 저희 학과의 현금 수입이 귀하가 광고를 위해 지불했거나 계약한 금액과 같아지면, 저희 학과와 광고 및 판매 기술 강좌를 제 소유로 돌리고 이 학과를 귀하의 학교와 분리해 제 명의로 운영할 수 있는 계약을 체결해주십시오.

이 계획서를 읽은 경영 대학 소유주의 동의로 학과를 신설하는 계약이 성사되었다. (내 명확한 목표는 담보 제공 없이 쓸 수 있는 2만 5천 달러를 확보하는 것이었음을 기억하자.)

경영 대학 측은 1년도 채 지나기 전에 내 강좌 홍보와 마케팅, 그리고 신설 학과 운영에 필요한 기타 비용으로 2만 5천 달러가 조금 넘는 금액을 지급했다. 나는 나중에 학과 수업료를 징수해 대학이 선지급한 금액을 돌려주었다. 그리고 계약 조건에 따라 이 학과를 인수해 독자적인 사업으로 운영했다. 새로 만든 이 학과는 대학의 다른 과에 학생을 유치하는 데 도움이 되었다. 그뿐 아니라 수업료만으로도 나는 1년 만에 자립적인 운영 기반을 마련할 수 있었다.

대학에서 실제 자본금은 한 푼도 빌려주지 않았지만 신용을 제공해 준 덕에 목표를 정확히 달성할 수 있었다. 앞서 나는 내 계획이 형평성에 기초하고 모든 당사자에게 이익이 될 것이라고 말했다. 내가 얻은 이익은 2만 5천 달러를 구해 1년 만에 새로운 사업체를 설립하고 독자적으로 운영할 수 있게 된 것이다. 대학이 얻은 이익은 내 학과를 광고하기 위해 돈을 들인 덕분에 전 학과의 학생들을 확보한 것이다. 모든 광고는 대학 이름으로 진행되었다. 오늘날 이 경영 대학은 해당 분야에서 가장 성공한 학교 중 하나가 되어 합동 노력의 가치를 입증하는 확고한 증거물이 되었다.

이 사례를 이야기한 것은 주도성과 리더십의 가치를 보여줄 뿐만 아니라 다음 장의 주제인 상상력과도 연결되어서다.

원하는 목표를 달성할 수 있는 계획은 여러 가지가 있는데 흔히 사용하는 일반적인 방법이 최선이 아닌 경우도 많다. 앞선 사례에서도 보통은 은행에서 돈을 빌렸을 것이다. 하지만 내게는 제공할 담보가 없어서 이 방법이 불가능했다.

한 위대한 철학자는 "주도성은 기회의 문을 여는 만능열쇠다."라고 말했다. 그 철학자가 누구인지는 기억나지 않지만, 이렇게 옳은 말을 한 걸 보면 틀림없이 위대한 인물이었을 것이다.

이제 주도성과 리더십을 갖춘 사람이 되기 위해 반드시 따라야 하는 절차를 살펴보자.

첫째, 미루는 습관을 극복하고 없애라

지난주, 작년, 수십 년 전에 해야 했을 일을 내일로 미루는 습관이 우리 존재의 핵심을 갉아먹고 있다. 이를 떨쳐버리기 전까지는 아무것도 이룰 수 없다.

<u>미루는 습관을 없애는 방법은 앞서 이야기했듯 과학적으로 검증된 유명한 심리학 원리인 자기 암시에 기초한다.</u> 다음 내용을 복사해 눈에 잘 띄는 곳에 붙여놓고 잠자리에 들기 전이나 아침에 일어났을 때 읽도록 하자.

✦ 주도성과 리더십

명확한 핵심 목표를 내 인생의 과업으로 정했으니 이제 이 목표를 실현하는 것이 내 의무다. 이에 매일 정해진 행동을 취하는 습관을 길러 명확한 핵심 목표에 한 걸음 가까이 다가갈 것이다. 미루는 버릇은 어떤 일에서든 리더가 되고 싶은 사람에게 치명적인 적이므로, 나는 다음을 실천해 이를 없앨 것이다.

- 누가 시키지 않아도 매일 해야 할 일을 하나씩 찾아서 한다.
- 평소 습관적으로 하지 않았지만 매일 할 수 있고 다른 사람에게 가치 있는 일을 한 가지 이상 찾아서 보상을 기대하지 않고 한다.
- 누가 시키지 않아도 할 일을 찾아서 하는 습관을 들이는 것이 얼마나 중요한지를 매일 한 사람 이상에게 말한다.

근육을 사용하면 사용할수록 몸이 건강해지듯이, 주도적인 습관도 반복해서 실천할수록 자연스럽게 몸에 밴다. 나는 일상 업무와 관련된 작고 평범한 일에서부터 시작해야 주도성 습관이 길러진다는 것을 깨달았다. 그래서 날마다 주도적인 습관을 기르기 위해 노력할 것이다.

일상 업무를 하면서 주도적인 습관을 실천하면 이것이 몸에 밸 뿐만 아니라, 그 결과 내 서비스를 중요하게 여기는 사람들의 관심도 끌 수 있을 것이다.

서명 _____

어떤 일을 하든 매일 정규 업무 외에 다른 사람들에게 가치 있는 일을 할 기회가 생기기 마련이다. 금전적인 보상이 보장되지는 않겠지만 이런 일은 당신이 선택한 분야에서 뛰어난 인물이 되기 위해 반드시 지녀야 하는 적극적이고 주도적인 성격을 고취하고 강화하게 해준다.

오직 돈을 벌 목적으로만 일하고, 일의 보상을 돈으로만 받는 사람은 하는 일에 비해 보수를 제대로 못 받는 경우가 많다. 돈은 물론 필요하지만 인생의 소중한 것을 돈으로만 측정할 수는 없다. 남보다 완벽한 도랑을 파거나, 더 근사한 닭장을 짓거나, 바닥을 더 깨끗이 청소하거나, 더 맛있는 요리를 만드는 사람이 느끼는 행복과 기쁨과 자부심은 아무리 많은 돈으로도 대신할 수 없다. 사람들은 누구나 평균보다 더 뛰어난 무언가를 만드는 것을 좋아한다. 그래서 예술 작품을 만드는 기쁨은 돈이나 다른 물질적 소유물로 대체할 수 없다.

내 사무실에서 일한 지 3년이 넘은 젊은 여성 직원이 있다. 그 직원은 원래 속기사로 채용되어 구술을 받아 적는 업무를 하다가 내 개인 우편물을 열고, 분류하고, 답장 쓰는 업무도 맡았다. 그리고 급여는 그와 비슷한 일을 하는 사람들과 같은 수준으로 받았다. 그러던 어느 날 나는 그 직원에게 다음 좌우명을 불러주면서 타자기로 쳐달라고 했다.

"당신의 유일한 한계는 스스로 정한 한계뿐임을 명심하라."

직원은 타자로 친 종이를 건네주면서 "이 좌우명이 제게도 중요한 아이디어를 주네요."라고 말했다.

나는 도움이 되어 기쁘다고 했으나 사실 그 좌우명에 특별한 인상을 받지는 않았다. 하지만 그 직원에게는 엄청난 영향을 미쳤다. 그녀는 저녁 식사 후 사무실로 돌아와 아무도 시키지 않은 일을 보수도 없이 하기 시작했다. 부탁도 하지 않았는데 나 대신 답장을 작성해 내 책상에 가져다두었다. 내 문체를 연구해서 마치 내가 직접 쓴 것처럼 보였고 때로는 나보다 훨씬 잘 쓴 적도 있다. 그녀는 이 습관을 계속 이어갔다. 그러다 내 개인 비서가 그만두게 되어 후임자가 필요해지자 자연스럽게 그녀에게 일을 맡겼다. 사실 그 전부터 진작 주도적으로 비서일을 하고 있었기에 당연한 수순이었다. 그동안 퇴근 후 추가 수당도 받지 않은 채 자기 시간을 들여서 직원들 가운데 최고의 자리에 오를 준비를 해왔던 것이다.

그게 다가 아니다. 다른 사람들도 눈에 띄게 유능해진 이 사람에게 관심을 보이면서 매력적인 자리를 제안하기 시작했다. 그래서 지금은 평범한 속기사로 처음 일하기 시작했을 때보다 네 배 이상 많은 급여를 주고 있다. 이제 그 비서 없이는 일이 잘 안 돌아갈 만큼 중요한 인재가 되었기 때문이다.

이 사례에서 주도성은 매우 실용적이고 명확한 형태로 드러난다. 이 직원이 주도성을 발휘해서 얻은 이점이 봉급 인상뿐인 것 같다면 내가 설명을 제대로 못한 탓이다. 주도성은 그녀의 마음속에 즐거움을 불어넣어 대부분의 속기사가 일하면서 느끼지 못하는 행복을 느끼게 되었다. 이제 그녀에게 일은 단순히 업무가 아니라 매우 흥미로운 게임과도 같다. 다른 속기사보다 일찍 출근하고 다들 정시에 퇴근한 뒤에도 오랫동안 사무실에 남아 있지만, 그 직원이 느끼는 근무 시간은 다른 이보다 훨씬 짧다. 이처럼 일에서 행복을 느끼는 사람은 근무 시간이 전혀 지루하지 않다.

이제 주도성과 리더십을 계발할 때 따라야 하는 절차의 단계로 넘어가보자.

둘째, 다른 사람을 행복하게 하라

행복을 얻는 유일한 방법은 다른 사람을 행복하게 해주는 것이다. 주도성 계발도 마찬가지다. 이 필수 자질을 잘 키우려면 주변 사람도 주도성 계발에 관심을 가지도록 유도해야 한다. 다른 사람을 가르칠 때 본인의 학습 효과가 가장 높아진다는 것은 널리 알려진 사실이다. 어떤 신조나 신앙을 받아들인 사람이 가장 먼저 하는 일은 다른 사람에게 전파하는 것이다. 그리고 다른 사람에게 깊은 인상을 줄수록 본인의 믿음도 더 깊어진다.

영업 분야에는 "본인부터 먼저 납득하지 못하면 다른 사람에게 제품을 팔 수 없다."라는 유명한 말이 있다. 즉, 다른 이에게 팔려고 하는 제품의 장점을 이해하지 못하면 최선을 다해 판매에 나설 수 없다는 이야기다.

다른 사람이 믿게 하려고 어떤 말을 반복하다 보면 말하는 본인도 그 말을 믿게 된다. 심지어 그 말이 거짓일 때도 마찬가지다.

이제 주도성에 대해 이야기하고, 항상 주도성을 생각하고 실천하면 어떤 이점이 생기는지 알았을 것이다. 그렇게 하다 보면 우리는 주도적이고 리더십 있는 사람이 된다. 사람들은 주도성이 있음을 행동으로 보여주는 사람을 기꺼이 따른다.

일터나 지역 사회에서 만나는 사람들이 주도성 계발에 관심을 갖게 하는 것을 목표로 삼자. 그 이유를 말하거나, 당신이 무엇을 하고 있는지 알릴 필요는 없다. 그냥 하자. 물론 마음속으로는 그 일이 자신에게 도움이 되고 그 과정에서 사람들에게 적어도 해가 되지 않는다는 것을 알 것이다.

흥미롭고 유익한 실험을 해보고 싶다면 아는 이들 중에 남이 시키는 일 외에는 아무것도 하지 않는 사람을 한 명 골라서 주도적으로 움직이도록 설득해보라. 이 주제를 한 번 논의하고 끝내지 말고 기회가 있을 때마다 계속 이야기하되 매번 다른 각도에서 접근한다. 이 실험을 요령 있게 진행하다 보면 곧 상대에게 변화가 일어나는 모습을 보게 될 것이다. 그리고 그보다 훨씬 중요한 것, 즉 본인에게 생기는 변화도 보게 된다! 이 실험을 꼭 해보자.

다른 사람에게 주도성을 키우라고 이야기하려면 본인부터 주도성을 발휘하려는 의지가 있어야 한다. 다른 사람에게 한 말은 전부 자신의 잠재의식에도 각인된다. 자기 암시의 원리가 작용하기 때문인데 그 말이 거짓일 때도 마찬가지다.

우리가 다른 사람에게 영향을 미쳐 어떤 자질을 키우게 하면 그 자질이 계속 마음을 끌어당겨서 우리의 성격과 개성에까지 스며든다. 따라서 다른 사람이 주도적인 습관을 기르도록 도우면 우리에게도 같은 습관이 생긴다. 다른 사람에게 증오와 시기, 좌절의 씨앗을 뿌리면 우리도 같은 자질을 기르게 된다. 사람의 본성은 자기가 가장 존경하는 사람을 닮게 된다는 이 원리는 미국 소설가 호손의 단편 소설 「큰 바위 얼굴」에도 잘 드러난다. 부모라면 자녀에게 읽기를 권해야 하는 소설이다.

이제 주도성과 리더십을 계발할 때 따라야 하는 절차의 다음 단계로 넘어가자.

셋째, 리더십의 참의미를 깨달아라

이야기를 더 진행하기 전에 성공의 법칙에서 이야기하는 '리더십'이 무엇을 의미하는지 알아보자. 리더십에는 두 유형이 있는데 하나는 치명적이고 파괴적인 반면, 다른 하나는 도움이 되고 건설적이다. 성공하지 못하고 완전한 실패로 이어지는 치명적인 리더십은 추종자에게 억지로 따르도록 강요하는 가짜 리더십이다. 이 유형을 설명하거나 전쟁터 외에 이런 리더십이 판치는 분야가 어디인지 말할 필요는 없을 테니, 여기서는 나폴레옹이라는 주목할 만한 사례만 이야기하겠다.

나폴레옹은 분명히 리더였지만 추종자와 자신을 모두 파멸로 이끌었다. 자세한 내용은 프랑스와 프랑스 국민의 역사에 기록되어 있으니 참고하길 바란다.

나폴레옹의 리더십은 추천할 만한 리더십이 아니다. 그는 위대한 리더십에 필요한 기본을 모두 갖추고 있었다. 다만 한 가지, 다른 사람을 돕겠다는 정신이 부족했다. 리더의 위치에서 얻을 수 있는 권력에 대한 나폴레옹의 욕망은 오로지 자기 세력을 확대시키기 위한 것이었다. 프랑스 국민을 더 높고 고귀한 지위로 끌어올리려는 열망이 아니라 개인적인 야망에 기반을 두었다.

이 책에서 권장하는 리더십은 자기 결정, 자유, 자기 발전, 계몽, 정의로 이어지는 리더십, 오래도록 지속되는 리더십이다. 자신을 높은 지위로 올려놓은 나폴레옹의 리더십과 대조를 이루는 미국의 서민적 리더, 링컨의 리더십을 생각해보자. 링컨이 리더가 된 목적은 미국 국민에게 진실과 정의, 이해를 안겨주기 위해서였다. 그는 이 리더십에 대한 믿음 때문에 순교했지만, 그의 이름은 세상에 좋은 것만 안겨주는 사랑과 친절의 대명사로 전 세계인의 가슴에 새겨졌다.

링컨과 나폴레옹 둘 다 전쟁에서 군대를 이끌었으나 두 사람의 리더십 목표는 낮과 밤만큼이나 달랐다. 이 책의 기본 법칙을 잘 이해한다면 오늘날 나폴레옹의 리더십 유형과 링컨이 자기 과업의 토대로 삼은 리더십 유형을 이어받은 리더들의 이름을 쉽게 댈 수 있을 것이다. 아니면 각 분야에서 주도적인 역할을 하는 사람들을 분석한 뒤 링컨과 나폴레옹 유형으로 구분해보자. 그 과정은 당신이 어떤 유형을 본받고 싶은지 결정하는 데 도움이 될 것이다. 두 유형 중 어느 쪽을 택해야 하는지는 의문의 여지가 없다.

♦ 리더, 시기와 영광 사이를 걷다

인간의 모든 활동 분야에서 가장 선두에 있는 사람은 항상 세간의 주목을 받으며 산다. 리더의 위치에 있는 사람이나 제품은 늘 경쟁과 질투의 대상이 된다. 예술, 문학, 음악, 산업 등 어느 분야에서나 보상과 불이익은 항상 붙어 다닌다. 여기서 보상은 널리 인정받는 것이고 불이익은 맹렬한 거부와 비난이다.

어떤 사람의 업적이 전 세계 표준이 되면 이를 시기하는 소수의 표적이 되기도 한다. 평범한 업적을 이룬 사람은 남의 관심을 받지 못하지만 큰 업적을 이룬 사람은 수많은 이의 입에 오르내린다. 평범한 그림을 그리는 예술가는 시기 질투의 대상이 되지 않는다. 당신이 무엇을 쓰고 그리고 연주하고 노래하고 만들어도, 작품이 천재성을 인정받지 못하면 아무도 당신을 능가하거나 비방하려고 하지 않을 것이다. 반면 위대한 작품이나 훌륭한 작품은 완성된 지 오랜 시간이 지난 뒤에도 시기하는 이들에게 계속 비판받는다.

나도 이 책 초고의 잉크가 마르기 전부터 악의적인 말을 들었다. 그리고 초판이 인쇄된 순간부터 나와 성공 철학에 관한 비판 글이 쏟아져 나왔다.

세상 사람들 대부분은 오래전부터 미국 화가 제임스 휘슬러를 위대한 천재 예술가로 칭송했지만 예술계에는 그를 사기꾼으로 몰아가는 악의에 찬 목소리가 있었다.

매년 수많은 사람이 독일 작곡가 리하르트 바그너의 음악적 성지인

바이로이트에 몰려와 그를 경배한다. 그러나 바그너에게 밀려나 자리를 잃은 몇몇 음악가는 바그너는 음악가도 아니라고 분노에 찬 목소리로 주장한다.

작은 세상에 갇혀 사는 이들은 공학자 로버트 풀턴이 증기선을 제작하는 것을 반대하는 시위를 이어갔다. 하지만 다른 사람들은 풀턴의 배가 증기를 뿜으며 지나가는 모습을 보려고 강둑으로 몰려갔다.

편협한 몇몇 목소리는 포드가 1년도 버티지 못할 거라고 외쳤다. 그러나 그들이 유치하게 떠드는 동안에도 포드는 묵묵히 자기 일에 전념해 결국 지구상에서 가장 부유하고 영향력 있는 사람이 되었다.

리더는 리더라서 공격받는다. 그와 필적하려는 노력은 그의 리더십을 증명하는 또 다른 증거일 뿐이다. 리더에 필적하거나 넘어서는 데 실패한 추종자는 그를 폄하하거나 무너뜨리려고 하지만, 이런 행동은 본인이 대체하려고 애쓰는 사람의 우월성을 확인해줄 뿐이다. 이는 새삼스럽지 않은 일이다. 세상이 생긴 이래로 늘 그래왔고 인간의 시기, 두려움, 탐욕, 야망, 남을 뛰어넘으려는 욕망만큼이나 오래되었다. 그러나 그들의 행동은 전부 부질없는 짓이다.

사람들을 진정으로 이끄는 자가 계속 리더 자리를 지킬 것이다! 위대한 시인이나 화가, 장인은 사람들의 공격을 받지만 다들 세월이 지나도 영예를 유지한다. 선하고 위대한 것은 아무리 큰 소리로 부정해도 유명해지게 마련이다. 진정한 리더는 질투하는 자의 중상모략이나 거짓말에도 피해를 입지 않는다. 그런 시도는 리더의 능력을 더 부각시킬 뿐이며, 진정한 능력자에게는 항상 추종자가 있다. 진정한 리더십을 파괴하려는 시도는 전부 헛수고다. 살아남을 자격이 있는 것은 어떤 상황에서도 계속 살아남는다!

❖ 협력 부족이 세상에 위기를 부른다

이제 주도성과 리더십을 계발할 때 반드시 따라야 하는 절차의 세 번째 단계로 돌아가보자. 세 번째 단계에서는 조직적인 노력의 원칙을 다시 검토해야 한다.

앞서 다른 사람의 도움과 협력 없이는 오랫동안 지대한 영향을 미치는 성과를 이룰 수 없다고 배웠다. 두 사람 이상이 조화와 이해의 정신으로 협력하면 각자의 성취 능력이 배가된다는 것도 배웠다. 이 원칙이 가장 훌륭하게 입증되는 곳은 고용주와 직원 사이에 완벽한 팀워크가 이루어지는 산업체나 기업체다. <u>팀워크가 좋은 곳에서는 모두가 번영하고 호의적인 관계가 유지된다.</u>

협력cooperation은 영어에서 가장 중요한 단어다. 협력은 가정 내의 일, 남편과 아내, 부모와 자녀의 관계에서 중요한 역할을 할 뿐 아니라 국가적인 일에서 중요한 역할을 한다. 협력의 원칙은 무척이나 중요하므로 이를 제대로 이해하고 본인의 리더십에 적용하지 않는 리더는 강한 힘을 발휘할 수 없고 자리를 오래 유지하지도 못한다.

협력 부족으로 쓰러진 기업이 다른 원인으로 쓰러진 기업을 다 합친 것보다 많다. 나는 25년간의 활발한 사업 경험과 관찰을 통해 불화와 협력 부족으로 무너지는 기업을 많이 보았다. 변호사 일을 할 때는 남편과 아내의 협력 부족으로 가정이 파탄 나고 이혼 소송까지 하는 모습을 수없이 목격했다. 여러 국가의 역사를 연구하면 어느 시대든 협력 부족이 인류의 오랜 저주였다는 사실이 놀랍도록 명확해진다. 역사를 돌아보면 마음에 영원히 각인될 협력에 대한 교훈을 얻을 수 있다.

전쟁으로 세계의 일부가 고통받으면 전 세계에 영향이 가서 다 함께 고통을 겪기 마련이다. 이 규칙은 현대의 기업체와 산업체 운영에도 똑같이 적용된다. 업계가 무질서해지고 파업이나 다른 형태의 불화로 분열되면 고용주와 직원 모두 돌이킬 수 없는 손해를 입는다. 게다가 피해는 여기서 끝나지 않는다. 이 손실로 가격이 오르고 생필품이 부족해져 일반 대중도 부담을 진다.

예를 들어, 집을 세놓는 미국인은 도급업자와 건설업체, 노동자 간의 협력 부족으로 부담을 느낀다. 도급업자와 직원들의 관계가 너무 불안정한 탓에 도급업자는 건물을 지을 때 반드시 노동 분쟁 발생에 대비한 임의의 금액을 비용에 추가한다. 이 추가 비용으로 임대료가 인상되어 수많은 사람이 불필요한 부담을 진다. 몇몇 사람의 협력 부족이 수많은 사람에게 거의 감당하기 힘들 정도로 무거운 부담을 안겨준다고 할 수 있다.

철도 운영 쪽에도 똑같은 폐해가 존재한다. 철도 경영진과 노동자 사이에 조화와 협력이 부족한 탓에 화물과 승객 운임이 인상되자 생필품 가격이 큰 폭으로 올랐다. 이 또한 몇몇 사람의 협력 부족으로 수많은 사람이 어려움을 겪은 사례다.

이런 이야기를 하는 것은 누군가에게 협력 부족에 대한 책임을 묻기 위해서가 아니다. 당신이 사실을 파악하게 해주려는 것이다.

오늘날 생활비가 크게 오른 건 협력적인 리더십 원칙을 적용하지 않은 탓이라고 할 수 있다. 현재의 정부와 산업의 관리 시스템을 비난할 수도 있다. 하지만 최종 분석 결과를 보면 정부와 산업의 폐해가 협력 부족에서 비롯되었다는 것은 진실을 추구하지 않는 사람을 제외한 모든 이에게 명백하다.

또 이와 같은 폐해는 정부와 산업 분야에만 국한되지 않는다. 종교계도 협력이 부족할 때 세상에 악영향을 미칠 수 있다. 반면 종교계가 조화로운 노력을 발휘하고 협력하면 전쟁이 일어나지 않도록 영향력을 행사하거나, 협력의 원칙을 통해 파렴치한 행동과 사기 행위를 신속하게 근절하는 데 도움을 줄 수 있다. 지금도 이런 리더십을 발휘하기에 늦지 않았다.

협력의 기본 원리를 보다 완벽하게 이해하려면 공공 도서관에 가서 영국 사회학자 벤저민 키드가 쓴 『힘의 과학』을 읽어보자. 지난 15년 동안 읽은 세계에서 가장 건전한 사상가들이 쓴 책 중에 이 책만큼 협력의 가능성을 완벽하게 설명해준 책은 없었다. 그런데 이 책을 추천한다고 해서 내가 내용 전부를 지지하는 것은 아니다. 오히려 내가 동의하지 않는 이론도 몇 가지 제시되어 있다. 그러니 이 책을 읽는다면 열린 마음으로 읽으면서 명확한 핵심 목표 달성에 도움이 된다고 생각되는 부분만 취사 선택하기 바란다. 이 책은 사고를 자극한다. 사실 이 책의 주요 목표는 의도적으로 당신의 사고를 자극하는 것이라고 할 수 있다. 특히 편견과 선입견에서 벗어나 장소와 시간, 방법에 상관없이 언제나 진리를 추구하는 사고방식을 자극한다.

리더십의 지혜를 알려주는 바흐 소령의 연설

1차 세계대전 중 리더가 되는 방법에 관해 이야기하는 한 훌륭한 군인의 연설을 들을 기회가 있었다. 포트셰리든에 있는 제2훈련소 교관으로 일하던 과묵하고 겸손한 육군 장교 C. A. 바흐 소령이 사관생도를 대상으로 한 연설이었다. 나는 이 연설문의 사본을 간직하고 있다. 지금까지 기록된 리더십에 대한 가장 훌륭한 교훈 가운데 하나이기 때문이다.

바흐 소령의 연설문에 담긴 지혜는 리더십을 열망하는 사업가, 부서장, 작업장 감독, 기업체 사장 등에게도 큰 도움을 줄 것이기에 여기 소개한다. 리더십에 관한 이 놀라운 글이 이 책을 통해 모든 고용주와 근로자, 그리고 모든 분야에서 리더십을 열망하는 야심 찬 사람의 손에 들어가기를 진심으로 바란다.

바흐 소령의 연설은 다음과 같다.

✦ 머지않아 여러분은 병사의 삶을 통제할 것이다. 충직하지만 훈련받지 않은 시민인 그들은 여러분에게 지도와 지시를 구할 것이다. 여러분의 말이 곧 그들의 법이 될 테고, 무심코 뱉은 말까지 그들은 다 기억할 것이다. 그들은 여러분의 버릇을 흉내 내고 여러분의 옷차림과 태도, 말투, 지휘 방식도 모방할 것이다.

각자 부대에 배치되면 여러분에게 존경과 충성심, 복종을 끌어낼 자질 외에는 아무것도 요구하지 않는 의욕적인 사람들을 만날 것이다. 여러분이 그런 자질을 가지고 있다고 확신시킬 수만 있다면 그들은 여러분을 성심껏 따를 만반의 준비가 되어 있다. 만일 여러분이 자신에게 그런 자질이 없다고 여긴다면 작별을 고하는 편이 낫다. 그 조직에서 쓸모가 없기 때문이다.

먼저 리더와 추종자의 관계를 살펴보자. 사회적인 관점에서 보면 세상은 리더와 추종자로 나뉜다. 직업에도 리더가 있고 금융계에도 리더가 있다. 모든 리더십에서 없어서는 안 될 순수한 리더십 요소와 개인적인 이득이나 개인에게 유리한 이기적인 요소를 분리하는 것은 어렵거나 불가능하다. 사람들이 신념을 위해 기꺼이 목숨을 바치고, 옳은 것을 지키거나 그릇된 것을 저지하려 기꺼이 고통을 겪고 죽음을 불사하는 곳은 군대밖에 없다. 따라서 군대는 가장 숭고하고 사심 없는 리더십을 실현할 수 있는 곳이다. 그러므로 내가 말하는 리더십은 군사적 리더십을 뜻한다.

며칠 후면 여기 있는 사람들 대부분이 장교로 임관한다. 하지만 임관했다고 해서 바로 리더가 되지는 않는다. 단지 장교가 될 뿐이다. 적절한 자질을 갖춘 사람은 곧 리더가 될 수 있는 위치에 선다. 이때 여러분은 상관보다 부하에게 더 잘해야 한다.

병사는 리더의 자질을 갖추지 못한 전투 장교의 명령이라도 잘 따르겠지만, 이때 그들을 움직이는 원동력은 열정이 아닌 규율이다. 그들은 의심과 두려움에 떨면서 속으로 '저 사람이 다음에는 뭘 할까?'라는 의문을 품는다. 이런 사람은 명령에 복종은 하지만 그게 다다. 지휘관에 대한 헌신, 개인적인 위험을 무릅쓰는 숭고한 열정, 지휘관의 안전을 보장하기 위한 자기희생 등은 기대할 수 없다. 병사는 머리가 시키는 대로, 훈련받은 대로 앞으로 나아가지만 그들의 정신은 리더를 받아들이지 않는다.

냉담하고 수동적이고 반응이 없는 병사를 데리고는 훌륭한 성과를 올릴 수 없다. 그들은 멀리까지 가지 않으려 하고 가능하면 빨리 멈춘다. 진정한 리더는 다른 이에게 자발적이고 주저하지 않으며 흔들리지 않는 복종과 충성을 요구한다. 그리고 추종자는 기꺼이 이 요구에 응하고, 필요한 경우 리더를 따라 지옥에도 갔다 오는 헌신을 보인다.

여러분은 "그렇다면 리더십을 구성하는 요소는 무엇인가? 리더가 되려면 어떻게 해야 하는가? 리더십의 특징은 무엇이고 어떻게 해야 키울 수 있는가?"라고 자문하게 될 것이다.

리더십은 다양한 자질의 복합체다. 그중에서도 **자신감, 도덕적 우월성, 자기희생, 온정주의, 공정성, 결단력, 위엄, 용기가 가장 중요하다**고 말하고 싶다.

■ 리더십의 요소 1. 자신감

자신감은 첫째, 정확한 지식, 둘째, 그 지식을 전달하는 능력, 셋째, 본인을 따르는 사람들에 대한 우월감에서 비롯된다. 자신감은 장교에게 평정심을 안겨준다. 리더가 되려면 잘 알아야 한다! 잘 모르더라도 가끔은 허세를 부려 넘어가겠지만 항상 그럴 수는 없다. 부하가 임무에 대해 잘 모르는 장교를 신뢰할 리 없으니 모든 것을 철저하게 알고 있어야 한다.

장교는 행정 업무에 대해 선임 하사관과 행정병을 합친 것보다 잘 알아야 한다. 급식에 대해서도 취사 담당자보다 잘 알아야 한다. 또 적어도 자기 부대원만큼 사격에 능해야 한다. 만약 장교가 부대의 상황을 제대로 파악하지 못하거나 자신이 잘 모른다는 점을 드러내면, 병사들은 속으로 '나보다도 모르다니, 바보 아냐?'라고 생각하며 상관의 지시를 조용히 무시할 수도 있다.

정확한 지식을 대체할 수 있는 것은 없다! 부하들이 여러분을 찾아와 물어보고, 동료 장교들도 여러분 이름을 알려주며 "그 사람이라면 잘 알 테니 물어봐."라고 말할 정도로 박식해져야 한다.

장교는 본인 계급의 임무를 철저히 숙지하고 있어야 할 뿐 아니라 상위 두 계급의 임무까지 알아두어야 한다. 여기에는 2가지 이점이 있다. 첫째, 전투 도중 언제 맡게 될지 모르는 임무에 대비할 수 있다. 둘째, 시야가 넓어지므로 명령을 내려야 하는 필요성을 이해하고 더 현명하게 명령을 실행할 수 있다.

장교는 잘 알아야 하고 또한 아는 사실을 문법에 맞는 힘 있는 말로 표현해야 한다. 그리고 당황하지 않고 당당하게 말하는 법을 배워야 한다. 영국 훈련소에서는 사관생도라면 본인이 선택한 주제와 관련해 10분 동안 연설을 해야 한다고 들었다. 이것은 대단히 좋은 훈련이다. 명확하게 말하려면 먼저 명확하게 생각해야 한다. 평소 명확하고 논리적인 사고를 해야 그 생각을 확실하고 긍정적인 명령으로 표현할 수 있다.

■ 리더십의 요소 2. 도덕적 우월성

자신감은 부하보다 많이 아는 데서 생기는 데 비해 **도덕적 우월성은 자신이 더 나은 사람이라는 믿음에 기반한다.** 도덕적 우위를 얻고 유지하는 데 필요한 요소는 '자제력, 체력, 인내심, 도덕적인 힘'이다.

첫 번째 요소인 자제력에 관해 이야기를 해보자. 전투 중 겁에 질리더라도 여러분은 절대 두려운 기색을 드러내지 말고 자신을 잘 통제해야 한다. 허둥지둥하거나 손을 떨거나 표정이 바뀌거나 성급하게 명령을 내렸다가

서둘러 취소하는 등 불안한 정신 상태를 드러내면 부하에게 매우 큰 영향이 미친다.

주둔지나 야영지에서는 감정이 상하는 일이 자주 일어난다. 하지만 그럴 때 버럭 화를 낸다면 부하를 책임질 자격이 없다. 화가 난 상태에서는 대부분 나중에 후회할 만한 말이나 행동을 하기 마련이다. 장교는 부하에게 사과해서는 안 된다. 그러므로 애초에 양심상 사과해야 할 만한 행동도 절대 해서는 안 된다.

두 번째 요소는 여러분과 부하가 겪는 고난을 견뎌내기에 충분한 '체력과 인내심'이다. 그리고 고난을 유쾌하게 받아들이려면 그 영향을 최소화할 '불굴의 정신'이 필요하다. 문제를 가볍게 여기고 시련을 대수롭지 않게 받아들이자. 그렇게 하면 심한 스트레스도 극복할 수 있는 강인한 정신을 키우는 데 큰 도움이 된다.

세 번째 요소는 '도덕적 힘'이다. 도덕적 힘을 발휘하려면 청렴하게 살아야 한다. 올바른 것을 볼 수 있는 지적 능력과 올바른 일을 하려는 의지가 있어야 한다.

부하에게 모범이 되자! 장교는 선한 영향을 미칠 수도 있고 나쁜 영향을 미칠 수도 있다. 부하에게 설교하지 말자. 그래봤자 소용도 없고 오히려 역효과만 난다. 몸소 모범적인 삶을 실천하면 어느새 수많은 부하가 그 모습을 닮으려고 애쓰는 모습을 보게 될 것이다.

자기가 다른 사람 눈에 어떻게 비치는지 신경 쓰지 않고 상스럽게 떠들어대는 어리석은 장교는 본인과 꼭 닮은 부하를 두기 마련이다. 부하에게서 여러분 모습이 그대로 드러날 테니 내 말을 기억하기 바란다! 부하가 형편없다면 그것은 여러분이 형편없는 장교여서다.

■ 리더십의 요소 3. 자기희생

자기희생은 리더십에 꼭 필요한 요소다. 항상 베풀고 또 베풀어야 한다. 리더라면 육체적으로도 가장 긴 시간 동안 가장 힘든 일을 하고 가장 큰 책임도 떠맡아야 한다. 아침에 가장 먼저 일어나고 밤에는 가장 늦게 잠자리에 들며 다른 사람들이 자는 동안에도 일해야 한다.

리더는 정신적으로는 부하의 수고를 알아주고 고맙게 여겨야 한다. 어머니가 돌아가신 부하도 있고 은행이 파산해 저축한 돈을 다 잃은 부하도 있을 것이다. 그들은 직접적인 도움을 바랄 수도 있지만 보통은 무엇보다 자신의 처지에 공감해주기를 바란다. 이럴 때 나도 힘든 일이 많다면서 그들을 거절하는 실수를 저질러서는 안 된다. 그건 집의 기초를 이루는 벽돌을 한 장씩 빼버리는 것과 마찬가지다. 부하들은 상관인 여러분을 떠받치는 토대다. 그 토대가 안정적이지 못하면 여러분이 지은 리더십의 집도 무너질 것이다.

때로는 돈이 별로 없더라도 부하를 위해 선뜻 써야 한다. 부하의 건강과 안녕을 지키거나, 부하가 곤경에 처했을 때 도와주기 위해 여러분 돈을 써야 하는 경우가 많을 것이다. 대부분은 쓴 돈을 돌려받지만 결손 처리해야 하는 상황도 자주 생긴다. 그래도 그만한 가치가 있다.

■ 리더십의 요소 4. 온정주의

앞서 온정주의가 리더십에 필수라고 말했는데, 내가 말하는 온정주의는 더 좋은 의미의 온정주의다. 사람들의 주도성과 자립심, 자존감을 빼앗는 그런 온정주의가 아니라 다른 사람들의 안위와 복지를 세심하게 보살필 때 생기는 온정주의를 가리킨다.

병사는 어린아이와 아주 비슷하기 때문에 제공할 수 있는 최상의 거처와 음식, 옷을 마련해주어야 한다. 여러분은 본인이 먹을 음식을 챙기기 전에 병사가 먹을 음식이 있는지부터 확인하고, 본인이 어디에서 잘지 생각하기 전에 병사가 괜찮은 잠자리를 마련했는지 확인해야 한다. 본인의 편안함보다 병사의 편안함에 훨씬 신경 써야 한다. 병사의 건강을 돌보며, 불필요한 노력이나 쓸모없는 노동을 요구하지 말고, 그들이 힘을 아끼게 해야 한다.

그렇게 하면 단순한 기계에 불과할 수도 있는 존재에 생명을 불어넣을 수 있다. 여러 병사가 마치 한 몸처럼 여러분에게 반응하게 하는 정신을 만들 수 있다. 그게 바로 단결 정신이다.

조직에 단결 정신이 깃들면 어느 날 아침에 일어났을 때 상황이 역전되어 있을 것이다. 누가 시킨 것도 아닌데, 이제 여러분이 부하를 돌보는 게 아니라 부하가 여러분을 돌보게 된다. 부하가 여러분에게 필요한 것을 꼼꼼히 살펴서, 야영 시에는 항상 여러분 천막을 가장 먼저 설치하고 가장 깨끗한 침구를 가져다줄 것이다. 저녁 식사 때는 어디서 구했는지 몰라도 다른 사람에게는 없는 달걀 두 개가 여러분 접시에 추가된다. 여러분이 타는 말을 멋지게 손질해주는 부하들이 늘어난다. 도움이 필요하면 병사가 기다렸다는 듯이 나타나서 도와준다. 리더로서 모범을 보이면 이런 효과가 나타난다!

■ 리더십의 요소 5. 공정성

모든 부하를 똑같이 대해서는 안 된다! 어떤 병사는 어깨를 으쓱하며 잊어버릴 만한 가벼운 처벌이 어떤 병사에게는 심한 정신적 고통을 안겨준다.

특정한 위반 행위에 대해 모든 병사에게 동일한 처벌 규칙을 적용하는 지휘관은 부하의 성격을 일일이 파악하지 못할 만큼 게으르거나 어리석은 사람이다.

외과의가 어려운 임상 사례를 연구하듯 부하를 주의 깊게 살펴라. 그리고 진단이 확실하면 치료법을 적용한다. 이때 치료하는 이유는 환자가 몸부림치는 모습을 보기 위해서가 아니라 진정한 치유를 위해서라는 사실을 기억하자. 때로는 깊이 파고들 필요도 있겠지만, 진단이 확실하다고 생각되면 환자에 대한 잘못된 동정으로 목적에서 벗어나선 안 된다.

처벌에 공정하듯이 보상도 공정하게 해야 한다. 누구나 남의 공을 가로채는 사람은 싫어한다. 부하 중 한 명이 특별히 칭찬할 만한 일을 했다면 무슨 일이 있어도 적절한 보상을 해주자. 부하의 공을 가로채 여러분이 독차지해서는 안 된다. 그렇게 하고도 상관에게서는 무사히 빠져나갈 수 있을지 몰라도 부하의 존경과 충성심을 잃기 쉽다. 이 소식을 들은 동료 장교들은 여러분을 피할 것이다. 전시에는 모든 사람에게 영광이 돌아갈 기회가 있으니 부하도 영광을 누리게 해야 한다. 항상 남에게 받기만 하고 주지 않는 사람은 리더가 아니라 기생충이다.

장교가 본인 계급의 특권을 남용하지 못하게 하는 것도 공정성을 지키는 것이다. 병사에게 존경받으면 여러분도 그들을 똑같이 존중해야 한다. 그들의 인격과 자존감을 키워주어야지 깎아내리려 해서는 안 된다.

장교가 고압적이고 모욕적인 태도로 병사를 대하는 건 비겁한 짓이다. 부하를 규율이라는 밧줄로 나무에 묶어놓고 상대가 반격할 수 없음을 잘 아는 상태에서 얼굴을 때리는 것과 마찬가지다.

■ 리더십의 요소 6. 결단력

장교가 병사를 배려하고 호의적으로 존중하면서도 얼마든지 규율을 유지할 수 있다. 그런 태도 또한 규율의 일부다. 주도성과 결단력이 없는 사람은 리더가 될 수 없다.

기동 훈련 중에 비상 상황이 발생하면 어떤 사람은 즉시 침착하게 명령을 내린다. 나중에 분석해보면 100퍼센트 옳은 결정은 아니더라도 거의 옳은 결정으로 판명된다. 그런가 하면 비상사태가 벌어졌을 때 심하게 흔들리는 사람도 있다. 이들은 머리가 제대로 안 돌아가는지 성급하게 명령을 내렸다가 취소하고 다른 명령을 내렸다가 또 취소한다. 한마디로 겁쟁이의 모든 증상을 보인다.

첫 번째 부류를 평가하면서 "그 사람은 천재야. 생각할 겨를도 없었는데 직감적으로 행동하잖아."라고 말할 수도 있다. 하지만 이는 잘못된 생각이다. 천재성이란 무한한 고통을 감수하는 능력일 뿐이다. 어떤 상황에서 준비된 사람은 스스로 준비한 사람이다. 그런 이는 발생 가능한 상황을 미리 연구하고 그 상황에 대처할 임시 계획을 세운다. 그래서 비상 상황에 직면했을 때 대처할 준비가 되어 있다. 그는 당면한 문제를 이해하는 기민한 정신력과 이미 정해놓은 계획을 어떻게 바꿔야 하는지 판단할 수 있는 빠른 추론 능력을 지녔다. 또 실행을 명령하고 그 명령을 고수할 결단력도 있다.

비상 상황에서는 아무 명령도 내리지 않는 것보다 합리적이기만 하다면 어떤 명령이라도 내리는 게 낫다. 상황이 발생하면 어떻게든 대처해야 한다. 주저하면서 옳은 방향을 찾아 헤매다가 아무것도 하지 못하는 것보다는 결과적으로 잘못된 대응일지라도 뭔가 하는 편이 낫다. 그리고 일단 행동 방향을 정했으면 고수해야 한다. 흔들리는 모습을 보이지 말자. 병사들은 본인 마음조차 모르는 장교를 신뢰하지 않는다.

합리적인 사람도 때로는 예측 못 할 상황에 직면한다. 예상 가능한 다른 비상 상황에 대비했다면, 그때 했던 정신 훈련을 바탕으로 신속하고 침착하게 대처할 수 있다.

상부의 명령을 받지 못한 상태에서 행동해야 하는 경우도 종종 있다. 상부 명령을 기다릴 시간이 없기 때문이다. 여기서 다시 상위 계급의 업무를 미리 알아두는 게 얼마나 중요한지 알 수 있다. 전체적인 상황을 종합적으로 파악하고 상관이 일반적으로 세웠을 계획을 떠올리자. 그리고 이전에 했던 비상 훈련을 통해 본인이 책임을 져야 한다고 판단되면 지체 없이 필요한 명령을 내린다.

■ 리더십의 요소 7. 위엄

<u>군인의 리더십에서는 개인의 품위도 중요한 요소다.</u> 부하와 친하게 지내되 너무 사적인 부분까지 드러내선 안 된다. 부하가 여러분을 두려워할 필요는 없지만 경외심을 느껴야 한다! 부하가 여러분과 스스럼없는 사이라고 생각한다면 그것은 부하 잘못이 아니라 여러분 잘못이다. 여러분 행동 탓에 부하가 그렇게 생각하는 것이다. 그리고 무엇보다 부하의 우정을 얻거나 환심을 사려고 본인의 격을 낮추어서는 안 된다. 그러면 부하가 여러분을 경멸할 것이다. 여러분이 부하의 충성과 존경과 헌신을 받을 만한 사람이라면 요구하지 않아도 저절로 얻게 된다. 그런 사람이 아니라면 무슨 수를 써도 부하의 존경을 받을 수 없다.

더럽고 얼룩진 제복을 입고 3일간 면도를 하지 않아 수염이 덥수룩한 채

로 품위를 유지하기란 극히 어렵다. 이런 사람은 자존심이 부족하다고 할 수 있는데, 자존심은 품위의 필수 요소다. 물론 어떤 일을 하다 보면 옷이 더러워지고 면도도 못 할 수도 있다. 부하도 상황을 알면 외모가 그래도 어쩔 수 없다고 생각할 것이다. 사실 어떨 때는 너무 깨끗해 보이는 것도 좋지 않다. 본인이 할 일을 다하지 않은 게 아닌가 하는 오해를 받을 수도 있으니 말이다. 하지만 특수한 상황이 지나가면 바로 깔끔한 모습으로 모범을 보여야 한다.

■ 리더십의 요소 8. 용기

이제 용기에 대해 살펴보자. 리더에게는 정신적 용기뿐만 아니라 도덕적 용기도 필요하다. 도덕적 용기는 원하는 결과를 얻는 데 가장 적합하다고 판단한 행동 방침을 흔들림 없이 고수하게 해준다.

특히 전투 중에는 어떤 일을 실행하라는 명령을 내린 뒤 불안과 의심에 시달리는 경우가 많다. 목표를 달성할 더 나은 방법이 있는 게 아닌지 고민하다 보면 명령을 변경하고 싶은 유혹이 강하게 든다. 하지만 첫 번째 명령이 근본적으로 잘못되었다는 사실이 명백해지기 전까지는 명령을 바꾸면 안 된다. 그러면 두 번째 명령도 의심을 사게 된다.

명확한 이유 없이 명령을 바꾸면 그때마다 권위가 약해지고 부하의 신뢰를 잃게 된다. 명령을 고수하면서 끝까지 관철할 도덕적 용기를 키우자.

또 도덕적 용기는 여러분이 자신의 행동에 책임을 지게 한다. 부하가 명령을 충실하게 이행했는데도 여러분이 지시한 일이 실패했다면 그 실패는 여러분의 책임이지 부하의 책임이 아니다. 만약 성공했다면 여러분이 영광을 누렸을 테니 실패했을 때는 그에 대한 책임을 져야 한다. 부하에게 책임을 떠넘기거나 그를 희생양으로 삼아서는 안 된다. 그건 비겁한 행동이다. 그뿐만 아니라 부하의 운명을 결정하는 순간에도 도덕적 용기가 필요하다. 직속 부하인 장교와 하사관의 승진 혹은 강등을 추천해달라고 요청받을 때 말이다.

개인적인 성실성과 국가에 대한 의무를 명심한다. 사사로운 친분으로 엄격한 정의감에서 벗어나서는 안 된다. 부관이 친형제라도 임무에 부적합하다고 판단되면 교체해야 한다. 그렇지 않으면 도덕적 용기가 부족한 행동으로 귀중한 생명을 잃을 수도 있다.

이와 반대로, 개인적인 이유로 아주 싫어하는 사람을 추천해달라고 요청받더라도 그를 공정하게 대해야 한다. 여러분의 목표는 개인적인 원한을 푸는 게 아니라 공익 추구임을 기억하자.

여러분에게 육체적 용기가 있는 것은 당연하다. 그게 얼마나 필요한지는 굳이 설명할 필요도 없을 것이다. 용기는 용감함 이상이다. 용감하다는 건 두려움이 없다는 뜻이다. 가장 어리석은 사람도 용감할 수 있는 이유는 위험을 인식할 정신적 능력이 부족하기 때문이다. 아무것도 모르니 두려워하지 않는 것이다.

하지만 용기는 위험을 충분히 인식하면서도 그 일을 계속하는 굳건한 정신이자 도덕적 중추다. 용감함이 신체적이라면 용기는 정신적이자 도덕적이다. 온몸이 얼어붙고 손이 떨리거나 다리가 후들거리고 무릎이 꺾일 수 있다. 그게 두려움이다. 그런데도 전진한다면, 신체적 결함에도 불구하고 계속 부하를 이끌고 적과 맞선다면 여러분은 용기 있는 사람이다. 두려움에서 비롯된 신체 증상은 곧 사라진다. 그것은 처음이자 마지막 경험일 수 있다. 처음으로 사슴을 잡으러 나선 사냥 초심자가 느끼는 흥분 같은 것이니 여기에 굴복하면 안 된다.

몇 년 전 폭파 과정을 교육받을 때 다이너마이트를 다루는 수업이 있었다. 교관은 다이너마이트 조작법을 설명하면서 이렇게 말했다. "이 폭발물을 사용할 때는 조심해야 한다. 여러분이 사고를 당하는 일은 단 한 번뿐이다." 나도 여러분에게 경고하고 싶다. 첫 번째 전투에서 틀림없이 여러분을 괴롭힐 두려움에 굴복한다면, 비겁하게 군다면, 탄흔을 찾을 때 부하를 앞세운다면, 다시는 병사를 이끌 기회를 얻지 못할 것이다.

부하에게 신체적 용기나 용감함을 보이라고 요구할 때는 잘 판단하도록 한다. 본인이 가고 싶지 않은 곳에 부하를 보내서는 안 된다. 상식적으로 모험하기에 너무 위험하다 싶은 곳은 부하에게도 위험하다. 여러분 목숨이 소중한 만큼 부하 목숨도 소중하지 않겠는가.

때로는 부하 중 일부가 여러분이 함께할 수 없는 위험한 상황에 노출되기도 한다. 포탄이 난무하는 지역을 가로질러 메시지를 전달해야 하는 상황이라고 가정해보자. 지원자가 필요하다. 부하가 여러분에 대해 잘 알고 이 일이 '옳다'는 것도 안다면 지원하는 이가 많을 것이다. 그들은 여러분의 임무에 진심이고, 조국을 위해 최선을 다하며, 가능하면 직접 그 메시지를 전달하리라는 것을 알고 있다. 여러분이 보인 모범과 열정이 그들을 감화시킬 것이다.

■ 리더십의 요소 9. 마음 분석

마지막으로, 여러분이 리더십을 열망한다면 사람들을 연구해보라고 권하고 싶다. 마음속으로 파고들어가 속내를 알아보자. 어떤 사람은 겉보기와 상당히 다르다. 그들의 마음이 어떻게 작용하는지 파악하자.

로버트 E. 리 장군(미국 남북전쟁 당시 남부군 최고 사령관으로 리더십과 전략 측면에서 높은 평가를 받았다. – 편집자)이 리더로서 성공한 이유는 심리학자로서의 능력 덕분일지 모른다. 그는 웨스트포인트 시절부터 자신의 반대편에 대해 잘 알았다. 그들의 마음이 어떻게 움직이는지 파악하고, 특정한 상황에서는 특정한 행동을 할 것을 예상했다. 그랬기에 리는 그들의 행동을 예상하고 저지할 수 있었다.

전쟁에서는 이런 방식으로 적을 파악할 수 없다. 하지만 자기 부하에 대해서는 알 수 있다. 부하를 한 명씩 연구해 각자의 강점과 약점을 알아내고 마지막 순간까지 의지할 수 있는 사람과 그렇지 못한 사람을 파악하자.

자신의 부하를 알고, 임무를 알고, 자기 자신을 알아야 한다!

어떤 문헌을 보든 리더십에 관해 바흐 소령의 연설보다 나은 설명을 찾을 수는 없다. 이를 당신 자신과 사업, 직업, 근무지 등에 적용해보면 얼마나 훌륭한 지침인지 알게 될 것이다.

바흐 소령의 연설은 고등학교를 졸업하는 모든 학생에게 들려주면 좋을 만큼 훌륭하다. 모든 대학 졸업생은 물론, 모든 직업과 사업 분야에서 다른 이를 이끄는 위치에 있는 사람에게도 유용한 지침이 될 것이다.

운명을 바꾸려면 결단부터 내려라

2장은 명확한 핵심 목표의 가치에 대해 다루었다. 당신의 목표는 수

동적인 목표가 아니라 적극적인 목표여야 한다는 점을 다시 강조하고 싶다. 본인이 주도권을 잡고 목표를 달성할 때까지 끈질기게 노력하지 않으면 핵심 목표는 단순한 소원에 불과하다. 끈기 없이는 아무것도 이룰 수 없다. 이는 아무리 강조해도 지나치지 않은 말이다. 끈기가 있는 것과 없는 것의 차이는 뭔가를 단순히 바라는 것과 그것을 얻겠다고 명확하게 결심하는 것의 차이와 같다.

주도적인 사람이 되려면 1년이든 20년이든 명확한 핵심 목표를 달성할 때까지 끈기 있게 적극적으로 추구하는 습관을 길러야 한다. 명확한 핵심 목표가 있더라도 이를 달성하려고 꾸준히 노력하지 않는다면 목표가 없는 것과 마찬가지다.

매일 명확한 핵심 목표 달성에 가까이 다가가기 위한 단계를 밟지 않는다면 이 책을 최대한 활용하지 못하는 것이다. 기다리다 보면 언젠가는 명확한 핵심 목표를 달성할 거라고 자신을 속여서는 안 된다. **목표를 실현하려면 결단을 내리고 신중하게 계획을 세운 다음 실행에 옮기려고 주도적으로 노력해야 한다.** 그렇지 않으면 아무것도 이루어지지 않는다.

리더십의 주요 요건 중 하나는 빠르고 확고한 결단력이다! 1만 6천 명 이상을 분석한 결과, 리더는 사소한 문제도 항상 빠르게 결정하는 반면 추종자는 신속하게 결단하지 못한다는 게 밝혀졌다. 이것은 유념할 만한 사실이다!

어떤 분야에서든 추종자는 본인이 무엇을 원하는지 잘 모른다. 추종자는 리더가 설득하지 않으면 아주 사소한 문제도 망설이고 미루면서 결정을 피한다. 자기가 무엇을 원하는지 알고 그걸 얻기 위한 계획을 세워둔 리더가 사람들 대부분이 그렇다는 사실을 아는 것은 큰 도움이 된다. 2장과 이 장에서 다루는 성공의 법칙은 긴밀하게 연결되어 있다. 리더는 명확한 핵심 목표를 가지고 일할 뿐만 아니라 그 목표를 달성하기 위한 매우 확실한 계획도 있다. 또 자신감의 법칙이 리더에게 중요하다는 사실도 알 수 있다.

추종자가 결정을 내리지 못하는 주된 이유는 자신감이 부족해서다. 모든 리더는 명확한 핵심 목표의 법칙, 자신감의 법칙, 주도성과 리더십의 법칙을 활용한다. 뛰어나고 성공적인 리더는 상상력, 열정, 자제력, 호감 가는 성격, 정확한 사고력, 집중력, 관용의 법칙도 이용한다. 이 법칙을 전부 활용하지 않는 사람은 위대한 리더가 될 수 없다. 이 법칙 가운데 하나만 빠져도 리더의 힘이 그만큼 감소한다.

라살르대학교 사회교육원의 한 영업 사원이 서부 소도시의 부동산 중개인을 찾아가 '판매 기술 및 경영학' 강좌를 판매하려고 했다. 영업 사원이 잠재 고객의 사무실에 도착했을 때, 부동산 중개인은 구식 타자기 앞에 앉아 독수리 타법으로 편지를 타자하고 있었다. 영업 사원은 자기소개를 한 다음 강좌를 설명하기 시작했다.

부동산 중개인은 관심 있는 모습으로 귀를 기울였다. 강좌 소개를 마친 영업 사원은 잠재 고객이 좋다거나 싫다고 말하기를 기다리며 잠시 머뭇거렸다. 하지만 아무 반응이 없자 영업 내용이 제대로 전달되지 못한 모양이라고 생각하며 방금 소개한 강좌의 장점을 다시 한번 간단하게 설명했다. 그래도 잠재 고객은 여전히 아무 반응도 보이지 않았다.

영업 사원은 "이 강좌를 듣고 싶으신가요, 아니면 생각이 없으신가요?"라고 직접적으로 물었다. 부동산 중개인은 느릿느릿한 어조로 대답했다. "글쎄요, 내가 원하는지 아닌지 잘 모르겠네요." 그는 물론 진실을 말했다. 그도 결정 내리는 걸 어려워하는 수많은 사람 중 한 명일 뿐이었다.

이런 성격의 사람을 잘 아는 유능한 영업 사원은 일어나 모자를 쓰고 자료를 다시 가방에 넣고 떠날 준비를 했다. 다소 과감한 전술을 사용해보기로 한 그는 다음과 같은 말로 부동산 중개인을 놀라게 했다.

"별로 좋아하지 않으시겠지만, 도움이 될 만한 이야기를 하나 해드리겠습니다.

당신이 일하는 이 사무실을 보세요. 바닥은 더럽고 벽은 먼지투성이죠. 그 타자기는 마치 대홍수 시대에 노아가 방주에서 사용했던 것처럼 보이고요. 바지는 무릎이 튀어나왔고 옷깃은 더럽고 면도도 안 했고 눈빛은 당신이 패배자라는 걸 알려줍니다.

그냥 화를 내세요. 그게 제가 원하는 바니까요. 당신이 충격을 받아야 당신은 물론 당신에게 의지하는 이들에게 도움이 될 생각을 할 겁니다.

당신 집이 어떤 모습일지는 안 봐도 눈에 선하네요. 아이들은 옷도 잘 차려입지 못하고 좋은 음식도 먹지 못하겠죠. 유행에 한참 뒤처진 옷을 입은 아이들 어머니는 당신과 똑같은 패배자의 표정을 짓고 있을 테고요. 당신과 결혼한 그 여성은 계속 당신 곁을 지키고 있지만, 당신은 그녀가 처음 결혼했을 때 바랐던 행복한 삶을 안겨주지 못했어요.

지금 제가 이 강좌를 팔려고 이런 이야기를 하는 게 아니라는 걸 아셔야 합니다. 당신이 수강료를 현금으로 미리 지불하겠다고 해도 이 강좌를 팔 생각은 없어요. 당신은 강좌를 끝까지 수강할 의욕도 없어 보이는데, 우리는 학생들이 낙제하는 걸 바라지 않습니다.

지금 하는 이야기는 제가 당신에게 무언가를 파는 데는 아무 도움도 안 되겠지만, 당신이 제 이야기를 잘 생각해본다면 지금까지 없었던 어떤 변화가 생길 겁니다.

이제 당신이 왜 실패했는지, 왜 이 소도시의 낡고 더러운 사무실에서 구식 타자기로 편지를 타이핑하고 있는지 정확하게 알려주겠습니다. <u>**결단력이 없기 때문입니다! 당신은 평생 결정을 내리는 책임을 회피하는 습관을 들여왔고, 이제는 결정 내리는 게 아예 불가능한 지경에 이르렀습니다.**</u>

당신이 강좌를 원하지 않는다고 말했다면 저는 그 말에 공감했을 겁니다. 주저하는 이유가 돈이 없어서라고 생각했을 테니까요. 하지만 당신은 뭐라고 했나요? 원하는지 아닌지 모르겠다고 했습니다. 잘 생각해보면, 당신은 본인에게 영향을 미치는 거의 모든 문제에 명확한 결정을 내리는 책임을 회피하는 것이 습관이 되었다는 사실을 인정할 겁니다."

부동산 중개인은 놀라서 입을 떡 벌리고 눈을 크게 뜬 채 의자에 달라붙은 듯 앉아 있었다. 하지만 영업 사원의 날카로운 비난에는 아무 대꾸도 하지 않았다.

영업 사원은 작별 인사를 하고 문밖으로 나갔다. 그런데 잠시 뒤 다시 들어오더니 얼굴에 미소를 띤 채 놀란 부동산 중개인 앞에 앉아 자신의 행동을 설명했다.

"제 말에 상처받으셨겠죠. 당연합니다. 사실 기분이 상하셨기를 바랐습니다만, 이제 인간 대 인간으로 이야기하고 싶습니다. 당신은 똑똑하고 능력 있는 사람이지만 본인의 발목을 잡은 습관에서 헤어 나오지 못하고 있어요. 그러나 죽기 전까지는 완전히 끝난 게 아닙니다. 일시적으로 쓰러졌지만 다시 일어날 수 있습니다. 아까 제가 한 말에 대한 사과를 받아주신다면 제가 당신 손을 잡고 일으켜드리겠습니다.

이 도시는 당신에게 어울리는 곳이 아닙니다. 지금 이 업계에서 가장 잘나간다고 하더라도 여기서 부동산 사업을 계속하다가는 굶어 죽을 겁니다. 돈을 빌려서라도 새 옷을 사 입고 저와 함께 세인트루이스로 가시죠. 그곳에서 당신에게 돈 벌 기회를 주고 또 이 직업에 대한 중요한 정보도 몇 가지 알려줄 부동산 중개인을 소개해드리겠습니다.

필요한 옷을 살 때 신용 거래를 하기 힘들다면 내가 평소 신용 거래를 하는 세인트루이스의 매장에서 옷을 살 수 있게 도와드리겠습니다. 전 지금 진심이고 당신을 돕겠다는 제안은 인간을 움직이는 가장 고귀한 동기에서 나온 겁니다. 전 제가 일하는 분야에서 성공했지만 처음부터 그랬던 건 아닙니다. <u>저도 예전에는 당신과 같은 상황을 겪었으나, 중요한 건 제가 그걸 극복해냈다는 겁니다. 당신도 제 조언을 따른다면 극복할 수 있습니다.</u> 저와 함께 가시겠습니까?"

부동산 중개인은 자리에서 일어나려다가 다리가 휘청거리는 바람에 다시 의자에 주저앉았다. 그는 덩치가 크고 건장했지만 감정을 주체하지 못하고 눈물을 흘렸다. 그는 다시 일어나 영업 사원과 악수하고 친절에 감사를 표했다. 그리고 조언을 따르겠으나 자기 방식대로 하겠다고 말했다.

부동산 중개인은 '판매 기술과 경영학' 강좌를 신청하고 첫 번째 수강료를 냈다. 그러면서 영업 사원에게 다시 연락하겠다고 말했다.

3년 뒤 이 부동산 중개인은 영업 사원 60명이 일하는 세인트루이스에서 가장 성공한 부동산 업체의 사장이 되었다. 당시 라살르대학교 사회교육원의 광고 책임자였던 나는 이 부동산 중개인의 사무실에 여러 차례 가보았고 15년 이상 그를 지켜보았다. 그는 15년 전에 교육 강좌의 영업 사원을 만났을 때와는 완전히 다른 사람이 되었다. <u>그를 변하게 한 것은 지금부터 당신을 변하게 만들어줄, 바로 리더십의 필수 요소인 결단력이다.</u>

이 부동산 중개인은 현재 업계의 리더가 되어 다른 영업 사원을 지도하고 보다 효율적으로 일하도록 돕고 있다. 그의 철학에 생긴 한 가지 변화가 일시적인 패배를 성공으로 바꾸어놓았다. 이 사람은 새로운 영업 사원을 채용하기 전에 자기 사무실로 부르곤 한다. 그리고 작고 초라한 부동산 사무실에서 한 영업 사원을 만나 지금과 같은 변화를 이룬 경험담을 낱낱이 들려준다.

작은 마을에 기적을 일으킨 리더십

18년쯤 전에 나는 웨스트버지니아주에 있는 럼버포트라는 작은 마을에 처음 들렀다. 당시 인근에서 가장 가까운 중심지인 클락스버그에서 럼버포트까지 가는 유일한 교통수단은 볼티모어앤드오하이오철도와 마을에서 5킬로미터 정도 떨어진 곳까지 가는 시외 전차뿐이었다.

시외 전차를 타고 왔다면 마을까지 남은 5킬로미터는 걸어야 했다.

클락스버그에 도착했을 때 오전에 럼버포트로 가는 유일한 기차가 이미 떠났다는 걸 알게 되었다. 오후 늦게 오는 다음 기차를 기다리고 싶지 않았기에 전차를 타고 가서 5킬로미터는 걷기로 했다. 하지만 도중에 비가 쏟아지는 바람에 발이 푹푹 빠지는 진흙탕 길로 5킬로미터를 걸어야 했다. 럼버포트에 도착했을 때 내 신발과 바지는 진흙투성이였고 기분도 엉망이었다.

그곳에서 만난 사람은 당시 럼버포트은행에서 일하던 V. L. 호너였다. 나는 다소 격앙된 목소리로 그에게 말했다. "왜 전차 노선을 교차로에서 럼버포트까지 연장하지 않는 거죠? 그러면 사람들이 진흙탕에 빠지지 않고도 마을을 드나들 텐데요."

그러자 그가 물었다. "마을에 들어올 때 마을 어귀에서 높은 제방이 있는 강을 보았나요?" 내가 보았다고 대답하니 그가 설명했다. "그게 바로 우리 마을과 연결되는 전차가 없는 이유입니다. 다리 건설 비용이 10만 달러쯤 드는데 전차 회사가 투자하기에는 너무 많은 돈이거든요. 우리는 그 회사가 마을까지 전차 노선을 연장하도록 10년 동안 노력해왔습니다."

"노력했다고요?" 나는 여기서 폭발하고 말았다. "얼마나 노력했는데요?" 그의 대답이었다. "교차로에서 마을로 들어오는 도로의 무료 통행권과 도로 무료 사용권 등 우리가 감당할 수 있는 선에서 온갖 유인책을 다 제시했죠. 하지만 강에 다리를 놓아야 하는 게 걸림돌입니다. 전차 회사는 건설 비용을 부담하지 않을 거예요. 노선을 5킬로미터 연장해서 얻는 소액의 수입으로는 그 막대한 비용을 감당할 수 없다는 게 그 회사의 주장입니다."

이때도 성공 법칙의 철학이 나를 구해주었다! 나는 호너에게 함께 강까지 가서 그렇게 많은 불편을 초래하는 지점을 살펴볼 수 있겠느냐고 물었다. 그는 기꺼이 동행하겠다고 했다.

강에 도착한 나는 눈에 보이는 것을 전부 자세히 조사하기 시작했다. 철도 선로가 강 양쪽의 강둑을 따라 뻗은 게 보였고, 곧 무너질 듯한 나무다리 위로 지방 도로가 강을 가로지르고 있었다. 그 지점에 철도 회사의 조차장(철도에서 열차를 잇거나 떼어내는 곳.―편집자)이 자리해서 여러 가닥의 철도 선로가 지나고 있었다. 우리가 거기 서 있는 동안 화물 열차가 건널목을 가로막는 바람에 사람들과 마차 여러 대가 멈추어 있었다. 열차는 약 25분 동안 도로를 막았다. 이런 상황을 전부 고려하자, 전차 무게를 견딜 다리를 건설하는 데 관심을 보일 만한 이해관계자가 적어도 셋은 되겠다는 생각이 들었다.

우선 철도 회사가 그 다리에 관심이 있을 것은 분명했다. 다리가 생기면 조차장을 가로지르는 지방 도로를 다른 곳으로 옮길 수 있다. 그러면 마차 통행을 위해 열차를 멈추느라 걸리는 시간과 비용이 대폭 줄어들 뿐만 아니라 건널목에서 사고가 날 가능성도 감소한다. 해리슨 카운티위원회의 위원도 틀림없이 다리에 관심이 있을 것이다. 다리가 생기면 지방 도로 사정도 나아지고 주민이 편해진다. 그리고 물론 전차 회사도 비용을 다 대고 싶어 하지는 않겠지만 다리에 관심이 있을 것이다. 그곳에 서서 사람들과 마차가 통행하느라 화물 열차가 멈춘 모습을 지켜보는 동안 이런 사실들이 머릿속을 스쳐 지나갔다.

명확한 핵심 목표가 마음속에 자리 잡았다. 또 그 목표를 달성할 확실한 계획도 마련되었다. 다음 날 나와 호너는 시장, 시의원, 몇몇 주요 시민으로 구성된 주민 위원회를 소집하고 그래프턴에 있는 볼티모어앤드오하이오철도회사의 부서 책임자를 방문했다. 그에게 회사 선로와 지방 도로를 분리할 수 있다면 다리 건설 비용의 3분의 1을 댈 만한 가치가 있다고 설득했다. 그런 다음 해리슨카운티위원회 위원들을 만나서 비용을 3분의 1만 내고도 새로운 다리를 건설할 가능성이 있다는 사실을 알리자 매우 기뻐했다. 그들은 나머지 3분의 2를 마련할 수만 있다면 비용의 3분의 1을 대겠다고 약속했다.

이번에 나와 호너는 전차 노선을 소유한 머논가힐라밸리전철회사의 사장을 만나러 페어몬트에 갔다. 그러고선 마을로 들어오는 선로를 건설한다면 모든 통행권을 기부하고 다리 건설 비용의 3분의 2를 대겠다고 제안했다. 그도 우리 제안을 받아들였다.

3주 뒤 볼티모어앤드오하이오철도회사, 머논가힐라밸리전철회사, 해리슨카운티위원회가 각자 비용을 3분의 1씩 부담해 다리를 건설한다는 계약이 체결되었다. 2개월 뒤 도로 통행권을 부여하고 다리 공사가 진행되었다. 그리고 그로부터 3개월 뒤 럼버포트로 들어오는 전차가 정기적으로 운행되기 시작했다.

이 사건은 럼버포트 마을에 큰 의미가 있었다. 사람들이 힘들이지 않고 마을을 드나들 교통수단이 생겼기 때문이다. 그 일은 내게도 큰 의미가 있었다. 그 '중요한 일을 해낸' 사람으로 알려지게 된 것이다. 나는 이 거래로 2가지 확실한 이득을 얻었다. 전철 회사의 수석 변호사가 내게 조수 자리를 제안했고, 나중에 이를 발판 삼아 라살르대학교 사회교육원의 광고 책임자로 채용되었다. 럼버포트는 당시에도 지금처럼 대도시 시카고와 상당히 멀리 떨어진 작은 마을이었다. 하지만 주도성과 리더십에 관한 소식은 날개를 달고 멀리까지 전해졌다.

이 거래에는 15가지 성공의 법칙 중 4가지, 즉 명확한 핵심 목표, 자신감, 상상력, 주도성과 리더십이 사용되었다. 받는 것 이상의 일을 해내는 법칙도 어느 정도 적용되었는데, 애초에 나는 아무런 보수도 제안받지 않았고 실제로 내가 한 일에 대한 대가를 기대하지도 않았다.

솔직히 말해 다리 건설 업무를 맡은 것은 보수에 대한 기대 때문이 아니라 다리 건설은 불가능하다고 말하는 사람들에 대한 일종의 도전의식 때문이었다. 호너는 이런 내 태도를 보고 내가 그 일을 해낼 것을 직감했고, 기회를 놓치지 않고 나를 붙잡아 시험대에 올려놓았다.

이 거래에서 상상력이 한 역할에도 주의를 기울여야 한다. 럼버포트 사람들은 10년 동안 마을에 전차 노선을 건설하려고 노력했다. 그렇다고 해서 마을에 유능한 인재가 없었다고 섣불리 단정해선 안 된다. 그것은 잘못된 생각이다. 사실 마을에는 유능한 사람이 많았지만 다들 우리가 흔히 저지르는 실수를 저질렀다. 즉, 문제를 하나로만 해결하려고 했던 것인데 실제로는 이용할 수 있는 해결책이 3가지 있었다. 다리 건설에 필요한 10만 달러는 한 회사가 부담하기에는 너무 큰 금액이다. 그러나 세 이해관계자가 비용을 나누자 각자 부담할 금액이 적정 수준으로 줄었다.

여기서 다음과 같은 의문이 들 수 있다. '왜 마을 주민은 이런 해결책을 생각하지 못했을까?'

첫째, 마을 주민은 문제에 너무 가까이 있었던 탓에 해결책을 제시할 폭넓은 관점을 갖추지 못했다. 이것은 사람들이 저지르는 흔한 실수로 위대한 리더는 이를 항상 경계한다. 둘째, 전에는 마을 주민이 마을에 전차 노선을 건설할 방법을 찾겠다는 하나의 목적 아래 조직적으로 노력한 적이 없었다. 이 또한 각계각층의 사람들이 저지르는 흔한 실수다. 철저한 협력 정신을 바탕으로 서로 단결하지 못했기에 성과를 내지 못한 것이다.

외부인인 나는 그 집단에 속한 사람들에 비해 협력적인 행동을 끌어내는 과정에서 어려움이 적었다. 작은 공동체에는 대개 이기적인 정신이 존재해서 다들 본인의 아이디어가 우선시되어야 한다고 여긴다. 사람들이 본인의 생각과 이익보다 전체의 이익을 중요시하도록 유도하는 것이 리더의 중요한 책임인데 이는 시민, 사업, 사회, 정치, 금융, 산업 등 모든 분야의 문제에 적용된다.

성공의 개념은 사람마다 다르지만, 사람들이 자기 개성을 잠시 접어두고 리더를 따르도록 하는 능력이 성공을 판가름하는 경우가 많다. <u>유능한 리더는 추종자가 계획을 받아들이고 충실하게 수행하도록 유도하는 성품과 상상력을 지녔다.</u>

다음 장에서 소개하는 상상력은 능숙한 리더십 기술을 더 깊이 이해하게 도울 것이다. 사실 리더십과 상상력은 매우 긴밀하게 연관되어 있고 성공하는 데 꼭 필요하므로 어느 한쪽이 없으면 다른 한쪽을 성공적으로 적용할 수 없다. 주도성은 리더가 앞으로 나아가게 하는 원동력이고, 상상력은 리더가 가야 할 길을 인도하는 정신이다.

나는 상상력을 발휘해서 럼버포트의 전차 문제를 분석하고 이를 세 요소로 나눈 다음 다시 종합해서 실용적인 작업 계획을 수립했다. 문제는 대체로 여러 부분으로 나눌 수 있고 이렇게 나누면 전체가 하나로 뭉쳐 있을 때보다 관리하기 쉽다. 상상력의 중요한 장점 중 하나는 문제를 구성 요소별로 분리한 다음에 더 편리한 조합으로 재조립할 수 있다는 것이다.

모든 전쟁에서 전투의 승패는 사격이 벌어지는 최전선에서 결정되지 않는다. 후방에서 전투 계획을 세우는 장군들이 쓰는 견고한 전략에 따라 결정된다. 전쟁에 적용되는 진리는 사업이나 우리가 살면서 마주하는 문제에도 똑같이 적용된다. 우리가 겪는 성공과 실패는 어떤 계획을 세워서 실행하느냐에 따라 정해진다. 그리고 이때 주도성과 리더십, 상상력, 자신감, 명확한 핵심 목표 같은 성공 법칙의 가치는 무척 중요하다. 이 4가지 법칙을 현명하게 활용하면 어떤 목표든 달성할 계획을 세울 수 있다. 그리고 이렇게 세운 계획은 이 법칙을 제대로 이용하거나 이해하지 못하는 사람을 이긴다. 여기서 이야기하는 진리에는 예외가 없다.

체계적인 노력이란 상상력을 발휘해서 세운 계획을 따르고, 명확한 핵심 목표로 추진되며, 주도성과 자신감으로 추진력을 얻는 노력이다. 이 4가지 법칙은 하나로 어우러져 리더에게 힘을 준다. 리더는 이 도움이 없으면 리더십을 효과적으로 발휘할 수 없다.

이제 상상력의 원칙으로 넘어갈 준비가 되었다. 여기서 이야기한 내용을 염두에 두고 다음 장을 읽으면 더 깊은 의미를 깨닫게 될 것이다.

― 나폴레온 힐의 성공 수업 ―

불관용을 내려놓으려면
어떻게 해야 할까?

　편견과 증오와 불관용을 드러내고 싶다면 말로 하지 말고 모래사장이나 물가의 땅에 써야 한다.
　인류 발전의 동쪽 지평선 위로 지성의 여명이 퍼지고 무지와 미신이 시간의 모래 위에 마지막 발자국을 남길 때, 인간의 범죄를 기록한 책의 마지막 장에 인간의 가장 심각한 죄악은 불관용이라고 기록될 것이다.

가장 심한 불관용은 종교적·인종적·경제적 편견과 의견 차이 때문에 생긴다. 영원히 살 수 없는 불쌍한 인간들이 서로 다른 종교적 신념과 인종적 성향을 이유로 서로를 파괴하려는 것이 어리석다는 사실을 깨닫기까지 얼마나 걸릴까?

세상에서 우리에게 주어진 시간은 덧없이 짧다. 우리는 촛불처럼 불을 밝히고 잠시 빛을 발하다가 꺼져버린다. 왜 우리는 지상을 방문한 이 짧은 시간 동안, 죽음이 나타나 방문 시간이 끝났다고 알리면 곧바로 천막을 접고 두려움과 떨림 없이 위대한 미지의 세계로 조용히 나아갈 준비를 하면서 사는 법을 배울 수 없을까?

나는 죽어서 저세상으로 가면 그곳에서는 유대인이나 이방인, 가톨릭교도나 개신교도, 독일인, 영국인, 프랑스인으로 구분 짓지 않기를 바란다. 그곳에서는 인종, 신조, 피부색으로 구분되지 않는 인간의 영혼, 형제자매만 있기를 바란다. 부디 불관용에서 벗어나 영원히 평화롭게 쉬고 싶기 때문이다.

전투의 무의미함을 묘사한 그림이 보일 것이다. 수사슴 두 마리는 자신이 승자가 될 거라고 믿으면서 끝까지 싸웠다. 옆에 있는 암사슴은 수사슴 두 마리가 다 죽게 되리라는 건 까맣게 모른 채 승자를 기다리고 있다.

누군가는 "불쌍한 어리석은 동물들이군."이라고 말할지도 모른다. 그러나 이들의 모습은 인간의 모습과 크게 다르지 않다. 인간은 경쟁심 탓에 자기 형제들과 치명적인 싸움을 벌인다. 가장 치열한 경쟁이 벌어지는 세 분야는 성, 경제, 종교다.

20년 전 한 훌륭한 교육 기관이 번창하여 수천 명의 학생에게 좋은 서비스를 제공했다. 이 학교의 소유주 두 명은 피아노 연주 실력이 매우 뛰어난 아름답고 재능 있는 젊은 여성들과 결혼했다. 그런데 아내끼리 누구의 연주 실력이 더 뛰어난지를 놓고 논쟁을 벌이게 되었다. 이 다툼은 남편들에게까지 번져 두 사람은 철천지원수가 되었다. 한때 번영했던 그 학교는 결국 문을 닫고 기억 속으로 사라졌다.

그림에 나온 수사슴 두 마리는 암사슴의 관심을 놓고 경쟁하면서 서로 뿔을 맞대고 있다. 두 인간 남성도 이와 똑같은 충동을 느껴 다투었다.

어떤 대형 공장에서 일하는 젊은 감독관 두 사람 사이에 불화가 생겼다. 둘 중 한 명이 승진했는데 다른 사람은 자기가 승진 대상이 되었어야 한다고 생각했다. 이후 5년 넘게 증오와 불관용의 분위기가 조용히 이어졌다. 두 감독관 밑에서 일하는 직원들도 상사에게서 뿜어져 나온 혐오의 정신에 물들었다. 어떻게든 상대에게 앙갚음하겠다는 마음이 서서히 공장 전체로 퍼졌다. 직원들이 파벌로 나뉘고 생산량이 감소하기 시작했다. 그러자 재정적인 어려움이 닥쳤고 마침내 회사가 파산했다. 한때 번창하던 회사는 그렇게 사라졌고 감독관 두 명과 수천 명의 직원은 다른 곳에서 다시 시작해야만 했다.

웨스트버지니아주 산속에 햇필드 가족과 매코이 가족이 평화롭게 살고 있었다. 그들은 이웃에 살면서 삼대째 우호적인 관계를 유지했다. 그런데 어느 날 매코이 가족이 키우는 돼지가 울타리를 넘어 햇필드 가족의 옥수수밭으로 들어갔다. 햇필드 가족은 돼지를 잡으려고 사냥개를 풀었고, 매코이 가족은 그 개를 죽여서 보복했다. 그렇게 시작된 불화는 삼대에 걸쳐 이어졌고 양쪽 가문에서 많은 이가 목숨을 잃었다.

필라델피아 교외에 부유한 신사들이 집을 지었다. 한 사람이 집 앞에 높은 철제 울타리를 세우자, 옆집 사람도 뒤지지 않으려고 두 배나 높은 울타리를 세웠다. 한 사람이 새 차를 사자, 옆집 사람은 차를 두 대나 샀다. 한 사람이 집을 리모델링해서 식민지 스타일 현관을 만들었다. 그러자 옆집 사람은 새 현관을 만들고 추가로 스페인 스타일의 차고까지 지었다.

언덕 위에 있는 큰 저택에서 파티가 열리면, 집주인과 별 친분도 없는 사람들이 탄 자동차 행렬이 길게 늘어선다. 그러면 그 동네 고급 주택가를 따라 계속 파티가 이어지는데, 다들 다른 집보다 멋진 파티를 열려고 애쓴다. 이 동네 신사들은 운전사와 하인이 관리하는 롤스로이스 뒷좌석에 앉아 일하러 간다. 왜 일을 하는 걸까? 그야 물론 돈을 벌기 위해서다! 이미 수백만 달러가 있는데 왜 더 많은 돈을 원할까? 돈이 더 많아야 부유한 이웃을 이길 수 있어서다. 가난에는 몇 가지 장점이 있다. 가난에 시달리는 이들은 이웃보다 더 가난해지려고 경쟁을 벌이지 않는다. 서로 갈등하며 다투는 이들을 볼 때마다 원인을 추적하면 종교적 의견 차이, 경제적 경쟁, 성적 경쟁이라는 3가지 불관용이 원인인 경우가 많다.

다음에 어떤 두 사람이 서로에게 적대감을 품는 모습을 목격하면 눈을 감고 잠시 생각해보자. 그러면 그들의 변형된 본성이 그림 속 수사슴과 매우 비슷한 것을 알 수 있다. 금 더미, 종교적 상징 등 그들이 싸워서 차지하려는 대상도 알아챌 수 있을 것이다.

이 글의 목적은 인간 본성에 대한 진실을 알려서 당신이 숙고하게 하는 것이다. 이 글로 내가 명예나 칭찬을 얻으려는 생각도 없고, 사실 내가 아무것도 얻지 못할 가능성이 크다.

카네기와 헨리 C. 프릭은 철강 산업의 기틀을 마련하기 위해 누구보다 많은 일을 했고 둘 다 수백만 달러를 벌었다. 그러다가 두 사람 사이에 경제적 불관용이 싹텄다. 카네기는 프릭에 대한 경멸을 드러내려고 높은 건물을 지어 '카네기빌딩'이라고 명명했다. 프릭은 카네기에게 보복하려고 카네기빌딩 옆에 그보다 훨씬 높은 건물을 짓고 '프릭빌딩'이라고 명명했다. 두 신사는 결판이 날 때까지 싸웠다. 정신이 나갔던 카네기는 세상에 알려진 것보다 그 이상의 돈을 잃었다. 프릭 또한 잃은 게 무엇인지는 본인과 기록 보관자만이 알고 있다. 그들의 기억은 후대의 햇볕을 받아 하얗게 바랬다.

오늘날의 철강인은 그들과 다른 방식으로 일을 처리한다. 서로 다투는 대신 이사회끼리 손을 잡았고, 그 결과 업계 전체를 지탱하는 견고하고 강력한 단체가 되었다. 오늘날의 철강인은 경쟁과 협력이라는 단어의 의미 차이를 이해한다. 우리도 이 차이를 잘 알아야 한다.

영국에서 광산 소유주들과 노동조합 운영진이 대립했다. 냉철한 이성을 발휘한 사람들이 양측의 대립을 해결하지 않았다면 업체 소유주와 노동조합은 물론이고 영국 전체가 타격받았을 것이다. 그리고 현재 영국이 지배하고 있는 기계 산업을 세계 다른 나라들이 장악했을 것이다. 다른 국가의 산업계와 노동조합 리더는 이를 잊지 말아야 한다!

성공을 이루려면 15가지 요소가 필요하다. 그중 하나는 관용이고 나머지 14가지는 이 책에서 여러 번 언급하고 있다. 불관용은 무지의 족쇄로 다리를 묶고 두려움과 미신의 비늘로 눈을 가린다. 불관용은 지식의 책을 덮고 표지에 "다시는 이 책을 펴지 말아라. 결정적인 단어가 여기에 적혀 있다."라고 쓴다. 관용을 베푸는 것은 우리의 의무가 아니라 특권이다!

이 글을 읽으면서 불관용의 씨앗을 뿌리는 건 일부 인간이 독점적으로 하는 유일한 일이라는 사실을 기억하자. 모든 전쟁과 파업과 인간이 겪는 다양한 형태의 고통은 일부 사람에게 이익을 안겨준다. 그렇지 않다면 전쟁이나 파업, 기타 유사한 형태의 적대 행위는 존재하지 않았을 것이다.

오늘날 미국에는 기업 소유주와 그곳에서 일하는 사람들 사이에 갈등과 적대감을 조장하는 것을 목표로 하는 잘 조직된 선전 시스템이 있다. 이 글 서두의 그림을 다시 살펴보면 노동 분쟁으로 다투는 모든 이에게 무슨 일이 일어나는지 알 수 있다. 그리고 싸움이 끝난 뒤 세상에서 사라지는 것은 노조나 업계 리더가 아니라 항상 노동자라는 사실을 기억하자.

본인이 누군가와 대립할 태세를 갖추었다고 느껴지면 그보다는 악수를 나누는 편이 더 이익이라는 점을 떠올리자! 따뜻하고 진심 어린 악수는 누구에게도 해가 되지 않는다.

✦ 사랑은 인생의 먹구름 위에 뜬 유일한 무지개다. 아침과 저녁에 뜨는 별로 아기의 요람을 비추고 조용한 무덤 위에 빛을 뿌린다. 그것은 시인과 애국자, 철학자에게 영감을 주는 예술의 어머니다. 모든 마음의 공기이자 빛이며, 모든 집을 짓고 모든 난로에 불을 지핀다. 또 불멸을 꿈꾸는 최초의 존재이기도 하다. 사랑의 목소리인 음악이 세상을 멜로디로 채운다. 사랑은 무가치한 것을 기쁨으로 바꾸고, 평범한 진흙으로 올바른 왕과 여왕을 만

드는 마술사다. 경이로운 꽃, 즉 마음의 향기며 그 신성한 열정과 황홀경이 없다면 우리는 짐승보다 못한 존재지만 그것과 함께라면 지상이 곧 천국이고 우리는 신이 된다.

— 잉거솔

동료에 대한 사랑을 키우면 더 이상 그와 헛된 싸움을 벌이고 싶지 않을 것이다. 사랑은 모든 사람을 자기 형제를 지키는 자로 만든다.

✦ 사랑은 참으로 하늘에서 온 빛이요,
불멸의 불길에서 피어오른 불꽃이다.
천사들과 함께 알라께서 주신 그것
우리의 저열한 욕망을 땅에서 끌어올리기 위해
헌신하는 마음을 위로 날려 보내지만,
천국도 이미 사랑에 빠져 있다.
신이 주신 감정을 붙잡아
자신의 추악한 생각을 모두 끊어내야 한다.
모든 것을 창조하신 분의 빛,
영혼을 맴도는 영광스러운 빛으로.

— 바이런

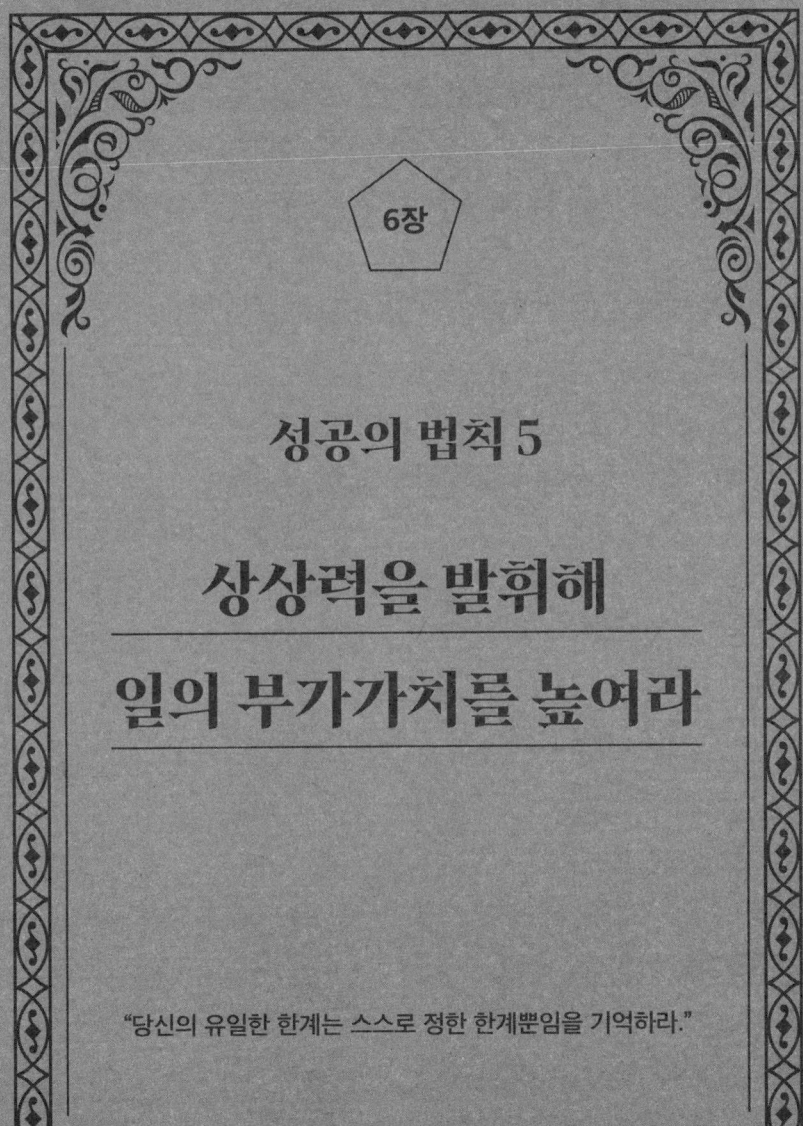

6장

성공의 법칙 5

상상력을 발휘해
일의 부가가치를 높여라

"당신의 유일한 한계는 스스로 정한 한계뿐임을 기억하라."

상상력은 오래된 아이디어와 기정사실을 새로운 조합으로 다시 엮어 새롭게 활용할 수 있는 인간 정신의 작업장이다. 현대 사전은 상상력을 다음처럼 정의한다.

- 지식이나 생각의 재료를 새롭고 독창적이며 합리적인 체계로 분류하는 건설적인 지적 행위. 건설적이거나 창조적인 능력. 시적·예술적·철학적·과학적·윤리적 상상력을 포함한다.
- 정신적인 묘사 능력. 사물이나 아이디어, 특히 감각적으로 인식하거나 수학적으로 추론한 대상의 정신적 이미지, 그림 혹은 정신적 표현을 만드는 것. 기억 속의 이미지나 생각 혹은 기억나는 경험적 사실을 다소 비논리적이거나 비정상적으로 수정해서 재현하거나 조합하는 정신 작용.

상상력을 '영혼의 창조적 힘'이라고 한다. 하지만 이는 이 책을 물질적이고 금전적인 이익을 얻기 위한 수단으로만 활용하려는 사람 입장에서는 다소 추상적이고 필요 이상으로 심오한 정의다.

이전 장의 내용을 완벽하게 이해하고 숙지했다면, 명확한 핵심 목표를 세울 때 상상 속에서 다양한 재료를 조립하고 결합했다는 사실을 알 것이다. 또 자신감과 주도성, 리더십을 실현하려면 먼저 상상 속에서 만들어내야 한다는 것도 알 것이다. 이런 필수 자질은 상상력의 작업장에서 자기 암시의 원칙을 작동시켜야 만들어지기 때문이다.

상상력은 성공의 법칙에서 중심적인 요소라고 할 수 있다. 모든 장의 내용이 이 장과 연결되고 이 장의 원리가 모든 장의 기초가 된다. 마치 모든 전화선이 전화국과 연결되어 있는 셈이다. 먼저 성공을 위한 자질을 상상 속에서 만들어내지 못하면 당신은 인생에서 명확한 목표를 세울 수도 없고, 자신감을 가지지도 못하고, 주도성과 리더십을 발휘할 수도 없다.

도토리 속의 싹에서 참나무가 자라고 알 속의 배아에서 새가 자라는 것처럼, 물질적 성취도 당신이 상상 속에서 만든 체계적인 계획에서 비롯된다. 생각이 떠오르면 아이디어와 계획으로 체계화한 다음 그 계획을 현실화하라. 언제나 상상 속에서 모든 것이 시작된다.

물질적 성취는 상상에서 태어난다

상상력은 원래 해석적이고 창조적이다. 상상력은 사실과 개념, 아이디어를 검토해서 새로운 조합과 계획을 만들 수 있다. 상상력에는 해석 과정에서 생기는 힘이 하나 있다. 바로 라디오 수신 장치가 소리의 진동을 감지하듯 외부 출처에서 생긴 진동과 생각의 파동을 기록하는 힘이다. 상상력의 해석 능력이 기능하는 원리가 바로 '텔레파시'다. **텔레파시는 멀리 혹은 가까이 있는 사람들이 물리적·기계적 장치의 도움 없이 마음에서 마음으로 생각을 전달하는 것이다.**

텔레파시는 상상력을 효과적으로 활용하려는 사람에게 중요한 요소다. 상상력의 텔레파시 능력은 모든 생각의 파동과 진동을 끊임없이 포착한다. 논리적이거나 이성적이지 않은 의견을 형성하거나 행동 방침을 정하게 하는 소위 '성급한 판단'과 '직감'은 대개 상상 속에 저장된 길 잃은 심파의 결과물이다.

최근 개발된 무선 장치 덕분에 에테르 원소가 매우 민감하고 활력이 넘쳐서 온갖 종류의 음파가 번개 같은 속도로 여기저기 끊임없이 날아다닌다는 사실이 알려졌다. **텔레파시의 원리를 이해하려면 현대의 무선 장비만 이해하면 된다.** 텔레파시의 원리는 심리학 연구로 잘 정립되었다. 적절히 조율되어 서로 조화를 이루는 두 사람의 마음이 어떤 기계 장치의 도움 없이도 먼 거리에서 생각을 주고받을 수 있다는 증거는 많다. 사실 두 사람의 마음이 잘 조율되어 사고의 사슬이 끊임없이 이어지는 경우는 드물다. 그러나 체계적 사고의 일부가 전달된다는 사실을 입증하는 증거는 충분하다.

이 책의 기반이 되는 15가지 성공의 법칙이 얼마나 밀접하게 얽혀 있는지 이해하려면, 자신감과 판매하는 상품에 대한 확신이 부족한 영업 사원이 잠재 고객을 만났을 때 어떤 일이 일어나는지 생각해보자. 잠재 고객이 스스로 의식하지 못하더라도 상상력을 통해 영업 사원에게 자신감이 부족하다는 사실을 즉시 '감지'할 수 있다. 이는 영업 사원 본인의 자신감 없는 생각이 노력을 방해하는 사례로, 왜 자신감이 성공을 위한 노력에서 가장 중요한 요소 중 하나인지 설명해준다.

텔레파시의 원리나 비슷한 것끼리 끌린다는 끌어당김의 법칙은 많은 실패 원인을 설명해준다. 사람의 마음이 에테르에서 어떤 마음의 지배적인 생각과 조화를 이루는 생각의 진동을 끌어당기는 경향이 있다고 전제하면, 실패를 계속 곱씹기만 하고 자신감은 부족한 부정적인 마음이 성공에 관한 생각이 가득한 긍정적인 마음을 끌어당기지 못하는 이유를 쉽게 이해할 수 있다.

정신이 기능하는 과정을 따로 연구해보지 않은 사람에게는 다소 추상적인 이야기일 수 있지만, 이 장의 주제를 이해하고 실제로 활용하려면 이 설명에 귀 기울여야 한다. 사람들은 허구를 만드는 것 외에는 상상력을 아무것도 하지 않는, 불확실하고 추적이나 설명이 불가능한 무언가로 여기곤 한다. 상상력을 무시하는 이와 같은 일반적인 경향을 고려해 다소 추상적이어도 이 책의 중요한 주제인 상상력을 언급했다. 상상력은 이 책의 중요한 요소일 뿐만 아니라 가장 흥미로운 주제 중 하나다. 당신은 곧 명확한 핵심 목표 달성을 위해서 하는 모든 일에 상상력이 어떤 영향을 미치는지 알게 될 것이다.

상상력은 세상에서 완벽하게 통제할 수 있는 유일한 대상이다. 그만큼 상상력은 중요하다. 다른 사람들이 당신의 물질적 부를 빼앗거나 온갖 방법으로 속일 수는 있어도 누구도 당신의 상상력을 빼앗을 수는 없다. 사람들이 당신을 불공평하게 대하거나 자유를 빼앗을 수는 있지만, 당신이 원하는 대로 상상력을 발휘하는 특권을 빼앗을 수는 없다.

문학사상 사람들에게 큰 영감을 준 시는 리 헌트가 영국 감옥에 갇혀 빈곤에 시달리면서 쓴 시다. 그는 진보적인 정치적 견해 때문에 부당한 옥살이를 했다. 다음 시의 제목은 「아부 벤 아뎀Abu Ben Adhem」이다. 인간이 상상 속에서 할 수 있는 가장 위대한 일 중 하나는 자신을 부당하게 대했던 이들을 용서하는 것임을 일깨우기 위해 이 시를 소개한다.

✦ 아부 벤 아뎀이(그의 부족이 번성하기를!)
　어느 날 평화로운 깊은 잠에서 깨어나
　방안 가득 고인 달빛 속에서
　풍성하게 피어난 백합 같은 천사가

황금 책에 글을 쓰고 있는 것을 보았다.

그곳에 가득한 평화로운 분위기에 용기를 얻은 벤 아뎀이

방에 있는 천사에게 물었다.

"무엇을 쓰고 계시나요?" 그러자 천사가 고개를 들었다.

그리고 다정한 표정으로 대답했다.

"주님을 사랑하는 이들의 이름을 쓰고 있습니다."

"제 이름도 있나요?" 아부가 말했다. "아니, 없어요."

천사가 대답했다. 그러자 아부는 더 작지만

자신 있는 목소리로 말했다.

"그러면 부디, 저는 다른 이들을 사랑한 사람으로 적어주세요."

천사는 뭔가를 쓰더니 사라졌다. 다음 날 밤,

눈부시게 밝은 빛과 함께 천사가 다시 찾아왔다.

그리고 신의 사랑이 축복한 이름을 보여주었다.

보라! 벤 아뎀의 이름이 맨 위에 있다!

풍부한 상상력을 발휘해 더 높고 고귀한 기준에 맞는 인간관계를 그려낸 헌트 같은 사람 덕분에 오늘날 문명이 존재한다. 상상 속에서 건설적인 이상에 대한 희망을 그린 헌트 덕분에 「아부 벤 아뎀」은 불멸의 시가 되었다.

오늘날 세상이 겪는 가장 큰 문제는 상상력의 힘에 대한 우리의 이해 부족이다. 이 위대한 힘을 이해하기만 하면 이를 무기 삼아 한 세대 안에 가난과 불행, 불평등과 박해를 없앨 수 있다. 다소 광범위한 진술이기에, 이 진술의 기초가 되는 원리를 실용적이고 일상적인 용어로

살펴보도록 하자.

이 설명을 쉽게 이해하려면 우리가 하는 모든 생각이 텔레파시를 통해 다른 사람의 마음에 기록된다는 텔레파시의 원리를 현실로 받아들여야 한다. 텔레파시가 현실이라는 것을 증명하느라 시간을 들일 필요는 없다. 텔레파시를 이해하고 확립된 원리로 받아들이지 않는 사람에게는 상상력에 관한 설명이 아무런 가치가 없다. 따라서 나는 당신이 당연히 이 원리를 받아들이고 이해한다고 여기겠다.

당신도 '군중 심리'에 대해 들어보았을 것이다. **군중 심리란 한 명 이상의 마음에서 만들어져 텔레파시 원리를 통해 다른 이의 마음에 기록되는 강력하고 지배적인 생각이다.** 군중 심리는 영향력이 강력하다. 거리에서 두 남자가 싸우는 모습을 지켜보던 구경꾼이 어느새 자기가 누구와 왜 싸우는지도 모르는 채 난투극에 말려들기도 할 정도다.

1918년 1차 세계대전의 정전 협정이 체결된 날에도 텔레파시 원리의 실체를 증명할 만한 증거가 많이 쏟아져 나왔다. 나는 그 파란만장했던 날에 느꼈던 기분을 생생히 기억한다. 그 느낌이 너무나 강렬해서 새벽 3시쯤에 잠이 깼는데 마치 누군가가 물리적인 힘으로 깨운 것 같았다. 그래서 침대에 일어나 앉았는데 뭔가 평소와 다른 일이 일어난 듯했다. 너무나 이상하고 강렬한 느낌에 잠자리에서 일어나 옷을 입고 시카고 거리로 나갔더니 나와 같은 기분을 느낀 수많은 사람이 나와 있었다. 다들 "무슨 일이 일어났나요?"라고 물었다.

그날 일어난 일을 설명해보자면 싸움을 멈추라고 지시받은 수백만 군인의 기쁨이 합쳐져 전 세계를 휩쓰는 심파가 되었고, 사람들의 마음이 그 심파를 받아들여 같은 감정을 느낀 것이다. 아마 세계 역사상 수백만 명이 동시에 같은 방식으로 같은 생각을 한 적은 없었을 것이다. 역사상 처음으로 모든 사람이 같은 마음을 느꼈고, 이 조화로운 생각의 결과가 휴전 기념일에 우리가 목격한 전 세계적인 군중 심리였다. 두 명 이상의 생각이 조화를 이루어 마스터 마인드를 형성하는 방법을 떠올리면 이 사건을 이해하는 데 도움이 될 것이다.

이 원칙은 어떻게 적용하느냐에 따라 기업체나 산업체에서 조화로운 업무 관계를 형성할 수도 있고 반대로 깨뜨릴 수도 있다. 정전 협정 체결일에 수백만 명의 군인이 한꺼번에 했던 생각이 전 세계인의 마음에 전달되어 곳곳에서 군중 심리 현상이 일어났다는 내 설명이 당신은 이해 가지 않을지도 모른다. 그렇다면 불평불만이 많은 사람은 접촉하는 다른 이를 불안하게 만든다는 것에는 동의하는가. 직장에 이런 사람이 있으면 조직 전체가 혼란에 빠지기 쉽다는 데는 당신도 동의할 것이다. 직장에서 전형적인 불평분자의 정신 상태는 곧 주변 사람의 마음에 전달되고 불신과 의심, 부조화를 일으켜 동료든 고용주든 용납하지 않기 마련이다. 결국 동료는 주변의 불평분자를 독사보다 더 싫어하게 된다.

이 원리를 다른 방향으로 적용해보자. 직장에 성격이 긍정적이고 낙관적인 사람을 배치하여 주변에 조화의 씨앗을 뿌리도록 하면 함께 일하는 모든 사람에게 좋은 영향이 미칠 것이다. 에머슨이 말했듯 모든 기업이 "한 사람의 확장된 그림자"라면, 그 사람은 자신감 넘치고 쾌활하고 낙관적이고 조화로운 그림자를 주변에 드리워야 해당 기업과 관련된 모든 사람에게 좋은 영향을 미칠 수 있다.

상상력으로 부와 업적을 이룬 성공 사례들

이제 다음 단계로 넘어가서, 상상력을 활용해 물질적인 부를 축적하고 선도적인 발명품을 완성한 성공 사례를 몇 가지 살펴보자. 여기서는 태양 아래에 새로운 것은 없다는 사실을 염두에 두어야 한다. 지상에서의 삶은 온갖 장면과 사실, 물질적 실체가 끊임없이 변화하는 거대한 만화경에 비유할 수 있다. 따라서 우리가 할 수 있는 일은 이런 사실과 재료를 새로운 조합으로 다시 배열하는 것뿐이다. 그리고 이 작업이 이루어지는 과정을 상상력이라고 한다.

상상력은 원래 해석적이고 창의적이다. 상상력은 어떤 인상이나 아이디어를 받아들여서 새롭게 조합한다. 현대의 사업적 성과 가운데 상상력의 힘을 확인할 수 있는 첫 번째 사례로 슈퍼마켓 체인 피글리위글리를 만든 클래런스 손더스를 살펴보자.

손더스는 원래 미국 남부의 작은 소매점에서 식료품 담당 직원으로 일했다. 어느 날 그는 식당에서 쟁반을 들고 줄을 서서 음식을 받을 차례를 기다리고 있었다. 그는 그때까지 일주일에 20달러 이상을 벌지 못했고, 그에게 특별한 능력이 있음을 알아차린 사람도 없었다. 그런데 줄을 서 있는 동안 손더스의 마음속에서 상상력이 자극되었다. 그는 상상력의 도움을 받아 식당의 셀프서비스를 식료품점에 적용했다. 새로운 것을 창조하지는 않았으나 기존 아이디어의 용도를 새롭게 바꾸었다. 그러자 순식간에 피글리위글리를 설립하는 계획이 세워졌고, 주당 20달러를 벌던 소매점 직원 손더스는 곧 슈퍼마켓 체인의 주인이 되어 백만장자로 등극했다.

손더스의 사례에서 당신이 따라 할 만한 점이 있는가? 이를 분석하고 앞서 배운 내용을 떠올려보면 손더스가 매우 명확한 목표를 세웠음을 알 수 있다. 그는 자신 있게 이 목표를 주도적으로 실현했다. 명확한 목표와 자신감, 주도성이라는 세 요소를 한데 모아 피글리위글리라는 계획의 첫 단계를 진행하게 한 것은 상상력이었다. 덕분에 훌륭한 아이디어가 현실로 바뀌었다.

에디슨은 백열전구를 발명할 때 오래전부터 알려져 있던 2가지 원리를 모아 새로운 조합으로 연결했다. 에디슨을 비롯해 전기에 대해 잘 아는 사람들은 작은 전선을 전기로 가열하면 빛이 난다는 사실을 알았다. 하지만 전선이 타서 끊어지지 않도록 해야 했다. 에디슨은 연구를 하면서 빛을 낼 때 발생하는 엄청난 열을 견딜 물질을 찾으려고 생각나는 모든 종류의 전선을 시험했다.

발명품이 반쯤 완성되었지만 나머지 절반을 완성할 방법을 찾을 때까지는 실용적인 가치가 없었다. 수천 번의 테스트를 거치고 머릿속에서 과거의 아이디어를 수없이 결합한 끝에 에디슨은 마침내 빠진 고리를 찾았다. 그는 물리학을 공부하면서 산소가 없으면 연소가 일어날 수 없다는 사실을 배웠다. 물론 열을 제어할 방법이 없는 게 자기가 만드는 전기 조명 기구의 가장 큰 문제라는 것을 알았다. 그래서 산소가 없는 곳에서는 연소가 일어날 수 없다는 생각이 떠오르자 작은 전선을 유리구 안에 넣어 모든 산소를 차단했다. 그리고 마침내 백열등이 현실이 되었다.

오늘 밤 해가 지면 우리는 벽의 스위치를 눌러서 다시 방을 대낮처럼 환히 밝힐 수 있다. 몇 세대 전 사람들이 보면 어리둥절하겠지만 이제는 전혀 놀랍지 않다. 에디슨의 상상력 덕분에 태초부터 존재했던 두 원리를 간단히 결합할 수 있게 되었다.

카네기를 잘 아는 사람들은 그에게 특별한 능력이나 천재성이 있다고 여기지 않지만, 단 한 가지에서만큼은 예외였다. 바로 조화로운 정신으로 협력해 그의 바람을 이루어줄 사람들을 선택하는 능력이었다. 그가 수백만 달러를 모으는 데 그 외에 어떤 능력이 더 필요했겠는가? 카네기처럼 체계적 노력의 원리를 이해하고 또 사람에 대해 잘 알아서 특정한 과업 수행에 필요한 인재만 선택할 수 있다면 당신도 카네기가 이룬 모든 것을 똑같이 이룰 수 있다.

카네기는 상상력이 풍부했다. 먼저 명확한 목표를 세운 다음, 그 목표를 실현하는 데 필요한 훈련을 받고 비전과 능력을 지닌 사람들을 곁에 두었다. 카네기가 항상 자신의 명확한 목표 달성을 위한 계획을 직접 세운 것은 아니다. 그가 한 일은 자기가 무엇을 원하는지 알아내는 것이었고, 그런 다음에는 원하는 것을 얻기 위한 계획을 세워줄 사람을 찾았다. 이것은 단순한 상상력이 아니라 최고 수준의 천재성이었다. 하지만 카네기 같은 유형만 상상력을 이용해 돈을 벌 수 있는 것은 아니다. 사업 초보자도 이미 경지에 도달한 사람과 똑같이 이 위대한 능력을 활용할 수 있다.

상상력으로 운명을 바꾸다

어느 날 아침, 슈와브의 차가 베들레헴에 있는 그의 철강 공장 앞에 멈추어 섰다. 그가 차에서 내리자 공장 직원인 젊은 속기사가 다가와 혹시 편지나 전보를 보내고 싶으면 곧바로 처리해주겠다고 말했다. 그 젊은이를 그 자리에 부른 사람은 없었지만, 그는 출세할 기회를 상상하며 자발적으로 와 있었다. 그날부터 젊은 속기사는 승진 대상으로 정해졌다. 슈와브가 그를 승진 대상으로 지목한 이유가 있다. 그는 베들레헴 철강 공장에서 일하는 다른 12명의 속기사가 할 수 있었지만 하지 않았던 일을 했다. 나중에 이 사람은 세계에서 가장 큰 제약 회사의 사장이 되었고 원하는 것을 다 가지고도 남을 만큼 큰 부를 쌓았다.

몇 년 전 나는 경영 대학을 막 졸업한 청년의 편지를 받았다. 내 사무실에서 일하고 싶다는 그는 편지에 접힌 자국이 없는 빳빳한 10달러짜리 지폐를 동봉해서 보냈다. 편지 내용은 다음과 같다.

✦ 저는 명문 경영 대학의 상경계 과정을 막 마쳤고 귀사에서 일하고 싶습니다. 직장 생활을 막 시작하는 청년이 당신 같은 분의 지시를 받으며 일하는 특권을 누리는 게 얼마나 가치 있는지 알고 있기 때문입니다.
동봉한 10달러 지폐는 근무 첫 주에 제게 지시를 내리는 데 할애하실 시간에 대한 대가인데 부디 받아주시기 바랍니다. 첫 달은 무급으로 일할 생각이고, 그 후의 급여는 제가 증명하는 가치에 따라 책정해주셔도 됩니다.
제 평생 원했던 그 어떤 것보다 이 일자리를 간절하게 원하며 이를 얻기 위해서는 어떤 희생도 감수할 각오가 되어 있습니다.
감사합니다.

나는 이 젊은이를 채용했다. 그는 상상력을 발휘해 원하던 기회를 얻었다. 그리고 이 이야기를 내게 전해 들은 한 생명 보험사 사장이 근무 첫 달이 끝나기도 전에 그에게 상당한 급여와 개인 비서직을 제안했다. 젊은이는 현재 세계에서 가장 큰 생명 보험사에서 임원으로 일한다.

몇 년 전 한 젊은이가 에디슨에게 일자리를 부탁하는 편지를 썼는데 어떤 이유에서인지 에디슨은 답장하지 않았다. 하지만 젊은이는 이에 낙담하지 않고, 에디슨에게 답장뿐만 아니라 원하는 일자리까지 얻어내겠다고 마음먹었다. 그는 에디슨의 회사가 있는 뉴저지주 웨스트오렌지에서 멀리 떨어진 곳에 살았고 기차표를 살 돈도 없었다. 하지만 그에게는 상상력이 있었다. 그는 화물차를 얻어 타고 웨스트오렌지에 가서 에디슨을 만났고 면접 자리에서 본인의 이야기를 직접 들려주었고 결국 원하는 일자리를 얻었다.

현재 이 남자는 플로리다주 브레이든턴에 산다. 그동안 열심히 일해서 원하는 만큼 돈을 벌고 은퇴했다. 내 이야기의 진위를 확인하고 싶을까 봐 말해두는데, 그의 이름은 반스다.

반스는 에디슨 같은 사람과 긴밀히 교류하면 어떤 이점이 있을지 알았다. 에디슨을 연구할 기회도 생길 테고 동시에 세계에서 가장 영향력 있는 사람들인 에디슨의 지인과도 접촉할 수 있을 것을 말이다.

지금까지의 이야기들은 내가 개인적으로 관찰한 사례다. 상상력을 실용적으로 활용해서 높은 자리에 오르고 넉넉한 부를 축적한 사람은 훨씬 많다.

시어도어 루스벨트는 미국 대통령 재임 기간에 했던 단 하나의 행동으로 역사에 이름을 새겼다. 재임 중에 했던 다른 일이 다 잊히더라도 이 한 번의 업적으로 그는 상상력이 풍부한 사람으로 역사에 기록될 것이다. 루스벨트는 파나마운하 건설을 시작했다. 워싱턴부터 루스벨트에 이르기까지 어느 대통령이라도 운하 건설을 시작해 완공시켰을 수 있다. 하지만 운하 건설은 워낙 거대한 사업이라 상상력뿐만 아니라 대담한 용기도 필요했다. 루스벨트는 상상력과 용기를 다 갖추었기에 미국 국민은 파나마운하를 갖게 되었다.

힐은 새로운 일을 시작하기에는 너무 늦은 나이일 수 있는 40세 때도 여전히 월급 30달러를 받으며 전신기 앞에 앉아 있었다. 그에게는 자본금도 없고 자본을 가진 영향력 있는 친구도 없었지만 세상에서 가장 강력한 능력인 상상력이 있었다. 힐은 마음의 눈으로 미국 북서부의 미개발 지역을 관통해 대서양과 태평양을 하나로 이어줄 거대한 철도 시스템을 상상했다. 그는 생생한 상상력을 발휘해서 다른 사람에게도 이 철도 시스템이 안겨줄 이점을 이야기했고, 그 후일담은 널리 알려져 있다.

그런데 나는 잘 언급되지 않는 사실을 하나 강조하고 싶다. 힐의 그레이트노던철도시스템이 그의 상상 속에서 먼저 현실이 되었다는 점이다. 이 철도도 다른 철도와 마찬가지로 강철 레일과 나무 침목으로 건설되었고 건설 자금을 확보한 방식도 다른 철도와 동일하다. 힐이 거둔 성공과 관련된 진짜 이야기를 알고 싶다면 그가 월급 30달러를 받으며 일했던 작은 시골 기차역으로 돌아가, 그가 상상 속에서 생각이라는 눈에 보이지 않는 재료를 모아 어떻게 거대한 철도 시스템을 엮어냈는지 실마리를 찾아야 한다.

상상력은 정말 엄청나게 강한 힘이다. 영혼의 작업장 안에서 생각을 엮어 철도와 마천루와 제분소와 공장과 온갖 물질적 부를 만들어내지 않는가.

✦ 나는 생각이 사물이라는 것을 믿는다.
생각은 몸이 있고 숨도 쉬며 날개도 달려 있다.
우리가 내보내는 생각이
세상을 좋은 결과로 채우기도 하고 나쁜 결과로 채우기도 한다.
우리가 비밀스러운 생각이라고 부르는 것이
세상에서 가장 먼 곳까지 빠르게 날아가
그 생각에 담긴 축복이나 슬픔을
흔적처럼 남긴다.
우리의 생각이 미래를 만든다.
그 미래가 좋을지 나쁠지 아직 모르지만
우주는 그렇게 만들어졌다.
생각은 운명의 또 다른 이름이다.
그러니 자신의 운명을 선택하고 기다리자.
사랑은 사랑을 낳고 증오는 증오를 낳는다.

오래된 아이디어에 상상력을 더하기만 해도

상상력이 영혼의 거울이라면 당신은 그 거울 앞에 서서 되고자 하는 모습을 볼 권리가 있다. 그 마법의 거울에 갖고 싶은 저택, 경영하고 싶은 공장, 운영하고 싶은 은행, 차지하고 싶은 지위를 비추어보자. **상상력은 자기 것이니 마음껏 사용해도 된다! 상상력을 많이 발휘할수록 더 효율적으로 쓸 수 있다.**

뉴욕시의 거대한 브루클린대교 공사 현장 동쪽 끝에서 한 노인이 구두 수선소를 운영하고 있었다. 기술자들이 거대한 철조 구조물의 토대를 세울 자리를 표시하려고 말뚝을 박기 시작할 때, 노인은 고개를 내저으면서 "그건 불가능한 일이야!"라고 말했다. 대교가 완성된 지금, 그는 초라하고 작은 구두 수선소 안에서 밖을 내다보며 "도대체 어떻게 해낸 거지?"라고 자문한다. 그는 바로 눈앞에서 다리가 건설되는 장면을 보았으면서도 여전히 본 것을 분석할 상상력이 부족하다. 다리 건설 계획을 세운 기술자는 주춧돌을 놓기 위해 첫 삽을 뜨기 훨씬 전부터 이 다리가 현실이 될 것을 내다보았다. 다리는 그의 상상 속에서 현실이 되었다. 상상력을 단련해 오래된 아이디어에서 새로운 조합을 만들어낸 것이다.

최근 미국 한 대학의 전기학과가 전기를 이용한 인공 '햇빛'으로 꽃을 재웠다가 다시 깨우는 방법을 발견했다. 이 발견으로 진짜 햇빛의 도움 없이도 채소와 꽃을 재배하게 되었다. 몇 년 뒤면 도시 거주자도 흙 몇 상자와 전등 몇 개를 이용해 베란다에서 채소를 키워 1년 내내 신선한 채소를 먹게 될 것이다. 이 새로운 발견에 약간의 상상력과 버뱅크의 원예학적 발견을 더하면 도시인은 베란다에서 1년 내내 채소를 기를 뿐만 아니라 현대의 정원사가 진짜 햇빛 아래에서 키운 것보다 더 풍성한 채소를 수확할 것이다.

캘리포니아 해안의 한 도시에서는 건물을 짓기에 적합한 땅은 이미 모두 개발된 상태다. 도시 한쪽은 가파른 언덕이라서 건물을 짓기에 부적합하고, 다른 한쪽은 지대가 너무 낮아 매일 한 번씩 물에 잠기므로 건물을 지을 수 없다. 그러던 어느 날 상상력이 풍부한 사람이 이 도시에 왔다. 상상력이 풍부한 사람은 대부분 머리가 좋은데 이 사람도 예외는 아니었다. 그는 도착한 첫날부터 부동산으로 돈을 벌 가능성을 보았다. 그는 너무 가팔라서 건축용지로 부적합한 땅과 매일 물에 잠겨서 사용하기 힘든 땅을 모두 매입했다. 다른 사람들은 이 땅이 별 가치가 없다고 생각했기에 매우 저렴한 가격에 살 수 있었다.

그는 대량의 폭발물을 사용해 가파른 언덕을 무너뜨렸다. 그리고 트랙터와 땅 고르는 기계로 땅을 평평하게 다져서 근사한 건축 부지를 만들었다. 또 노새 몇 마리와 수레를 동원해 남은 흙으로 저지대의 땅을 메워서 이곳도 근사한 건축 부지로 만들었다. 결국 그는 상당한 재산을 모았다. 그의 비결은 필요 없는 곳의 흙을 파서 필요한 곳으로 옮긴 것이다. 쓸모없는 흙과 상상력을 섞었다! 그 작은 도시의 사람들은 그가 천재라고 생각했다. 하지만 누구든 그 사람처럼 상상력을 발휘했다면 천재가 될 수 있었다.

화학 분야에서는 2가지 이상의 화학 성분을 특정 비율로 혼합하면 각 성분에 원래 없었던 엄청난 양의 에너지를 얻을 수 있다. 또 수소 분자 두 개와 산소 분자 한 개를 혼합하면 물이 되는 것처럼 화학 성분을 특정한 비율로 혼합해서 성질이 완전히 다른 혼합물을 만들 수도 있다.

다양한 물리적 재료를 조합해서 각 요소의 가치를 더 높이거나 원래의 구성 요소와 성질이 완전히 다른 산물을 얻는 분야가 화학이 유일하지는 않다. 쓸모없는 언덕을 폭파하고 거기서 나온 흙과 돌을 그것을 필요로 하는 곳으로 옮긴 사람도 그 흙과 돌에 전에 없던 가치를 부여한 것이다.

선철(3.0~3.6퍼센트의 탄소를 함유하는 철의 합금으로 주물용 원료로 사용된다.─편집자)은 가치가 거의 없다. 하지만 탄소와 실리콘, 망간, 유황, 인을 적절한 비율로 추가하면 훨씬 가치가 큰 강철이 된다. 그리고 다시 다른 물질을 적절한 비율로 섞고 숙련된 노동력을 약간 추가하면 평범한 강철이 상당한 가치가 있는 시계태엽이 된다. 이 과정에서 가장 가치 있는 성분은 눈에 보이지 않는 상상력이다!

여기 벽돌, 목재, 못, 유리가 잔뜩 쌓여 있다. 지금 상태로는 성가시고 보기도 흉해서 쓸모없을 뿐만 아니라 해롭기까지 하다. 그러나 건축가의 상상력과 숙련된 노동력을 더하면 왕의 몸값만큼이나 비싼 근사한 저택이 된다.

뉴욕과 필라델피아를 잇는 큰 고속도로 근처에 가격이 50달러도 안 되는 오래되고 허름한 헛간이 하나 있었다. 그런데 약간의 목재와 시멘트, 그리고 상상력의 도움으로 이 오래된 헛간은 근사한 자동차용품점으로 변신했고 상상력을 발휘한 사람은 꽤 많은 돈을 벌었다.

내 사무실 건너편에 작은 인쇄소가 있는데 이곳의 수입은 인쇄소 주인과 조수의 생계비를 겨우 충당할 정도다. 거기서 10여 블록밖에 안 떨어진 곳에 매우 현대적인 인쇄소가 있다. 그런데 그곳 주인은 대부분의 시간을 여행을 다니면서 보내지만 이미 평생 쓰고도 남을 만큼의 돈을 벌었다. 두 인쇄업자는 22년 전 같은 시기에 각각 사업을 시작했다.

지금 잘나가는 인쇄소 사장은 인쇄업에 상상력을 더할 줄 아는 사람과 손잡을 만큼 판단력이 뛰어났다. 상상력이 풍부한 그 사람은 광고 작가였다. 그는 고객의 사업을 분석하고, 광고할 만한 매력적인 특징을 찾아내고, 이런 특징을 잘 드러내는 인쇄물을 제작해 이 인쇄소에 많은 일감을 안겨주었다. 인쇄물에 상상력을 더해 다른 인쇄소가 공급할 수 없는 제품을 생산했고 인쇄비도 최고 수준으로 받았다.

시카고에서는 어떤 도로의 높이를 높이는 바람에 보도가 2층 창문 높이까지 올라와 아름다운 주택들이 늘어서 있던 곳의 경관이 망가졌다. 부동산 소유주들이 불운을 한탄하는 동안 상상력이 풍부한 사람이 나타나 이 집들을 헐값에 샀다. 그리고 2층을 업무용 부동산으로 개조해 막대한 임대료 수입을 올리고 있다.

내가 서두에서 한 이야기를 기억하기 바란다. <u>특히 상상력으로 할 수 있는 가장 위대하고 유익한 일은 오래된 아이디어를 재배치해서 새로운 조합을 만드는 것임을 기억하자.</u>

실패와 실수도 자산이 될 수 있다

상상력을 제대로 활용하면 실패와 실수도 귀중한 자산으로 전환할 수 있다. 상상력을 활용하는 사람에게만 보이는 진실을 발견하게 된다. 살면서 겪은 가장 큰 역전과 불운이 종종 황금 같은 기회로 연결되는 문을 열어준다.

미국에서 가장 실력이 뛰어나고 높은 보수를 받는 판화가 중 한 명은 예전에 우편집배원이었다. 어느 날 그는 전차를 탔다가 사고를 당해 한쪽 다리를 절단하게 되었는데, 전차 회사는 보상금으로 5천 달러를 지급했다. 그는 이 돈으로 학교에 다니고 판화가가 되었다. 그의 손과 상상력이 빚어낸 결과물은 우편집배원일 때 두 다리로 걸어 다니면서 번 것보다 훨씬 가치가 컸다. 전차 사고로 진로를 변경해야 하는 상황에 처했을 때 그는 자신에게 상상력이 있다는 사실을 발견했다.

노력과 상상력을 결합하는 방법을 배우기 전까지는 자신의 성취 능력이 어느 정도인지 알 수 없다. 상상력이 빠진 상태에서는 무엇을 만들어도 소소한 이익만 얻을 뿐이지만, 상상력의 인도를 받아 만든 작품은 풍족한 물질적 부를 안겨준다.

상상력으로 이익을 얻는 방법은 2가지다. 직접 상상력을 계발할 수도 있고 이미 계발한 사람과 제휴를 맺을 수도 있다. 카네기는 두 방법을 다 썼다. 자신의 풍부한 상상력을 활용하는 동시에 상상력이 많은 사람을 주변에 모았다. 그가 세운 명확한 목표를 달성하려면 상상력이 다양한 방향으로 뻗어 나가는 전문가가 필요했다. 카네기의 마스터 마인드 그룹 중에는 상상력이 화학 분야에만 국한된 사람도 있고 재정 부분에만 국한된 사람도 있었다. 그런가 하면 판매 기술 쪽으로만 상상력이 국한된 사람도 있었는데, 그중 한 명이 카네기의 직원들 가운데 가장 유능한 영업 사원으로 알려진 슈와브였다.

당신도 상상력이 부족하다고 느낀다면 그 부족한 부분을 채워줄 만큼 상상력이 발달한 사람과 동맹을 맺어야 한다. 동맹의 형태는 혼인 관계, 사업 파트너십, 우정, 노사 협력 등 여러 가지가 있다. 고용주 입장에서 이익을 얻고 싶다면 해당 능력과 상상력까지 갖춘 사람과 제휴를 맺어야 한다.

카네기는 철강업계에서 다른 어떤 고용주보다 많은 직원을 백만장자로 만들었다. 그중 한 명인 슈와브는 카네기와 동맹을 맺는 훌륭한 판단력을 발휘했다. 모두가 다른 사람을 지휘하는 책임을 맡을 수는 없으므로 오히려 동맹이 유익할지 모른다.

아마 영업 활동만큼 상상력이 중요한 역할을 하는 분야도 없을 것이다. <u>뛰어난 영업 사원은 자신이 판매하는 상품이나 제공하는 서비스의 장점을 소개할 때 최대한 상상력을 발휘한다.</u> 그렇게 하지 못한다면 판매에 성공할 수 없다.

몇 년 전 영향력이 크고 중요한 거래가 이루어졌다. 이 거래의 대상은 상품이 아니라 오하이오주립교도소에 수감된 한 남자의 자유와 법망에 걸린 불행한 사람을 다루는 방법을 획기적으로 바꾸겠다고 약속하는 교도소 개혁 시스템의 개발이었다. 상상력이 영업 활동에서 얼마나 중요한 역할을 하는지 보여주기 위해 이 거래를 분석해보겠다. 생생한 예시 전달을 위해 군데군데 개인적인 언급이 나오는 점은 미리 양해를 구하겠다.

몇 년 전 나는 오하이오주립교도소 수감자를 대상으로 강연을 해달라는 초청을 받았다. 연단에 섰을 때 10여 년 전에 성공한 사업가로 알고 지내던 B를 청중 속에서 보았다. 이후 내가 그의 사면을 도왔고, 그의 석방 소식이 미국 내 거의 모든 신문의 1면에 실렸다.

강연을 마친 뒤 B를 면회한 나는 그가 위조 혐의로 20년 형을 선고받았다는 사실을 알게 되었다. 그의 이야기를 들은 나는 이렇게 말했다. "내가 60일 안에 여기서 꺼내주겠습니다!" 그는 억지로 미소를 지으며 대답했다. "마음은 고맙지만 제대로 판단하고 한 이야기인지 의문이네요. 적어도 20명 이상의 영향력 있는 사람들이 저를 석방시키려고 온갖 수단을 다 써보았지만 성공하지 못했거든요. 불가능한 일입니다!"

불가능하다는 말을 듣자 어떻게든 가능하다는 것을 보여주어야겠다는 도전 의식이 불타올랐다. 그래서 뉴욕으로 돌아와 아내에게 짐을 챙겨 오하이오주립교도소가 있는 콜럼버스에 무기한 체류할 준비를 하겠다고 말했다.

내게는 어떻게든 B를 오하이오주립교도소에서 빼내겠다는 명확한 목표가 생겼다. 그를 석방시키는 데서 끝나는 게 아니라 그의 가슴에서 '죄인'이라는 주홍 글씨를 지우고 동시에 석방을 도운 모든 이에게 공로가 돌아가게 할 생각이었다.

나는 그가 석방되리라는 사실을 단 한 번도 의심하지 않았다. 자기가 해낼 수 있을지 의구심을 품는 영업 사원은 아무것도 팔 수 없다. 아내와 함께 콜럼버스로 돌아와 상설 본부를 차린 다음 날, 주지사인 빅 도나헤이를 찾아가 방문 목적을 이야기했다.

"주지사님, 오하이오주립교도소에 수감 중인 B의 석방을 요청하러 왔습니다. 석방을 요청할 만한 타당한 이유가 있으니 즉시 그를 풀어주셨으면 합니다. 저는 시간이 얼마나 걸리든, 그가 석방될 때까지 여기에 머물 각오가 되어 있습니다.

잘 아시겠지만 B는 수감 중 오하이오주립교도소에 통신 교육 시스템을 개설해서 2,518명의 수감자 중 1,729명이 교육 과정을 수강하게 했습니다. 이 사람들이 수업을 계속 듣도록 교과서와 수업 자료도 구했는데, 오하이오주의 예산은 한 푼도 들이지 않고 이 일을 해냈습니다. 교도소장과 담당 사제의 말에 따르면 그는 교도소 규칙도 잘 지켰다고 합니다. 1,729명이 자기 개선을 위해 노력하도록 영향을 끼치는 이라면 나쁜 사람은 아닐 겁니다.

B를 석방해달라고 부탁드리는 이유는 그를 수감자를 위한 교육 기관의 교장으로 임명해 미국에 수감 중인 16만 명의 죄수에게 선한 영향력을 미치도록 하고 싶어서입니다. 그가 석방된 뒤에 하는 모든 행동에 대해서는 제가 전적으로 책임을 지겠습니다.

제 용건은 다 말씀드렸습니다. 답변하시기 전에, 저도 그를 석방하면 주지자님이 정적에게 비난받을 것은 잘 압니다. 사실 그를 석방하면 공직에 재출마했을 때 표를 많이 잃게 되겠지요."

주지사는 주먹을 꽉 쥐고 단호한 표정으로 말했다. "B를 데리고 그런 일을 할 생각이라면 그 대가로 내가 선거에서 5천 표를 잃더라도 그를 석방하겠습니다. 하지만 내가 서명하기 전에 사면위원회를 만나 사면 동의서를 받아오십시오. 그리고 오하이오주립교도소 소장과 담당 사제의 동의서도 받아와야 합니다. 아시다시피 주지사는 여론 재판을 따라야 하는데 이분들이 그 재판소의 대표자들입니다." 거래가 성사되었다! 이 모든 일이 진행되는 데는 5분도 채 걸리지 않았다.

다음 날 오하이오주립교도소 사제와 함께 주지사 사무실을 찾아가 사면위원회, 교도소장, 사제 모두 석방에 동의했다고 말했다. 3일 후 주지사가 사면서에 서명했고 B는 거대한 철문에서 나와 자유의 몸이 되었다.

세세한 부분까지 다 이야기한 이유는 이 거래에 어려운 점이 없었다는 걸 보여주기 위해서다. 석방을 위한 기초 작업은 내가 현장에 도착하기도 전에 모두 완료되어 있었다. B의 처신과 수감자 1,729명을 위한 봉사 활동 덕분이다. 그가 세계 최초의 교도소 통신 학교 시스템을 만들었을 때 이미 교도소 문을 여는 열쇠를 만든 셈이다.

그렇다면 B의 석방을 요청한 다른 사람들은 왜 다 실패한 걸까?

그들은 상상력을 발휘하지 않았다. 아마 그들은 B의 부모님이 저명한 인물이라거나 B는 대학도 졸업했고 나쁜 사람이 아니라는 걸 근거로 대면서 주지사에게 석방을 요청했을 것이다. <u>하지만 주지사가 사면을 정당화할 만큼 충분한 동기를 제공하지 못했다.</u> 만약 그런 동기가 있었다면 주지사는 내가 현장에 나타나서 B의 석방을 요청하기 훨씬 전에 B를 석방했을 것이다.

나는 주지사를 만나러 가기 전에 모든 사실을 검토했다. 그리고 내가 실제로 주지사 입장이라면 어떤 프레젠테이션이 가장 호소력 있게 다가올지 상상해보았다.

나는 B의 석방을 요청하면서 그가 만든 통신 학교 시스템의 혜택을 누릴 미국 내 수감자 16만 명을 이용했다. 그의 저명한 부모님 이야기는 꺼내지 않았고 지난 몇 년간 그와 나눈 우정에 대해서도 아무 말 하지 않았다. 또 그가 사면될 자격이 있는 사람이라는 이야기도 하지 않았다. 이 모든 사안이 그의 석방에 타당한 이유가 될 수 있었지만, B가 석방된 뒤에 만들 통신 교육 시스템이 16만 명의 수감자에게 도움이 될 것이라는 더 크고 타당한 이유에 비하면 별로 대수롭지 않게 느껴졌다.

주지사가 결정을 내릴 때도 B의 존재 자체는 부차적인 고려 대상이었을 것이라고 확신한다. 주지사는 B의 석방은 B에게만 이익이 되는 게 아니라 B의 영향력이 필요한 16만 명에게도 이익이 될 것으로 여겼다.

이게 바로 상상력이다! 또 올바른 영업 기술이기도 하다! 상황이 종료된 후, B의 석방을 위해 1년 넘게 부지런히 노력한 사람이 내게 물었다. "어떻게 한 겁니까?" 이에 나는 "제가 한 일 중 가장 쉬운 일이었습니다. 제가 일에 착수하기도 전에 이미 대부분의 작업이 끝나 있었거든요. 사실 그 일은 제가 한 게 아니라 B 본인이 직접 한 겁니다."라고 대답했다.

그는 어리둥절한 표정으로 날 바라보았다. **아무리 힘든 일도 올바른 각도에서 접근하면 쉽게 수행할 수 있다**는 내 말뜻을 전혀 이해하지 못한 듯했다. B의 석방에는 2가지 중요한 요인이 있었다. 첫째는 내가 일을 맡기 전에 B가 그 일을 순조롭게 해결하는 데 필요한 실마리를 제공한 것이다. 둘째는 내가 주지사를 만나기 전에 B의 석방을 요청할 권리가 있다고 확신한 것이다. 그래서 상황을 효과적으로 설명하는 게 전혀 어렵지 않았다.

이 장의 서두에서 이야기한 텔레파시라는 주제를 이 사건에 적용해보자. 주지사는 내가 방문 목적을 이야기하기 훨씬 전부터 내 요청을 뒷받침할 훌륭한 논거가 있음을 알아차렸다. 내 생각이 그의 뇌로 전달된 데다가 내 눈빛에서 드러나는 자신감과 긍정적인 어조를 통해 그는 내가 이 임무의 가치를 믿는다는 것을 분명히 느꼈다.

이 사건에서 내가 맡은 역할은 대수롭지 않았다. 상상력을 사용해서 거래를 성사시킨 요소들을 하나로 조합한 것 외에는 아무것도 한 게 없다. 나는 상상력이 풍부한 영업 사원이라면 누구나 할 수 있는 일을 했다. B의 석방을 위해 나는 이 책에서 소개하는 15가지 성공의 법칙을 활용했다. 이때 이 법칙의 견고함이 명확하게 드러났다. 이는 상상력의 힘을 증명하는 수많은 증거 중 하나일 뿐이다.

모든 문제에는 수많은 접근 방법이 있지만 가장 좋은 방법은 하나뿐이다. 가장 나은 방법을 찾으면 문제가 쉽게 해결된다. 아무리 가치 있는 상품이라도 잘못된 방법으로 제안하면 팔리지 않는다. 상상력은 올바른 방법을 찾는 데 도움이 된다.

상품이나 서비스를 제공할 올바른 방법을 찾을 때는 인간의 이 독특한 특성을 기억해야 한다. **사람들은 당신을 위해 호의를 베풀어달라고 부탁할 때보다 제3자를 위해 호의를 베풀어달라고 부탁할 때 더 잘 들어준다.**

이 말을 주지사에게 B를 석방해달라고 요청했던 일과 비교해보자. 그것은 나를 위한 호의나 B를 위한 호의가 아니라 미국 교도소에 수감된 16만 명의 불행한 이들의 이익을 위해서였다.

상상력이 풍부한 영업 사원은 항상 잠재 고객이 상품의 이점을 명확하게 이해할 수 있도록 설명한다. 고객은 영업 사원의 편의를 봐주려 상품을 구매하거나 다른 사람에게 호의를 베풀지는 않는다. 본인의 이익에 부합하게 행동하는 것이 인간 본성의 중요한 특징이다. 이상주의자가 이와 반대되는 주장을 하더라도 이것은 반론의 여지가 없는 냉엄한 사실이다.

솔직히 말해 인간은 이기적이다! 이 진실을 이해하려면, 감옥에 있는 사람을 풀어달라고 요청할 때든 아니면 어떤 상품을 팔려고 애쓸 때든 자신의 주장을 어떻게 제시할지 알아야 한다. 상상력을 발휘해서 상대에게 가장 확실하고 설득력 있는 이점을 명확히 설명할 계획을 세우자. 이것이 상상력이다!

상대방 입장에서 상상력을 팔아라

한 농부가 도시로 이사하면서 잘 훈련된 양치기 개를 데리고 갔다. 하지만 곧 그 개가 도시에는 어울리지 않는다는 걸 깨닫고 '개를 처리하기로' 했다. (작은따옴표 안의 말에 주목하라.) 그는 개를 데리고 시골로 가서 한 농가의 문을 두드렸다. 그러자 목발을 짚은 남자가 절뚝거리며 나왔다. 개를 데리고 온 남자가 인사를 건네고는 말했다. "처리하고 싶은 훌륭한 양치기 개가 있는데 사지 않으시겠습니까?" 그러자 목발을 짚은 남자는 "싫습니다!"라고 대답하고 문을 닫았다.

개를 데리고 온 사람은 다른 농가 대여섯 곳을 찾아가 같은 질문을 했지만 같은 대답이 돌아왔다. 그는 개를 원하는 사람이 없는 모양이라고 판단하고 도시로 돌아갔다. 그리고 그날 저녁, 상상력이 풍부한 사람을 만나 자기가 겪은 불운한 상황을 이야기했다. 그는 개 주인이 '개를 처리하려다가' 실패했다는 이야기를 들었다.

"제가 개에게 새집을 찾아주겠습니다." 상상력이 풍부한 사람이 이렇게 말하자 개 주인은 기꺼이 개를 맡겼다. 다음 날 아침, 상상력이 풍부한 사람은 개를 시골로 데리고 가서 전날 개 주인이 방문했던 첫 번째 농가에 들렀다. 문을 두드리자 어제 보았던 노인이 목발을 짚고 절룩이며 나왔다. 상상력이 풍부한 사람은 말했다. "류머티즘 때문에 다리를 잘 못 쓰시는군요. 당신에게 필요한 건 심부름을 해줄 훌륭한 개입니다. 이 개는 소를 집으로 데려오고, 야생 동물을 쫓아내고, 양 떼를 몰고, 다른 여러 가지 일을 하도록 훈련받았습니다. 100달러만 주시면 이 개를 넘겨드리겠습니다." "좋습니다, 제가 사죠!" 다리가 불편한 노인이 말했다. 이것도 상상력이다!

다른 사람이 '처리하고' 싶어 하는 개를 원하는 사람은 없지만, 양을 몰고 소를 집으로 데려오고 다른 여러 가지 일도 할 수 있는 개는 대부분 갖고 싶어 한다. 이 개는 다리가 불편한 구매자가 어제 거절했던 개와 같은 개지만, 개를 판 사람은 어제 '개를 처리하려던' 그 사람이 아니었다. 상상력을 발휘하면 다른 사람이 '처리하려고' 하는 것은 아무도 원하지 않는다는 사실을 알게 될 것이다. **'유사한 것들끼리 서로 끌어당기는' 끌어당김의 법칙을 기억하자. 실패한 부분만 보면서 행동한다면 앞으로도 실패만 거듭할 것이다.** 당신이 필생의 과업으로 정한 일이 무엇이든 간에 상상력은 필요하다.

나이아가라폭포도 상상력이 풍부한 사람이 그것을 활용해야겠다고 마음먹고선 낭비되는 에너지를 전기로 전환해 산업의 바퀴를 돌리기 전까지는 굉음을 내는 거대한 물줄기에 불과했다. 그 사람이 나타나기 전에도 수백만 명이 굉음을 울리는 이 폭포를 보고 갔지만 이를 활용할 상상력이 부족했다.

세계 최초의 로터리클럽은 시카고에 살던 폴 해리스의 풍부한 상상력에서 탄생했다. 그는 이 클럽이 잠재 고객을 늘리고 변호사 업무를 확장할 효과적인 수단이 될 거라고 여겼다. 법조계 윤리상 통상적인 방식의 광고는 금지되어 있지만 해리스는 상상력을 발휘해서 광고를 하지 않고도 법률 업무를 확장할 방법을 찾았다.

일시적으로 행운의 바람이 불리한 방향으로 불더라도 상상력을 동원해 그 바람을 잘 타면 명확한 목표를 향해 나아갈 수 있다. 연은 바람과 함께 날 때가 아니라 바람에 맞서서 날 때 가장 높이 올라간다!

'삼류' 전도사였던 프랭크 크레인 박사는 입에 풀칠하기도 힘들 정도로 월급이 적어서 어쩔 수 없이 상상력을 발휘하게 되었다. 나중에 그는 에세이 작가가 되었는데 하루 한 시간씩 일하면서 1년에 10만 달러 이상을 벌고 있다.

한때 푼돈을 받고 일하던 버드 피셔는 이제 「머트 앤드 제프」라는 연재만화로 사람들을 웃기면서 연 7만 5천 달러를 벌고 있다. 그는 오직 상상력만으로 그림을 그려 돈을 번다.

울워스는 소매점에서 적은 임금을 받고 일하는 점원이었다. 그가 저임금을 받았던 이유는 아마 자신에게 뛰어난 상상력이 있다는 사실을 아직 깨닫기 전이었기 때문일 것이다. 그러나 이후 그는 상상력을 발휘해 미국 각지에 파이브앤드텐센트스토어를 열었고 죽기 전에는 세계에서 가장 높은 사무용 빌딩도 지었다.

이 사례들을 분석해보면 인간 본성에 관한 면밀한 연구가 성공에 중요한 역할을 했음을 알 수 있다. <u>**상상력을 유익하게 활용하려면 사람들이 어떤 행동을 하거나 하지 않는 이유를 파악하는 예리한 통찰력이 있어야 한다.**</u> 사람들이 자신의 이익에 부합하는 요청을 얼마나 빨리 들어주는지 안다면 사실상 원하는 것은 뭐든지 얻을 수 있다.

얼마 전 나는 아내가 아기를 매우 능숙하게 다루는 모습을 보았다.

아기는 숟가락으로 서재에 있는 마호가니 탁자를 두드리고 있었다. 아내가 숟가락을 잡으려고 했지만 아기는 숟가락을 내주지 않았다. 그러자 상상력이 풍부한 아내는 아기에게 빨간 막대사탕을 주었다. 아기는 즉시 숟가락을 떨어뜨리고 더 매력적인 대상에 주의를 집중했다. 그것은 상상력이자 뛰어난 판매 기술이었다. 아내는 힘을 쓰지 않고도 원하는 결과를 얻었다.

한번은 내 친구와 함께 차를 타고 가던 중에 친구가 제한 속도를 초과했다. 그러자 오토바이를 탄 경찰이 와서 속도위반 딱지를 끊으려 했다. 친구는 경찰관에게 기분 좋은 미소를 지으며 말했다. "비가 오는데 수고를 끼쳐서 죄송합니다. 이 친구와 함께 10시 기차를 타야 해서 시속 56킬로미터로 달리고 말았네요." "아뇨, 사실 시속 45킬로미터였습니다." 그러더니 경찰관은 이런 말을 덧붙였다. "솔직하게 말씀하시니, 앞으로 조심하겠다고 약속하시면 이번에는 봐드리겠습니다." 이 또한 상상력의 힘이다! 이처럼 올바른 방식으로 접근하면 교통경찰도 이유를 들어주려고 할 것이다. 반면 속도계가 고장 났다고 변명하는 운전자에게는 어림없겠지만 말이다.

물론 주의해야 하는 상상력도 있다. 아무런 노력 없이도 무언가를 얻을 수 있다거나 다른 사람의 권리를 존중하지 않고 멋대로 굴어도 괜찮다고 생각하는 그런 상상력이다. 미국 교도소에는 16만 명이 넘는 수감자가 있다. 수감자 대부분은 다른 사람의 권리를 존중하지 않아도 된다고 생각한 탓에 감옥에 갔다. 오하이오주립교도소에는 위조 혐의로 35년 이상 복역한 사람이 있는데 그가 상상력을 악용해서 얻은 가장 큰 액수는 12달러였다.

상상력을 발휘해서 '움직이지 못하는 몸이 거부할 수 없는 힘과 접촉할 때' 무슨 일이 일어나는지 보여주려는 헛된 시도를 하는 사람도 있다. 그러나 이런 사람은 대개 정신병원에 들어가기 마련이다.

잘못된 상상력의 또 다른 예는 자기가 부모보다 인생을 더 잘 안다고 생각하는 어린 청소년이다. 하지만 이들은 시간이 지나면 바뀔 수 있다. 내 아들들은 내가 그 나이일 때 아버지가 내게 가르치려다가 헛수고로 끝난 많은 것을 가르쳐준다.

시간과 상상력은 우리에게 많은 것을 알려준다. **무엇보다 중요한 가르침은 사람들은 여러 가지 면에서 매우 비슷하다는 것이다.**

몽상가로 시작해 실천가로 마무리하라

고객이 무슨 생각을 하는지 알고 싶은 영업 사원은 먼저 본인을 연구하고 자기가 고객 입장이라면 무슨 생각을 할지 고민해보자. 자신을 연구해서 특정한 행동을 하도록 부추기는 동기와 특정한 행동을 자제하게 하는 동기가 무엇인지 파악하면 상상력을 훨씬 정확하게 활용할 수 있다.

상상력은 형사에게 가장 큰 자산이다. 범죄를 해결할 때 형사가 가장 먼저 던지는 질문은 '동기가 무엇인가?'다. 동기를 알아내면 대부분 가해자를 찾을 수 있다.

어떤 사람이 잃어버린 말을 찾아주는 이에게 5달러의 보상금을 주겠다고 했다. 며칠 뒤 지적 장애가 있는 소년이 말을 끌고 와서 보상금을 달라고 했다. 말 주인은 소년에게 "말을 어디에서 찾아야 하는지 어떻게 알았니?" 하고 물었다. 소년은 "음, 그냥 내가 말이라면 어디로 갈까 생각하면서 거기에 갔더니 있었어요."라고 대답했다. 많은 이가 지적 장애가 없어도 이 소년만큼의 상상력도 발휘하지 않은 채 평생 살아간다. 다른 사람이 무엇을 할지 알고 싶은가? 그렇다면 자기가 그 사람 입장이라면 무엇을 할지 생각해보자. 그게 상상력이다.

우리는 모두 어느 정도 몽상가가 되어야 한다. 모든 기업에는 몽상가가 필요하다. 모든 산업과 직업에는 몽상가가 필요하다. 하지만 몽상가는 동시에 실천가이기도 해야 한다. 아니면 꿈을 현실로 바꿀 수 있는 사람과 동맹을 맺어야 한다. 지구상에서 가장 위대한 나라는 꿈과 행동을 결합한 사람들의 상상을 통해 잉태되고, 태어나고, 성장한다!

마음은 오래된 생각들을 재료 삼아 새롭고 유용한 조합을 많이 만들어낼 수 있다. 하지만 그중 가장 중요한 것은 당신이 가장 원하는 것을 안겨줄 수 있는 명확한 핵심 목표다.

상상의 요람에서 만든 명확한 핵심 목표는 신속하게 현실로 바뀔 수 있다. 2장의 지침을 충실히 따랐다면 이제 성공으로 향하는 길에 안착한 것이다. 자기가 원하는 게 뭔지 알고, 이를 이룰 계획도 있으니까 말이다. 원하는 게 뭔지 확실히 알면 성공을 위한 싸움에서 절반은 이긴 셈이다. 자기가 원하는 게 뭔지 알고 어떤 대가를 치르더라도 그걸 얻기로 결심했다면 싸움은 끝난 것이다. 이제 승리의 함성을 올릴 일만 남았다.

명확한 핵심 목표를 선택할 때는 상상력과 결단력을 모두 사용해야 한다! 결단력은 사용할수록 강해진다. 상상력을 발휘해 명확한 핵심 목표를 신속하게 정하는 결단력이 있으면 다른 문제를 결정하는 능력까지 더 강화된다.

역경과 일시적인 패배가 뜻밖의 이득을 안겨주기도 한다. 이런 상황에서는 상상력과 결단력을 모두 발휘해야 한다. 이는 진퇴양난의 상황에 처해 더는 후퇴할 곳이 없다는 것을 아는 사람이 더 잘 싸우는 이유이기도 하다. 이럴 때는 도망가기보다 싸우기로 결심하는 법이다. 긴급 상황이 발생해 빠르고 확실한 결정과 행동이 필요한 순간만큼 상상력이 활발하게 가동되는 때도 없다. 이런 긴급 상황에서는 천재적인 방식으로 결정을 내리고, 계획을 세우고, 상상력을 발휘하게 된다. 천재성은 신속한 사고와 결단이 필요한 쓰라린 경험 때문에 상상력을 특이한 방향으로 자극해야 할 필요가 있을 때 많이 나타난다.

애지중지 자란 아이들이 쓸모 있는 사람이 되는 유일한 방법은 자립하는 것뿐이다. 그러려면 필요할 때 외에는 사용하지 않던 상상력과 결단력을 모두 발휘해야 한다.

오하이오주 캔턴에 있는 한 교회의 P. W. 웰시머 목사는 거의 25년 동안 그 자리를 지켰다. 일반적으로 목사가 교구민의 지지를 받으면서 한 교구에 머물 수 있는 기간은 3년 정도다. 웰시머도 목회자의 의무에 상상력을 보태지 않았다면 이 규칙에서 예외가 되지 못했을 것이다. 그가 이끄는 교회의 주일학교에는 교인이 5천 명 넘게 참여하는데, 이는 미국 내에서 가장 많은 숫자다.

세상 어떤 목사도 주도성과 리더십, 명확한 핵심 목표, 자신감, 상상력의 법칙을 이용하지 않고는 교인의 전폭적 지지를 받으면서 25년 동안 한 교회의 수장 자리를 지키거나 이 정도 규모의 주일학교를 운영할 수 없을 것이다. 나는 웰시머가 활용한 방법을 여기 소개하려고 한다.

교회에서는 파벌이나 질투 같은 문제 탓에 불화가 발생해 목사를 교체하는 경우가 많다. 웰시머는 상상력의 법칙을 독특하게 활용해서 이런 문제를 피한다. 그는 새로운 신자가 들어오면 즉시 기질, 교육 수준, 경력에 적합한 임무를 부여한다. 그의 말에 따르면, "교인이 교회를 위해 일하느라 바빠서 다른 교인을 비방하거나 다툴 새가 없게 하려는" 조처다.

이는 사업이나 다른 분야에 적용해도 괜찮은 방법이다. "한가한 자는 악마의 가장 좋은 도구다."라는 옛말은 단순한 말장난이 아니라 사실이다. 좋아하는 일을 하면서 바쁘게 움직이는 사람은 결코 조직을 망가뜨리는 세력으로 전락하지 않는다. 웰시머의 교회에서는 교인이 두 번 연속으로 예배에 나오지 않으면 그 이유를 알아보려고 위원회가 찾아간다. 사실상 모든 교인이 위원회 업무를 맡고 있다. 웰시머는 이런 식으로 불성실한 교인을 챙기는 책임을 신도에게 위임해서 교회 업무에 계속 관심을 갖게 한다. 그는 최고의 조직 전문가다. 전국의 여러 사업가가 그의 이와 같은 노력에 주목했고, 그의 훌륭한 리더십 능력을 인정한 수많은 은행, 철강 공장, 사업체 등이 고액의 연봉과 높은 직책을 제안했다.

웰시머는 교회 지하에서 최고 수준의 인쇄소를 운영하면서 매주 모든 교인에게 배포하는 훌륭한 교회 신문을 발행한다. 이 신문의 제작과 배포는 교인이 말썽을 피우지 않게 하는 또 하나의 중요한 수단이다. 거의 모든 교인이 신문 내용에 적극적인 관심을 보이기 때문이다. 이 신문은 교회의 전반적 업무와 교인의 일만 다룬다. 그래서 소식란에 교인의 이름이 언급될 가능성이 항상 있기에 다들 신문을 한 줄도 빼놓지 않고 꼼꼼히 읽는다.

이 교회에는 잘 훈련된 합창단과 오케스트라가 있는데 이들은 대규모 극장에서도 초대할 만큼 실력이 뛰어나다. 웰시머는 예술적 소양이 있는 '신경질적인' 교인을 참여시켜서 가장 좋아하는 일을 할 기회를 주는 동시에 말썽을 피우지 않도록 하는 2가지 목적을 달성했다.

시카고대학교 총장을 역임한 하퍼 박사는 당대 가장 유능한 대학 총장 중 한 명이었다. 그는 거액의 기금을 모으고자 했다. 록펠러가 수백만 달러를 기부하도록 유도한 사람도 바로 그였다. 당신도 하퍼의 기술을 공부하면 도움이 될 것이다. 그는 최고의 리더였고, 나는 그의 리더십이 결코 운이나 우연이 아니라 신중하게 계획한 결과물이라는 그의 말을 믿는다.

시카고대학교는 새 건물을 지을 자금으로 100만 달러가 더 필요했다. 이런 거금을 기부해달라고 부탁할 수 있는 시카고의 부자를 조사해본 끝에 최종적으로 두 사람을 선택했는데, 백만장자인 그들은 서로 철천지원수였다. 그들 중 한 명은 당시 시카고 시내에서 운영되던 전차 회사 사장이었다. 하퍼는 사무실 직원과 비서가 점심을 먹으려고 자리를 비우는 정오 시간을 골라 그의 사무실을 찾아갔다. 그리고 외부 문을 지키는 사람이 없는 것을 보고는 자기가 고른 '희생양'의 사무실로 들어갔다. 사장은 예고도 없이 찾아온 하퍼를 보고 놀랐다.

"저는 하퍼라고 합니다." 그가 자기소개를 했다. "시카고대학교 총장이죠. 이렇게 방해해서 죄송합니다만 바깥 사무실에 아무도 안 계셔서 그냥 들어오게 되었습니다.

전 당신과 당신이 만든 시내 전차를 자주 생각하곤 합니다. 훌륭한 시스템을 구축하셨고 그 노고 덕에 많은 돈을 버신 걸로 알고 있습니다. 하지만 언젠가 돌아가시고 나면 당신 이름을 기릴 만한 기념물이 아무것도 남지 않을 겁니다. 돈은 다른 사람들이 다 물려받을 텐데, 주인이 바뀌면 돈은 금방 정체성을 잃는 경향이 있거든요.

그래서 대학 부지에 새로운 건물을 짓고 당신 이름을 붙여 이름을 길이 남길 기회를 드리면 어떨까 하는 생각을 종종 해왔습니다. 우리 이사 한 명이 그 영광을 X(전차 회사 사장의 적)에게 돌리고 싶어 하지만 않았다면 벌써 오래전에 제안을 드렸을 겁니다. 하지만 전 개인적으로 항상 당신을 좋아했고 지금도 좋아하고 있습니다. 그러니 허락하신다면 반대 세력을 당신 쪽으로 끌어오려고 힘써보겠습니다.

당장 결정하시라는 건 아닙니다. 오늘은 그냥 지나가다가 잠깐 들러본 겁니다. 잘 생각해보시고 혹시 저와 다시 이야기하고 싶으시면 언제든 전화 주세요.

좋은 하루 보내십시오! 이렇게 만날 기회가 생겨서 기쁩니다."

하퍼는 사장에게 가타부타 말할 기회도 주지 않고 그냥 물러났다. 사실 사장은 말할 틈도 거의 없었다. 하퍼 혼자 이야기했다. 이건 그가 미리 계획한 대로였다. 이날은 그냥 사장의 마음에 씨앗을 심으려고 찾아갔고, 때가 되면 그 씨가 발아해 싹이 돋아날 것이라고 생각했다.

하퍼의 믿음은 근거 없는 게 아니었다. 그가 대학 사무실로 돌아오자마자 전화가 울렸다. 전차 회사 사장이었다. 두 사람은 약속을 잡고 다음 날 아침 하퍼의 사무실에서 만났다. 그리고 한 시간 뒤 하퍼의 손에 100만 달러짜리 수표가 들려 있었다.

하퍼는 체구가 작고 빈약했지만 '원하는 건 뭐든지 얻을 수 있는 사람'이라는 평판을 들었다. 그 '방법'이란 대체 무엇이었을까? 하퍼는 상상력이 어떤 힘을 지녔는지 잘 알았다. 그가 전차 회사를 찾아가 사장을 만나게 해달라고 요청했다고 가정해보자. 실제로 사장을 만나기까지 시간이 꽤 걸릴 테니 그사이에 사장은 하퍼가 방문한 이유를 예상하고 요청을 거절할 타당하고 논리적인 이유를 생각해낼 수 있다.

또 사장과 만나자마자 다음과 같이 말했다고 가정해보자. "저희 대학에 자금이 절실히 필요해서 도움을 요청하러 왔습니다. 당신은 돈을 많이 벌었고 그 과정에서 지역 사회에 빚을 졌습니다. 우리 학교에 100만 달러를 기부해주시면 새로 지을 건물에 당신 이름을 붙이겠습니다." 그러면 어떤 결과가 나왔을까?

첫째, 이는 전차 회사 사장의 마음을 흔들 만큼 매력적인 동기가 아니다. 그가 '재산을 모으는 동안 지역 사회에 빚을 진' 것은 사실일 테지만 사장은 인정하지 않을 것이다.

둘째, 이 제안을 묵묵히 받아들이는 게 아니라 불쾌하게 여겼을 수도 있다. 하지만 상상력을 활용하는 방법을 잘 아는 하퍼는 이런 사태가 발생하지 않도록 용건을 요령 있게 전달했다.

셋째, 전차 회사 사장에게 돈을 받아 건물에 이름을 붙이려면 이사회의 승인을 받아야 하는데 승인받을 수 있을지 확실하지 않다고 말해서 사장을 수세로 몰았다. 이 기회를 놓치면 적이자 경쟁자가 명예를 얻게 될지도 모른다고 생각하게 함으로써 건물에 자기 이름을 붙이고 싶다는 욕구를 더 강화했다. 게다가 하퍼는 전차 회사 사장에게 자기 이름을 영원히 남기는 방법을 알려줌으로써 인간의 가장 흔한 약점에 강력하게 호소했다.

이 모든 과정은 상상력의 법칙을 적용해야 가능해진다.

하퍼는 최고의 영업 사원이었다. 그는 기부를 요청할 때 항상 상대방 마음속에 돈을 기부해야 하는 타당한 이유를 심어주었다. 그리고 기부하면 결과적으로 어떤 이득을 얻을 수 있는지를 강조하면서 성공의 길을 열었다. 때로는 사업상의 이점을 이야기하고, 때로는 자기 이름을 영원히 남기고 싶다는 인간의 본성에 호소했다. 하지만 기부 요청을 할 때는 항상 상상력을 발휘해서 신중하게 고민하고 매끄럽게 다듬은 계획에 따라 진행했다.

상상력은 돈이 된다

나는 성공의 법칙을 체계적으로 정리해서 책으로 만들기 훨씬 전, 일리노이주의 한 작은 마을에서 이와 관련한 강연을 한 적이 있다. 청중 중에는 최근 보험 일을 시작한 젊은 영업 사원이 있었다. 그는 내 강연을 들은 뒤 그 내용을 업무에 적용하기 시작했다. 강연에서 나는 다른 사람의 이익을 '증진'시키는 업무 협약을 맺고 함께 노력하면 더 큰 성공을 거둘 수 있다고 이야기했었다. 젊은 영업 사원은 이 이야기를 발판 삼아 보험업과 전혀 관계없는 사업가 그룹의 협조를 얻을 계획을 세웠다.

먼저 그는 마을에서 장사가 가장 잘되는 식료품점에 가서 매달 식료품을 50달러 이상 구매하는 고객에게 1천 달러 상당의 보험을 가입시켜주기로 협의했다. 그리고 이 계약 내용을 사람들에게 알려 신규 고객을 대거 유치했다. 식료품점 주인은 마을 사람들이 식료품을 더 많이 사게 유도하려고 가게에 커다란 현수막을 걸어 무료 보험 제공을 알렸다.

그런 다음 이 젊은 영업 사원은 인근에서 고객이 가장 많은 주유소를 찾아가 휘발유, 엔진오일, 기타 자동차용품을 구매하는 고객에게 보험을 제공하는 계약을 체결했다.

그리고 마을의 유명 식당 주인과도 비슷한 계약을 맺었다. 이 계약은 식당 주인에게도 꽤 이익이 되었기에 주인은 즉시 광고를 시작했다. 자기네 식당은 건강에 좋은 재료로 음식을 만들므로 여기서 정기적으로 식사한 사람들은 훨씬 장수할 가능성이 크니 단골손님 모두에게 1천 달러짜리 생명 보험에 가입시켜주겠다는 내용이었다.

영업 사원은 그 지역의 부동산 개발업자를 찾아가 부동산을 구입하는 사람에게 보험을 가입시켜주는 계약도 체결했다. 이때 보험금은 구매자가 부동산 대금을 완납하기 전에 사망할 경우 미지급 잔액을 보전하기에 충분한 금액이었다.

그 젊은이는 현재 오하이오주에서 가장 큰 도시에 본사를 둔 미국 최대 규모의 생명 보험사를 총괄하고 있으며 평균 연 소득이 2만 5천 달러를 훌쩍 넘는다. 상상력의 법칙을 실제로 활용하는 방법을 깨달은 것이 그에게 인생 전환점이 되었다.

그의 계획은 특허 등록이 되어 있지 않으니 상상력의 가치를 아는 다른 생명 보험사가 얼마든지 따라 해도 된다. 나라면 이 계획을 활용해 여러 도시의 자동차 대리점과 제휴를 맺어 자동차 판매를 도우면서 동시에 보험 가입자도 늘릴 것이다.

창의적인 상상력을 활용하는 방법을 배우면 금전적인 성공도 쉽게 이룰 수 있다. 충분한 주도성과 리더십, 상상력을 갖춘 사람은 파이브 앤드텐센트스토어 소유주가 매년 벌어들이는 만큼의 돈을 벌 수도 있다. 현재 이 매장에서 판매하는 것과 동일한 종류의 상품을 자동판매기로 판매하는 시스템을 만들면 어떨까. 아이디어의 씨앗은 이미 뿌려져 있으니 거두기만 하면 된다! 또한 철도 건널목 자동 제어 장치 같은 것은 어떨까. 상상력에 기계적인 기술을 약간 더하면 사람들에게도 필요한 것을 제공할 수 있고 당신도 엄청난 부를 얻게 된다. 상상력의 가치를 알고 전파 원리에 대한 실용적 지식이 있는 발명가라면 도둑이 들었을 때 경찰 본부에 신호를 보내는 동시에 절도 현장에 조명을 켜고 경보를 울리는 도난 경보 시스템을 만들 수도 있다.

상상력을 발휘해 계획을 세울 수 있는 농부는 자기 주에서 발급한 자동차 면허 소지자 목록을 이용해 농장에서 생산한 채소와 닭을 직접 구매할 고객 명단을 만들 수 있다. 그러면 생산물을 도시로 운반하는 비용이 절감되고 각 운전자와 계절별로 계약을 맺으면 생산량도 정확하게 추정할 수 있다. 운전자는 이 계약을 통해 저렴한 비용으로 농가에서 직접 생산한 농산물을 살 수 있다.

도로변의 주유소 주인도 상상력을 발휘할 수 있다. 주유소 옆에 가판대를 설치해놓고 '집에서 만든 샌드위치' 같은 매력적인 광고 문구로 운전자의 눈길을 끄는 것이다. 발길을 멈춘 운전자 중 상당수는 다시 길을 떠나기 전에 주유도 할 것이다. 특별히 복잡할 것도 없는 간단한 제안이지만, 상상력을 이런 식으로 활용하면 재정적인 성공을 거둘 수 있다.

설립자에게 수백만 달러의 부를 안겨준 슈퍼마켓 체인 피글리위글리도 누구나 생각해낼 수 있는 간단한 아이디어였다. 하지만 그 아이디어를 실용적인 방식으로 구현하기까지는 상당한 상상력이 필요했다. 간단하고 필요에 맞게 쉽게 활용할 수 있는 아이디어일수록 가치가 크다. 세세하게 신경 쓸 점이 많거나 복잡한 아이디어를 원하는 사람은 없다.

고객을 사로잡는 영업 사원의 사고방식

상상력은 판매 기술에서 가장 중요한 요소다. 최고의 영업 사원은 항상 상상력을 체계적으로 활용한다. 훌륭한 상인은 사업을 성공적으로 이끌 아이디어를 얻으려고 상상력에 의존한다.

상상력은 넥타이, 셔츠, 양말 같은 작은 물품을 팔 때도 효과적으로 사용할 수 있다. 그 과정이 어떻게 진행되는지 살펴보자.

어느 날 나는 셔츠와 넥타이를 사려고 필라델피아에서 가장 유명한 남성복 매장에 들어갔다. 넥타이 진열대로 다가가자 한 청년이 다가와 물었다. "찾는 제품이 있으신가요?"

내가 그 판매원이라면 그런 질문은 하지 않았을 것이다. 넥타이 진열대로 다가갔으니 이미 내가 넥타이를 원한다는 사실을 알아차렸어야 한다. 나는 넥타이를 두세 개 집어서 잠깐 살펴본 다음 마음에 드는 밝은 파란색 넥타이를 제외한 나머지는 모두 내려놓았다. 그러다가 결국 그 파란색 넥타이도 내려놓고 다른 걸 살펴보기 시작했다.

이때 판매원은 좋은 생각이 났다는 듯 화려한 노란색 넥타이를 집어 들고는 손가락에 감으면서 물었다. "이거 괜찮지 않나요?" 하지만 나는 노란색 넥타이를 싫어하기 때문에 판매원이 화려한 노란색 넥타이가 멋지다면서 권해도 아무 감흥이 없었다.

내가 그 판매원이라면 고객이 확실히 마음에 들어 하는 모습을 보인 넥타이를 집어 손가락에 감아서 목에 맸을 때 어떻게 보이는지 확인시켜주었을 것이다. 판매원은 고객이 집어서 꼼꼼히 살펴본 넥타이를 눈여겨보고 무엇을 원하는지 알아차렸어야 했다. 게다가 고객이 손에 넥타이를 들고 있던 시간을 가늠하면 가장 마음에 들어 하는 넥타이가 무엇인지 알았을 것이다. 진열대에서 자기가 좋아하지도 않는 상품을 만져보는 사람은 없다. 주의 깊은 판매원이라면 고객이 주는 단서를 보고 어떤 상품을 중점적으로 추천해야 팔 수 있는지 알아차린다.

이어서 내가 셔츠 진열대로 발길을 옮기자 나이 든 판매원이 나를 맞이했다. "제가 도와드릴 일이 있을까요?"

나는 속으로 '저 사람이 날 위해 뭔가를 해주려면 반드시 오늘 해야 할 거야'라고 생각했다. 다시는 이 매장에 오지 않을지도 몰랐다. 그에게 셔츠를 보고 싶다고 하면서 원하는 셔츠 스타일과 색상을 설명했다. 그런데 그의 대답을 듣고 깜짝 놀랐다. "죄송하지만 말씀하신 스타일은 유행이 지나서 저희 매장에서는 보여드리고 있지 않습니다."라고 하는 게 아닌가.

그래서 나는 원하는 스타일이 요즘 유행하는 스타일이 아니라는 것은 알지만 혹시 재고가 있다면 사고 싶다고 말했다. 매장에 와서 원하는 제품을 분명하게 설명한 사람에게 "그건 유행이 지난 스타일입니다."라는 식으로 응대하면 짜증이 날 수밖에 없다.

그런 말은 한 사람의 지성에 대한 모욕이며 판매에도 치명적인 영향을 미친다. 내가 물건을 파는 입장이라면 고객의 취향에 대해 어떤 생각을 품을 수는 있겠지만 고객에게 대놓고 유행도 모르는 사람이라고 말하지는 않을 것이다. 만일 고객이 원하는 물건의 재고가 없으면 차라리 더 적절하다고 생각되는 상품을 보여주는 기지를 발휘하는 게 낫지 않을까.

세계적으로 유명하고 돈도 많이 버는 작가 한 명은 어떤 깨달음을 통해 부와 명성을 쌓았다. 바로 사람들이 이미 잘 알고 동의하는 주제에 관한 책을 써야 판매에 유리하다는 것이다. 상품 판매에도 이와 똑같은 규칙이 적용된다.

나이 든 판매원은 셔츠 상자를 몇 개 꺼내더니 내가 요청한 것과 비슷하지도 않은 셔츠를 늘어놓기 시작했다. 그래서 "이 옷들은 내게 전혀 안 어울리는군요."라고 말하고는 매장을 나가려 하자, 판매원은 이번에는 "멋진 멜빵을 좀 보시겠어요?"라고 물었다.

나는 애초에 멜빵을 하고 있지도 않았고 태도나 행동으로 멜빵을 보고 싶어 한다는 티를 내지도 않았다. 물론 판매원이 고객이 문의하지 않은 상품에 관심을 갖도록 유도할 수도 있다. 그러나 적어도 고객이 원할 만한 상품을 권하려고 애써야 한다. 결국 나는 셔츠도 넥타이도 사지 않은 채 그 매장을 나왔다. 판매원들이 색상이나 스타일에 대한 내 취향을 너무 심하게 오판한 것에 좀 화도 났다.

나는 좀 더 가다가 쇼윈도에 셔츠와 넥타이가 진열된 작은 매장으로 들어갔다. 그리고 여기서는 앞선 매장과 전혀 다른 대우를 받았다!

이곳 판매원은 불필요하거나 상투적인 질문을 하지 않았다. 가게에 들어서는 나를 한번 쓱 보는 것만으로도 꽤 정확한 평가를 내리고는 상냥한 목소리로 "어서 오세요!"라고 인사를 건넸다.

그리고 "셔츠나 넥타이 중 어느 것을 먼저 보여드릴까요?"라고 물었다. 나는 셔츠를 먼저 보겠다고 했다. 그는 내가 입고 있는 셔츠의 스타일을 보고 사이즈를 묻더니, 아무 말도 하지 않았는데도 내가 찾던 바로 그런 스타일과 색상의 셔츠를 꺼내놓기 시작했다. 그는 6가지 스타일의 셔츠를 꺼내놓고는 내가 어떤 걸 먼저 집어 드는지 지켜보았다. 나는 셔츠를 차례대로 훑어본 다음 모두 진열대에 다시 내려놓았지만, 판매원은 내가 어떤 셔츠를 다른 셔츠보다 자세히 살펴보고 좀 더 오래 들고 있었는지 알아차렸다.

판매원은 내가 그 셔츠를 내려놓자마자 다시 집어 들더니 그게 어떻게 제작되었는지 설명하기 시작했다. 그리고 넥타이 진열대로 가서 내가 찾던 스타일의 근사한 파란색 넥타이 세 개를 가지고 돌아왔다. 그는 넥타이를 묶어 하나씩 셔츠 앞에 대보면서 넥타이와 셔츠 색상이 완벽하게 조화를 이루는 것을 보여주었다.

나는 그 가게에 들어온 지 5분도 되지 않아 셔츠 세 벌과 넥타이 세 개를 샀다. 그리고 쇼핑백을 들고 나오면서 셔츠와 넥타이가 더 필요하면 다시 이곳으로 와야겠다고 생각했다.

나중에 알게 된 사실인데, 내가 물건을 산 작은 가게의 주인은 월세 500달러짜리 매장에서 셔츠와 넥타이만 판매하면서도 상당한 수입을 올린다고 한다. 그가 인간의 본성에 대해 잘 몰랐다면 가게에 오는 고객을 대상으로 이토록 높은 매출을 올릴 수 없었을 것이다.

나는 여성이 가게에서 모자를 써보는 모습을 자주 본다. 그런데 왜 판매원이 잠재 고객이 모자를 대하는 모습을 보고도 그 마음을 읽지 못하는 건지 의아하다.

보통은 이렇다. 한 여성이 상점에 들어가 모자를 보여달라고 한다. 판매원이 모자를 가져오고 잠재 고객은 모자를 써보기 시작한다. 모자가 조금이라도 자신에게 어울리면 고객은 몇 초 혹은 몇 분 동안 그 모자를 쓰고 있지만, 마음에 들지 않으면 바로 벗어버린다.

그러다가 마침내 마음에 쏙 드는 모자가 나타나면 여성은 모자를 쓴 채로 머리카락을 정리하거나 가장 좋아하는 각도로 모자를 눌러쓰거나 손거울을 이용해 모자 쓴 뒷모습을 비추어본다. 고객을 잘 아는 판매원이라면 이런 확실한 의사 표시를 놓치지 않는다. 마지막으로 고객은 모자를 벗어 자세히 살펴본다. 그런 다음 옆에 치워놓고 다른 모자를 써보기도 하는데, 영리한 판매원은 고객이 방금 벗은 모자를 따로 두었다가 적절한 때에 가져와 고객에게 다시 써보라고 권한다.

고객이 뭘 좋아하고 싫어하는지 주의 깊게 관찰하는 영리한 판매원은 종종 한 번에 모자를 서너 개씩 팔기도 한다. 고객이 어떤 제품을 좋아하는지 보고 집중하면 된다. 이 규칙은 다른 상품을 판매할 때도 적용된다. 고객을 주의 깊게 관찰하면 원하는 게 뭔지 분명히 알 수 있고,

그 단서를 따라가면 고객이 물건을 구매하지 않고 나가는 일은 거의 없다. 매장에서 물건을 사지 않고 나가는 비구매 고객의 75퍼센트가 판매원이 상품을 요령 있게 보여주지 않아서라는 통계 수치가 있는데 나는 이것이 보수적인 수치라고 생각한다.

나는 작년 가을에 펠트 모자를 사러 모자 가게에 간 적이 있다. 바쁜 토요일 오후였는데 아직 고객을 한눈에 파악하는 법을 배우지 못한 풋내기 판매원이 다가왔다. 그 청년은 아무 이유도 없이 불쑥 갈색 중산모자(꼭대기가 둥글고 높은 서양 모자. 예장용은 검은색, 승마용·산책용은 회색이나 갈색이다.—편집자)를 꺼내 건네주었다. 아니, 건네주려고 했다. 나는 그가 장난을 건다고 생각해 모자를 받아들지 않고, "혹시 여기서는 옛날이야기도 들려주나요?"라는 농담으로 그의 장난을 되받아쳤다. 판매원은 놀란 표정으로 날 쳐다보았지만 내가 한 말에 담긴 속뜻은 알아차리지 못했다.

그 청년이 나를 관찰한 것보다 내가 그를 더 면밀히 관찰하지 않았다면 나는 심한 모욕감을 느꼈을 것이다. 청년은 진지하지만 아직 경험이 부족한 풋내기였다. 그리고 내가 정말 싫어하는 게 하나 있다면 그게 바로 중산모자고 갈색 중산모자는 더더욱 싫어한다.

그때 정규 판매원 한 명이 우연히 우리 모습을 보고는 다가와 그 청년의 손에서 갈색 중산모자를 낚아챘다. 그리고 나를 달래는 듯한 미소를 지으면서 "대체 이 신사분께 뭘 보여드린 거야?"라고 했다. 나는 보자마자 날 신사로 인정해준 그 판매원이 첫 번째로 꺼내온 모자를 샀다. 고객은 판매원이 시간을 들여 고객의 특성을 연구하고 그 특성에 맞는 상품을 보여주어야 기분이 좋아진다.

몇 년 전 나는 뉴욕에서 가장 큰 남성복 매장에 가서 양복을 보여달라고 한 적이 있다. 원하는 스타일은 정확히 설명했지만 가격 이야기는 꺼내지 않았다. 그런데 판매원이라는 청년이 "그런 양복은 판매하지 않습니다."라고 말하는 게 아닌가. 나는 마네킹이 내가 원하는 스타일의 양복을 입고 있는 것을 보고 가리켰다. 그러자 그는 "아, 저거요? 저건 비싼 겁니다!"라는 말로 나를 도발했다.

그의 대답에 나는 화가 났다. 청년에게 "내가 고가의 양복을 사러 온 게 아니라고 판단한 이유가 뭔가요?"라고 물었다. 그는 당혹스러운 표정으로 해명했지만 그의 해명은 원래의 잘못만큼이나 형편없었고, 나는 문으로 향하며 "멍청한 놈…."이라고 중얼거렸다. 문에 다다르기 전에 다른 판매원을 만났는데 그는 내 걸음걸이와 표정을 보고는 기분이 안 좋다는 것을 알아차렸다.

눈치가 매우 빠른 그 판매원은 내게 말을 걸어서 속상한 마음을 털어놓게 했다. 그리고 나를 다시 매장 안쪽으로 데려가 양복을 보여주었다. 결국 원래 사려고 했던 양복과 별로 살 생각이 없었던 다른 양복 두 벌까지 구입한 뒤에 매장을 나섰다. 이게 바로 제대로 된 영업 사원과 고객을 쫓아내는 영업 사원의 차이다. 게다가 나는 나중에 친구 두 명에게도 그 판매원을 소개해 그는 내 친구들을 통해서도 상당한 매출을 올렸다.

한번은 시카고의 미시간 대로를 걷다가 남성복 매장 쇼윈도에 걸린 근사한 회색 양복에 눈길이 쏠렸다. 옷을 살 생각은 없었으나 가격이 궁금했다. 나는 가게에 들어가지는 않고 문을 열어 머리만 쏙 내밀고는 눈에 띄는 첫 번째 사람에게 쇼윈도의 양복이 얼마냐고 물었다.

그러자 내가 지금까지 본 것 가운데 가장 영리한 판매 전략이 펼쳐졌다. 내가 매장에 들어오지 않으면 양복을 팔 수 없다는 것을 아는 그 판매원은 이렇게 말했다. "양복 가격을 알아보는 동안 잠시 안에 들어와 계시겠습니까?" 물론 그는 가격을 알고 있었지만, 이건 그가 양복을 강매할지도 모른다고 여기는 내 경계심을 누그러뜨리려는 행동이었다. 당연히 나도 판매원처럼 정중하게 행동해야 했기에 "그러지요."라고 말하고는 안으로 들어갔다. 판매원은 "이쪽으로 오시면 제가 가격을 알아 오겠습니다."라고 했다.

그로부터 2분도 채 지나지 않아 나는 입고 있던 코트를 벗고 아까 쇼윈도에서 본 것과 같은 코트를 입어볼 준비를 하고 있었다. 코트를 입어보니 몸에 꼭 맞았다. 이건 우연이 아니라 판매원이 정확한 눈썰미로 내게 맞는 옷을 골라준 덕분이었다. 코트를 걸치자 부드럽고 매끄러운 소재에 관심이 쏠렸다. 판매원이 소재를 설명하면서 했던 것처럼 코트의 팔 부분을 문질러보니 정말 좋은 소재였다. 이 시점에서 다시 가격을 물어보았고 50달러밖에 안 한다는 말을 듣고 놀랐다. 훨씬 비쌀 줄 알았기 때문이다. 하지만 처음 쇼윈도에 걸린 옷을 보면서 예상했던 가격은 35달러 정도였으니, 그 옷의 장점을 가장 멋지게 소개해주는 사람을 만나지 않았다면 과연 그렇게 많은 돈을 주고 샀을지 의문이다. 또 처음 입어본 코트가 너무 크거나 작았다면 과연 샀을지 의문이다.

나는 심리학자가 흔히 말하는 순간적인 충동에 굴복해 옷을 샀다. 한 번이라도 실수를 저질렀다면 판매원은 옷을 팔지 못했을 것이다. 내가 가격을 물었을 때 판매원이 바로 "50달러입니다."라고 대답만 했다면 나는 "감사합니다."라고 인사하고는 옷을 구경하지도 않은 채 그냥 갔을 것이다. 이후에도 나는 같은 판매원에게 양복 두 벌을 더 샀다. 나중에 시카고에 다시 머물게 된다면 그에게 또 옷을 살 것이다. 그는 내 취향에 맞는 양복을 잘 추천해주기 때문이다.

고객 심리에 부가가치가 있다

시카고에 있는 마셜필드백화점은 다른 백화점보다 비싸게 물건을 판다. 그런데도 사람들은 다른 매장에서 저렴하게 구매했을 때보다 만족스럽게 쇼핑한다. 그 이유가 뭘까?

여러 가지 이유가 있겠지만 그중 하나는 마셜필드백화점의 판매 정책에 있다. 마셜필드백화점에서 구매한 상품이 만족스럽지 않으면 고객은 다른 상품으로 교환 혹은 환불을 받을 수 있다.

사람들이 마셜필드백화점에 더 많은 돈을 지불하는 또 하나의 이유는 다른 백화점보다 뛰어난 상품 진열 방식에 있다. 마셜필드백화점의 쇼윈도 상품 진열은 단순히 상품을 팔기 위한 게 아니라 마치 예술적인 목적으로 만들어낸 진정한 예술 작품 같다. 매장 진열도 마찬가지다. 백화점 전체에서 상품이 조화롭고 적절하게 진열되어 상상 이상으로 분위기가 근사하다.

그리고 마셜필드백화점이 다른 백화점보다 상품에 더 비싼 가격을 매기는 또 다른 이유는 판매원을 신중하게 선택하고 감독하는 데 있다. 마셜필드백화점에서 일하는 사람들은 누구라도 자기 이웃으로 삼고 싶을 만큼 친절하고 좋다. 마셜필드백화점에서 상품을 구입하면 판매원이 포장도 예술적으로 해준다. 이것도 사람들이 굳이 더 비싼 값을 치르면서까지 마셜필드백화점에서 물건을 사는 이유가 된다.

상품을 예술적으로 포장하는 이야기가 나온 김에, 상품 포장에도 상상력을 활용할 수 있음을 보여주는 내 친구의 경험담을 들려주고 싶다. 이는 판매업에 종사하는 사람들에게 매우 명확한 의미를 전달할 것이다. 이 친구는 오랫동안 매우 훌륭한 은제 담배 케이스를 들고 다녔다. 아내에게 선물받은 케이스라 더 자랑스럽게 여겼다. 그런데 계속 사용하다 보니 케이스가 구부러지고 움푹 들어가고 경첩이 휘는 등 심하게 손상되었다. 그래서 콜드웰이라는 보석상에 가져가 맡기면서 수리가 끝나면 자기 사무실로 보내달라고 부탁했다.

약 2주 후 콜드웰이라는 이름이 새겨진 멋진 배달차가 그의 회사로 왔다. 깔끔한 제복을 입은 잘생긴 청년이 예술적으로 포장해서 리본 테이프로 묶은 꾸러미를 들고 차에서 내려서 사무실로 찾아왔다. 그 꾸러미는 우연히 친구 생일에 배달되었다. 친구는 담배 케이스 수리를 맡겼던 사실을 잊고 있었던 터라 누군가 생일 선물을 보낸 것으로 착각했다. 비서와 사무실의 다른 직원들까지 책상 주위에 모여 그가 '선물'을 여는 모습을 지켜보았다. 친구는 리본을 자르고 포장을 벗겼다. 그 아래에는 콜드웰의 머리글자와 상표가 새겨진 아름다운 금색 봉인으로 고정된 박엽지가 덮여 있었다. 이 포장지를 제거하자 보드라운 안감을 댄 아주 근사한 상자가 눈에 들어왔다. 상자를 열고 포장지를 제거하고 나니 담배 케이스가 나왔다.

친구는 꼼꼼하게 살펴보고서야 겨우 자기가 수리를 맡긴 담배 케이스임을 알아차렸다. 전과는 다른 케이스처럼 보였기 때문이다. 움푹 패었던 부분은 전부 세심하게 펴졌고 구부러졌던 경첩도 제대로 수리되었다. 깨끗하게 닦고 광을 낸 담배 케이스는 처음 샀을 때처럼 반짝였다. 담배 케이스 주인과 구경꾼들 입에서 동시에 "오—"하는 감탄사가 길게 이어졌다. 그리고 청구서가 동봉되어 있었다! 청구된 금액은 높았지만 수리비 자체는 그리 비싸지 않은 듯 느껴졌다. 사실 고급 박엽지 덮개와 금색 봉인, 리본 테이프를 이용한 케이스 포장부터 깔끔하게 차려입은 청년이 잘 정비된 배달차로 소포를 배달하는 것에 이르기까지 이 거래에 포함된 모든 것은 신중하게 고객 심리가 계산되어 있고, 이는 비싼 수리비의 근거가 되었다.

사람들은 일반적으로 가격이 비싸더라도 그 가격에 상응하는 '서비스'나 고급스러운 포장이 제공되면 불평하지 않는다. 반면에 가격은 비싼데 서비스가 엉망일 때는 불평한다. 나는 이 담배 케이스 사건에서 큰 교훈을 얻었다. 나뿐만 아니라 어떤 상품이든 판매업에 종사하는 사람이라면 배울 점이 있을 것이다. 당신이 판매하는 상품이 실제로 고객에게 요구하는 가격만큼의 가치가 있을지도 모르지만, 효과적인 진열과 예술적인 포장 방법을 세심하게 연구하지 않으면 과도한 요금을 청구한다는 비난을 받을 수도 있다.

필라델피아 브로드가에 있는 한 과일 가게에서는 제복을 입은 남자가 문 앞에 서 있다가 가게를 찾은 손님들에게 문을 열어준다. 그는 문 여는 것 외에는 아무것도 하지 않는다. 대신 세심하게 연구하고 연습한 미소를 지으면서 문을 열어주고, 이에 손님은 가게 안에 들어가기도 전부터 환영받는 기분을 느낀다. 이 과일 가게는 특별하게 준비한 과일 바구니를 전문적으로 판다. 가게 바깥에는 뉴욕에서 출발하는 다양한 원양 정기선의 출항 날짜가 적힌 커다란 칠판이 있다. 이 가게는 이 배들에 과일 바구니를 배달해달라고 주문하는 고객을 상대한다. 특정한 날짜에 배를 타고 떠나는 연인이나 배우자, 혹은 친한 친구에게 과일 바구니를 보내려는 사람은 당연히 과일 바구니를 예쁘게 장식해서 보내고 싶어 한다. 게다가 그 바구니에는 저렴한 싸구려 과일을 담으려고 하지도 않는다.

이 과일 가게 주인은 사람들의 이런 심리를 이용해서 돈을 번다! 한 블록 떨어진 가게에서 3달러에서 7달러 50센트 정도면 살 수 있는 과일 바구니가 여기서는 10~25달러나 한다. 물론 저렴한 가게 쪽에서는 75센트짜리 리본 장식을 제공하지 않는다. 이 과일 가게는 규모가 크지는 않으나 주인은 1년에 최소 1만 5천 달러의 임대료를 내고도 일반 과일 가게 50개를 합친 것보다 훨씬 많은 돈을 번다. 고객의 허영심을 자극하는 방식으로 상품을 진열하고 배달하는 방법을 안 덕분이다. 이는 상상력의 가치를 증명하는 또 다른 증거다.

부자가 아니어도 사람들은 구매하는 상품에 실제 가치를 더하지 않는 포장이나 배달, 장식 같은 외관에 대해서도 '품격'을 고집한다. 이를 이해하고 상품에 상상력을 더하는 방법을 배운 상인은 그 지식의 대가로 풍성한 수확을 거둘 수 있다. 실제로 많은 상인이 그렇게 하고 있다.

<u>적절한 상품 진열과 포장, 배송과 관련한 인간 심리를 이해하고 고객의 기분과 성향에 맞추어 상품을 보여주는 방법을 아는 판매원은 평범한 상품도 비싼 가격으로 팔 수 있다.</u> 더 중요한 점은 똑같은 상품을

'세심하게 계획된' 매력이나 예술적인 포장, 배송 서비스로 단골손님을 쉽게 유지할 수 있다는 것이다.

무겁고 볼품없는 컵에 커피를 따라주고 식기는 전부 변색되거나 지저분한 '싸구려' 식당에서 파는 햄샌드위치는 그냥 햄샌드위치일 뿐이다. 이 샌드위치를 15센트에 판다면 그럭저럭 가격을 잘 받는 편이다. 하지만 깔끔한 옷차림의 종업원이 앙증맞고 섬세한 잔에 커피를 따라 깨끗한 테이블보가 덮인 테이블로 가져다주는 길 건너 식당에서는 훨씬 작은 햄샌드위치를 25센트에 팔고 종업원은 따로 팁도 받는다. 두 가게에서 파는 샌드위치의 유일한 차이는 겉모습이다. 두 가게 모두 같은 정육점에서 파는 햄과 같은 빵집에서 파는 빵을 쓴다. 가격 차이가 상당히 크지만 이는 상품의 품질이나 양 때문이 아니라 식당 외관 혹은 분위기 때문이다.

사람들은 외관이나 분위기에 돈을 쓰는 것을 좋아한다! 이는 "1분에 한 명씩 호구가 태어난다."라고 했던 사기꾼 P. T. 바넘(80세 노인을 161세라고 속이거나 가짜 인어를 전시하는 등 각종 노이즈 마케팅을 일삼은 사업가.-편집자)의 말을 좀 더 세련되게 표현했을 뿐이다.

판매 심리학의 대가가 5만 달러어치의 재고가 있는 평범한 가게에 가면 약간의 추가 비용만 들이고도 재고 가치를 6만~7만 5천 달러까지 끌어올릴 수 있다는 말은 과장이 아니다. 아마 그가 하는 일이라고는 매장에 어울리는 가구를 몇 개 구입하고 판매원에게 상품을 더 멋진 포장지와 상자로 다시 포장해서 진열하라고 조언하는 게 전부일 것이다.

장식용 리본과 얇은 종이로 감싸서 괜찮은 상자에 담은 남성용 셔츠는 평범하게 포장한 셔츠보다 1달러에서 1달러 50센트 더 비싸게 팔 수 있다. 나는 이 '적절한 진열'의 효과를 잘 모르는 상인을 설득하려고 이를 셀 수 없을 만큼 여러 번 증명했다.

반대로 아무리 고급 셔츠라도 상자에서 꺼내 허름한 셔츠와 함께 할인 매장에 진열해두면 가격을 원래 가치의 절반밖에 못 받는다는 것도 여러 번 증명했다. 이 사례는 사람들이 자기가 구입하는 상품을 꼼꼼하게 분석하기보다는 외관에 많이 의존한다는 사실을 보여준다.

자동차를 살 때도 이런 경향이 두드러지게 나타난다. 사람들은 자동차 외관을 중요시해서 멋진 스타일의 차를 원한다. 자동차 외관만 근사하면 덮개 아래나 뒤 차축에 뭐가 있는지는 신경 쓰지도 않는다.

탁월한 분석 능력을 지닌 포드도 내가 방금 한 말이 사실임을 깨닫는 데 거의 20년이 걸렸다. 심지어 그때도 경쟁자 때문에 억지로 인정했다. 사람들이 실제 성능보다 겉모습을 중시하지 않는다면 포드는 새로운 자동차를 만들지 못했을 것이다. 물론 자동차에는 진정한 가치가 존재한다. 동시에 자동차는 외관을 중시하는 사람들의 성향에 호소하는 훌륭한 심리적 사례이기도 하다.

왜 항상
만족은 멀리 있는가?

인생의 문 앞에 기록원이 서 있다. 그는 현명한 사람의 이마에는 '불쌍한 바보'라고 쓰고 성인의 이마에는 '불쌍한 죄인'이라고 쓴다.

인생은 우주에서 가장 신비롭다! 우리는 동의하지 않은 상태에서 이곳에 왔고, 어디서 왔는지도 모른다! 또 동의 없이 떠나고, 어디로 가는지도 모른다!

우리는 '인생'이라는 거대한 수수께끼를 풀려고 끝없이 노력한다. 과연 그 목적은 무엇일까? 어떤 확실한 이유가 있어서 우리가 이 땅에 왔음을 의심하는 사람은 없다. 그렇다면 죽은 뒤에는 우리를 이곳에 오게 한 힘이 우리를 어떻게 할까? 우리를 이 땅에 오게 한 창조주는 지적인 존재일 테고, 우리가 죽은 뒤에도 어떻게 할지 알고 있을까? 그리고 우리에게는 미래의 삶을 자기 뜻대로 통제할 지성과 능력이 있을까? 우리가 사는 동안 자기 행동을 잘 통제하고, 서로에게 예의 바르게 대하고, 세상에서 할 수 있는 모든 방법으로 선을 행하고, 내세는 우리에게 가장 좋은 게 뭔지를 우리보다 잘 아는 창조주에게 맡기면 매우 지적으로 협력할 수 있지 않을까?

우리 마음은 태어나서 죽는 순간까지 항상 가지지 못한 것을 향해 손을 뻗는다. 장난감을 가지고 놀던 아이는 다른 아이가 다른 장난감을 갖고 노는 모습을 보면 즉시 그 장난감을 만지려고 한다. 여자아이가 크면, 다른 여자의 옷이 자기 옷보다 잘 어울린다고 생각하여 따라 입으려고 한다. 남자아이가 크면, 자기보다 철도나 은행, 상품을 많이 가진 사람을 보면서 혼잣말을 한다. "정말 운 좋은 사람이네! 운이 좋아! 어떻게 해야 그가 재산을 좀 잃게 할 수 있을까?"

염가 판매점의 제왕인 울워스는 뉴욕 5번가에 서서 높은 빌딩들을 올려다보며 이렇게 말했다. "정말 멋지군! 언젠가 저것보다 훨씬 높은 건물을 지을 거야." 그의 인생에서 가장 큰 업적은 울워스빌딩(1913년 완공된 이 건물은 17년간 세계에서 가장 높은 건물이었으며, 20세기 미국 건축사를 대표하는 걸작으로 꼽힌다.—편집자)으로 상징된다. 그 건물은 다른 이들의 노력을 능가하고자 하는 인간의 본성을 상징하며 우뚝 서 있다. 인간의 허영심을 기리는 그 건축물의 존재를 정당화할 방법이 별로 없다!

누더기를 걸치고 거리에서 신문을 파는 아이가 도로변에서 차에서 내려 자기 사무실로 들어가는 사업가의 모습을 입을 벌리고 바라보며 부러워한다. "나도 작은 차라도 한 대 있으면 얼마나 좋을까." 사무실에 들어가 책상 앞에 앉은 사업가는 이미 돈이 넘치게 쌓인 자기 통장에 100만 달러를 더 추가할 수 있다면 얼마나 행복할지 생각한다.

멍청한 자는 울타리 너머 남의 목초지에서 자라는 풀이 더 싱싱해 보인다고 여기면서 어떻게든 남의 걸 손에 넣으려고 한다.

사과 과수원에 몰려간 소년들은 땅에 떨어져 있는 달콤하고 잘 익은 사과에는 눈길도 주지 않는다. 나무 꼭대기에 위험할 정도로 높이 매달린 빨갛고 탐스러운 사과가 훨씬 유혹적으로 보이기 때문에 그들은 나무 위로 올라간다.

결혼한 남성은 거리에서 곱게 차려입은 여성을 소심하게 쳐다보면서 자기 아내가 저렇게 예쁘면 얼마나 좋을까 생각한다. 아마 실제로는 아내가 훨씬 예쁘지만 '언제나 남의 떡이 더 커 보이는 법이므로' 그는 아내의 미모를 알아차리지 못한다.

행복은 항상 가까이에, 언제나 눈에는 보이지만 손이 닿지 않는 곳에 있다. 우리가 무엇을 얼마나 많이 가지고 있든 인생은 절대 완벽하지 않다. 한 가지가 있으면 그에 어울리는 다른 뭔가가 또 필요해진다.

한 여성이 예쁜 모자를 샀다. 그러자 그 모자에 어울리는 옷이 필요해졌다. 옷을 사자, 이번에는 새 신발과 스타킹과 장갑, 그리고 수입을 훨씬 뛰어넘는 엄청나게 값비싼 다른 액세서리도 필요해졌다.

한 남성이 숲 가장자리에 있는 평범하고 작은 집을 꿈꾸다가 그런 집을 지었지만, 어쩐지 완벽하게 느껴지지 않았다. 그래서 주변에 집과 어울리는 관목과 꽃을 심었다. 하지만 여전히 완벽하지 않았다. 근사한 울타리와 자갈이 깔린 진입로를 만들었다. 자동차와 자동차를 넣어둘 차고 또한 마련했다. 이렇게 원하는 것을 하나씩 추가했지만 소용없었다! 이제 그는 집터가 너무 작게 느껴진다. 방이 더 많은 집이 있어야 하고, 전국 일주 여행을 함께할 동반자를 태우려면 자동차를 더 고급 사양으로 바꾸어야 한다는 생각이 든다. 이런 식으로 이야기는 끝없이 계속된다!

그 젊은이는 자신과 가족이 꽤 편안하게 생활할 수 있을 만큼의 급여를 받는다. 그러다가 승진해서 연봉이 1천 달러 인상되었다. 그는 추가로 생긴 이 돈을 저축한 뒤 예전과 같은 생활 수준을 유지할까? 아니, 그러지 않을 것이다. 당장 오래된 차를 새 차로 바꾸고 집 현관 공사를 한다. 아내에게는 새 옷장이 필요하다. 식탁에는 전보다 맛있는 음식이 많이 올라와야 한다. (그의 불쌍한 위는 이를 다 소화해야 한다.) 급여가 인상되었으니 연말이면 형편이 더 좋아질까? 아니다! 더 많이 가질수록 더 많이 원하게 된다는 규칙은 돈이 수백만 달러 있는 사람이든, 수천 달러 있는 사람이든 똑같이 적용된다.

한 젊은이가 원하는 여자를 선택하면서 그 사람 없이는 도저히 살 수 없다고 생각했다. 그런데 그녀를 얻은 뒤에는 과연 함께 살 수 있을지 확신이 서지 않았다. 독신으로 사는 남성은 자기가 왜 결혼 생활의 즐거움을 스스로에게서 박탈하는 어리석은 짓을 저지르고 있는지 의아해한다. 반면 결혼한 남성은 어떻게 아내가 자기를 방심시키고 '족쇄를 채웠는지' 의아해한다. 그리고 운명의 신은 "바보들 같으니라고! 뭔가를 해도 후회하고 안 해도 후회하는군!"이라고 외친다.

인생의 모든 갈림길마다 불만의 악마가 어두운 그늘에 서서 조롱의 미소를 띠면서 외친다. "어느 쪽이든 원하는 길로 가보라고! 어느 방향으로 가든 결국 우리가 발목을 잡을 테니까!"

마침내 인간은 환멸을 느끼면서 이 세상에서는 행복과 만족을 느낄 수 없음을 깨닫는다. 그래서 자기가 모르는 어떤 세상으로 향하는 문을 열어줄 암호를 찾기 시작한다. 분명히 죽음 너머에는 행복이 기다릴 것 같다. 절망에 빠져 지치고 찌든 한 남성이 희망과 격려를 얻으려고 종교 쪽으로 향했다. 하지만 그의 고민은 끝나지 않았다. 이제 막 시작일 뿐이다! "우리 쪽으로 와서 우리의 신조를 받아들이세요." 한 종파가 말했다. "그러면 죽은 뒤에 천국에 갈 수 있습니다." 불쌍한 남성은 망설이면서 가만히 듣고만 있었다. 그때 다른 종교에서 부르는 소리가 들렸다. 그 종교 지도자는 말했다. "그쪽 진영에 들어가면 바로 지옥에 떨어질 겁니다! 그들은 당신 머리에 물만 뿌리고 말지만, 우리는 당신을 끝까지 도와서 안전하게 약속의 땅으로 들어가게 해주겠습니다."

각 종파의 주장과 반론이 난무하는 속에서 불쌍한 남성은 결정을 내리지 못했다. 이쪽으로 갈지 저쪽으로 갈지 갈팡질팡하던 그는 어떤 종교가 가장 안전한 통로를 제공하는지가 궁금해졌다.

✦ 젊을 때는
  의사와 성인을
  자주 찾아다니면서
  해당 문제에 대한
  중요한 논쟁을 들었다.
  하지만 항상
  들어갈 때와
  똑같은 문으로 다시 나왔다.

항상 찾으려고 노력하지만 결코 찾지 못하는 것, 이것이 행복과 만족을 얻기 위한 인간의 투쟁이다. 그는 종교를 하나씩 섭렵하다가 마침내 세상에서 '저주받은 곳'이라고 부르는 '큰 교회'에 합류했다. 그는 '우리는 어디에서 와서 어디로 가는가?'라는 질문에 대한 답을 여기서 찾으려고 애썼다.

✦ 사람들이 마음에 품은
　세속적인 희망은
　재로 변하기도 하고 번창하기도 한다.
　그리고 곧
　사막의 먼지투성이 얼굴에
　내리는 눈처럼
　한두 시간 빛을 발하다가
　사라진다.

인생은 영원한 물음표다!
우리가 가장 원하는 것은 항상 미래의 태동기에 있다. 그것을 얻을 힘은 욕망한 때로부터 항상 10년 이상 지난 뒤에나 생긴다! 그리고 원하던 것을 손에 넣을 수 있는 때가 되면 더 이상 원하지 않게 된다! 이 위대한 진리를 일찌감치 깨우친 사람은 행운아다.

영웅이자 천재처럼 느껴지는 좋아하던 작가도 직접 만나면 결국 그도 한 인간일 뿐이라는 슬픈 진실을 알게 된다. 에머슨은 말했다. "이런 교훈을 얼마나 자주 얻어야 하는 걸까? 누군가에게서 한계를 발견하면 사람들은 더 이상 그에게 관심을 쏟지 않는다. 한계는 우리의 유일한 죄다. 어떤 사람의 한계가 발견되면 그 사람은 끝장난 것이다."

저 멀리 있는 산은 얼마나 아름다운가? 하지만 가까이 다가가서 보면 바위와 흙, 나무로 이루어진 꼴사나운 집합체에 불과하다.

아름다움, 행복, 만족은 마음의 상태다. 멀리서 바라봐야만 감탄하며 즐길 수 있다. 17세기 네덜란드 화가 렘브란트 판레인의 가장 아름다운 그림도 너무 가까이 다가가 보면 두껍게 덧바른 물감 얼룩에 불과하다.

인간의 마음속에 담겨 있는 미완성된 꿈이 이루어지리라는 희망을 파괴하면 그는 끝난다. 인간의 가장 크고 유일하게 지속되는 행복은 아직 달성하지 못한 목표를 추구하는 데서 느끼는 행복이다. 기대는 실현보다 달콤하다. 눈앞에 있는 것은 만족감을 안겨주지 못한다. 미래의 성취에 대한 희망을 마음속에 간직하고 있는 사람만이 유일하게 지속적인 만족을 느낄 수 있다. 그 희망이 죽으면 인간의 마음도 죽는다.

인생의 가장 큰 모순은 우리가 믿는 대부분 것이 사실이 아니라는 데 있다. 교육자인 콘웰은 '다이아몬드 에이커'라는 제목의 강연을 하는데 인기가 무척 많다. 이 강연의 핵심은 기회는 멀리서 찾을 필요가 없으며 자기 집 근처에서도 얼마든지 발견할 수 있다는 것이다. 물론 그럴 수도 있지만, 그렇게 생각하는 사람이 얼마나 되겠는가?

기회는 열심히 찾는 곳에서만 발견되지 다른 곳에서는 찾을 수 없다! 사람들은 울타리 너머 남의 땅을 더 좋게 본다. 자기 주변이 아닌 다른 곳에서 기회를 찾는 게 인간의 본성이다. 그러니 작은 고향 땅에서 행운을 시험해보라고 권하는 것이 얼마나 무의미한 일인가.

울타리 너머의 풀이 더 싱싱해 보인다고 하더라도 걱정할 필요는 없다. 그것은 자연이 의도한 바다. 자연은 그렇게 우리를 유혹하고 투쟁을 통한 성장이라는 평생의 과제를 안겨준다.

7장

성공의 법칙 6

끊임없는 열정으로
목표를 눈앞에 가져와라

"무언가를 공짜로 얻는 것'은 불가능하다. 자동차를 사든 빵을 사든 우리는 정확히 지불한 만큼 얻기 마련이다."

열정은 당면한 과제를 처리하도록 자극하고 분발시키는 정신 상태다. 더구나 열정은 전염성이 있어서 열정적인 사람뿐만 아니라 그와 접촉하는 모든 사람에게 영향을 미친다. 열정과 인간의 관계는 증기와 증기기관차의 관계와 비슷하다. 열정은 행동을 촉진하는 주요 원동력이고, 위대한 리더는 자신을 따르는 이에게 열정을 불어넣는 방법을 안다. 열정은 판매 기술과 대중 연설에서도 가장 중요한 요소다.

열정적인 사람과 열정이 부족한 사람의 차이를 알고 싶다면, 전도사 빌리 선데이를 다른 전도사와 비교해보라. 설교 내용이 아무리 훌륭해도 선데이처럼 열정이 없으면 주목을 끌지 못한다.

열정, 불가능을 가능케 하는 힘

열정이 있으면 일이 힘들거나 지루하지 않다. 열정은 온몸에 활력을 불어넣으므로 평소보다 수면 시간을 반으로 줄여도 버틸 수 있고, 얼마간 평소보다 두세 배 많은 일을 해도 피로하지 않다.

나는 오랫동안 밤에 글을 썼다. 우리 집은 뉴욕시 메트로폴리탄타워 바로 건너편 광장에 있는데 어느 날 밤 열심히 글을 쓰다가 창밖을 내다보니 메트로폴리탄타워에 비친 달빛이 평소와 달리 이상했다. 전에 없이 은회색을 띠고 있었다. 자세히 살펴보니 달빛이 아니라 이른 아침의 태양이었다. 그새 날이 밝은 것이다! 밤새 일에 너무 몰두한 나머지 시간 가는 줄도 몰랐다. 그날 가벼운 식사를 한 시간을 제외하면 쉬지 않고 일했다. 이틀 동안 잠도 자지 않고 음식도 거의 먹지 않으면서 일했는데도 별로 피로하지 않았다. 일에 대한 열정이 몸의 활력을 유지해주지 않았다면 불가능했을 것이다.

열정은 단순한 비유적 표현이 아니라 우리가 실제로 유익하게 이용할 수 있는 활력이다. 열정이 없는 사람은 방전된 전지와 비슷하다. 열정은 우리 몸을 재충전하고 활기찬 성격을 발전시키는 중요한 힘이다. 어떤 사람은 열정을 타고나지만 어떤 사람은 노력해서 계발해야 한다. 열정을 계발하는 과정은 본인이 가장 좋아하는 일이나 봉사를 하는 데서부터 시작된다. 가장 좋아하는 일을 할 수 없는 상황이라면 언젠가 그 일을 할 것을 명확한 핵심 목표로 삼은 뒤 다른 방향으로 나아가면 된다.

자본이 부족하거나 당장 통제할 수 없는 상황이 닥치면 원치 않는 일을 해야 할 수도 있다. 하지만 우리가 인생에서 가장 중요한 목표를 정하거나 그 목표를 이룰 방법과 수단을 계획하고 열정을 쏟는 것은 누구도 막지 못한다.

행복은 모든 인간의 최종 목표며 미래에 뭔가를 성취하겠다는 희망을 품어야만 유지되는 심적 상태다. 행복은 항상 과거가 아닌 미래에 있다. 행복한 사람은 아직 달성하지 못한 높은 성취를 꿈꾸는 사람이다. 살고 싶은 집, 모으고 싶은 돈, 여유가 생기면 가고 싶은 여행, 준비되면 얻고 싶은 사회적 지위, 준비하는 과정 자체 등은 행복을 만들어내는 동시에 명확한 핵심 목표를 구성하는 재료다. 지금 인생에서 어떤 위치에 있든 여기에 열정을 쏟으면 된다.

20여 년 전 내가 열정을 품었던 아이디어가 있다. 그 아이디어가 처음 떠올랐을 무렵에는 실현을 위한 첫걸음조차 내디딜 준비가 되어 있지 않았다. 하지만 그 아이디어를 계속 간직하고 있었다. 상상 속에서 미래를 내다보고 아이디어를 실현할 준비가 되었을 때를 생각하며 열정을 품었다. 그 아이디어란 사람들이 용기를 잃지 않고 서로를 공평하게 대하도록 영감을 주는 황금률에 기초한 잡지를 발행하는 것이었다.

그러던 중 마침내 기회가 왔다! 1918년 정전 협정을 체결하던 날, 거의 20년 동안 마음속에 잠들어 있던 희망을 실현하기 위한 첫 번째 사설을 썼다. 그 사설에 20년 이상 키워온 감정을 열정적으로 쏟아부었다. 그리고 꿈이 이루어져 나는 실제로 전국적으로 잡지를 발행하게 되었다.

방금 말한 사설을 지인에게 가져가 열띤 목소리로 읽어주었다. 사설은 다음과 같은 말로 끝을 맺는다. "20년간 품어온 꿈이 드디어 이루어지려 한다. 전국적인 잡지를 발행하려면 돈이 많이 든다. 돈을 어디서 구해야 할지 모르겠지만, 어떻게든 구할 수 있으리라고 믿기 때문에 전혀 걱정하지 않는다!" 이 글에는 내 열정과 믿음이 담겨 있다.

그러자 내가 그 사설을 들려준 사람, 그러니까 내 글 내용을 들은 첫 번째이자 유일한 사람이 말했다. "그 돈을 어디서 구할 수 있는지 압니다. 제가 투자해드리죠." 그리고 정말 그렇게 했다!

<u>열정은 곧 생명력이다. 그래서 열정이 고취되지 않은 사람은 성공에 가까이 다가가지도 못한다.</u> 다음 단계로 넘어가기 전에, 당신이 지금 인생의 명확한 핵심 목표를 달성할 만한 위치에 있든 없든 간에 목표에 대한 열정을 키울 수 있다는 사실을 반복해서 강조하고 싶다. 핵심 목표를 실현하기까지 아직 갈 길이 멀지도 모른다. 그러나 마음속에

열정의 불을 피우고 계속 타오르게 한다면 머지않아 목표 달성을 방해하던 장해물이 마치 마법처럼 녹아내리고 본인에게 있는 줄도 몰랐던 힘을 소유하고 있음을 깨달을 것이다.

당신의 열정은 어떻게 다른 사람에게 영향을 주는가?

이제 이 책의 가장 중요한 주제 중 하나인 암시에 관한 논의로 넘어가자. 앞서 자기 암시에 대해 살펴보았고 3장에서 자기 암시가 얼마나 중요한 역할을 하는지도 확인했다.

암시는 당신의 말과 행동, 정신 상태가 다른 사람에게 영향을 미치는 원리다. 암시의 광범위한 영향력을 이해하려면 1장에서 이야기한 텔레파시의 원리를 떠올려야 한다. 텔레파시는 신호나 상징, 소리의 도움 없이 하나의 마음에서 다른 마음으로 생각을 전달하는 것이다. 이 원리를 현실로 이해하고 받아들인다면 열정이 전염되는 이유와 주변에 있는 모든 이에게 영향을 미치는 이유도 이해하게 될 것이다.

우리 마음이 열정으로 자극을 받아 빠른 속도로 진동하면 그 진동이 주변에 있는 모든 사람, 특히 가까이 있는 이들의 마음에 저장된다. 대중 연설가가 청중이 자신과 공감한다고 느낀다면 이는 그의 열정이 청중의 마음에 영향을 미쳐 다 함께 조화롭게 진동하고 있다는 뜻이다.

고객이 제품 구매를 결정하는 '심리적' 순간을 영업 사원이 감지하는 것은 그의 열정이 잠재 고객의 마음에 영향을 미쳐 서로의 마음이 조화를 이루는 순간을 느껴서다. 암시는 이 장과 성공의 법칙 전체에서 매우 중요한 사항이므로 이제 암시가 일반적으로 작동하는 3가지 매체인 말과 행동, 생각에 관해 설명하겠다!

❧ 말, 행동, 생각으로 작동하는 암시

당신이 판매하는 상품이나 제공하는 서비스, 전달하는 연설 내용에 열중하면 목소리 톤을 통해 듣는 사람 모두에게 당신 마음이 명확하게 전달된다. 이런 식으로 생각해본 적이 없을지 몰라도, <u>사람들에게 확신을 주는 건 말하는 내용보다 그 말을 하는 어조다</u>. 단순한 단어의 조합만으로는 불타는 열정을 담아서 표현하는 말이 주는 깊은 믿음을 대체할 수 없다. 열정에서 우러난 감정이 담기지 않은 말은 생명력 없는 소리일 뿐이다.

그래서 나는 인쇄된 글을 별로 좋아하지 않는다. 단순한 활자와 종이만으로는 아무 감정 없는 입술에서 나온 열정이 담기지 않은 말과 표현하고자 하는 열망이 넘치는 가슴에서 쏟아져 나온 말의 차이를 구분해서 보여줄 수 없다. 하지만 이들 사이에는 분명히 차이가 있다.

말하는 내용과 말하는 방식이 정반대라면 실제 의도한 것과 다른 의미를 전달하게 된다. 그래서 말은 논리적이지만 자신이 판매하는 상품에 대한 진심과 믿음에서 나오는 열정이 부족한 영업 사원은 실패한다. 말하는 내용과 목소리 톤이 암시하는 바가 완전히 다르니 아무것도 팔 수 없다.

말은 물론 암시의 원리가 작동하는 데 중요한 요소지만 행동만큼 중요하지는 않다. 행동이 말보다 더 중요하고, 말과 행동이 일치하지 않으면 좋은 결과가 나오지 않는다.

어떤 사람이 건전한 행동 규칙인 황금률을 설파하면서 정작 본인은 실천하지 않는다면 아무도 그의 말에 귀 기울이지 않을 것이다. 황금률의 건전성에 대한 가장 효과적인 설교 방법은 다른 사람과의 관계에 이 규칙을 적용해 암시적으로 설교하는 것이다.

포드자동차의 영업 사원이 잠재 고객을 만날 때 다른 회사 자동차를 타고 간다면 아무리 포드의 장점을 설명해도 효과가 없을 것이다. 예전에 나는 구술 녹음기인 딕터폰(알렉산더 그레이엄 벨의 연구소에서 만든 최초의 구술 녹음기. 원래는 제품명이었으나 현재는 구술 녹음기를 칭하는 일반명사로 사용되고 있다.—편집자)을 구경하러 매장에 간 적이 있다. 담당 판매원이 기계의 장점을 논리적으로 주장하는 동안 매장 한쪽에서는 속기사가 속기 노트에 적어놓은 편지를 옮겨 쓰고 있었다. 말과 행동이 일치하지 않는 이 모습을 보니 속기사에게 구술하는 오래된 방법보다 구술 녹음기가 낫다는 판매원의 주장이 별로 와닿지 않았다.

암시의 원리를 적용하는 3가지 방법 중 '생각'이 가장 중요하다. 생각은 어조와 행동을 통제한다. 당신의 생각과 행동과 말이 조화를 이룬다면 만나는 사람들에게 당신 사고방식이 어느 정도 영향을 미칠 수밖에 없다.

❖ 암시의 가장 중요한 전제 조건

이제 암시를 분석하고 암시가 작동하는 원리를 적용하는 방법을 알려주겠다. 앞서 살펴보았듯 암시와 자기 암시의 차이는 한 가지뿐이다. 우리는 의식적이든 무의식적이든 다른 사람에게 영향을 미칠 때는 암시를 사용하고 자신에게 영향을 미칠 때는 자기 암시를 사용한다.

암시로 다른 사람에게 영향을 미치려면 그 사람의 마음이 중립 상태여야 한다. 즉, 열린 마음으로 암시를 받아들여야 한다는 이야기다. 대부분의 영업 사원이 실패하는 지점이 바로 여기다. 그들은 잠재 고객의 마음이 수용적이거나 중립 상태가 되기 전에 판매를 시도한다. 이는 매우 중요한 사항인 만큼 나는 이 점을 계속 강조할 생각이다.

영업 사원이 판매를 시도하기 전에 잠재 고객의 마음이 중립 상태가 되어야 한다는 것은 상대방을 쉽게 믿는 상태가 되어야 한다는 뜻이다. 신뢰를 쌓거나 마음을 여는 방법과 관련해 정해진 규칙은 없다. 영업 사원은 독창성을 발휘해 이 문제를 해결해야 한다.

내가 아는 사람 중에 10만 달러 이상의 고액 보험만 판매하는 생명 보험 영업 사원이 있다. 이 사람은 잠재 고객에게 보험 이야기를 꺼내기 전에 고객의 전반적인 이력, 학력, 재정 상태, 기이한 버릇, 종교 등 매우 다양한 정보를 숙지한다.

그는 잠재 고객의 사업적인 정보뿐만 아니라 사회적인 정보까지 다 아는 상태로 고객을 만난다. 첫 번째와 두 번째 만남에서는 생명 보험 이야기를 일절 하지 않으며 때로는 고객과 아주 친해질 때까지도 그렇게 한다. 하지만 그동안 시간을 헛되이 보내는 것은 아니다. 사교적인 만남을 활용해 고객의 마음을 중립 상태로 만들어가고 있으니 말이다. 즉, 생명 보험 이야기를 꺼낼 때가 되면 고객이 자기 말에 기꺼이 귀를 기울이도록 신뢰 관계를 구축해간다.

몇 년 전 나는 『서비스 판매 기술』이라는 책을 썼다. 출판사에 원고를 넘기기 직전이었는데 유명 인사 몇 명에게 책에 실을 추천서를 써 달라고 부탁해야겠다는 생각이 들었다. 그때 인쇄소에서는 내 원고를 기다리고 있었다. 그래서 서둘러 열 명 정도에게 편지를 보내 내가 원하는 바를 간략하게 설명했는데 아무도 답장이 없었다. 그제야 그 이유를 생각해보았는데 편지를 쓸 때 성공에 중요한 2가지 전제 조건을 지키지 못해서였다. 첫째, 편지를 너무 급하게 쓰느라 충분한 열정을 담지 못했다. 둘째, 편지 내용이 빈약해서 받는 사람의 마음을 중립으로 만들지 못했다. 한마디로 암시의 원리를 작동시키지 못했다.

  뒤늦게 실수를 알아차린 나는 암시 원리를 엄격하게 적용한 편지를 다시 썼다. 그 결과 편지를 보낸 모든 사람에게 답장을 받았을 뿐만 아니라 추천서 내용도 내가 바라던 것보다 훨씬 훌륭했다. 편지를 쓸 때 암시의 원리를 어떻게 활용하면 되는지, 그리고 열정이 글에 생기를 불어넣는 데 얼마나 중요한 역할을 하는지 보여주기 위해 내가 쓴 편지 두 통을 아래에 소개하니 비교해보기 바란다. 둘 중 어느 편지가 실패작이었는지는 굳이 말하지 않아도 한눈에 알 수 있을 것이다.

✦ 포드 씨,

  저는 『서비스 판매 기술』이라는 새로운 책의 원고를 이제 막 완성했습니다. 수십만 권 정도는 판매될 것으로 예상합니다. 그리고 이 책을 구매하는 독자에게 최고의 개인 서비스 마케팅 방법에 대한 선생님의 메시지를 전달할 수 있다면 정말 좋을 듯합니다.

  그러니 잠시 시간을 내서 제 책에 실을 간단한 추천사를 써주시겠습니까? 저에게도 큰 도움이 될 테고 이 책의 독자도 기뻐할 것입니다.

베풀어주실 배려에 미리 감사드립니다.

안녕히 계십시오.

✦ 토머스 R. 마셜
미국 부통령, 워싱턴 D. C.

부통령님,

귀하처럼 세상에 성공적인 발자취를 남기지 못한 수십만 명의 동포에게 격려의 메시지와 조언을 전해주시면 어떨까요?

저는 『서비스 판매 기술』이라는 책의 원고를 이제 막 완성했습니다. 이 책에서 강조하는 요점은 우리가 받는 급여는 제공한 서비스의 결과물이고 급여 액수는 제공한 서비스의 효율성에 비례한다는 것입니다.

이 책은 귀하처럼 밑바닥에서 시작해 세상 사람들이 다 부러워하는 위치에 오른 분의 조언이 있어야만 비로소 완성될 것입니다. 그러니 개인 서비스를 제공하는 사람들이 염두에 두어야 할 가장 필수적인 사항을 써서 보내주신다면 제 책을 통해 그 메시지를 전달하겠습니다. 그 메시지는 세상에서 자신의 자리를 찾으려고 애쓰는 성실한 이들에게 큰 도움이 될 것입니다.

바쁘시겠지만 비서를 불러 간단한 내용을 받아 적게만 하시면 수많은 이에게 중요한 메시지를 전달하실 수 있습니다. 돈으로 따지면 편지에 붙일 2센트짜리 우표 정도의 가치겠으나, 불우한 이들에게 도움을 주는 좋은 일이라는 관점에서 본다면 귀하의 메시지를 읽고 굳게 믿으면서 따르게 될 수많은 이에게는 성패를 좌우할 만큼의 가치가 있을 것입니다.

정말 감사합니다.

이제 두 통의 편지를 분석해서 한쪽은 목적 달성에 실패한 반면 다른 쪽은 성공한 이유를 알아보자. 이 분석은 판매 기술의 가장 중요한 요소 중 하나인 동기에서 시작해야 한다. 첫 번째 편지의 동기는 작성자의 사리사욕을 채우기 위한 것이 분명하다. 원하는 바는 편지에 정확히 명시되어 있지만 왜 그런 요청을 하는지, 누구에게 이익이 되는지는 알 수 없다. 두 번째 단락에서 "저에게도 큰 도움이 될 테고…."라는 문장을 살펴보자. 상대가 그냥 '특이한 부탁이네'라고 생각할 수도 있지만 사실 대부분의 사람은 그저 타인을 기쁘게 해주려고 호의를 베풀지는 않는다. 내게 이익이 되는 서비스를 제공해달라고 부탁하면서 그에 상응하는 이익을 상대에게 제공하지 않는다면 상대방은 별로 호의를 베풀고 싶지 않을 것이다. 거절할 만한 그럴듯한 이유가 있다면 거절할 수도 있다.

하지만 내가 제3자에게 이익이 되는 서비스를 제공해달라고 부탁할 경우, 비록 나를 통해 그 일을 해야 하더라도 공을 인정받을 수만 있다면 기꺼이 서비스를 제공할 것이다. 길거리 거지에게는 겨우 10센트짜리 동전 하나만 던져주거나 아예 안 주면서도, 다른 사람들을 위해 모금 활동을 하는 자선가에게는 100달러나 1천 달러도 기꺼이 주는 사람에게서 이런 심리를 발견할 수 있다.

하지만 그중에서도 최악의 암시는 이 편지에서 가장 중요한 대목인 "베풀어주실 배려에 미리 감사드립니다."에 들어 있다. 이 문장은 편지 작성자가 자신의 요청이 받아들여지지 않을 것 같다고 예상하고 있음을 강력하게 암시한다. 이는 열정 부족을 명확히 드러내고 편지 수신자가 요청을 거부할 수 있는 길까지 열어준다. 여기에는 이 편지를 받은 사람이 요청을 들어주어야 하는 이유를 만족스럽게 설명하는 단어가 하나도 없다. 반면 편지의 목적이 책 판매에 도움이 될 추천서를 확보하는 것임은 분명히 알 수 있다. 가장 중요한 설득 논거이자 사실상 여기서 사용할 수 있는 유일한 설득 논거는 이 요청을 하는 진짜 동기인데, 이 편지에서는 그 이야기를 하지 않은 탓에 그냥 사라졌다. 이 논거는 "이 책을 구매하는 독자에게 최고의 개인 서비스 마케팅 방법에 대한 선생님의 메시지를 전달할 수 있다면 정말 좋을 듯합니다."라는 문장에 살짝 언급되었다.

이 편지의 첫 번째 단락은 판매 기술의 중요한 기본을 위반했다. 작성자가 어떤 이익을 얻을지가 편지의 목적임을 분명히 암시하면서도 편지를 받는 사람이 얻을 이점에 대한 암시는 전혀 없다. 이는 편지 수신자의 마음을 중립 상태로 만들기는커녕 그 뒤에 이어지는 모든 주장에 마음을 닫게 해서 거절하기 쉬운 심적 상태로 만든다.

사람의 마음을 여는 대화

예전에 《새터데이이브닝포스트》 구독을 내게 권했던 영업 사원, 아니 영업 사원이 되고 싶었던 어떤 남자가 떠오른다. 그는 잡지를 들고 특정한 대답을 유도하기 위한 질문을 던졌다. "혹시 저를 위해 이 잡지를 구독할 생각은 없으신가요?"

물론 나는 거절했다! 그는 내가 거절하기 쉬운 상황을 만들었다. 그의 말투에는 열정이 없고 얼굴에는 우울과 낙담이 가득했다. 내가 구독 신청을 하면 받게 될 수수료가 필요한 게 분명했다. 하지만 그가 구독자에게는 어떤 이익이 있는지는 알려주지 않았기에 결국 나를 놓쳤다. 그런데 이 한 번의 판매 기회를 놓친 게 끝이 아니었다. 본인의 태도 때문에 다른 방식으로 접근했더라면 성공했을지도 모르는 추가적인 판매 기회까지 다 놓친 게 문제였다.

몇 주 뒤 다른 영업 사원이 잡지 구독을 권하러 내 사무실을 찾아왔다. 그는 《새터데이이브닝포스트》를 비롯해 6종의 잡지를 묶어서 팔았는데 고객에게 접근하는 방식이 매우 색달랐다. 잡지가 몇 권 놓인 탁자와 책장을 흘깃 보고는 들뜬 목소리로 외쳤다. "책과 잡지를 정말 좋아하시는군요."

나는 자랑스럽게 그 사실을 인정했다. '자랑스럽게'라는 말에 주목하자. 이 일에 중요한 영향을 미쳤기 때문이다. 그 말을 듣자 상대방이 꽤 지적인 사람이라고 느껴져 읽고 있던 원고를 내려놓았다. 어떻게 그런 생각을 했는지는 당신의 상상에 맡기겠다. 중요한 것은 그가 다음에 무슨 말을 할지 궁금한 나머지 내가 읽고 있던 원고를 내려놓은 것이다.

그 영업 사원은 몇 개의 단어와 상냥한 미소, 그리고 진정한 열정이 담긴 어조로 내 마음을 중립화 상태로 만들더니 나를 자기 말에 귀 기울이게 했다. 몇 마디로 가장 어려운 일을 해낸 것이다. 그가 서재에 처음 들어섰을 때 나는 손에 원고를 든 모습을 일부러 보였다. 그렇게 해서 바빠서 방해받고 싶지 않다는 의사를 최대한 정중하게 전달하려 했다.

판매 기술과 암시를 공부한 나는 영업 사원의 다음 행동을 주의 깊게 지켜보았다. 겨드랑이에 잡지를 한 뭉치를 끼고 있길래 아마 그것을 펼쳐놓고 구독을 권하려는 모양이라고 예상했지만 그러지 않았다. 앞서 나는 이 영업 사원이 잡지를 낱권으로 파는 게 아니라 잡지 6종을 묶어서 판다고 이야기했다.

그는 책장으로 걸어가 에머슨의 수필집을 꺼내더니 장장 10분 동안 보상에 관한 에머슨의 수필 이야기를 너무 흥미롭게 늘어놓아서 난 그가 들고 있던 잡지 꾸러미를 까맣게 잊어버렸다. 이와 같은 방법으로 그는 내 마음을 중립 상태로 만들었다. 게다가 에머슨의 작품과 관련해 훌륭한 사설 소재로 쓸 만한 새로운 아이디어도 제공해주었다.

그는 내게 어떤 잡지를 정기 구독하는지 물었고 내가 대답하자 들고 있던 잡지 꾸러미를 탁자에 늘어놓으며 미소 지었다. 그리고 잡지를 하나하나 분석하면서 왜 내가 그것을 구독해야 하는지 설명했다. 《새터데이이브닝포스트》에서는 깔끔한 소설을 읽을 수 있고, 《리터러리다이제스트》는 나처럼 바쁜 사람들을 위해 전 세계 소식을 요약해서 제공하며, 《아메리칸매거진》에는 경제계와 산업계를 이끄는 이들의 최신 전기가 실려 있다고 했다. 그는 이런 식으로 잡지를 하나하나 다 소개했다.

하지만 내가 기대했던 반응을 보이지 않자 그는 은근슬쩍 다음과 같은 암시를 건넸다. "선생님 같은 위치에 계신 분은 물론 박학다식하시겠죠. 그렇지 않다면 작품에 고스란히 드러날 테니까요!"

그의 말은 사실이다! 또 칭찬인 동시에 부드러운 질책이었다. 그가 판매하는 잡지 6종은 내가 구독하지 않고 있어서 조금 멋쩍은 기분이

들었다. 그래서 잡지 6종을 구독하려면 비용이 얼마나 드는지 물어보는 '실수'를 저질렀다. 그는 다음과 같은 재치 있는 대답으로 훌륭하게 진행된 판매 교섭을 마무리했다. "비용이요? 다 합쳐도 제가 여기 들어왔을 때 선생님이 들고 계시던 원고 한 장의 원고료보다 적습니다."

이번에도 그는 진실을 말했다. 어떻게 내 원고료를 정확히 추측했을까? 사실은 추측한 게 아니라 미리 알고 있었다! 그는 요령을 발휘해서 내가 하는 일의 본질을 직접 털어놓게 했다. 그럼에도 나는 전혀 화가 나지 않았다. 그가 내가 들고 있다가 내려놓은 원고에 깊은 관심을 보이는 바람에 그 원고에 관해 이야기해주었다. 물론 그가 이 과정에서 엄청난 기술이나 설득력을 발휘하지는 않았다. 그냥 내 원고를 보고 있다고 말했을 뿐이다. 그리고 원고 이야기를 하는 과정에서 15쪽 분량의 원고에 250달러를 받았다고 인정했다. 그렇다, 원고료를 꽤 많이 받는다고 경솔하게 인정해버렸다.

어쩌면 내가 인정하도록 그가 유도했을지도 모른다. 어쨌든 그는 유용한 정보를 얻었고 심리적으로 중요한 순간에 그 정보를 효과적으로 활용했다. 자기가 보고 듣는 모든 것을 주의 깊게 관찰해서 내 약점과 관심사를 알아내는 게 그의 계획이었던 게 분명하다. 어떤 영업 사원은 시간을 들여서 이 일을 하고 어떤 영업 사원은 하지 않는데, 그는 정보 수집에 시간을 들이는 사람이었다.

그는 결국 잡지 6종의 구독 신청을 받는 데 성공했고 구독료 12달러도 받아 갔다. 그가 요령 있는 암시와 열정을 통해 얻어낸 건 그게 다가 아니었다. 사무실의 다른 직원들에게 구독을 권유해도 괜찮냐면서 내게 동의를 구한 그는 추가로 다섯 건의 신청을 더 받았다. **그는 사무실**

에 머무는 동안 잡지를 구독하는 게 내 쪽에서 호의를 베푸는 행동이라는 인상을 주지 않았다. 오히려 그가 내게 호의를 베푸는 것 같은 기분이 들었다. 정말 재치 있는 암시 기술이었다.

이 사례에 관한 이야기를 끝내기 전에 인정하고 싶은 게 하나 있다. 그가 나를 자연스럽게 열정적으로 대화에 임하게 했다는 점이다. 그 이유는 2가지다. 하나는 그의 태도 때문이고 다른 하나는 그가 내 일에 관해 이야기하도록 유도했기 때문이다. 당신이 이 글을 읽으면서 내 부주의함에 웃으라고 하는 소리가 아니다. 혹은 이 재치 있는 영업 사원이 내 마음을 중립 상태로 만들어 잡지 이야기를 꺼낼 때 자기 말에 참을성 있게 귀 기울이게 하려고 일부러 내가 일에 관한 이야기를 하도록 유도했다는 것도 아니다. 똑똑한 당신은 이 영업 사원의 방식에서 뭔가 교훈을 얻을 수 있으리라고 생각한다.

앞서도 말했지만, 난 그 영업 사원과 대화를 나눌 때 열정적으로 대화에 임했다. 어쩌면 그가 내 사무실로 들어오자마자 한 말에서 열정의 기운을 느꼈을지도 모른다. 그렇다, 분명히 열정을 느꼈고 그 열정이 우연이 아니었다고 확신한다. 그는 잠재 고객의 사무실이나 고객이 하는 일, 대화 등에서 자신의 열정을 드러낼 무언가를 찾는 훈련을 해왔을 것이다. **암시와 열정은 밀접한 관련이 있다!**

암시는 판자를 단두대 칼날로도 바꾼다

영업 사원을 꿈꾸는 젊은이가 다가와 《새터데이이브닝포스트》를 불쑥 내밀면서, "혹시 저를 위해 이 잡지를 구독할 생각은 없으신가요?"라고 말했을 때 느꼈던 감정이 어제 일처럼 생생하게 떠오른다.

그의 말투는 차갑고 생기가 없고 열정이 부족했다. 그가 내게 남긴 인상은 냉담함이었다. 나는 그가 들어온 문으로 다시 나가기를 바랐다. 나는 동정심이 없는 편은 아니지만 그의 목소리 톤과 표정, 전반적인 태도는 거래를 제안하러 온 게 아니라 부탁하러 왔음을 암시했다.

암시는 심리학에서 가장 미묘하고 강력한 원리 중 하나다. 우리는 모든 행동과 말, 생각에서 암시를 사용한다. 그러나 **부정적 암시와 긍정적 암시의 차이를 모른다면 당신은 성공이 아니라 패배를 안겨주는 방식으로 암시를 잘못 사용하고 있을지 모른다.**

암시를 부정적으로 사용하면 목숨을 잃을 수도 있다는 것이 과학적으로 입증되었다. 몇 년 전 프랑스에서 한 범죄자가 사형을 선고받았다. 사형 집행 전에 그를 대상으로 진행한 실험에서 암시로 사람을 죽일 수 있다는 사실이 증명되었다. 당시 사형수의 눈을 가린 상태로 단두대로 끌고 가 머리가 칼날 아래에 놓이게 했다. 그리고 무겁고 날카로운 판자를 그의 목에 떨어뜨려 날카로운 칼날과 비슷한 충격을 준 다음, 목에 따뜻한 물을 부어 마치 피가 흐르듯 척추를 따라 천천히 흘러내리게 했다. 그로부터 7분 뒤 의사들은 사형수가 사망했다고 선언했다. 암시의 원리가 그의 상상 속에서 날카로운 판자를 단두대의 칼날로 바꾸었고, 이 때문에 심장이 멎은 것이다.

내가 자란 작은 마을에는 암으로 죽을까 봐 무섭다고 끊임없이 불평하는 노부인이 살았다. 그녀는 어릴 때 암에 걸린 여성을 보았는데 그 모습이 마음에 깊게 각인되었다. 이후 노부인은 자기 몸에서 암 증상을 찾기 시작했다. 조금만 아프고 통증이 느껴져도 오랫동안 걱정해온 암 증상이 시작되었다고 확신했다. 언젠가 나는 그녀가 가슴에 손을 얹고 "아, 여기서 암이 자라고 있는 게 확실해. 느껴져!"라고 외치는 모습을 본 적이 있다. 이 가상의 질병에 관해 이야기할 때마다 노부인은 항상 암이 자신을 공격하고 있다고 믿는 왼쪽 가슴에 손을 얹었다. 이런 상상을 20년 넘게 계속한 이 노부인이 몇 주 전에 사망했다. 그런데 사인은 왼쪽 가슴의 암이었다!

암시가 판자를 단두대 칼날로 바꾸고 건강한 신체 세포를 악성 종양 세포로 바꿀 수 있다면, 반대로 건강에 도움 되는 방향으로 암시를 사용하는 것도 가능하지 않을까? 정신 치료사는 암시 원리를 이용해 기적처럼 보이는 일을 행한다.

당신도 암시를 통해 두 시간 안에 심각한 상상의 병에 걸려 침대 신세를 질 수 있다. 길을 걷다가 평소 잘 아는 이들을 서너 명 만났는데 다들 당신이 아파 보인다고 말한다고 치자. 당신은 당장 병원에 가고 싶어질 것이다. 이 이야기를 하다 보니 예전에 생명 보험 영업 사원을 만났던 일이 떠오른다.

당시 나는 보험에 들면서 보험액을 1만 달러로 할지 아니면 2만 달러로 할지 결정하지 못하고 있었다. 그사이에 보험사가 계약한 병원에 가서 신체검사를 받았다. 그런데 다음 날 다른 검사를 받아야 한다는 전화를 받았다. 두 번째 방문에는 더 자세한 검사가 진행되었고 이때 의사는 걱정스러운 표정을 짓고 있었다. 3일째에도 다시 오라고 해서 가보았더니 상담 의사가 두 명이나 와서 내 상태를 확인했다. 그러고는 지금껏 받아본 적도 들어본 적도 없는 매우 정밀한 검사를 했다.

다음 날 찾아온 영업 사원이 내게 말했다. "놀라게 할 생각은 없지만, 검진 결과를 놓고 의사들끼리 의견이 엇갈리고 있습니다. 아직 1만 달러짜리 보험에 가입할지 2만 달러짜리 보험에 가입할지 결정하지 않으신 상태이니 지금 검진 결과를 알려드리는 건 공정하지 않다고 생각합니다. 그랬다가는 보험금이 더 큰 상품에 가입하라고 부추기는 것처럼 느껴질 수 있으니까요."

나는 단호한 어조로 말했다. "저는 이미 전액 보험에 가입하기로 결정했습니다." 실제로 2만 달러짜리 전액 보험에 가입하기로 마음을 굳힌 상태였다. 그가 내게 체질적인 약점이 있어서 원하는 보험에 가입하기 어려울지도 모른다는 생각을 심어준 순간 그렇게 결심했다.

"좋습니다." 영업 사원이 말했다. "결정을 내리셨으니 검진 결과를 말씀드리죠. 의사 두 명은 당신 몸속에 결핵균이 있다고 판단했지만 다른 의사 두 명은 그렇지 않다고 했습니다." 그들의 술수가 목적을 달성했다. 그가 암시를 영리하게 활용했기에 나는 우유부단의 울타리를 넘었고 결과적으로 모두가 만족했다.

어느 부분에 열정이 관여했는지 궁금한가? 어느 쪽이든 관여한 것은 사실이므로 크게 상관없지만, 굳이 알고 싶다면 영업 사원과 그의 공범인 의사 네 명에게 물어보아야 할 것이다. 다들 내가 낸 돈을 보고 크게 웃었을 테니 말이다. 하지만 그들의 술수는 받아들일 만했다. 어쨌든 보험은 필요했으니까.

몇 달 전 나는 매우 효과적인 광고 책자를 받았다. 똑똑한 자동차 보험 영업 사원이 전국에서 모은 보도 자료를 엮어 만든 깔끔한 소책자였는데, 하루에 자동차 도난이 65건이나 발생했다는 내용이 있었다. 그리고 책자 뒷면에는 다음과 같은 암시적 문구가 적혀 있다.

"다음에는 당신 차가 도난당할 수도 있습니다. 보험에 가입되어 있으신가요?"

하단에는 영업 사원 이름과 주소, 전화번호가 있었다. 책을 두 페이지도 읽기 전에 영업 사원에게 전화를 걸어 보험료를 물어보았다. 그는 바로 나를 찾아왔고 그 뒤에 어떻게 되었는지는 다들 짐작이 갈 것이다.

암시로 마음을 움직인 편지

이제 앞의 편지 이야기로 돌아가서 두 번째 편지를 분석해보자. 두 번째 편지는 수신자 모두에게서 원하는 답변을 받아냈다. 첫 번째 단락을 잘 살펴보면 한 가지 방법으로만 대답이 가능한 질문을 했다는 걸 알 수 있다. 첫 번째 편지의 첫 번째 단락과 비교했을 때 어느 쪽이 더 호감 가는지 자문해보자. 이 단락은 2가지 목적을 위해 작성되었다. 첫째, 읽는 사람의 마음을 중립 상태로 만들어 편지의 나머지 부분을 열린 마음으로 읽게 하려는 것이다. 둘째, 한 가지 방법으로만 답할 수 있는 질문을 던짐으로써 읽는 사람에게 편지 뒷부분의 요청과 일치하는 관점을 품게 한다.

2장에서 카네기와의 일화를 소개했었다. 내가 카네기에게 성공 요인을 묻자 그는 바로 대답하지 않고 오히려 성공의 정의가 뭐냐고 되물었다. 당시 그가 성공의 정의를 물어본 이유는 오해를 피하기 위해서였다. 지금 분석 중인 두 번째 편지의 첫 번째 단락은 이 편지를 보낸 목적을 명시하는 동시에 읽는 사람이 그 목적을 건전하고 합리적인 것으로 받아들이게 한다.

편지의 이 질문에 부정적으로 대답하는 사람은 본인이 이기적이라는 사실을 인정하는 셈이므로, 그런 식으로 답해서 죄책감을 느끼고 싶은 사람은 없을 것이다. 농부가 확실한 수확물을 거두기 위해 먼저 땅을 갈고 비료를 주고 쟁기질해서 씨앗을 심을 준비를 하듯, 이 단락은 미묘한 암시로 읽는 사람의 마음에 비료를 주어서 씨앗을 받아들일 준비를 하게 한다.

이어서 두 번째 단락을 주의 깊게 살펴보면 읽는 이가 의심하거나 부인할 수 없는 사실을 담고 있음을 알게 된다! 타당한 기본 원칙을 바탕으로 하므로 논쟁을 벌일 여지가 없다. 이는 세 번째 단락에 신중하게 제시되는 요청을 따르도록 이끄는 심리적 여정의 두 번째 단계로 이어진다.

그리고 세 번째 단락은 읽는 사람의 기분이 상하지 않도록 작은 칭찬으로 시작하는 게 보일 것이다. "그러니 개인 서비스를 제공하는 사람들이 염두에 두어야 할 가장 필수적인 사항을 써서 보내주신다면 제 책을 통해 그 메시지를 전달하겠습니다." 이 문장의 표현과 맥락을 살펴보면 전혀 요청처럼 보이지 않고, 또 편지 작성자가 자신의 이익을 위해 부탁하고 있음을 전혀 암시하지 않으며 기껏해야 다른 사람을 위한 부탁 정도로 해석될 수 있다.

이제 마지막 단락을 살펴보면서 얼마나 교묘한 암시가 숨겨져 있는지에 주목하자. 편지를 받은 사람이 요청을 거부하면, 그는 자신보다 불우한 이들을 돕기 위해 2센트짜리 우표와 단 몇 분의 시간조차 쓰지 않는 사람으로 낙인찍히는 난처한 입장에 처하고 만다.

이 편지는 처음부터 끝까지 단순한 암시로 강한 인상을 전한다. 하지만 암시가 매우 조심스럽게 감추어져 있어 편지를 전체적으로 신중하게 분석해야만 알 수 있다. 이 편지는 받은 사람이 요청에 응하지 않을 때 양심의 가책을 느끼도록 구성되어 있다! 이런 효과는 마지막 단락의 마지막 문장, 특히 "귀하의 메시지를 읽고 굳게 믿으면서 따르게 될 수많은 이에게"라는 대목에서 극대화된다.

이 편지는 읽는 사람의 양심을 강하게 자극하므로 결국 그 양심이 편지 쓴 사람을 도와준다고 하겠다. 토끼가 사냥꾼이 조심스럽게 쳐놓은 덫 안으로 몰리듯 편지를 받은 사람은 궁지에 몰린다. 이 분석이 옳다는 가장 확실한 증거는 답장이다. 편지를 받은 사람 모두가 이런 편지에 일일이 답장하지 못할 만큼 바쁜데도 전원이 답장을 해주었다. 이 편지는 원하는 답장을 얻어냈을 뿐만 아니라, 비서를 통해 답장을 보낸 시어도어 루스벨트를 제외하고는 다들 직접 답장을 보냈다.

기업가 존 와나메이커와 은행가 밴더리프의 편지는 내가 받아본 편지들 가운데 가장 훌륭했다. 더 품위 있는 책에 어울릴 걸작과도 같은 추천사를 써주었다. 카네기는 개인적인 서비스를 제공하는 모든 이가 읽어볼 만한 추천사를 써주었고, 정치인 윌리엄 제닝스 브라이언과 언론인 노스클리프 경도 훌륭한 편지를 보내주었다. 이들 중 나를 기쁘게 하려고 편지를 쓴 사람은 없었다. 네 명을 제외하고는 나와 친분이 없는 사람들이었다. 그들은 날 위해서가 아니라 자기만족과 가치 있는 봉사를 위해 편지를 썼다. 여기서 내가 언급했거나 이와 비슷한 유형의 인물들은 모두 적절한 방식으로 접근하기만 하면 다른 사람을 위해 기꺼이 봉사할 의향이 있다.

이 기회를 빌려 내가 아는 훌륭한 사람들은 모두 다른 이에게 도움이 되는 서비스를 제공할 때 가장 의욕적이고 친절하다고 이야기를 하고 싶다. 아마 이것이 그들이 진정으로 훌륭한 사람인 이유일 것이다.

암시에 '열정'이라는 비료를 섞으면

인간의 마음은 놀라운 기계 장치다! **외부 암시나 자기 암시를 통해 마음에 새겨진 모든 인상은 성격이 비슷한 것끼리 저장된다.** 부정적인 인상은 모두 뇌의 한 부분에 저장되고 긍정적인 인상은 다른 부분에 저장된다. 사슬에서 고리 하나를 들어 올리면 연결된 다른 고리들이 따라오듯, 기억의 원리를 통해 이런 인상(또는 과거 경험) 중 하나가 의식 속으로 들어오면 비슷한 다른 인상까지 함께 떠오르는 경향이 있다. 예컨대 마음에 의심하는 감정이 생기면 과거에 뭔가를 의심했던 경험이 전부 떠오른다. 낯선 사람이 수표를 현금으로 바꾸어달라고 부탁하면 그 즉시 과거에 부도 수표를 받았던 일이나 다른 사람의 비슷한 경험담이 기억난다. 이것은 연상 법칙 때문이다. 마음에 도달한 모든 유사한 감정과 경험, 감각 인상은 함께 정리되고, 따라서 그중 하나를 떠올리면 다른 것까지 전부 기억난다.

누군가의 마음에 불신의 감정이 생기면 그동안 품었던 모든 의심이 표면화된다. 그래서 성공한 영업 사원은 고객을 만났을 때 과거 경험 때문에 기억에 남아 있는 '의심의 고리'를 자극하는 주제는 꺼내지 않으려고 노력한다. 성공한 영업 사원은 경쟁자나 경쟁 상품을 '깎아내리면' 고객의 마음에 과거 경험에서 비롯된 부정적 감정이 떠오를 수 있고 그렇게 되면 고객의 마음을 중립 상태로 만들 수 없음을 안다.

이 원리는 인간의 마음에 자리 잡은 모든 감각 인상에 적용된다. 예를 들어 두려움을 생각해보자. 두려움이라는 감정이 의식에 도달하는 순간, 그와 관련된 불쾌한 기억이 모두 떠오른다. 두려움이 우리 의식을 지배하는 동안에는 용기가 관심을 받지 못한다. 두 감정 중 어느 한 쪽이 의식을 지배한다. 본질상 두 감정은 서로 조화를 이루지 못하기에 동시에 존재할 수 없다. 원래 비슷한 것끼리 끌어당기는 법이므로 우리 의식 속의 모든 생각은 비슷한 성질의 다른 생각을 끌어당긴다. 과거의 경험에서 비롯된 이와 같은 감정이나 생각, 기분이 의식 속에 등장하면 비슷한 성격의 지원군이 나타나 뒷받침한다.

자기 암시의 원리를 이용해 명확한 핵심 목표를 세워서 성공하겠다는 야망을 의도적으로 품으면, 과거 경험에 잠재되어 있거나 계발되지 않은 능력이 빠르게 자극을 받아 활성화된다. 암시 원리를 이용해 어린아이의 마음에 성공한 변호사나 의사, 엔지니어, 사업가, 금융가가 되겠다는 야망을 심어주고 강한 암시를 여러 번 반복하면 그 야망을 달성하는 방향으로 움직이기 시작할 것이다.

암시를 강하게 주고 싶다면 열정을 충분히 섞어야 한다. 열정은 야망이 빨리 성장해서 영구히 자리 잡게 하는 비료 역할을 한다.

어린 시절 한 친절한 노신사가 내게 "넌 똑똑한 아이니까 열심히 공부하면 세상에 이름을 남길 수 있다."라며 암시를 마음속에 심어주었다. 이때 그가 한 말보다는 말하는 방식이 내 마음속에 오래도록 깊게 각인되었다. 내 어깨를 움켜잡던 손길과 눈빛에 가득하던 신뢰가 그 암시를 내 잠재의식 속 깊숙한 곳에 심어놓는 바람에 어떻게든 암시를 실현하기 위해 조처할 수밖에 없었다.

이렇듯 말하는 내용보다 더 오래 각인되는 게 바로 어조와 말하는 방식이다. 나는 이 사실을 온 힘을 다해 강조하고 싶다. 그러니 오랫동안 좋은 인상을 남기고 싶다면 진정성 있는 목표와 정직하고 진지한 태도로 말하는 내용을 뒷받침해야 한다.

떳떳해야 열정적일 수 있다

다른 사람을 설득하려면 먼저 자신부터 설득할 수 있어야 한다! 얼마 전 멕시코 정부 대리인이 연락해와서는 내게 멕시코 행정부를 선전하는 글을 써달라고 부탁했다. 그는 다음과 같은 말로 날 설득하려고 했다.

"귀하는 황금률 철학의 주창자로 명성이 자자하고 미국 내에서 어떤 정치적 파벌과도 손을 잡지 않은 독립적 인물로 알려져 있습니다. 그러니 멕시코에 와서 이 나라의 경제와 정치 문제를 연구한 다음 미국으로 돌아가, 미국 정부가 멕시코를 즉시 인정해야 한다고 촉구하는 신문 연재 기사를 써주십시오."

이 글을 써주는 대가로 평생 벌 수 있는 것보다 더 많은 돈을 주겠다고 했지만 나는 의뢰를 거절했다. 다른 사람에게 영향력을 미치는 사람은 자기 양심을 지켜야 한다는 원칙 때문이었다. 멕시코의 대의명분에 관한 설득력 있는 글을 쓸 수 없는 이유는 내가 그 대의명분을 믿지 않아서다. 돈에 내 재능을 팔아넘기고 스스로 이해되지 않는 주제로 글을 쓴다면 열정이 담긴 효과적인 글을 쓸 수 없다.

이 사건과 관련해 내 철학을 더 이상 설명할 생각은 없다. 자기 암시 연구를 충분히 한 사람은 더 이상의 설명이 필요 없을 테고, 그렇지 못한 사람은 말해도 이해하지 못할 것이다. **누구도 자신의 신념과 일치하지 않는 말이나 행동은 할 수 없으며 만약 그렇게 한다면 다른 사람에게 영향을 미치는 능력을 잃는 대가를 치러야 한다.**

바로 앞의 문장을 소리 내어 읽어보자! 이를 반복해서 강조하는 이유는 이 원칙을 지키지 않으면 명확한 핵심 목표가 암초에 부딪혀 산산조각이 나기 때문이다.

다른 사람을 속일 수도 없지만 무엇보다 나 자신을 속일 수 없다. 그랬다가는 내 펜이 힘을 잃고 말도 아무런 효과를 발휘하지 못할 것이다. 내면에서 타오르는 열정의 불길을 담아 글을 써야만 사람들에게 호감을 얻고, 가슴속에 내 메시지에 대한 믿음이 가득해야만 사람들이 그 메시지를 받아들일 것이다.

여기서 더 나아가 중력의 법칙처럼 절대 불변의 법칙인 이 원칙을 종이에 써서 매일 볼 수 있는 곳에 붙여두라. 이 원칙을 지키지 않는다면 선택한 직업에서 결코 강자가 될 수 없다.

사실 내가 이 원칙을 고수하다가는 굶어 죽을지도 모른다는 생각이 들 때도 많았다! 친한 친구와 조언자들도 여기저기서 필요한 이득을 얻으려면 내 철학은 잠시 접어두라고 강력하게 말했지만, 난 어떻게든 원칙을 고수했다. 양심과 억지로 타협하여 얻는 물질적 이익보다 마음의 평화와 조화가 더 중요해서였다.

이상하게 보일지 몰라도 내 양심을 저버리는 것을 거부한 이유가 '정직성'인 경우는 거의 없다. 내가 진심으로 믿지 않는 것은 쓰거나 말하지 않겠다고 결심한 것은 오직 양심과 명예의 문제다. 내 말과 글에 '진정성'을 불어넣고 싶기에 나는 마음에서 우러나오는 것만 표현하려고 노력한다. 내 동기는 다른 사람을 공정하게 대하려는 욕구보다는 내 이익에 기반을 두고 있다. 하지만 나 자신을 분석해보았을 때 다른 사람을 부당하게 대하려고 한 적은 없다.

거짓과 타협하는 사람은 훌륭한 영업 사원이 될 수 없다. 나쁜 짓을 하면 들통나게 마련이다. 자신이 믿지 않는 일을 글로 쓴 사실을 다른 사람은 모르더라도 그 글은 원래의 목적을 달성하지 못한다. **마음에서 우러나지 않은 말, 진실하고 순수한 열정이 섞이지 않은 글에는 '진정성'이 담기지 않는다.**

바로 앞의 문장도 크게 소리 내 읽어보자. 어떤 분야에서든 영향력 있는 사람이 되려면 반드시 이해하고 활용해야 하는 위대한 법칙이 포함되어 있다.

중요한 내용을 강조하려고 소리 내 읽어보자고 제안하는 것이다. 당신은 성인이고 두뇌 회전이 빠르고 지적일 테지만 이 중요한 법칙을 일상 철학으로 받아들이지 않을 가능성이 매우 크다. 당신에게도 나와 같은 약점이 있다. 나 또한 25년간 부침이 심한 세월을 보내고 나서야 이 기본적인 진실이 내 마음에 각인되어 영향을 미치게 할 수 있었다.

난 이 2가지 방법은 물론이고 그와 반대되는 방법도 모두 시도해보았다. 그러니 단순히 그 타당성을 믿는 사람이 아니라 온전히 깨달은 사람으로서 말할 수 있다.

내가 말하는 '진실'이란 무엇일까? 내 뜻을 오해할 가능성을 없애고 이 경고의 말이 추상적으로 전달되지 않도록 여기서 말하는 '진실'이 어떤 의미인지 말하겠다. <u>**우리는 자기가 믿지 않는 것은 말로든 행동으로든 다른 사람에게 암시할 수 없다.**</u> 이는 분명한 사실이다. 그렇게 할 수 없는 이유는 다음과 같다.

<u>자기 양심과 타협하면 머지않아 양심을 잃는다. 양심이 당신을 인도하지 못하게 되어서다. 이것은 알람 시계에 귀를 기울이지 않으면 알람이 당신을 깨우지 못하는 것과 마찬가지다.</u> 이 또한 명백한 사실이다.

나는 어떻게 이 중요한 주제의 권위자가 될 수 있었을까? 그 원리를 계속 실험한 끝에 작동 원리를 알아냈기 때문이다! "하지만 당신이 진실을 말하고 있다는 걸 내가 어떻게 알겠는가?"라고 당신은 물을 수도 있다. 답은 당신이 직접 실험을 해보면서 이 원칙을 충실히 적용하는 사람과 그렇지 않은 사람을 관찰해야만 알 수 있다. 내 말을 뒷받침할 증인이 필요하다면 이 원칙을 지키지 않으면서 살아가는 사람과 이야기를 나누어보자. 그가 진실을 말하지 않거나 말할 수 없더라도 분석해보면 진실을 알 수 있다.

세상에는 사람에게 실제적이고 지속적인 힘을 안겨주는 게 하나 있는데 바로 인격이다! 평판은 인격이 아님을 명심하자. 평판은 사람들이 믿는 겉모습이고 인격은 그 사람의 본질이다! 영향력이 큰 사람이 되고 싶다면 진정한 인격을 갖추어야 한다.

인격은 인생의 싸구려 금속을 순금으로 바꾸어주는 철학자의 돌이다. 인격이 없으면 아무것도 없고 아무것도 아니다. 그리고 별 가치도 없는 살과 뼈와 머리카락 더미 외에는 아무것도 될 수 없다. 인격은 구걸하거나 훔치거나 살 수 없다. 본인의 생각과 행동을 통해 계속 기르는 것 외에 다른 방법으로 인격을 얻을 수는 없다.

자기 암시를 이용하면 과거가 어떻든 상관없이 누구나 건전한 인격을 기를 수 있다. 그리고 좋은 인격을 지닌 사람은 자기와 같은 인격을 지닌 다른 사람을 끌어당기는 열정과 개성이 있다는 사실을 강조하고 싶다.

아직 열정을 품지 못한 사람을 위해 이 희귀한 자질을 계발하는 방법을 알려주겠다. 방법은 간단하지만 그렇다고 해서 열정의 가치를 무시한다면 유감스러울 것이다.

첫째, 이 책을 끝까지 다 읽는다. 이어지는 장에서 이 장의 지침과 조화를 이루어야 하는 다른 중요한 지침이 제시된다.

둘째, 명확한 핵심 목표를 간단명료하게 적고 그 목표를 현실로 바꿀 계획도 적는다.

셋째, 매일 잠자리에 들기 직전에 명확한 핵심 목표를 읽으면서 그 목표를 달성한 자신의 모습을 상상한다. 이때 명확한 핵심 목표를 실현할 수 있는 자신의 능력을 전적으로 믿으면서 상상한다. 열정을 담아 단어 하나하나를 강조하면서 소리 내어 읽는다. 내면의 작고 고요한 목소리가 그 목표가 실현될 것이라고 말할 때까지 계속 반복해서 읽는다. 때로는 목표를 처음 읽을 때부터 이 목소리를 듣기도 하지만 어쩌면 50번씩 읽어야 할 수도 있다. 그래도 확신이 드는 순간까지 멈추지 말자. 원한 다면 명확한 핵심 목표를 기도문처럼 읽어라.

이 장의 나머지 부분은 아직 믿음의 힘을 깨우치지 못했고 자기 암시의 원리도 잘 모르는 사람을 위한 것이다. 마태복음 7장 7~8절과 17장 20절을 읽어보기 바란다.

휴 차머스의 100만 달러짜리 구두닦이

믿음은 지구상에서 가장 위대한 힘 중 하나다. 이 놀라운 힘에서 가장 믿기 어려운 기적이 일어날 수 있다. 믿음은 모든 믿는 자에게 지상에서의 평화를 안겨준다.

믿음은 그 효과가 너무 광범위해서 아무도 그 한계가 무엇인지, 혹은 한계가 있는지조차 알 수 없는 원칙을 포함한다. **명확한 핵심 목표에 계발하고자 하는 자질과 얻고자 하는 사회적 지위를 적고 매일 밤 읽으면서 이 목표를 현실로 바꿀 수 있다고 믿어야 한다.** 물론 여기서 설명한 암시도 빠뜨리면 안 된다.

성공하려면 행동하는 사람이 되어야 한다. 단순히 아는 것만으로는 부족하므로 아는 것을 행동으로 옮겨야 한다. 열정은 지식을 행동으로 옮기도록 촉구하는 마음의 원동력이다.

선데이는 미국에서 가장 성공한 전도사다. 나는 선데이의 기술을 연구하고 심리학적 방법을 파악하려고 복음 전도 캠페인을 그와 함께 세 차례 진행했다. 그의 성공은 주로 열정이라는 한 단어를 바탕으로 이루어졌다! 그는 암시의 법칙을 효과적으로 활용해서 자신의 열정을 추종자의 마음에 전하고 영향을 미친다. 선데이는 노련한 영업 사원과 똑같은 전략을 이용해서 설교한다.

오리에게 물이 꼭 필요하듯 영업 사원에게는 열정이 필수다! 성공한 영업 관리자는 열정의 심리를 직원이 더 많은 매출을 올릴 수 있는 실질적 수단으로 활용한다. 대부분의 영업 조직은 영업 사원에게 새로운 활력과 열정적인 정신을 불어넣으려 정해진 시간에 모인다. 다 함께 모여서 집단 심리를 활용하는 이런 영업 회의는 '부흥회'라고 불러도 무방하다. 영업 사원의 관심을 되살리고 열정을 불러일으켜 새로운 야망과 에너지를 품고 싸움에 나서도록 하는 게 목적이기 때문이다.

휴 차머스는 훗날 자신의 이름을 딴 자동차 기업을 세운 창업가다. 창업 전에 그는 기계식 현금 등록기를 제조 및 판매하는 내셔널캐시레지스터컴퍼니의 영업 관리자로 재직했는데, 당시 자신은 물론 휘하에 있는 영업 사원 수천 명의 자리를 위협하는 매우 당혹스러운 상황에 직면했다. 회사가 재정적인 어려움에 처한 것이다. 이 소식이 전해지자 현장의 영업 사원들은 열정을 잃었다. 급기야 판매량이 심각하게 줄어들어 결국 오하이오주 데이턴에 있는 회사 공장에서 영업 조직 전체 회의가 열렸다. 전국의 영업 사원들이 소집되었다.

차머스가 회의를 진행했다. 그는 실적이 가장 뛰어난 영업 사원 몇 명을 호명하더니 현장에서 주문이 줄어든 이유가 뭔지 말해보라고 했다. 그들은 한 사람씩 일어나 끔찍하고 절망적인 이야기를 털어놓았다. 사업 여건이 좋지 않고, 돈도 부족하고, 사람들이 대선 이후로 구매를 미루고 있다는 등의 이야기가 나왔다. 다섯 번째 사원이 평소의 판매 할당량을 달성하지 못하는 고충을 늘어놓기 시작하자, 차머스는 탁자 위로 뛰어올라 양손을 들어 그의 말을 멈추게 했다. "잠깐! 내가 구두를 닦는 10분 동안 잠시 회의를 중단합시다."

그러고는 근처에 앉아 있던 구두닦이 소년에게 구두 닦는 도구를 가져와 자기가 탁자 위에 서 있는 상태에서 구두를 닦으라고 지시했다. 지켜보던 영업 사원들은 깜짝 놀라 수군거렸다! 차머스가 갑자기 정신이 이상해졌다고 생각한 이들도 있었다. 잠시 동안 구두닦이 소년은 시간을 들여 정성껏 구두를 닦았다. 구두를 다 닦자 차머스는 소년에게 10센트를 건네고 연설을 이어갔다.

"모두들 이 흑인 소년을 잘 보십시오." 차머스가 말했다. "이 소년은 우리 공장과 사무실에서 일하는 직원들의 구두를 닦을 수 있도록 허가를 받았습니다. 전임자는 이 아이보다 나이가 많은 백인 소년이었는데 회사에서 주당 5달러의 급여를 지급했는데도 수천 명이 일하는 이 공장에서 생계를 유지하지 못했습니다.

그런데 이 작은 소년은 회사 보조금 없이도 벌이가 넉넉할 뿐만 아니라, 같은 공장에서 같은 조건으로 같은 사람들을 위해 일하면서 매주 저축까지 하고 있습니다.

이제 질문을 하나 하겠습니다. 백인 소년이 일거리를 더 많이 얻지 못한 것은 누구의 잘못일까요? 소년의 잘못일까요, 아니면 고객의 잘

못일까요?"

영업 사원들은 큰 소리로 대답했다. "당연히 그 소년의 잘못이죠!"

"맞습니다." 차머스가 대답했다. "그렇다면 여러분은 1년 전과 정확히 같은 사업 조건으로 같은 지역에서 같은 사람들에게 현금 등록기를 판매하면서도 그때만큼 실적을 올리지 못하고 있는데 이건 누구의 잘못일까요? 여러분의 잘못인가요, 아니면 고객의 잘못인가요?"

이번에도 우렁찬 대답이 돌아왔다. "그야 물론 우리 잘못입니다!"

"여러분이 잘못을 솔직하게 인정하니 기쁩니다." 차머스는 말을 이어갔다. "이제 여러분의 문제가 뭔지 이야기하고 싶습니다. 우리 회사가 재정적으로 어렵다는 소문을 듣고는 열정이 식어서 전과 같은 노력을 기울이지 않고 있는 겁니다. 앞으로 30일 동안 각자 주문을 다섯 건씩 받겠다고 확실히 다짐하고 담당 지역으로 돌아간다면 우리 회사는 더 이상 재정난을 겪지 않을 겁니다. 그 추가 사업이 우리의 앞길을 순탄하게 만들어줄 테니까요. 할 수 있겠습니까?"

다들 할 수 있다고 말했고, 실제로 해냈다!

이 사례는 '휴 차머스의 100만 달러짜리 구두닦이'라는 제목으로 이 회사 역사에 기록되어 있다. 이 영업 조직 전체 회의는 회사 상황의 흐름을 바꾸었고 이를 계기로 수백만 달러의 이익을 거두었다.

열정은 패배를 모른다! 영업 사원을 열정적으로 만드는 방법을 아는 영업 관리자는 자기 서비스의 가치를 스스로 정할 수 있다. 그리고 더 중요한 것은 자기 밑에서 일하는 모든 사람의 돈 버는 능력도 향상시킬 수 있다는 것이다. 따라서 그의 열정은 자신뿐만 아니라 다른 수많은 이에게도 이익이 된다.

열정은 결코 우연히 생기지 않는다. 열정을 낳는 특정한 자극이 있는데 그중 가장 중요한 것은 다음과 같다.

1. 가장 좋아하는 직업
2. 열정적이고 낙관적인 사람들과 접촉할 수 있는 환경
3. 재정적인 성공
4. 15가지 성공의 법칙을 완벽하게 숙달해서 일상 업무에 적용하는 것
5. 건강
6. 다른 사람에게 도움이 되는 일을 했다는 인식
7. 자신의 직업에 적합한 좋은 옷

이 7가지 자극의 원천은 마지막 항목만 제외하면 따로 설명이 필요 없을 것이다. 옷은 우리가 자립심과 희망, 열정을 품기 위해 가져야 하는 아주 중요한 장신구 중 하나다. 옷의 심리학을 이해하는 사람은 드물기에 자세히 설명하겠다.

성공을 부르는 좋은 옷의 심리학

1918년 11월 11일, 전쟁터에서 좋은 소식이 전해졌을 때(독일 제국과 연합국 사이에 휴전 협정이 맺어지면서 1차 세계대전이 공식적으로 끝난 날. —편집자) 나는 세상에 갓 태어났던 날과 거의 비슷할 정도로 가진 게 없었다. 전쟁 탓에 사업이 망해서 새로 시작해야 했다! 내 옷장에는 낡

은 정장 세 벌과 더 이상 필요 없는 제복 두 벌뿐이었다. 세상 사람들에게 가장 오래가는 첫인상을 남기는 것이 바로 옷차림임을 잘 알고 있었던 나는 망설이지 않고 곧장 재단사를 찾아갔다.

다행히 재단사는 나와 오랫동안 알고 지내던 사이여서 입은 옷으로만 나를 판단하지 않았다. 만약 그랬다면 낙담했을 것이다. 그때 내 주머니에는 1달러도 없었으나 지금껏 입어본 것 가운데 최고로 비싼 양복을 세 벌 만들기로 하고 천을 골라서 한꺼번에 주문했다. 양복 세 벌의 가격은 375달러였다!

그때 재단사가 치수를 재면서 한 말을 결코 잊지 못할 것이다. 그는 내가 고른 비싼 옷감을 흘깃 보더니 이렇게 말했다. "손님은 정부에서 거의 무보수로 일하는 원 달러 맨dollar-a-year man 아니십니까?"

"아뇨. 1년에 1달러라도 받을 만큼 운이 좋았다면 지금 이 양복값을 다 치를 만큼 돈이 많았겠죠."

재단사는 놀란 표정으로 나를 쳐다보았는데 내 농담을 이해하지 못한 듯했다.

양복 한 벌은 근사한 짙은 회색, 다른 한 벌은 진한 파란색, 나머지 한 벌은 가는 세로 줄무늬가 들어간 밝은 파란색이었다. 다행히 재단사와 좋은 관계를 맺었던 덕에 그는 언제 양복값을 치를 거냐고 묻지 않았다. 나는 당장은 돈이 없지만 조만간 양복 값을 낼 수 있을 거라고 생각했다. 하지만 재단사한테 사정을 솔직히 말하면 날 이해해줄까? 이런 걱정을 하면서 제발 그가 물어보지 않기를 간절히 바랐다.

그다음에는 남성복 매장에 가서 아까보다 저렴한 양복 세 벌과 최고급 셔츠, 칼라, 넥타이, 양말, 속옷을 샀다. 여기서 받은 청구서 금액은

300달러가 조금 넘었다. 나는 부자처럼 행세하면서 청구서에 서명하고 판매원에게 다음 날 아침에 집으로 물건을 배달해달라고 했다. 새로 산 옷을 입기도 전부터 벌써 자신감이 생기고 성공한 기분이 들기 시작했다. 하지만 전쟁이 끝난 지 24시간도 안 되어 675달러의 빚을 지고 말았다.

다음 날 남성복 매장에서 주문한 정장 세 벌 중 첫 번째 정장이 배달되었다. 나는 즉시 새 양복을 입고, 바깥쪽 주머니에 새로 산 실크 손수건을 꽂고, 반지를 전당포에 맡기고 빌린 50달러를 바지 주머니에 넣고, 록펠러만큼 부자가 된 기분으로 시카고의 미시간 대로를 걸었다. 속옷부터 겉옷까지 내가 걸친 모든 것이 최고급이었다. 아직 값을 치르지 않았다는 사실은 나와 재단사, 양복점 주인 외에는 아무도 알지 못했다.

그날부터 매일 아침 새 옷을 입고 정확히 같은 시간에 같은 거리를 걸었다. 그 시간에 '우연히도' 어떤 부유한 출판업자가 점심을 먹으려고 그 거리를 지나가는 시간이었다. 나는 매일 그에게 인사를 건넸고 가끔은 잠깐 대화를 나누었다.

이렇게 매일 인사를 주고받은 지 일주일 정도 지난 어느 날, 그가 혹시 먼저 내게 말을 걸어줄지 알아보기로 했다. 그래서 그를 보고도 못 본 척 앞만 보면서 지나쳤는데 그가 손짓하며 불렀다. 그러더니 내 어깨에 손을 얹고 머리부터 발끝까지 훑어보면서 "이제 막 제대한 사람 치고는 엄청 부유해 보이는군요. 어디서 옷을 맞췄나요?"라고 물었다.

"이 양복은 윌키앤드셀러리에서 만든 겁니다."

그는 내가 어떤 일을 하는지 알고 싶어 했다. 매일 갈아입는 새 양복에서 풍기는 부유한 분위기가 그의 호기심을 자극한 것이다. (그게 내 목표였다.) 나는 아바나산 시가(쿠바산 시가 중 최고급 수제 시가.—편집자)의 재를 털면서 "새로운 잡지 출간을 준비하고 있습니다."라고 말했다.

"새 잡지를 낸다고요? 잡지 이름이 뭔가요?" 그가 물었다.

"'힐의 황금률'이라고 할 겁니다."

"제가 잡지를 인쇄하고 배포하는 사업을 한다는 걸 잊지 마세요. 아마 당신 일도 도울 수 있을 겁니다." 출판업자 친구는 이렇게 말했다. 내가 기다리던 순간이었다. 나는 바로 이런 상황을 염두에 두고 새 양복을 구입한 것이다.

내가 매일 거리를 지나다니는 모습을 출판업자가 보았더라도 늘 구깃구깃한 옷차림에 우울하고 시무룩한 표정, 가난에 시달리는 눈빛이었다면 나와 대화조차 나누려 하지 않았을 것이다. 부유해 보이는 모습은 예외 없이 항상 시선을 끈다. 게다가 호의적인 관심도 불러일으킨다. 부자가 되는 것은 인간의 마음속에 있는 큰 욕망이다.

출판업자 친구가 같이 점심을 먹자며 초대했다. 그는 커피와 시가가 나오기도 전에 내 잡지를 인쇄하고 배포하는 계약을 맺자고 '설득'했다. 심지어 나는 그가 무이자로 자본을 대는 데 '동의'하기까지 했다.

출판업에 익숙하지 않은 사람을 위해 설명하면, 전국에 배포되는 새 잡지를 출간하려면 상당한 자본이 필요하다. 막대한 자본은 담보가 아무리 충분해도 구하기 힘든 경우가 많다. 당신이 읽었을지도 모르는 《힐의 황금률》을 출간하는 데는 3만 달러가 훨씬 넘는 돈이 들었는데, 그 대부분을 좋은 옷차림으로 꾸며낸 '겉모습'을 통해 모았다. 그 옷 뒤에 어떤 능력이 존재한 것은 사실이다. 하지만 능력 외에는 아무것도 가진 게 없어서 자기가 사는 한정된 지역 밖으로는 전혀 알려지지 않은 이가 세상에는 무수히 많다. 이는 다소 슬픈 진실이다!

어떤 사람에게는 빈털터리가 675달러어치의 옷을 외상으로 산다는 것은 용서할 수 없는 사치로 보일지 모른다. 그러나 그 투자의 심리적 측면은 이를 정당화하기에 충분하다. 부유한 외모는 내가 호의를 얻어야 하는 이들에게 좋은 인상을 주었다. 그리고 더 중요한 것은 부유한 복장이 내게 미치는 영향이다. 적절한 옷차림을 하면 다른 이들에게 좋은 인상을 줄 수 있을 뿐만 아니라 나 스스로도 자존감을 느끼게 된다. 자존감 없이는 잃어버린 재산을 되찾을 수 없다.

내가 좋은 옷의 심리학에 대해 처음 알게 된 것은 에디슨의 절친한 사업 동료이자 내 친구인 반스를 통해서다. 반스는 20여 년 전에 기차표를 살 돈이 없어 화물 열차를 타고 웨스트오렌지에 있는 에디슨의 사무실을 찾아갔다. 그러고선 동업하러 왔다고 말해서 직원들에게 상당한 즐거움을 안겨주었다. 에디슨 사무실에 있던 사람들은 대부분 반스를 비웃었지만 에디슨은 예외였다. 젊은 반스는 지구상에서 가장 위대한 발명가의 미래 파트너라기보다 부랑자처럼 보였지만 에디슨은 반스의 사각턱과 단호한 표정에서 다른 사람들이 보지 못한 무언가를 보았다.

반스는 에디슨 사무실에서 바닥을 청소하는 일부터 시작했다! 에디슨의 회사에서 성공하기 위한 발판을 마련할 기회, 그게 반스가 원하던 전부였다. 그때부터 반스는 세상에서 자기 자리를 찾고자 하는 젊은이가 본받을 만한 역사를 만들어갔다. 이후 반스는 비교적 젊은 나이에 현업에서 은퇴해 플로리다주 브레이든턴과 메인주 다마리스코타에 있는 근사한 집에서 시간을 보내고 있다. 현재 억만장자인 그는 부유하고 행복하다.

나는 에디슨과 인연을 맺기 시작한 초반에 반스를 처음 알게 되었다. 당시 그는 매우 비싼 옷을 많이 소장하고 있었다. 그의 옷장에는 하루 한 벌씩 한 달을 입을 수 있는 정장 31벌이 걸려 있었다. 그는 같은 옷을 이틀 연속으로 입는 법이 없었다. 게다가 그의 정장은 전부 가장 비싼 종류였다. (우연찮게도 그의 옷을 만든 재단사가 바로 내게 정장 세 벌을 외상으로 만들어준 그 재단사다.) 그는 한 켤레에 6달러씩 하는 양말을 신었고 셔츠와 다른 옷들도 비슷하게 비쌌다. 개당 5~7.5달러씩 하는 스카프도 특별 제작한 것이었다.

어느 날 내가 농담 삼아 필요 없는 낡은 양복이 있으면 몇 벌 달라고 했더니 반스는 자신에게 필요 없는 옷은 하나도 없다고 했다! 그러면서 옷의 심리학에 대한 기억할 만한 교훈을 들려주었다. "내가 31벌의 양복을 입는 이유는 그 옷이 다른 사람에게 주는 인상 때문이 아닙니다. 스스로에게 주는 인상 때문이죠."

그러면서 반스는 일자리를 얻으러 에디슨의 사무실에 처음 찾아갔던 날을 회상했다. 그는 들어갈 용기가 나지 않아 주변을 수십 번 맴돌았다고 했다. 자신이 채용하고 싶은 모습의 직원이라기보다 부랑자처럼 보인다는 것을 알아서였다.

반스는 웨스트오렌지의 위대한 발명가와 관련 있는 사람들 가운데 가장 유능한 영업 사원으로 알려져 있다. 그의 재산은 전부 영업 사원으로서 능력을 발휘해 모은 것이다. 그는 자기가 옷의 심리학을 이해하지 못했다면 결코 부와 명성을 얻지 못했을 것이라는 말을 자주 했다.

나는 살면서 영업 사원을 많이 만나보았다. 지난 10년 동안 3천 명이 넘는 영업 사원을 훈련하고 지도했는데 그중 가장 높은 매출을 올리는 사람은 언제나 옷의 심리학을 이해하고 잘 활용했었다. 옷을 잘 차려 입고도 영업 사원으로서 뛰어난 실적을 올리지 못하는 사람은 몇 명 보았지만, 형편없는 옷차림으로 최고의 영업 사원이 된 경우는 본 적이 없다. 나는 오랫동안 옷이 다양한 계층에 영향을 미치는 모습을 보았기에 옷과 성공 사이에 밀접한 관련이 있다고 확신한다.

개인적으로 양복이 31벌이나 있어야 한다고 생각하지는 않지만, 그 정도 규모의 옷장을 갖추어야 하는 상황이라면 돈이 아무리 들더라도 어떻게든 마련할 것이다. 업무용 옷과 공식적인 저녁 행사 때 입을 옷, 격식 차린 오찬 모임에서 입을 옷 등도 필요하다. 물론 일반적인 수준보다 한두 계층 높은 사람일 경우에 그렇다. 평범한 사람은 옷이 많이 필요하지 않을 수 있다.

어떤 유명한 시인이 말했다. "옷이 사람을 만드는 건 아니다." 그러나 좋은 옷이 유리한 출발에 많은 도움이 된다는 사실은 부인할 수 없다. 은행은 일반적으로 돈이 별로 필요하지 않은 사람, 즉 부유한 사람에게는 원하는 만큼 돈을 빌려준다. 하지만 초라한 옷을 입고 가난에 찌든 표정으로 은행에 대출을 받으러 가서는 안 된다. 문전박대를 당할 것이 뻔하다.

성공이 성공을 부른다! 이 위대한 보편적 법칙에서 벗어날 방법은 없다. 그러니 **성공하고 싶다면 일용직 노동자건 부유한 상인이건 상관**

없이 성공한 사람처럼 보여야 한다.

당신이 '고상한' 사람이라면 성공을 이루기 위해 이런 '연기'나 '속임수 복장'에 의지하는 데 반대할지 모른다. 하지만 지구상의 성공한 사람들은 대체로 더 열심히 노력하도록 도와주는 어떤 형태의 자극제를 발견했다.

성공한 사람들은 늘 자신을 자극한다

주류판매반대연맹 회원들에게는 충격적인 이야기일 수 있는데, 시인 제임스 휘트컴 라일리는 술에 취했을 때 최고의 시를 썼다. 그의 자극제는 술이었다. (나는 어떤 목적을 위해서라도 술이나 마약을 자극제로 사용하는 걸 권장하지 않는다는 걸 분명히 밝혀둔다. 술과 마약 둘 다 결국 사용하는 사람의 몸과 마음을 파괴하기 때문이다.) 친한 친구들의 말에 따르면 라일리는 술에 취하면 상상력이 풍부하고 열정적인 사람이 되곤 했다. 그리고 반스는 좋은 옷의 도움을 받아 필요한 행동에 박차를 가해서 결국 뛰어난 성과를 올렸다. 또 어떤 사람은 열렬한 사랑의 결과물로 큰 업적을 이루었다. 이와 같은 행동 방식은 1장에서 이야기한 주제와 연결할 수 있다. 그러면 이 철학을 받아들일 젊은이에게 적합하지 않을지도 모르는 추가 설명 없이 이 특정한 형태의 열정 자극에 관한 논의를 끝내도 괜찮을 듯하다.

여러 사례를 종합하면, 일상생활을 할 때보다 더 큰 노력을 기울이려면 일시적이고 인공적인 자극이 필요하다는 것을 알 수 있다. 성공한 사람은 자신의 상황에 가장 적합하다고 생각되는 방법과 수단을 찾아내 평범한 수준 이상의 노력을 기울이도록 스스로를 자극해야 한다.

큰 성공을 거둔 어떤 작가는 잘 차려입은 오케스트라를 고용해서 자신이 글을 쓰는 동안 곡을 연주하게 한다. 그의 취향에 맞게 예술적으로 장식된 방의 다채롭고 부드러운 조명 아래에서 멋진 오케스트라가 그가 좋아하는 음악을 연주한다. 그는 이렇게 말한다. "이런 환경에서는 열정에 취해 평소에는 알지 못하거나 느끼지 못했던 감정의 절정에 도달한다. 바로 그런 순간에 일을 하게 된다. 마치 눈에 보이지 않는 알 수 없는 힘이 지시하는 것처럼 머릿속에 생각이 쏟아져 들어온다." 그리고 이 작가는 일주일에 한 번 이상 미술관에 가서 한 시간 넘게 거장의 작품을 감상한다. 이에 대해 그는 "미술관에 한 시간만 있어도 이틀 동안 쏟을 수 있는 열정을 얻는다."라고 말한다.

문학가 에드거 앨런 포는 반쯤 취한 상태에서 「까마귀」라는 시를 썼다고 한다. 역시 문학가인 오스카 와일드는 이 책에서 언급하기에 적절하지 않은 자극의 영향을 받아 시를 썼다.

내 의견이긴 하나, 포드는 매력적인 인생 동반자에 대한 사랑 덕분에 본격적으로 출발할 수 있었다. 그에게 영감을 주고, 자신을 믿게 하고, 평범한 사람이라면 진작 포기했을 역경에 직면해도 계속 나아가도록 격려한 건 바로 포드의 아내였다.

이 사례들은 뛰어난 업적을 이룬 사람은 우연히 혹은 의도적으로 자신을 자극해서 열정을 고취하는 방법과 수단을 발견했다는 증거다.

여기에서 언급한 내용을 1장에 나온 '마스터 마인드' 법칙과 연결하면 당신은 그 법칙이 적용되는 방식과 관련해 완전히 새로운 개념을 갖게 될 것이다. 또 마스터 마인드 법칙을 활용하는 가장 유명한 방법인 '완벽한 조화의 정신으로 연합된 노력'을 기울이는 실제 목적도 조금 다르게 이해하게 된다.

이쯤에서 책 내용이 서로 융합되는 방식을 다시 환기하는 게 좋겠다. 나는 당신의 이해를 돕기 위해 각 장에서 해당 주제를 다루는 한편, 다른 장의 주제까지 중복해서 설명하고 있다. 그렇게 함으로써, 예를 들어 당신은 이 장에서 마스터 마인드 법칙의 실제 목적을 잘 이해하게 된다. 그 목적이란 마스터 마인드를 구성하는 사람들의 마음을 자극하는 실용적인 방법으로 이용하는 것이다.

나는 걱정과 수심이 가득한 표정으로 강연장에 앉아 있던 사람들이 내 강연을 들은 뒤 어깨를 펴고 고개를 들고 자신에 찬 미소를 지으면서 패배를 모르는 열정을 품고 일에 착수하는 모습을 수없이 보았다. 이런 변화는 목표가 조화를 이루는 순간에 일어난다.

어떤 사람이 열정이라고는 찾아볼 수 없는 단조롭고 태만한 정신 상태로 매일 똑같은 일상을 산다면 실패할 수밖에 없다. 태도를 바꾸고 몸과 마음을 자유자재로 자극해 열정을 최고조로 높이는 방법을 배우기 전까지는 아무도 그를 구할 수 없다!

이 장에서 나는 열정의 원리를 매우 다양한 방식으로 설명해 당신이 이를 이해하고 따르도록 했다. 또한 사람들이 성격과 경험, 지적 수준이 저마다 다른 점을 고려해 여러 번 설명했다. 다시 한번 말하지만 우리의 인생 과제는 성공을 이루는 것이다!

당신은 성공의 법칙을 공부하면서 경험한 자극과 새롭게 얻은 아이디어, 그리고 당신의 뛰어난 자질이 무엇인지 정확하게 알려줄 내 개인적 협력을 통해 위대한 성취를 이루는 데 필요한 명확한 계획을 세울 수 있다. 하지만 열정의 정신으로 자신을 일깨워 일상적인 일에 쏟는 평범한 노력보다 더 큰 노력을 기울이도록 유도하는 어떤 영향력의 도움 없이는 이런 바람직한 결과를 내기 위한 계획을 세울 수 없다.

이제 자제력에 관한 다음 장으로 넘어갈 준비가 되었다! 다음 장을 읽어보면 이 장 내용과 밀접한 관련이 있음을 알게 된다. 이 장도 명확한 핵심 목표, 자신감, 주도권, 리더십, 상상력 등을 다룬 이전 장과 긴밀하게 연결되어 있다. 다음 장에서는 성공의 법칙 전체의 평형 바퀴 역할을 하는 법칙을 설명한다.

성공을 가로막는
우리 내면의 적은 누구인가?

위 그림에 나온 '7인의 기병'은 순서대로 불관용, 탐욕, 복수, 이기심, 의심, 질투, 그리고 '이것'이다.

모든 인간에게 최악의 적은 자기 자신이다. 다른 사람의 시선으로 자신을 볼 수 있다면 누구나 자신의 성격에 숨어 있는 적을 발견해 제거할 수 있다. 여기서 언급한 7인의 적은 발각되지 않은 채로 수많은 이를 실패로 몰고 가는 가장 흔한 적이다. 당신은 자신을 신중하게 평가해 이 7인의 적 가운데 몇 명을 품고 있는지 알아보라.

그림에 등장한 7인의 치명적인 전사를 보라! 모든 인간은 태어나 죽을 때까지 이 적들과 싸워야 한다. 우리의 성공은 이 날쌘 기병들과의 싸움에 어떻게 대처하느냐에 따라 크게 좌우된다.

이 그림은 상상일 뿐이라고 말할 것이다. 이 그림이 상상화인 것은 사실이지만 재빠른 파괴의 기병들은 실존한다.

이 적들이 훤히 보이는 곳에서 실제 말을 타고 다닌다면 위험하지 않을 것이다. 잡아서 무력화시킬 수 있기 때문이다. 하지만 그들은 사람 마음속에 있기에 눈에 보이지 않는다. 너무나 조용하고 미묘한 방식으로 일하는 그들의 존재를 알아차리기란 쉽지 않다.

이제부터 당신의 내면을 잘 살펴서 이 일곱 명의 기병 중 몇 명을 품고 있는지 알아보자.

가장 위험하고 흔한 기병은 중요한 위치에 도사리고 있다. 이 적을 미리 발견해서 자신을 보호할 수 있다면 운이 좋다고 할 수 있다. 불관용이라는 이 잔인한 전사는 그림에 나온 다른 여섯 기병보다 더 많은 사람을 죽이고, 더 많은 우정을 파괴하고, 세상에 더 많은 비참함과 고통을 안겨주었으며, 더 많은 전쟁을 일으켰다.

불관용을 극복하기 전까지는 올바른 사상가가 될 수 없다. 이 인류의 적은 우리 마음을 닫고 이성과 논리, 사실을 뒤편으로 밀어낸다. 자신과 종교적 관점이 다른 사람들을 미워한다면 일곱 명의 치명적인 기병 중 가장 위험한 자가 여전히 머릿속에 남아 있는 게 분명하다.

다음으로 그림에서 찾을 수 있는 건 복수와 탐욕이다! 이 기병들은 함께 움직인다. 따라서 하나가 발견되면 다른 하나도 항상 가까이에 있다. 탐욕은 인간의 뇌를 조정해 자기 구역에 울타리를 치고 다른 사람들은 모두 밖으로 몰아내게 한다. 그뿐 아니라 수백만 달러를 가진 인간이 더 이상 필요하지도 않고 다 쓰지도 못할 돈을 계속 쓸어 모으게 유도한다. 그 영향으로 탐욕에 찌든 인간은 동료 인간의 피를 마지막 한 방울까지 짜내려고 한다.

그리고 이 잔인한 쌍둥이에게 뇌를 점령당한 불행한 사람은 단순히 다른 인간의 소유물을 빼앗는 것에 만족하지 않고 그 과정에서 상대방의 평판까지 망가뜨리고 싶어 한다. 이는 탐욕과 함께 다니는 복수 때문이다.

◆ 복수는 훤히 드러난 칼날이다 –
  칼자루도 없고 보호대도 없다.
  이 주님의 검을 휘두르고자 하는 자여
  네 손아귀는 굳고 단단한가?
  하지만 칼날을 가까이 잡을수록,
  더 치명적인 타격을 가하려고 할수록,
  네 손에 더 깊은 상처를 입어
  네 피가 강철을 붉게 물들일 것이다.
  그리고 네가 타격을 가할 때 –
  칼날이 네 손에서 날아갈 때 –
  그 칼이 적의 심장 대신

네 심장에 꽂혀 있는 걸 발견할지도 모른다.

탐욕과 복수가 얼마나 치명적인지 알고 싶다면, 세상의 통치자가 되고자 했던 모든 이의 역사를 연구해보면 된다!

그렇게 야심 찬 연구 프로그램을 시작하고 싶지 않다면 주변 사람들, 그중에서도 다른 이들을 희생시켜서 '본인의 배를 채우려' 하는 사람들을 살펴보면 된다. 탐욕과 복수는 인생의 교차로에 서 있다가 성공으로 향하는 길을 택한 모든 사람을 실패와 불행으로 이끈다. 이런 교차로에 접근할 때 탐욕과 복수심의 방해를 받지 않도록 주의해야 한다.

개인은 물론이고 국가도 지배자의 마음에 탐욕과 시기심이 가득하면 빠르게 쇠퇴한다. 시기와 탐욕에 절어 있는 이들에게 어떤 일이 일어나는지 알고 싶으면 멕시코와 스페인의 사례를 보라. (두 국가 모두 지배층의 정치적 갈등과 권력 다툼으로 사회 혼란, 경제 불안, 국제적 영향력 약화 등을 겪었다. —편집자)

무엇보다 중요한 건 혹시라도 이 치명적인 두 가지 적이 당신의 뇌에 자리 잡고 있지는 않은지 확인하는 것이다!

이제 이기심과 의심이라는 다른 쌍둥이 쪽으로 주의를 돌리자. 잘 보면 이 둘도 항상 함께 다닌다. 자기애가 너무 넘치거나 다른 사람에 대한 신뢰가 부족한 자는 성공할 가망이 없다.

숫자를 다루는 걸 좋아하는 누군가가 세상에서 가장 큰 클럽은 '그건 불가능해 클럽'이라면서 미국만 해도 이 클럽 회원이 약 9,900만 명에 이른다고 추정했다.

다른 사람에 대한 믿음이 없는 것은 성공의 씨앗이 없는 것과 마찬가지다. 의심은 번식력이 강한 세균이다. 여지만 있으면 빠르게 번식하므로 금세 믿음을 위한 자리가 사라진다. 믿음이 없다면 지속적인 성공을 누릴 수 없다.

성경 전체에 제시된 황금빛 조명처럼 빛나는 가르침이 바로 믿음을 가지라는 훈계다. 인류 문명이 광적으로 돈만 좇느라 자신을 잃어버리기 전까지는 그래도 다들 믿음의 힘을 알고 있었다.

✦ 진실로 너희에게 이르노니 만일 너희에게 믿음이 겨자씨 한 알만큼만 있어도 이 산을 명하여 여기서 저기로 옮겨지라 하면 옮겨질 것이요 또 너희가 못할 것이 없으리라. (마태복음 17장 20절. ─ 편집자)

성경에 나오는 이 구절을 쓴 사람은 요즘 사람들은 잘 모르는 위대한 법칙을 알고 있었다. 다른 사람들이 당신을 믿어주길 바란다면 당신도 다른 사람들을 믿어야 한다. 의심을 없애라. 그렇지 않으면 의심이 당신을 죽일 것이다. 힘을 얻고자 한다면 인류에 대한 믿음을 키워야 한다!

이기심은 의심이 존재하는 곳에서 번성한다. 다른 사람에게 관심을 가지면 자기애에 빠질 시간이 없다. 말할 때 모든 문장을 '나'로 시작하는 사람들을 살펴보면 다른 사람을 잘 의심한다.

자기 이익을 돌보지 않고 다른 사람에게 도움 되는 일을 하는 사람은 결코 의심에 시달리지 않는다. 의심이 많고 이기적인 주변 사람을 돌아보면서 이런 이들 가운데 어떤 일에서든 성공한 사람이 몇이나 되는지 생각해보자. 그리고 다른 사람을 살피는 동안 본인도 살펴야 한다! 이기심과 의심에 얽매이지 않도록 주의하자.

이 치명적인 기병대 뒤쪽에 기병 둘이 자리하고 있다. 하나는 질투고, 다른 하나는 의도적으로 이름을 생략했다.

당신은 본인의 마음을 점검한 뒤 발견한 것을 일곱 번째 기병에게 이름 붙일 수 있다. 어떤 사람은 이 기병을 부정직이라고 부르고 어떤 사람은 미루기라고 부를 것이다. 통제할 수 없는 성욕이라고 부르는 용감한 사람도 있을지 모른다. 원하는 대로 이름을 붙이되, 어떤 이름이든 반드시 붙여야 한다. 아마 당신의 상상력은 질투의 동행자로 적합한 이름을 지어줄 것이다.

질투가 일종의 광기라는 사실을 알면 이름 없는 이 기병에게 붙여줄 이름이 좀 더 쉽게 떠오를 것이다. 진실을 마주하는 건 때로 잔인한 일이지만 말이다.

✦ 오 질투,
　지옥의 가장 추악한 악마여! 네 치명적인 독이
　내 생명을 먹이로 삼고, 내 싱싱한 볼의
　건강한 혈색을 창백하고 초췌하게 만들고,
　내 영혼까지 빨아먹는다!

의심 바로 뒤에 질투가 따라온다는 사실에 주목하자. 어떤 이들은 질투와 의심은 나란히 다가온다고 말한다. 인간의 마음속에서는 종종 그중 하나가 다른 하나로 이어진다.

질투는 가장 흔한 형태의 광기다. 남녀 모두의 마음에 존재하고, 때로는 원인이 있지만 아무 원인도 없는 경우가 더 많다.

이 치명적인 기병은 이혼 변호사의 좋은 친구다! 또 탐정 사무소를 밤낮으로 바쁘게 만든다.

질투는 살인이라는 대가를 치르기도 한다. 가정을 파괴하고 어머니를 미망인으로 만들고 무고한 아이들을 고아로 만든다. 이 기병이 머릿속에서 날뛰는 동안에는 결코 평화와 행복을 누릴 수 없다.

남편과 아내가 모두 질투라는 광기의 자식에게서 자유롭다면 가난해도 매우 행복하게 살 수 있다. 자신을 유심히 살펴보다가 혹시라도 마음속에 질투의 증거가 나타나면 즉시 제어해야 한다.

질투는 다양한 형태로 나타난다. 질투가 마음속에 처음 스며들기 시작할 때는 다음처럼 생각하기 마련이다.

'내가 없는 동안 그녀는 어디에 있고 무엇을 할까?'

'나와 떨어져 있을 때 다른 여자를 만나지 않을까?'

마음속에 이런 의문이 떠오르기 시작하면 형사를 부르지 말고 정신병원에 가서 검사를 받자. 가벼운 광기를 앓고 있을 가능성이 높다. 질투가 당신 목을 움켜잡기 전에 질투의 목을 밟아버려야 한다.

이 글을 다 읽었으면 잠시 생각해보자. 처음에는 "이건 나한테는 해당하지 않는 이야기야. 내 머릿속에는 상상의 기병이 존재하지 않아."라고 말할지 모른다. 물론 그 생각이 옳을 수도 있다. 하지만 이렇게 말한 1천만 명 가운데 한 명만 옳고 나머지 999만 9,999명은 틀렸다.

자신을 속이지 마라! 당신도 숫자가 더 많은 쪽에 속할 수 있다. 이 글의 목적은 자신을 있는 모습 그대로 보게 하는 것이다! 지금 실패와 빈곤과 불행을 겪고 있다면 당신 뇌에는 이 치명적인 기병이 하나 이상 존재한다고 보아야 한다.

장담하는데, 행복과 건강을 비롯해 원하는 걸 다 가진 이들은 일곱 기병을 뇌에서 몰아낸 사람들이다.

한 달 동안 자신을 충분히 분석한 다음 이 글을 다시 읽어보기 바란다. 그러면 자기도 모르는 새에 머릿속을 떠돌고 있는 잔인한 적의 무리에게서 해방시켜줄 사실과 마주할지도 모른다.

8장

성공의 법칙 7

자제력으로 생각과
열정의 균형을 잡아라

"자신을 통제할 줄 아는 사람은 어떤 일이든 주도하는 법이다."

앞 장에서 열정의 가치를 배웠다. 그리고 암시의 원리를 이용해 열정을 불러일으키고 그 영향을 다른 사람에게 전달하는 방법도 배웠다.

이제 열정을 건설적인 방향으로 이끄는 자제력을 연구할 차례다. 자제력이 없는 열정은 뇌우가 몰아칠 때 통제가 불가능한 번개처럼 아무데나 내리꽂혀 생명과 재산을 파괴할 수 있다. <u>열정은 우리를 행동으로 이끄는 중요한 자질이며, 자제력은 그 행동이 강력한 힘을 발휘하도록 올바른 방향으로 인도하는 평형 바퀴다.</u>

균형 잡힌 사람이 되려면 열정과 자제력을 골고루 갖추어야 한다. 미국 교도소에 수감된 성인 16만 명을 대상으로 진행한 조사에서 이 불행한 남녀의 92퍼센트가 에너지를 건설적인 방향으로 이끌어주는 자제력이 부족한 탓에 감옥에 왔다는 놀라운 사실이 드러났다.

앞의 문단을 다시 읽어보자. 이건 놀라운 진실이다! 우리가 겪는 불행은 대부분 자제력이 부족해서 생긴다. 성경에는 자제력에 대한 훈계가 가득하다. 심지어는 원수를 사랑하고 우리에게 상처 준 사람을 용서하라고 촉구한다. 성경 전체에 무저항주의가 깊게 배어 있다.

훌륭한 위인의 기록을 살펴보면 자제력이 있었음을 알 수 있다! 일례로 불멸의 인물인 링컨을 살펴보자. 그는 가장 힘든 시기에도 인내심, 평정심, 자제력을 발휘했다. 링컨은 내각 구성원들 가운데 일부가 자신에게 불충하다는 것을 알았다. 하지만 그들이 링컨 개인에게는 불충했어도 나랏일을 훌륭하게 해냈기에, 링컨은 자제력을 발휘해서 그들의 불쾌한 태도를 무시했다. 과연 이런 자제력을 갖춘 사람이 몇 명이나 될까?

선데이는 강단에서 강력한 어조로 외쳤다. "다른 이들을 무안하게 하는 사람은 지옥처럼 끔찍한 자입니다!" 그가 이 말을 했을 때 '악마'도 "아멘!"이라고 외치지 않았을까?

성공의 법칙에서 자제력이 중요한 이유는 자제력이 부족한 사람이 남에게 피해를 주어서가 아니다. 자제력을 발휘하지 않을 경우 명확한 핵심 목표를 달성하는 데 필요한 힘을 잃기 때문이다. 자제력이 부족하면 다른 사람은 물론 본인도 다치기 마련이다!

자제력을 잃고 배운 값진 교훈

나는 사회생활 초반에 경험한 아주 평범한 사건을 통해 자제력이 부족하면 인생이 큰 혼란에 빠진다는 것을 알게 되었다. (인생의 위대한 진리는 대개 일상생활의 평범하고 흔한 사건들 속에 숨어 있다.) 이 사건은 인생의 가장 중요한 교훈 하나를 알려주었는데, 바로 다음과 같은 일이었다.

어느 날 나는 사무실이 있던 건물 관리인과 오해가 생겼고 이 문제로 우리는 서로를 매우 싫어하게 되었다. 내가 혼자 사무실에 남아 일하는데도 관리인은 일부러 전등을 다 꺼버리곤 했다. 이런 상황이 여러 번 벌어지자 결국 나도 반격에 나섰다.

어느 일요일에 기회가 생겼다. 그날도 사무실에 나와 다음 날 밤에 쓸 연설문을 작성하려고 했는데 책상에 앉자마자 전등이 꺼졌다. 벌떡 일어나 관리인이 일하고 있을 건물 지하로 달려갔다. 내가 지하실에 도착했을 때, 관리인은 난로에 석탄을 넣으면서 분주하게 일하고 있었고 마치 아무 일도 없었던 것처럼 휘파람까지 불고 있었다.

나는 예의고 뭐고 없이 그에게 화를 내면서 5분 동안 그가 석탄을 넣던 난로보다도 더 뜨거운 욕설을 퍼부었다. 그러다가 할 말이 다 떨어지고 나서야 겨우 흥분을 가라앉혔다. 관리인은 그제야 몸을 일으키면서 돌아보았다. 그리고 활짝 미소를 짓더니 침착함과 자제력이 가득한 차분하고 부드러운 어조로 말했다. "무슨 일인지 몰라도 오늘 아침엔 좀 흥분하신 것 같네요?" 그 말은 칼날처럼 내게 와 꽂혔다.

그는 읽고 쓸 줄도 모르는 문맹이었다. 하지만 그런 불리한 조건에도 불구하고 내가 선택한 장소에서 내가 선택한 무기로 치른 결투에서 나를 이겼다. 그 사람 앞에 서 있을 때의 내 심정이 어땠을지 상상해보라. 양심이 날 괴롭혔다. 나는 패했을 뿐만 아니라 애초에 내가 오해한 상태에서 그를 공격했다는 것을 알고 더 심한 굴욕감을 느꼈다.

내 양심은 마음속에 매우 당혹스러운 생각을 심어주었다. 그 생각이 나를 조롱하고 자극했다. 나는 고급 심리학의 전공자며 황금률 철학을 지지하는 사람이고 셰익스피어, 소크라테스, 플라톤, 에머슨의 작품과 성경을 어느 정도 아는 사람이었다. 반면 나와 마주 서 있던 사람은 문학이나 철학에 대해 잘 모르는 지식이 부족한 사람이었지만 말싸움에서 나를 이겼다.

나는 몸을 돌려 최대한 빨리 사무실로 돌아갔다. 더 이상 할 수 있는 게 없었다. 내 실수를 깨달았지만 잘못을 바로잡기 위해 반드시 해야 할 일을 하는 게 주저되었다. 그래도 관리인에게 사과해야 마음의 평화를 되찾을 수 있을 것 같아서 지하실로 내려가 굴욕을 감수하기로 했다. 물론 쉽지 않은 결심이었고, 결심하기까지 시간도 오래 걸렸다.

결국 지하실로 향했지만 처음 내려갈 때보다 발걸음이 훨씬 느렸다. 어떤 식으로 말해야 최대한 굴욕을 덜 당할 수 있을지 궁리하면서 지하실에 도착한 나는 관리인을 문 쪽으로 불렀다. 그는 차분하고 친절한 어조로 물었다. "이번에는 뭘 원하십니까?"

나는 그가 허락한다면 내가 저지른 잘못을 사과하러 왔다고 말했다. 그러자 그는 활짝 웃으며 말했다. "사과할 필요 없습니다. 이 벽과 당신과 나 외에는 아무도 당신 말을 듣지 못했어요. 나는 이 일을 아무에게도 말하지 않을 테고 당신도 말하지 않으리라는 걸 압니다. 그러니까 그냥 잊으세요."

이 말은 그가 처음에 한 말보다 더 아프게 다가왔다. 그는 나를 용서하겠다는 의지를 표현하는 동시에 그 일이 알려져서 내가 상처받지 않도록 사건을 숨기는 걸 돕겠다고 한 것이다. 나는 그에게 다가가 손을 잡았다. 그리고 마음을 다해 악수를 나누었다. 사무실로 돌아가는 길에는 내가 저지른 잘못을 바로잡을 용기를 냈다는 사실이 기뻤다.

이 이야기는 여기서 끝나지 않는다. 이제 시작일 뿐이다! 이 사건 이후로 나는 다짐했다. 상대가 문맹인 청소부든 아니면 똑똑한 문필가든, 다시는 자제력을 잃어서 굴욕감을 느끼는 상황에 처하지 않겠다고 말이다.

그러자 놀라운 변화가 서서히 일어났다. 내 펜이 더 큰 힘을 발휘하고 내가 하는 말에 더 큰 무게가 실리기 시작했다. 친구는 늘어나고 적은 줄어들었다. 이 사건은 내 인생에서 가장 중요한 전환점 중 하나가 되었다. 먼저 자신부터 통제하지 않으면 다른 사람을 통제할 수 없다는 걸 깨우쳤다. 또 "신들은 자기가 파괴할 자들을 먼저 미치게 만든다."라는 말의 의미를 명확히 이해하게 되었다. 그 덕분에 무저항주의의 개념을 제대로 이해하고, 전에는 해석하지 못했던 이 주제와 관련된 많은 성경 구절을 해석할 수 있었다. 이 사건은 내가 하는 모든 일에 도움이 되는 지식의 창고로 통하는 열쇠를 쥐어주었고, 나중에 적들이 나를 파괴하려고 할 때 완벽히 맞설 수 있는 강력한 방어 무기를 전해주었다.

자제력이 전혀 다른 성과를 만든다

자제력 부족은 평범한 영업 사원에게는 큰 약점이다. 잠재적인 구매자가 듣기 싫은 말을 했을 때, 자제력이 부족한 영업 사원은 판매에 치명적인 반론을 내세워 '반격'하려고 할 것이다.

시카고의 한 대형 백화점에서 자제력의 중요성을 보여주는 사건을 목격한 적이 있다. 고객센터 앞에 길게 늘어선 고객들이 차례로 담당자에게 불만을 이야기하고 있었다. 일부 고객은 화가 나서 비이성적인 상태였고 심지어 욕도 했다. 하지만 접수 창구에 있는 젊은 여성 직원은 조금도 원망하는 기색 없이 고객의 말을 받아들였다. 미소 띤 얼굴로 고객을 적절한 부서로 안내하는 우아하고 침착한 태도를 보면서 직원의 자제력에 감탄했다.

줄지어 늘어선 고객이 불만을 토로하는 동안 바로 뒤에 서 있던 또 다른 직원이 종이에 고객의 불만 사항을 메모해서 앞에 있는 직원에게 건네주었다. 그 종이에는 원색적인 독설과 분노는 제외하고 고객이 말한 요점만 적혀 있었다. 알고 보니 고객센터 창구에서 고객의 불만을 '들으며' 웃고 있던 직원은 사실 청각 장애인이었다! 그래서 조수가 쪽지로 업무 처리에 필요한 사실을 전달한 것이다.

나는 이 방식에 큰 감명을 받아 매장 매니저를 찾아가 이야기를 들어보았다. 그는 매장에서 가장 힘들고 중요한 직책 중 하나에 청각 장애인을 앉힌 이유는 그 자리에서 일할 만큼 자제력이 강한 사람을 찾지 못했기 때문이라고 했다.

나는 분노한 고객이 줄지어 선 모습을 지켜보면서 접수 창구에 앉은 직원의 미소가 얼마나 바람직한 영향을 미치는지 관찰했다. 늑대처럼 으르렁거리며 고객센터를 찾았던 사람들이 양처럼 온순해져서 조용히 떠났다. 사실 그중 일부는 자리를 뜰 때 겸연쩍은 표정을 지었다. 직원의 자제력에 본인 행동이 부끄러워져서였다.

그 장면을 본 뒤부터 나는 듣기 싫은 말에 짜증이 날 때마다 백화점에서 본 직원의 침착함과 자제력을 떠올렸다. 그리고 그런 말을 흘려버릴 수 있는 '마음의 귀마개'가 누구에게나 있어야 한다고 생각했다. 예전에는 쓸데없는 잡담을 들으면 화를 냈지만 이제는 그런 수다에 귀를 닫는 습관이 생겼다. 인생은 너무 짧고, 듣고 싶지 않은 말을 하는 사람에게 일일이 반격하기에는 해야 할 건설적인 일이 너무 많다.

법조계에도 "기억이 나지 않습니다." 혹은 "모르겠습니다."라는 말로 질문을 회피하려고 하는 적대적인 증인에게서 진술을 얻어내고 싶을 때 법정 변호사가 사용하는 매우 영리한 수법이 있다. 다른 방법이 모두 효과를 보지 못하면 변호사는 일부러 증인을 화나게 한다. 화가 나면 자제력을 잃고 '냉정한' 상태에서라면 하지 않았을 진술을 하게 된다.

사람들은 대부분 문제를 찾아내려고 빈틈없이 경계한 상태로 인생을 살아가며 대개는 찾던 것을 발견한다. 나는 여행을 다닐 때 '기차칸 대화'에 참여하는 사람들을 관찰했는데, 열 중 아홉은 자제력이 부족한 탓에 거의 모든 대화에 자진해서 끼어들었다. 기차 흡연실에 앉아 있는 사람들 가운데 대화에 끼어들지 않고 남의 대화를 듣기만 하는 사람은 거의 없었다.

한번은 올버니에서 뉴욕까지 간 적이 있다. 돌아오는 기차 흡연실에서 당시 태머니홀Tammany Hall(1786~1967년 뉴욕에서 활동했던 미국 민주당 계열의 정치 조직.—편집자)의 수장이었던 리처드 크로커에 관한 대화가 시작되었다. 토론은 시끄럽고 격렬해졌다. 논쟁을 부추기면서 적극적인 관심을 보이던 한 노인만 빼고 모두들 화를 냈다. 노인은 침착한 태도를 유지하면서 다른 사람들이 태머니홀의 '호랑이'에 관해 늘어놓는 온갖 못된 말을 즐기는 듯했다. 그 모습을 본 나는 당연히 그가 태머니홀 수장의 적인 모양이라고 생각했지만 그렇지 않았다! 그는 크로커 본인이었다! 이는 사람들이 자신을 어떻게 생각하고 적들의 계획은 무엇인지 알아내는 그의 교묘한 수법 중 하나였다.

크로커가 어떤 사람이었든 간에 자제력이 강했음은 분명하다. 아마도 그게 크로커가 오랫동안 모두가 인정하는 태머니홀의 수장 자리를 유지했던 이유 중 하나일 것이다. **자신을 통제할 줄 아는 사람은 어떤 일이든 주도하는 법이다.**

바로 앞 단락의 마지막 문장을 다시 읽어보자. 여기에는 당신에게 유익한 미묘한 암시가 담겨 있다. 이런 평범한 사건 속에 인생의 위대한 진실이 숨어 있다.

얼마 전 나는 아내와 함께 백화점 세일 행사에 갔다. 한 무리의 고객이 할인 판매 중인 속치마 매대 앞에 몰려들어 팔꿈치로 서로를 밀치고 있는 게 보였다. 그때 40대 중반쯤 되어 보이는 한 여성이 사람들 다리 밑으로 기어가더니 자기보다 먼저 판매원과 이야기를 하고 있던 고객 앞에 불쑥 끼어들었다. 그 여성은 크고 높은 목소리로 판매원의 주의를 끌려고 했다. 하지만 판매원은 인간 본성을 잘 아는 능수능란한 사람이었고 자제력도 있었다. 그래서 새치기한 사람에게 상냥하게 웃으면서 "네, 아가씨. 곧 도와드릴 테니 잠시만 기다려주세요!"라고 말했다.

그러자 새치기한 고객이 잠잠해졌다! 태도를 바꾼 것이 기분 좋은 호칭 때문인지 아니면 상냥한 어조 때문인지는 모르겠다. 어쨌든 그 판매원은 속치마 세 벌을 팔아 자제력에 대한 보상을 받았고 행복한 '아가씨'는 그 말에 훨씬 젊어진 기분을 느끼며 돌아갔다.

구운 칠면조는 매우 인기 있는 요리지만 인쇄업에 종사하는 내 친구는 칠면조를 너무 많이 먹는 바람에 5만 달러짜리 주문을 놓쳐버렸다. 추수감사절 다음 날이었는데, 나는 책을 출판하러 미국에 온 유명한 러시아인을 소개해주려고 친구의 사무실을 방문했다. 영어가 서툴렀던 그 러시아인은 상담 중에 인쇄업자 친구에게 질문을 했는데 친구는 그걸 자신의 능력을 의심받는다고 오해하고 말았다. 내가 방심한 새에 친구는 섣불리 이렇게 반박했다. "당신 같은 볼셰비키(레닌이 이끈 좌익의 다수파. '마르크스-레닌주의자'를 의미하기도 한다.—편집자)의 문제는 근시안적인 시각 탓에 세상 사람을 다 의심의 눈초리로 바라본다는 거요." 그러자 내 '볼셰비키' 친구가 팔꿈치로 날 쿡쿡 찌르면서 속삭였다. "이 신사분은 어디가 좀 안 좋은 것 같군요. 기분이 나아지면 다시 방문하겠습니다."

하지만 러시아인은 이곳을 다시 찾지 않고 다른 인쇄업체에 주문했다. 나중에 들은 바로는 그 주문으로 얻은 수익이 1만 달러가 넘었다! 칠면조 한 접시에 1만 달러라니 너무 비싼 듯하지만, 그게 바로 내 인쇄업자 친구가 치른 값이다. 그는 전날 저녁에 칠면조를 잘못 먹고 소화불량이 생겨 자제력을 잃었다면서 자기 행동에 대해 사과했다.

세계 최대 규모의 한 체인점에서는 성공적인 판매원의 필수 자질인 자제력을 갖춘 판매원을 고용하려고 독특하고 효과적인 방법을 이용했다. 매우 영리한 여성을 한 명 고용해 백화점이나 판매원이 근무하는 여러 장소를 찾아다니면서 재치와 자제력을 갖춘 판매원을 선발한 것이다. 여성은 판매원에게 다가가 상품을 보여달라고 한 뒤 판매원의 인내심을 시험하는 온갖 질문을 던졌다. 그리고 시험에 통과한 사람에게는 더 나은 일자리를 제안했다. 이때 시험에 떨어진 여러 판매원은 자기도 모르는 새에 좋은 기회를 놓친 셈이다.

당연한 이야기지만 자제력이 부족한 사람은 자기도 모르게 기회를 외면하게 된다. 어느 날 나는 대형 매장의 장갑 판매대에서 근무 중인 청년과 이야기를 나누었다. 그는 이 매장에서 4년을 일했으나 매장의 '근시안적인' 태도 탓에 능력을 인정받지 못해 다른 직장을 찾고 있다고 말했다. 그런 대화를 하던 차에 한 고객이 다가와 모자를 보여달라고 했다. 하지만 판매원은 자기 고민을 내게 다 털어놓을 때까지 고객의 질문에 귀를 기울이지 않았다. 기다리던 고객이 점점 짜증을 내는 게 느껴지는데도 말이다. 마침내 고객에게 고개를 돌린 그는 "여기는 모자 매장이 아니에요."라고 말했다. 고객이 "그럼 모자 매장은 어디인가요?" 하고 묻자 청년은 "저기 있는 매장 관리인에게 물어보세요. 그가 안내해줄 겁니다."라고 대답했다.

이 청년에게는 4년 동안 좋은 기회가 많았을 텐데 정작 본인은 그 사실을 몰랐던 듯하다. 그는 매장을 찾은 모든 고객과 친구가 될 수 있었고 그랬다면 그 고객들이 청년을 매장에서 가장 귀한 인력으로 만들어주었을 것이다. 청년과 거래하려고 매장을 다시 찾았을 테니 말이다. 하지만 뭔가를 물어보았을 때 '퉁명스럽게' 대답하는 이 청년을 다시 찾아올 고객은 없다.

어느 비 내리는 오후에 한 노부인이 피츠버그백화점에 들어오더니 물건을 살 생각이 없는 사람이 흔히 그러듯이 별다른 목적 없이 이리저리 돌아다녔다. 판매원들은 노부인을 '한번 훑어보고는' 혹시라도 부인이 자기를 성가시게 할까 봐 선반에 있는 재고를 정리하느라 바쁜 척했다. 그때 한 젊은 직원이 "혹시 도와드릴 게 있을까요?" 하고 정중하게 물었다. 노부인은 비가 그치기를 기다리고 있을 뿐 아무것도 살 생각은 없다고 했다. 하지만 그 직원은 자리를 뜨지 않고 노부인과 계속 대화를 나누면서 환영받는다는 기분을 느끼게 해주었다. 비가 잦아들어 노부인이 떠날 채비를 하자 거리까지 따라 나가 우산을 들어주었다. 그러자 노부인은 명함을 한 장 달라고 하고는 떠났다.

이후 젊은 직원은 그 일을 까맣게 잊었는데 어느 날 사장이 그를 불러 어떤 부인이 보낸 편지를 보여주었다. 편지에는 그 직원을 스코틀랜드로 보내 저택에 비치할 가구 주문을 받아달라는 내용이 적혀 있었다. 그 편지는 카네기의 어머니가 보낸 것이었는데, 알고 보니 젊은이가 몇 달 전에 거리로 정중하게 안내한 바로 그 부인이었다. 카네기 부인은 해당 주문의 담당자로 그 젊은 직원을 구체적으로 요구했고 결국 엄청난 액수의 주문을 했다. 덕분에 젊은이는 당장 물건을 살 것처럼 보이지 않는 노부인을 예의 바르게 대하지 않았더라면 결코 얻지 못했을 승진 기회를 얻었다.

인생의 위대한 기본 법칙은 사람들이 잘 알아차리지 못하는 일상의 흔한 경험 속에 숨어 있다. 이렇듯 사소해 보이는 일에 진정한 기회가 숨어 있을 때가 많다.

왜 내게는 기회가 오지 않을까

앞으로 사람을 만날 때마다 "왜 당신 분야에서 더 많은 것을 이루지 못했습니까?" 하고 물어보라. 그러면 십중팔구는 "기회가 없어서 그랬습니다."라고 말할 것이다. 하지만 이들의 행동을 관찰하고 정확히 분석해보면 다들 찾아오는 좋은 기회를 계속해서 외면하고 있음을 확인할 수 있다.

언젠가 나는 한 상업 학교에서 학생 모집을 담당하는 친구를 만나러 갔다. 그에게 어떻게 지내느냐고 물어보니, "형편없어! 사람들을 많이 만나지만 실적이 좋지 않다 보니 벌이가 별로야. 게다가 학교 상황도 나빠서 아무래도 여기서는 기회가 없을 것 같아. 이제 다른 데로 옮길까 생각하고 있어."라고 대답했다.

마침 나는 휴가 중이라서 마음대로 쓸 수 있는 시간이 열흘 정도 있었다. 그래서 기회가 없다는 친구의 말이 틀렸다는 걸 증명하려고 일주일 안에 그가 주당 250달러를 벌게 해주고 앞으로도 계속 이 수준을 유지하는 방법을 가르쳐주겠다고 했다. 그는 놀란 표정으로 이런 진지한 문제를 농담거리로 삼지 말라고 했다. 하지만 내가 진심이라는 걸 깨닫자 어떻게 그런 '기적'을 행할 수 있느냐고 물었다.

이에 내가 조직적인 노력에 대해 들어본 적이 있는지 질문했더니 친구는 "조직적인 노력이 무슨 뜻이야?"라고 되물었다. 그래서 친구가 지금까지 했던 노력의 방향을 바꾸어서 똑같은 노력으로 많은 학생을 등록시키는 것이라고 말했다. 친구가 얼른 방법을 알려달라기에 나는 그 지역 백화점 직원을 대상으로 강연을 하게 해달라고 했다.

얼마 뒤 친구가 강연 약속을 잡았고, 나는 그곳에 가서 강연을 했다. 강연에서는 직원들에게 현 위치에서 더 많은 돈을 버는 능력을 키우고 앞으로 더 큰 책임이 있는 자리에 올라가는 기회를 얻는 방법에 관해 설명했다. 강연이 끝난 뒤, 백화점 직원 여덟 명이 친구가 일하는 상업 학교의 야간 과정에 등록했다.

다음 날 밤에는 세탁소 직원을 대상으로 한 강연을 친구가 주선해주었다. 이날도 강연이 끝난 뒤 세 명이 상업 학교에 등록했는데, 그중 두 명은 세탁소에서 가장 힘든 일을 하는 젊은 여성들이었다. 이틀 뒤에는 지역 은행의 직원을 대상으로 강연을 했고, 그 결과 네 명이 더 등록했다. 내가 강연한 시간과 총 15명이 친구네 학교에 등록하는 데 걸린 시간은 모두 합해서 총 여섯 시간을 넘지 않았다. 그러고선 친구가 받은 수수료는 400달러가 조금 넘었다!

　백화점, 세탁소, 은행 등은 상업 학교에서 걸어서 불과 15분 거리에 있었다. 하지만 친구는 학생을 모집하러 그곳에 가본 적이 없었다. 학생 모집을 도와줄 강연자와 제휴할 생각도 해본 적이 없었다. 그 뒤로 어떻게 되었을까? 친구는 현재 훌륭한 상업 학교의 소유주가 되었다. 그리고 작년에 그 학교의 순수익은 1만 달러가 넘었다고 한다.

　당신에게도 '기회'가 찾아오지 않는가? 어쩌면 벌써 기회가 왔지만 보지 못했을 수도 있다. 이 책을 읽으면서 앞으로 기회가 왔을 때 바로 알아볼 수 있도록 대비한다면 기회를 포착할 수 있을 것이다. 6장에서 나는 상상력에 관해 이야기했다. 상상력은 방금 전의 이야기에서 주요 요소다. 상상력뿐 아니라 확실한 계획, 자신감, 행동도 주요 요소다. 당신도 이 장을 다 읽고 나면 자제력을 발휘해서 이 요소들을 올바르게 이끄는 방법을 깨달을 것이다.

자제력 있는 사람의 결정적 차이

　이제 자제력이 강한 사람의 일반적인 행동과 함께 이 장에서 사용하는 자제력이라는 용어가 뜻하는 범위를 살펴보자. **자제력이 잘 발달된 사람은 증오, 시기, 질투, 두려움, 복수 혹은 이와 유사한 파괴적 감정에 빠지지 않는다.** 자제력이 강한 사람은 무아지경에 빠지거나 어떤 일이나 사람에게 지나치게 열광하지 않는다.

탐욕과 이기심, 그리고 본인의 실제 장점에 대한 정확한 자기 분석과 인정을 넘어선 자화자찬은 자제력이 부족할 때 나타나는 가장 위험한 형태의 증상이다. 자신감은 성공에 중요한 필수 요소지만 이성적인 지점을 넘어서면 위험하다.

자기희생은 칭찬할 만한 자질이긴 하나 이 또한 극단으로 치달으면 자제력이 부족한 위험한 상태가 된다. 행복을 다른 사람 손에 맡겨서는 안 된다. 사랑은 행복에 필수 요소지만 너무 사랑한 나머지 자신의 행복을 누군가의 손에 전적으로 맡기는 것은 어린 양이 '착하고 온순한 작은 늑대'의 굴에 들어가 자겠노라고 애원하거나 카나리아가 고양이의 수염을 갖고 놀겠다고 고집부리는 것과 비슷하다.

자제력이 강한 사람은 냉소주의자나 비관주의자의 영향을 받지 않고, 자기 생각을 다른 사람에게 맡기지도 않는다. 자제력이 강한 사람은 상상력과 열정을 발휘해 행동에 나서지만, 그 행동에 휘둘리거나 하는 일 없이 스스로 잘 통제한다. 자제력이 강한 사람은 어떤 상황에서도 타인을 비방하지 않고 어떤 이유가 있어도 복수를 꾀하지 않는다. 자제력이 강한 사람은 자신과 의견이 다른 이를 미워하지 않는다. 오히려 자신과 의견이 일치하지 않는 이유를 이해하고 그럼으로써 이익을 얻으려 노력한다.

이제 가장 큰 문제를 초래하는 자제력 부족의 형태에 관해 이야기하겠다. 이것은 바로 상황을 제대로 알아보기도 전에 의견을 형성하는 습관이다. 이 특별한 형태의 자제력 부족 문제는 11장에서 면밀히 다룰 예정이므로 여기서는 자세히 분석하지 않겠다. 하지만 자제력이라는 주제를 다루면서 모두가 중독되어 있는 공통적인 악을 잠깐이라도 언급하지 않고 넘어갈 수는 없다.

누구도 자신이 사실이라고 믿거나 합리적인 가설에 근거하지 않은 의견을 형성할 권리는 없다. 하지만 자신을 주의 깊게 관찰해보면 실제 사실보다 본인의 바람에 근거한 의견을 품을 때가 많다는 것을 알 수 있다.

또 다른 심각한 형태의 자제력 부족은 소비 습관이다. 필요 이상으로 지출하는 습관 말이다. 우리는 속도에 미친 시대, 돈을 물 쓰듯 쓰는 시대에 살고 있으며 사람들은 이웃보다 빠른 속도로 살아가는 걸 가장 중요하게 여긴다. 인간은 모방의 동물이다. 그래서 다른 사람이 무언가를 하면 따라 하고 싶은 유혹을 이기기가 힘들다. 이웃이 고급 차를 사면 나도 사야 하고, 고급 차를 살 만한 형편이 안 되면 적어도 평범한 차라도 사야 한다. 그러면서 미래는 신경 쓰지 않는다. 비상금 같은 개념은 시대에 뒤떨어진 낡은 생각이 되었다. 그런 식으로 하루하루를 살아간다.

물론 이 경고는 자제력이 부족한 소비 습관이 없는 사람에게는 적용되지 않는다! 이 경고는 본인의 수입 이상으로 돈을 써서 빈곤의 사슬에 얽매여 있는 사람, 성공을 거두려면 반드시 지켜야 하는 확실한 법칙이 있다는 사실을 아직 모르는 이를 위한 것이다.

물론 당신은 성공을 위해 노력하고 있으니 이 책을 읽고 있을 것이다. 그렇다면 소액이라도 저축 계좌가 있어야 좀 더 많은 기회를 끌어들일 수 있다는 점을 명심하라. 그리고 저축액보다는 저축 습관이 더 중요하다. **저축 습관은 당신이 자제력을 발휘하는 사람임을 보여준다.**

요즘 월급쟁이들은 버는 돈을 다 써버리는 경향이 있다. 1년에 3천 달러를 벌어 꽤 잘 지내던 사람이 연봉이 4천 달러로 인상된다면 늘어난 소득을 저축할까? 저축 습관을 기른 소수의 사람이 아니면 그렇지 않다. 그렇다면 사람들은 인상된 급여로 무엇을 할까? 낡은 자동차를 판 뒤 더 비싼 자동차를 산다. 이로써 4천 달러를 번 올해 연말에는 연봉 3천 달러를 받았던 작년보다 더 가난해진다.

손에 들어오는 돈을 전부 낡은 양말에 숨겨두는 구두쇠와 벌거나 빌린 돈을 죄다 써버리는 사람 사이의 어딘가에 적절한 중간 지대가 있다. 평균적인 자유와 만족을 누리면서 합리적으로 살고 싶다면 이 중간 지점을 찾아야 한다.

자기 수양은 개인적인 힘을 키우는 데 가장 중요한 요소다. 그래야 과도한 욕구, 버는 것보다 더 많이 쓰는 경향, 불쾌한 이들에게 반격하는 습관, 비생산적인 노력에 에너지를 낭비하게 하는 다른 여러 가지 파괴적인 습관을 통제할 수 있다.

파괴자와 건설자, 당신의 선택은?

사회생활을 시작한 지 얼마 안 되었을 때 나는 충격을 받았다. 다른 사람들이 쌓아놓은 것을 허무는 데 에너지를 쏟는 이가 많다는 사실을 알고 나서다. 그러다가 운명의 수레바퀴가 이상하게 돌아가면서 이 같은 파괴자 한 명이 내 앞길을 가로막더니 명예를 훼손하려고 들었다. 처음에는 그에게 반격하고 싶었다. 하지만 어느 날 밤늦은 시간에 이 사람에 대한 내 태도를 완전히 바꾸어야겠다는 생각이 들었다. 그래서 타자기에 있던 종이를 다른 종이로 교체한 뒤 다음 내용을 타자했다.

✦ 너는 네게 상처 입힌 사람보다 훨씬 유리한 입장이다. 너는 그를 용서할 힘이 있지만 그는 그렇게 하지 못한다.

이 글을 쓰고 난 뒤, 내 글을 비판하거나 명예를 훼손하려는 이들에 대한 태도와 관련 지침을 정해야겠다고 마음먹었다. 그래서 다음처럼 추론한 뒤 결정을 내렸다. 가능한 행동 방식은 2가지였다. 나를 파괴하려는 자에게 반격하는 데 많은 시간과 에너지를 쏟을 수도 있고, 그 에너지를 내 일을 더 발전시키는 데 써서 내 노력을 비판하거나 동기를 의심하는 모든 이에게 결과물로 말할 수도 있다. 나는 후자가 더 나은 방법이라고 판단했다. 행동을 보면 어떤 사람인지 알 수 있다! 당신 행동이 건설적이고 마음이 평화롭다면 굳이 남에게 동기를 설명할 필요가 없다. 행동을 통해 저절로 드러나기 마련이다.

세상은 곧 파괴자를 잊어버린 채 건설자를 위한 기념비를 세우고 영예를 돌린다. 이 사실을 명심한다면 불쾌한 자에게 반격하느라 에너지를 낭비하지 말라는 방침을 더욱 쉽게 받아들일 수 있을 것이다.

세상에서 뭔가 중요한 일을 하는 사람은 조만간 자기 적들을 어떻게 대할지 결정해야 하는 순간이 온다. 이때 반격에 소중한 에너지를 낭비하지 않도록 자제력을 발휘하는 것이 좋다. 사회에서 높은 지위에 오른 이들의 기록을 살펴보면 모두 파괴적인 습관을 신중하게 억제한 것을 알 수 있다.

높은 지위에 오른 사람들 가운데 질투하고 시기하는 적의 거친 반대를 겪지 않은 사람은 없다. 워런 G. 하딩(미국 29대 대통령.—편집자), 윌슨, 내셔널캐시레지스터컴퍼니의 패터슨을 비롯해, 기타 수많은 사람이 명예를 훼손하려는 타락한 자들에게 잔인하게 시달렸다. 하지만 이들은 적에게 설명하거나 반격하는 데 시간을 낭비하지 않고 그냥 자제력을 발휘했다.

공적인 삶을 사는 사람들에 대한 공격은 종종 잔인하고 부당하고 부정확하지만 때로 도움이 된다. 내 경우에는 한 기자가 퍼부은 격렬한 공격으로 가치 있는 발견을 했다. 한 4~5년 동안은 이런 공격에 관심을 두지 않았다. 그러나 갈수록 너무 뻔뻔하게 공격해대는 바람에 나는 기존의 내 방침을 무시하고 적에게 반격하기로 했다. 그래서 글을 쓰기 시작했다.

작가로서의 경험을 통틀어 이때만큼 신랄한 형용사를 많이 모아 썼던 적도 없다. 쓰면 쓸수록 화가 났고 결국 그 주제와 관련해 생각나는 건 전부 썼다. 그런데 마지막 줄까지 쓰고 나자 이상한 기분이 들었다. 그것은 나를 해치려고 한 사람에 대한 원망이 아니라 연민과 동정, 용서 같은 감정이었다. **오랜 세월 잠재의식 속에 쌓아두었던 억눌린 증오와 원망의 감정을 글로 풀어내면서 무심결에 내 정신을 분석한 것이다.** 그 뒤로 나는 화가 치밀어 오르면 글로 옮기며 '속내를 풀어낸 다음' 그 글을 찢어버린다. 아니면 나중에 더 높은 이해의 경지에 도달한 뒤에 참고할 수 있도록 스크랩북에 보관해둔다.

억압된 감정, 특히 증오는 고성능 폭탄과 비슷해서 폭탄 전문가처럼 그 성질을 잘 이해하고 다루지 않으면 매우 위험하다. 폭탄은 넓은 들판에서 터뜨리거나 적절한 장소에서 해체해 안전한 상태로 만들 수 있다. 분노나 증오의 감정도 정신 분석 원리에 따라 표현하면 자연스레 해소된다. 한층 높고 폭넓은 의미의 성공을 이루려면 자신을 잘 통제해서 평정심을 유지해야 한다.

나를 파괴하는 생각을 통제하라

인간은 적어도 100만 년 동안 점진적으로 변화해서 지금의 모습에 이르렀다. 이전에 수많은 세대가 살다 갔고 그동안 자연은 우리를 이루는 재료를 단련하고 정제해왔다. 자연은 이전 세대의 동물적 본능과 저속한 열정을 단계적으로 제거한 끝에 우리 안에 살아 있는 가장 훌륭한 동물 표본을 만들어냈다. 그리고 이 느린 진화 과정을 거치면서 우리에게 이성과 평정심, 균형 감각을 부여해 뭐든 의지대로 통제하고 처리할 수 있게 했다.

인간만큼 자제력이 강한 동물은 없다. 또한 인간은 가장 고도로 체계화된 에너지 형태인 생각 에너지도 이용할 수 있다. 생각은 물질세계와 신성세계를 가장 긴밀하게 연결하는 고리일지 모른다. 인간에게는 생각하는 힘뿐만 아니라 그보다 천배나 중요한 힘, 즉 생각을 통제하고 우리 명령에 따르도록 지시할 수 있는 힘도 있다!

이제 정말 중요한 대목에 이르렀다. 천천히 명상하듯이 읽어보자! 나도 여기에 접근할 때마다 두렵고 떨린다. 합리적인 지성을 갖춘 소수의 사람만 논의할 수 있는 주제와 마주해서다. 다시 한번 강조하지만, 당신은 생각을 통제해서 자신의 명령에 따르도록 할 힘이 있다!

인간의 뇌는 생각이라는 신비한 에너지를 생성하고 작동시키는 발전기에 비유할 수 있다. 뇌를 작동시키는 자극은 2가지인데, 하나는 자기 암시고 다른 하나는 외부 암시다. 자기 암시는 생각을 생성하는 소재를 본인이 선택하는 것이고, 외부 암시는 우리 생각이 생성되는 소재를 다른 사람이 선택하는 것이다. 우리가 하는 생각 대부분이 다른 사람의 외부 암시로 생성된다는 것은 매우 굴욕적이다. 그리고 외부 암시를 검토도 하지 않고 건전성에 의문을 제기하지도 않은 채 받아들이는 것은 더 굴욕적이다. 우리는 신문을 읽을 때 마치 모든 단어가 사실인 양 받아들인다. 그리고 다른 사람들의 험담과 쓸데없는 잡담도 전부 사실로 여기며 휘둘리고 만다.

생각은 우리가 완벽히 통제할 수 있는 유일한 대상이다. 하지만 1만 명 중 한 명이 있을까 말까 한 예외를 제외하면, 우리는 다른 이들이 마음이라는 신성한 저택에 들어와 암시를 통해 자기들의 문제와 고민, 역경과 거짓말로 마음을 어지럽히게 허용한다. 마치 문을 닫고 그들이 들어오지 못하게 막을 힘이 없는 것처럼 말이다.

당신에게는 마음을 지배하는 생각의 소재를 선택할 힘이 있다. 자신의 의지로 이 글을 읽고 있듯 마음을 지배하는 생각의 본질에 따라 성패가 정해진다.

생각은 우리가 완벽하게 통제할 수 있는 유일한 대상이다. 이 사실은 심오한 의미를 내포한다. 생각이 이 지상에서 신성에 가장 가까이 다가가는 방법임을 강력히 시사하기 때문이다. 이 사실에는 또 하나의 매우 인상적인 암시, 즉 생각이 우리의 가장 중요한 도구라는 암시가 담겨 있다. 생각은 자기 취향에 따라 세속적인 운명을 만들 수 있는 도구다. 신은 우리가 완벽하게 통제할 수 있는 사고력만 준 게 아니라 잘 이해하고 발달시키면 상상을 초월하는 일을 해낼 수 있는 잠재력까지 함께 주었다.

자제력은 생각을 통제해야 하는 문제다! 이 문장을 소리 내서 읽어보자. 그리고 다음 내용으로 넘어가기 전에 이를 신중하게 고민하고 숙고하자. 이 책 전체에서 가장 중요한 문장이다. 당신이 이 책을 읽는 이유는 아마 인생에서 높은 지위에 도달하게 해줄 진리와 이해를 진지하게 추구하기 때문일 것이다. 당신은 힘의 원천으로 통하는 문을 열어줄 마법의 열쇠를 찾고 있다. 하지만 열쇠는 이미 당신 손에 있고, 생각을 통제하는 법을 배우는 순간에 사용할 수 있다.

자기 암시의 원리를 이용하여 인생의 명확한 핵심 목표와 조화를 이루는 긍정적이고 건설적인 생각을 마음속에 심어두자. 그러면 마음이 그 생각을 현실로 바꾸어 돌려줄 것이다.

이것이 사고 통제다! **마음을 지배하는 생각을 신중하게 선택하고 외부의 암시를 단호히 거부할 때 가장 효율적으로 자제력을 발휘할 수 있다.** 인간은 자제력을 발휘할 수 있는 유일한 동물이다. 자연이 인간이라는 동물을 만들어내기까지 정확히 몇백만 년이 걸렸는지는 모른다. 하지만 심리학을 공부하는 사람은 지배적인 생각이 인간의 행동과 본성을 결정한다는 것을 안다. 정확한 사고 과정은 11장에서 다룰 예정이다. 여기서는 **정확하든 정확하지 않든 생각이란 가장 고도로 체계화된 우리 정신의 기능적인 힘이고, 우리는 가장 두드러진 지배적 사고의 총합**이라는 사실을 확실히 해두고자 한다.

각 분야 능력자들의 자제력

당신이 상품이나 개인적인 서비스를 판매하는 훌륭한 영업 사원이 되고 싶다면, 모든 부정적인 주장과 암시를 차단할 수 있도록 자제력을 발휘해야 한다. 자제력이 약한 영업 사원은 말을 꺼내기도 전부터 잠재 고객에게 거절당할 것을 예상한다. 적지 않은 영업 사원이 잠재 고객을 만나기도 전에 상품을 사라고 권하면 거절당할 거라는 자기 암시를 한다.

하지만 자제력이 강한 사람은 다르다! 그런 사람은 잠재 고객이 구매 요청에 응할 거라고 자기 암시를 할 뿐만 아니라 원하던 대답을 듣지 못하면 어떻게든 반대를 무너뜨리고 승낙받을 때까지 계속 노력한다. 잠재 고객의 거절은 받아들이지 않는다. 잠재 고객이 두 번, 세 번, 네 번 거절해도 개의치 않는다. 자제력이 어찌나 강한지 본인에게 바람직한 영향을 미치는 암시 외에는 그 어떤 암시도 받아들이지 않는다. 뛰어난 영업 사원은 팔리는 게 상품이든 개인 서비스든 설교든 대중 연설이든, 자신의 생각을 통제하는 방법을 안다. 그는 다른 사람의 암시를 순순히 받아들이지 않으며 다른 이들이 자신의 암시를 받아들이도록 설득한다. 자신을 통제하면서 긍정적인 생각만 한 덕분에 그는 지배적인 성향을 지닌 최고의 영업 사원이 되었다. 이것 역시 자제력이다!

최고의 영업 사원은 논쟁이 벌어지면 절대로 방어적인 태도를 보이지 않고 항상 공세에 나선다. 이 문장을 다시 읽어보자! 그는 잠재 고객을 계속 수세로 몰아야지, 그렇지 않고 자기가 수세에 몰리면 판매에 치명적이라는 사실을 안다. 때로는 대화를 나누다가 방어적인 자세를 취해야 하는 상황에 처한다. 하지만 침착하게 자제력을 발휘하면서 잠재 고객이 알아차리지 못하는 사이에 위치를 바꾸어 다시 수세로 몬다. 가장 완벽한 기술과 자제력을 활용해서 말이다!

평범한 영업 사원은 대체로 이 중요한 사실을 무시한 채 화내거나 잠재 고객에게 겁을 주어서 자기 말을 따르게 하지만, 노련한 영업 사원은 침착하고 차분한 상태를 유지하면서 승자가 된다. 여기서 **'영업 사원'이라는 말은 논리적인 주장이나 사리사욕에 호소해 다른 사람을 설득하는 이를 가리킨다. 우리는 모두 영업 사원이다.** 제공하는 서비스나 판매하는 상품 유형에 상관없이 영업 사원이 되어야 한다.

마찰이나 논쟁 없이 다른 사람과 협상할 수 있는 능력은 성공한 이라면 갖춘 뛰어난 자질이다. 주변을 관찰해보면 이처럼 재치 있는 협상 기술을 구사하는 사람이 얼마나 드문지 알 수 있다. 또 협상 상대보다 교육 수준은 낮아도 협상 기술을 구사할 줄 아는 소수의 사람이 얼마나 큰 성공을 거두었는지 보라.

협상 기술은 비교적 쉽게 익힐 수 있다. **성공적인 협상 기술은 참을성 있게 공들인 자제력에서 나온다.** 뛰어난 영업 사원이 참을성 없는 고객을 대할 때 자제력을 얼마나 잘 발휘하는지 보자. 속은 부글부글 끓을지 몰라도 얼굴이나 태도, 말에서는 그런 흔적을 찾을 수 없다. 요령 있는 협상 기술을 터득해서다! 뛰어난 영업 사원은 불만을 드러내는 단 한 번의 찡그림이나 참을성이 없이 건넨 한마디 말이 판매를 망칠 수도 있음을 누구보다 잘 안다. 이들은 감정을 훌륭하게 통제하고 그 대가로 높은 급여와 지위를 보장받는다.

뛰어난 협상 기술을 터득한 사람은 지켜보는 것만으로도 좋은 교육이 된다. 이 기술을 습득한 대중 연설가를 살펴보자. 그가 연단에 오를 때의 힘찬 걸음걸이에 주목하고, 말을 시작할 때 목소리가 얼마나 단호한지 들어보자. 설득력 있는 주장으로 청중을 휘어잡을 때의 표정을 연구하자. 그는 마찰을 일으키지 않고 협상하는 법을 터득했다.

이 기술을 터득한 의사가 병실에 들어가 미소 띤 얼굴로 환자에게 인사하는 모습을 보자. 태도, 목소리 톤, 확신에 찬 표정으로 그가 뛰어난 협상 기술을 터득했음을 알 수 있고, 환자는 그 의사가 병실에 들어서는 순간부터 기분이 좋아지기 시작한다. 이 기술을 터득한 작업장 감독을 관찰하면, 그의 존재 자체가 부하 직원을 자극해 더 열심히 노력하도록 유도하고 자신감과 열정까지 불어넣는다는 것을 알 수 있다. 이 기술을 터득한 변호사를 관찰하면서 그가 어떻게 법원 관계자와 배심원, 동료 변호사의 주목과 존경을 받는지 보자. 그의 목소리 톤, 자세, 표정에는 논쟁 상대와 비교되는 무언가가 있다. 자기가 맡은 사건을 완벽하게 파악하고 있을 뿐만 아니라 법원과 배심원에게 본인이 아는 사실을 이해시키고 그 보상으로 승소해 거액의 수임료를 받는다.

이 모든 것이 자제력을 기반으로 이루어진다! 그리고 자제력은 사고 통제의 결과다! 본인이 원하는 생각을 의도적으로 머릿속에 새기고 다른 사람들이 암시를 통해 불어넣은 생각은 멀리해야 자제력 강한 사람이 될 수 있다. 본인이 선택한 암시와 생각으로 자기 마음을 자극하는 이 특권은 신이 준 특권이다. 따라서 이 신성한 권리를 행사해 이성적인 범위 안에서 이루지 못할 일이 없다.

어떤 사건을 변호하거나 주장을 펼치거나 물건을 팔 때 화를 내면 자제력의 기반이 되는 원칙에 아직 익숙지 않은 사람처럼 보인다. 이 기본 원칙 가운데 가장 중요한 것은 마음을 지배하는 생각을 직접 선택하는 특권이다.

강한 열망의 씨앗에서 성취가 자란다

예전에 강연을 들었던 학생이 내게 심하게 화가 났을 때는 어떻게 생각을 통제하느냐고 물었다. "가족과 격렬하게 말다툼을 벌이고 있을 때 벨이 울리고 손님이 찾아오면 우리는 태도와 목소리 톤을 바꾸고 손님을 맞이하죠. 그것과 같은 방식입니다. 하고자 하면 누구든 곧바로 자신을 통제할 수 있습니다."

당신도 진짜 감정을 감추고 표정을 재빨리 바꾸어야 하는 상황에 처해본 적이 있을 것이다. 그럴 때면 쉽게 이렇게 할 수 있다. 전부 본인이 원하기에 가능한 일이다!

모든 성취와 자제력, 생각 통제의 뒤에는 열망이라는 마법이 존재한다! 본인 열망의 깊이에 따라 모든 것이 좌우된다는 건 분명한 사실이다! 열망이 강하면 초인적인 성취 능력이 있는 것처럼 보인다. 이 신기한 정신 현상의 원리는 아직 밝혀지지 않았고 앞으로도 그럴 수 있다. 하지만 당신이 이 현상을 의심한다면 실험으로 확인하는 수밖에 없다.

당신이 불이 난 건물 안에 있는데 문과 창문이 다 잠겨 있다고 가정해보자. 그러면 건물에서 빠져나가야 한다는 강렬한 열망이 일면서 문을 부술 정도의 괴력을 발휘할 가능성이 있다. 또한 당신이 명확한 핵심 목표를 달성하는 데 뛰어난 협상 기술이 중요하다는 것을 알면 틀림없이 이 기술을 습득하려는 열망을 품게 될 것이다. 그리고 그 열망이 강하면 결국 협상 기술을 터득하게 마련이다.

프랑스 황제가 되고 싶어 했던 나폴레옹은 결국 통치자가 되었다. 노예 해방을 염원한 링컨도 원하던 목표를 달성했다. 프랑스 국민은 1차 세계대전이 발발했을 때 "적들이 여기를 지나가지 못하게 할 것이다."라고 다짐했고 결국 적을 물리쳤다. 전기를 이용해 빛을 내는 기구를 만들고 싶어 했던 에디슨은 시간이 오래 걸리기는 했지만 성공했다. 루스벨트는 파나마운하를 건설해 대서양과 태평양을 연결시키고 싶어 했고 그 목표를 이루었다. 심각한 언어 장애가 있던 고대 그리스의 정치가 데모스테네스는 훌륭한 연설가가 되고자 하는 열망을 품었고 결국 열망을 실현했다. 어릴 때부터 듣지도 보지도 말하지도 못했던 켈러는 말을 하겠다는 목표를 세웠고 결국 해냈다. 패터슨은 금전 등록기 시장을 지배하고 싶어 했고 그 목표를 이루었다. 당대 최고의 상인이 되고자 했던 필드도 원하는 목표를 달성했다. 가난한 순회 배우였던 셰익스피어는 위대한 극작가가 되겠다는 열망을 실현했다. 야구를 그만두고 훌륭한 설교자가 되고 싶어 했던 선데이도 그 꿈을 이뤘다. 가난한 전신 기사였던 힐은 제국을 건설하려는 꿈을 꾸었고 결국 철도 제국을 건설해 열망을 실현했다.

"난 할 수 없다."거나 "난 모든 가치 있는 직업에서 주목할 만한 성공을 거둔 이들과 다르다."라는 말은 하지 말자. 그들은 당신보다 더 강하고 간절하게 목표 달성을 원했을 뿐이다. 건설적인 열망의 씨앗을 마음에 심고, 다음의 내용을 신조이자 윤리 강령의 기초로 삼자.

✦ 사는 동안 다른 사람을 위해 봉사하고 싶다. 이를 위해 이 신조를 다른 사람을 대할 때 따라야 하는 지침으로 받아들인다.

다른 사람과 의견이 다르거나 아무리 일을 못하더라도 그가 진심으로 최선을 다하고 있다는 것을 안다면 어떤 상황에서도 그 사람을 비난하지 않도록 마음을 단련한다.

내 조국과 내 직업, 나 자신을 존중한다. 다른 사람들이 나를 정직하고 공정하게 대하기를 바라므로 나도 다른 이들을 정직하고 공정하게 대한다. 조국의 충성스러운 국민이 되기 위해 조국을 찬양하고 조국의 이름에 걸맞은 수호자답게 행동한다. 어디를 가든 책임감 있게 행동한다.

내가 제공한 서비스에 합당한 보상만 기대한다. 성실한 노력으로 성공의 대가를 기꺼이 치른다. 내 일을 마지못해 견뎌야 하는 고통스럽고 고된 작업으로 여기는 게 아니라 기쁘게 받아들여서 최대한 활용해야 하는 기회로 여긴다.

성공은 내 안에, 내 머릿속에 있다는 걸 명심한다. 난관을 예상해서 헤쳐나간다.

미루는 습관을 버리고, 어떤 상황에서도 오늘 해야 할 일을 내일로 미루지 않는다.

마지막으로, 인생의 기쁨을 마음껏 누릴 수 있도록 사람들을 예의 바르게 대하고, 친구에게 신의를 지키고, 내가 걷는 길에 향기가 되어주는 신에게 충실할 것이다.

자제력이 부족해서 낭비되는 에너지를 체계적이고 건설적으로 사용한다면 필요한 것을 모두 얻고 원하는 사치도 누릴 수 있다. 다른 사람을 험담하는 데 쓸 시간을 잘 관리해서 건설적으로 쓰면 명확한 핵심 목표(그런 목표가 있다면)를 달성하기에 충분하다.

성공자는 모두 자제력 점수가 높은 반면, 실패자는 인간 행동의 이 중요한 요소에 대한 점수가 낮거나 아예 0점이다. 1장의 개인 분석표에서 제임스와 나폴레옹의 자제력 점수를 확인해보자. 성공자는 모두 자제력을 발휘하는 반면 실패자는 생각, 말, 행동을 함부로 한다!

자제력 부족의 매우 흔하고 파괴적인 형태 중 하나는 말을 너무 많이 하는 습관이다. 자기가 원하는 것을 알고 얻으려 노력하는 현명한 사람은 언행을 신중히 한다. 주제넘게 자제하지 않고 아무 말이나 내뱉는다면 아무런 이득도 얻을 수 없다. 대체로 말하는 것보다는 듣는 편이 더 유익하다. 남의 말을 잘 듣는 사람은 가끔 지식에 보탬이 되는 말도 들을 수 있다. 남의 말을 경청하려면 자제력이 필요하지만 얻을 수 있는 이익을 생각하면 노력할 만한 가치가 있다. '다른 사람의 말을 가로채는 것'은 자제력 부족의 일반적인 형태로, 무례한 짓일 뿐만 아니라 다른 사람에게서 뭔가를 배울 귀중한 기회도 잃게 한다.

이 장을 다 읽은 뒤에 1장의 개인 분석표로 돌아가 자제력 점수를 다시 매겨보자. 이전 평가 때 주었던 점수를 좀 낮추고 싶을 수도 있다.

자제력은 이 책을 쓸 자료를 수집하면서 분석한 모든 성공적인 리더의 특징이다. 버뱅크는 15가지 성공의 법칙 가운데 자제력이 가장 중요하다고 했다. 그는 점진적인 식물의 성장 과정을 인내심 있게 관찰하고 연구하는 동안 이런 생명체를 다룰 때조차 자제력을 발휘해야 한다는 것을 발견했다. 자연주의자 버로스도 거의 같은 말을 했다. 그는 15가지 성공의 법칙 중 자제력이 중요성 면에서 맨 위에 있다고 말했다.

에머슨이 보상에 관한 에세이에서 잘 표현했듯 완벽한 자제력을 발휘하는 사람은 영구히 패배하지 않는다. 완벽한 자제력을 발휘해서 명확한 목표를 향해 나아가는 결연한 마음과 직면하면 장해물과 반대도 눈 녹듯이 사라진다.

내가 분석한 모든 자수성가한 부자는 자제력이 본인의 강점 중 하나라는 긍정적인 증거를 보여주었다. 그래서 나는 이 필수 자질을 발휘하지 않으면 엄청난 부를 축적해서 유지하는 게 불가능하다는 결론에 도달했다. 돈을 저축하려면 자제력을 최고 수준까지 발휘해야 하는데 이 문제는 4장에서 확실하게 설명했다.

미국의 위대한 저널리스트 복은 성공해서 명성을 얻기까지 자제력을 발휘하는 게 얼마나 중요한지 다음 글로 자세히 설명해주었다.

✦ 나는《레이디스홈저널》편집자로 일한다. 대중이 이 잡지를 많이 사랑해준 덕분에 그 성공의 덕을 보고 있다. 그런데 일하면서 접한 다양한 의견 중에 좀 바로잡고 싶은 의견이 있어서 여기서 한마디 하려고 한다. 독자가 다양한 방식으로 표현한 신념 가운데 다음 인용문을 살펴보자.

> "절약의 필요성을 모르는 당신 같은 사람이 우리에게 절약하라고 설교하는 건 정말 쉬운 일이죠. 예를 들어, 내 경우 남편이 받는 연봉 800달러로 살아야 하는데 당신처럼 수천 달러의 연봉을 받는 사람이 우리 생활을 어떻게 알겠어요. 은수저를 물고 태어난 당신이 쓴 이론적인 글은 하루하루 근근이 먹고사는 우리에게 헛되고 무의미하다고요. 이런 경험은 해본 적도 없잖아요?"

"당신은 해본 적도 없는 경험!" 이 말은 사실과 얼마나 일치할까?

내가 은수저를 물고 태어났다고는 확실하게 말할 수 없다. 태어날 당시에는 집이 꽤 부유했지만 내가 여섯 살 때 아버지가 전 재산을 잃었다. 그리고 아버지는 45세에 낯선 나라에서 빈털터리 신세가 되었다. 그 나이에 낯선 나라에서 재기를 노린다는 게 어떤 의미인지는 아는 사람만 알 것이다. 당시 나는 영어를 한마디도 못 했다. 그래서 공립학교에서 내가 배운 거라고는 전부 단편적인 지식뿐이었다. 아이들은 짓궂었고 피곤한 교사들은 참을성이 없었다.

아버지는 자리를 잘 잡지 못했다. 이전까지 하인들을 부리며 살던 어머니는 배운 적도 없는 집안일을 해야 했다. 그리고 돈도 없었다.

형과 나는 방과 후에 집에 돌아가도 놀지 못했다. 감당하기 힘든 일들에 짓눌려 갈수록 허약해지는 어머니를 도와야 했다. 몇 년 동안 우리 형제는 따뜻한 이불에서 벗어나고 싶지 않은 추운 겨울에도 새벽부터 일어났다. 전날 타다 남은 석탄재를 뒤져 덜 탄 석탄 한두 개를 찾아내고 여기에 새로운 석탄을 보태 불을 피워 방을 따뜻하게 데우기 위해서였다. 그리고 조촐한 아침 식사를 차리고 학교에 갔다가 방과 후에는 설거지를 하고 바닥을 쓸고 닦았다. 우리 가족은 세 가족이 함께 사는 공동 주택에 살아서 3주에 한 번씩 1층부터 3층까지 계단 세 개와 문간, 그리고 바깥 보도까지 모두 청소해야 했다. 집안일 중에서 이 일이 가장 힘들었는데 토요일마다 이웃 아이들이 별로 호의적이지 않은 시선으로 우리가 일하는 모습을 구경했기 때문이다. 그래서 우리 형제는 아이들이 근처 공터에서 야구 경기를 하는 틈을 타 이 일을 했다!

다른 아이들이 등잔 옆에 앉아 공부하는 저녁 시간에도 우리 형제는 바구니를 들고 인근 공터에 가서 오후에 석탄을 나르던 이웃이 흘리고 간 땔감과 석탄을 주워 왔다. 우리 중 한 명이 낮에 석탄이 떨어진 위치를 눈여겨 보았다가 어두워진 뒤에 제발 석탄 나르는 사람이 떨어진 조각까지 알뜰하게 주워가지 않았기를 바라며 찾으러 갔다!

"당신은 해본 적도 없는 경험!" 정말 그럴까?

열 살 때는 처음으로 일자리를 구했는데 주당 50센트를 받고 방과 후에 제과점 창문을 닦는 일이었다. 그로부터 며칠 뒤에는 카운터에서 빵과 케이크를 파는 일을 하면서 매주마다 1달러를 벌었다. 나는 하루 종일 빵부스러기 하나 못 먹은 상태에서 갓 구운 케이크와 맛있는 냄새를 풍기는 따뜻한 빵을 팔았다! 토요일 아침에는 주간지 배달을 했고 남은 주간지는 거리에서 팔았다. 이렇게 해서 하루에 60~70센트를 벌었다.

우리 가족은 뉴욕 브루클린에 살았고 당시 코니아일랜드로 가는 주요 교통수단은 마차였다. 우리가 살던 곳 근처에서 마차들이 멈추고 말에게 물을 먹이곤 했는데 이때 남성은 마차에서 내려 물을 마셨지만 여성은 갈증을 해소할 방법이 없었다. 이 모습을 본 나는 물통에 물과 얼음을 조금 채워서, 토요일 오후와 일요일 하루 종일 마차마다 돌아다니며 한 잔에 1센트씩 받고 팔았다. 이렇게 일요일 하루 동안 일해서 2~3달러를 벌 수 있다는 것을 다른 애들이 알게 되자 금세 경쟁이 시작되었다. 그래서 난 이번에는 물통에 레몬 한두 개를 짜 넣은 레모네이드를 만들어 한 잔에 2센트씩 받고 팔았고 덕분에 일요일마다 5달러를 벌었다. 그런 다음 낮에는 사환으로 일하고 저녁에는 기자 일을 하고 밤에는 속기를 배웠다.

내게 편지를 보낸 독자는 남편과 아이를 포함한 가족이 1년에 800달러로 산다면서 나는 그런 삶이 어떤 건지 전혀 모를 거라고 했다. 당시 나는 주당 6달러 25센트로 3인 가족을 부양했다. 이는 그녀의 가족이 버는 연간 소득의 절반도 안 되는 금액이다. 형과 내가 합쳐서 1년에 800달러를 벌었을 때 우리는 부자가 된 기분이었다!

처음으로 이런 자세한 개인 사정을 이야기하는 이유는 절약하라고 설교하거나 아주 적은 수입으로 근근이 살아가는 생활을 반영한 기사를 쓰는 《레이디스홈저널》 편집자가 현실을 전혀 모르는 이론가가 아님을 알리기 위해서다. 나는 빈곤한 생활을 구석구석 직접 겪어보았다. 그 고생스러운 길을 걸어가는 이들에게 찾아오는 모든 생각과 감정, 고난을 다 겪어보았기에 같은 경험을 하고 있는 아이를 보면 흐뭇한 기분이 든다.

절대로 나는 가난에서 생겨난 극심한 고통을 무시하거나 잊어버리지 않았다. 어릴 때 겪었던 힘든 고난의 세월을 다른 어떤 경험과도 바꾸고 싶지 않다. 나는 돈을 번다는 것, 1달러도 아닌 단돈 2센트를 번다는 게 어떤 의미인지 잘 안다. 가난이 아닌 다른 방법으로는 지금 내가 아는 돈의 가치를 배울 수도 없고 알 수도 없었을 것이다. 내가 평생 할 일에 대한 훈련을 받는 데 이보다 더 확실한 방법은 없었다. 수중에 돈 한 푼 없고 먹을 빵 한 덩이, 불 피울 장작 하나 없이 하루를 보낸다는 게 무엇을 의미하는지, 허약하고 낙담한 어머니를 둔 아홉 살과 열 살의 굶주린 소년으로 살아간다는 것이 무엇을 의미하는지 나보다 더 절절하게 이해할 수는 없을 것이다.

"당신은 해본 적도 없는 경험!" 정말 그럴까?

나는 그런 경험을 한 것을 기쁘게 생각하고, 다시 강조하지만 지금 그와 같은 상황을 겪고 있는 모든 아이가 부럽다. 하지만 가난이 아이에게 축복이 될 수도 있다는 내 강한 믿음의 핵심은, 가난은 계속 머물러 있을 환경이 아니라 어느 정도 겪은 뒤 반드시 벗어나야 하는 환경이라는 것이다.

어떤 사람은 이렇게 말할 것이다. "좋습니다. 그런데 말로는 쉽지만 대체 가난에서 어떻게 벗어난단 말입니까?" 아무도 확실한 방법을 알려줄 수 없다. 나도 누군가에게 방법을 배운 게 아니다. 두 사람이 같은 탈출구를 찾을 수는 없다. 각자 자기만의 길을 찾아야 하고, 스스로에게 달려 있다.
내가 가난에서 벗어나기로 결심한 이유는 가난하게 태어나지 않으신 어머니가 그 생활을 견딜 수 없어 하셨기 때문이다. 이것이 첫 번째 필수 요소인 목표를 안겨주었다. 그리고 노력과 일하려는 의지로 이 목표를 뒷받침했다. 출구를 찾는 데 도움이 된다면 무엇이든 가리지 않고 다 했다. 결코 일을 골라가며 하지 않고 닥치는 대로 최선을 다했다. 마음에 들지 않더라도 그 일을 하는 동안에는 열심히 했다. 하지만 필요 이상으로 많은 시간을 쏟지는 않았다.
나는 사다리의 모든 단을 이용해 한 단계 위로 올라가려고 애썼다. 그 노력과 일을 통해 경험과 발전, 이해하고 공감하는 능력, 그리고 소년이 가질 수 있는 최고의 유산을 얻었다. 가난 외에는 세상 무엇도 소년에게 이런 유산을 안겨주고 가슴속에서 계속 타오르게 할 수 없다.
그래서 나는 가난을 어린 시절에 할 수 있는 경험 가운데 가장 깊고 충만한 경험이자 크나큰 축복이라고 확신한다. 하지만 다시 한번 말하지만 가난은 반드시 벗어나야 하는 환경이지 계속 머무를 곳은 못 된다.

'같은 것으로 갚는' 보복의 법칙

완벽한 자제력을 기르려면 그 필요성을 제대로 이해해야 한다. 또 자제력을 배우면 어떤 이득이 되는지도 알아야 한다. 자제력을 기르면 개인적인 힘을 키우는 데 보탬이 되는 다른 자질이 얻어진다. 그렇게 해서 자제력을 발휘하는 사람은 보복의 법칙을 이용할 수 있다.

'보복'이 무엇을 뜻하는지는 잘 알 것이다. 하지만 여기서는 단순한 복수를 뜻하는 게 아니라 '같은 것으로 갚는다'라는 의미다. 내가 당신에게 상처를 주면 당신은 기회가 생기는 대로 보복할 것이다. 당신에 관해 부당한 말을 한다면 똑같은 말, 혹은 더 심한 말로 보복할 것이다! 반대로 내가 호의를 베풀면 될 수 있으면 더 크게 보답하려고 할 것이다. 이 법칙을 적절히 활용하면 당신이 내가 원하는 건 무엇이든 하게 할 수 있다. 만약 당신이 나를 싫어하고 당신의 영향력을 이용해 내게 해를 끼치기를 바란다면, 내가 먼저 당신에게 똑같이 대우해서 이런 결과를 얻을 수 있다. 당신의 존경과 우정, 협조를 바란다면 내가 먼저 우정과 협조적인 태도를 보여주면 된다. 무슨 말인지 이해가 갈 것이다. 그리고 이를 본인의 경험과 비교해보면 아주 잘 들어맞는 것을 알 수 있다.

당신은 "성격이 정말 좋네요."라는 말을 얼마나 자주 듣는가? 탐나는 인품을 가진 사람들을 얼마나 자주 만나는가? 유쾌한 성격으로 당신을 매료시키는 사람은 조화로운 끌어당김의 법칙이나 보복의 법칙을 이용하고 있는 셈이다. 두 법칙은 모두 '같은 것끼리 끌린다'라는 원리가 바탕에 깔려 있다. 보복의 법칙을 공부해서 이해하고 현명하게 활용하면 누구나 유능하고 성공적인 영업 사원이 될 수 있다. 이 간단한 법칙을 터득해서 사용하는 법을 배운 것만으로도 판매 기술을 다 배웠다고 보아야 한다.

이 법칙을 터득할 때 거쳐야 하는 첫 번째이자 가장 중요한 단계는 완전한 자제력을 기르는 것이다. 온갖 심한 대접과 부당한 대우를 받아도 똑같이 보복하지 않고 견디는 법을 익혀야 한다. 이 같은 자제력은 보복의 법칙을 터득하기 위해 치러야 하는 대가의 일부다. 어떤 사람이 화나서 정당하든 부당하든 당신을 비방하고 함부로 대했다고 치자. 그래서 똑같은 방식으로 보복하면 당신도 그 사람과 같은 정신 수준으로 추락하고 만다. 결국 그 사람이 당신을 지배하게 된다! 반면 **화내지 않고 차분하게 평정심을 유지하면 평소처럼 이성적으로 생각하고 행동할 수 있다. 이렇듯 예상치 못한 무기로 보복하면 상대방이 깜짝 놀랄 테고 결과적으로 쉽게 제압할 수 있다.**

비슷한 것끼리 끌어당기는 법칙은 부정할 수 없다! 말 그대로 당신이 만나는 모든 사람은 당신의 정신적 태도를 완벽하게 비추어 볼 수 있는 정신적 거울이다.

보복의 법칙을 직접 적용한 사례로, 내가 최근에 두 아들 나폴레온 주니어와 제임스와 함께 겪었던 일을 살펴보자. 우리는 새와 다람쥐에게 먹이를 주러 공원에 가는 길이었다. 나폴레온 주니어는 땅콩 한 봉지를 샀고 제임스는 팝콘 한 상자를 샀다. 땅콩을 맛보고 싶었던 제임스는 나폴레온 주니어의 허락도 받지 않은 채로 손을 뻗어 봉지를 잡으려고 했다. 하지만 봉지를 잡지 못했고, 나폴레온 주니어는 보복으로 제임스의 턱을 주먹으로 때렸다.

나는 제임스에게 말했다. "그런 식으로 땅콩을 얻으려는 건 옳은 방법이 아니야. 내가 다른 방법을 알려줄게." 말은 이렇게 했지만 순식간에 일이 벌어지는 바람에 얼른 좋은 생각이 떠오르지 않았다. 하지만 최대한 빨리 벌어진 일을 분석하고 가능하면 아들이 쓴 방법보다 좋은 방법을 찾아야 했다. 그때 보복의 법칙과 관련해서 했던 실험이 떠올랐다. 그래서 제임스에게 "팝콘 상자를 열어서 동생에게 좀 주면 무슨 일이 일어나는지 보렴."이라고 말했다. 꽤 오래 달랜 끝에 제임스가 내 말대로 해보기로 했다. 그러자 놀라운 일이 일어났고, 나는 여기에서 중요한 교훈을 얻었다. 나폴레옹이 팝콘을 받기 전에 먼저 제임스의 외투 주머니에 자기 땅콩을 부어주겠다고 한 것이다. 똑같은 방법으로 보복한 것이다! 어린 두 아들을 대상으로 한 간단한 실험으로 나는 많은 것을 배웠다. 아들들도 우연한 기회에 보복의 법칙을 다루는 방법을 배웠고 덕분에 몸싸움도 피할 수 있었다.

보복의 법칙이 작용하는 방식이나 영향 면에서는 우리 중 누구도 이 아이들을 크게 능가하지 못한다. 우리는 다 자란 아이일 뿐이므로 이 법칙에 쉽게 영향을 받는다. 이미 사람들 사이에 '똑같은 방식으로 돌려주는' 습관이 보편적으로 자리 잡고 있으니 이 습관 자체를 보복의 법칙이라고 부르는 게 맞다. 누군가에게 선물을 받으면 우리는 받은 것과 같거나 더 좋은 것으로 '돌려줄' 때까지 만족하지 못한다. 누군가가 우리를 좋게 말하면 그 사람에 대한 존경심이 커지고 보답으로 똑같은 말을 돌려준다!

<u>보복의 법칙을 이용하면 적을 충실한 친구로 변화시킬 수도 있다.</u> 친구로 변화시키고 싶은 적이 있다면 일단 자존심을 버려야 한다. 적

에게 평소와 다르게 친절하게 말하는 습관을 들여보자. 또 가능한 모든 방법을 동원해 호의를 베풀자. 처음에는 꿈쩍도 하지 않는 듯해도 점점 당신 영향력에 굴복해 '같은 방식으로 되갚아줄' 것이다! 당신에게 잘못을 저지른 사람에게 가장 통쾌하게 보복하는 방법은 인간적인 친절을 베푸는 것이다.

1863년 8월 어느 날 아침, 캔자스주 로런스의 한 호텔에서 자고 있던 젊은 성직자가 잠결에 불려 나왔다. 목사를 불러낸 사람은 퀀트렐게릴라(남북전쟁 때 활동한 남부 소속의 무장 단체.—편집자) 가운데 한 명이었는데 그는 목사를 아래층으로 끌고 가 총을 쏘려고 했다. 그날 아침 곳곳에서 사람들이 살해당하고 있었다. 새벽부터 말을 탄 약탈자들이 들이닥쳐서 로런스 대학살(퀀트렐게릴라가 200여 명의 주민을 살해한 뒤 마을 곳곳을 불태우고 약탈한 사건.—편집자)을 자행하는 중이었다.

잠에서 완전히 깬 목사는 창밖에서 벌어지고 있는 일을 보고 공포에 질려서 아래층으로 내려왔다. 게릴라는 시계와 돈을 요구하면서 목사에게 노예 폐지론자인지 물었다. 목사는 떨고 있었지만 당장 죽더라도 거짓말을 하지는 않겠다고 결심했다. 그래서 그렇다고 시인한 다음 어떤 말을 덧붙였는데 이 말 때문에 그 즉시 상황이 180도 바뀌었다.

마을에서 사람들이 살해당하는 동안 목사와 게릴라는 호텔 현관에 앉아 오랫동안 이야기를 나누었다. 이들의 대화는 침입자들이 떠날 때까지 계속되었다. 목사와 이야기를 나누던 게릴라가 자기 무리와 합류하려고 말에 오를 때, 그는 매우 방어적인 태도를 보였다. 게릴라는 빼앗았던 귀중품을 돌려주고 방해해서 미안하다고 사과한 뒤 "날 너무 나쁘게 생각하지 말아달라."며 부탁했다.

그 목사는 로런스 대학살 이후로도 여러 해 동안 살았다. 그는 게릴라에게 뭐라고 말했을까? 그의 성품의 어떤 부분 때문에 게릴라가 함께 앉아 이야기를 나누었을까? 그들은 무슨 이야기를 했을까?

"당신, 북부 노예 폐지론자요?" 게릴라가 물었다. "그렇습니다." 목사가 대답했다. "그리고 당신은 자신의 행동을 부끄러워해야 한다는 걸 잘 알고 있을 겁니다."

이 말이 당면한 사안을 도덕적인 문제로 바꾸어놓은 덕분에 게릴라가 유순해진 것이다. 목사는 이 닳고 닳은 악당에 비하면 애송이에 불과했다. 하지만 그는 약탈자에게 도덕성을 증명해야 한다는 짐을 지웠고, 약탈자는 자기가 보기보다 나은 사람임을 증명하려고 애썼다.

목사를 깨워 정치적인 이유로 죽이려고 했던 게릴라는 이후 20분 동안 증인석에 앉아 자신의 알리바이를 증명하려고 애썼다. 기도도 하지 않고 막 살던 어린 시절부터 시작해 자기 개인사를 길게 늘어놓았다. 한 가지 일이 다른 일로 이어지고 그게 더 나쁜 일로 이어지다가 결국 '정말 나쁜 짓까지 하게 된' 과정을 회상하면서 게릴라는 꽤 감상적으로 변했다. 그래서 떠나면서 마지막으로 "날 너무 나쁘게 생각하지 말아달라."고 부탁까지 했다. 목사가 당시에 보복의 법칙을 알았는지는 확실치 않지만 어쨌든 그는 보복의 법칙을 이용했다. 만약 그가 권총으로 물리적 힘을 써서 물리적인 힘에 맞서기 시작했다면 무슨 일이 일어났을지 상상해보라! 하지만 목사는 그러지 않았다! 그는 약탈자가 모르는 힘으로 그와 싸워서 게릴라를 제압할 수 있었다.

어떤 사람이 돈을 벌기 시작하면 온 세상 운이 전부 몰리는 듯 보이는 이유는 뭘까? 재정적으로 성공을 거둔 이에게 비결을 물어보면 다들 자기를 원하고 또 돈 벌 기회가 끊임없이 찾아온다고 말할 것이다!

"있는 자는 받을 것이요 없는 자는 있는 것까지도 빼앗기리라."(마가복음 4장 25절.—편집자)

예전에는 이 성경 구절이 터무니없게 느껴졌지만 구체적인 뜻을 알고 나서 최고의 진리임을 깨달았다. 그렇다, 있는 자는 받을 것이다! 실패, 자신감 부족, 증오, 자제력 부족이 '있는 자'는 이런 자질이 더 늘어난다! 하지만 성공, 자신감, 자제력, 인내심, 끈기, 결단력이 '있는 자'는 이런 자질이 더 많아진다! 때로는 상대방이나 적을 압도할 때까지 힘으로 맞서야 할 수도 있다. 그러나 그가 쓰러졌을 때는 손을 잡고 분쟁을 해결하는 더 나은 방법을 보여주면서 '보복'을 완료하는 게 좋다. 비슷한 것끼리는 서로 끌어당기는 법이다! 독일은 무자비한 정복 전쟁을 자행하면서 인류의 피로 칼날을 적셨고 그 결과 대부분의 문명 세계에서 '똑같은 방법으로 보복당했다.'

다른 사람들이 당신을 대하는 태도는 당신이 결정하는 것이다. 이때 보복의 법칙으로 그들이 그렇게 행동하도록 유도해야 한다! 신이 정한 경제 법칙은 매우 간단하고 자명하다. 우리는 우리가 준 것만큼만 받을 수 있다. '자기가 준 것만큼만 받을 수 있다'라는 건 확실한 진리다! 자기가 바라는 만큼 받는 게 아니라 준 만큼 받는다. <u>**보복의 법칙을 물질적 이득을 취할 때만 사용하는 게 아니라 행복을 얻거나 다른 이들에게 친절을 베풀 때도 활용하기 바란다. 결국 이것이 우리가 노력해서 이루어야 하는 진정한 성공이다.**</u>

이 장에서 당신은 아주 위대한 원칙을 배웠다. 타인에 대한 우리의 생각과 행동은 그와 똑같은 생각과 행동을 끌어당기는 전자석과 유사하다는 원칙이다. 아마 이는 심리학에서 가장 중요한 원리일 것이다!

또 생각이든 행동을 통한 생각 표출이든 '같은 것끼리 서로 끌어당긴다'라는 사실도 배웠다. 인간의 마음은 받아들이는 모든 생각 표현에 대해 같은 방식으로 반응한다는 것도 배웠다. 인간의 마음은 감각에 상응하는 근육 운동을 일으키며, 이 점에서 마음은 대지와 유사하다는 점도 배웠다. 친절은 친절을 부르고 불친절과 부당한 대우는 불친절과 부당한 대우를 부른다는 것 또한 배웠다.

다른 사람들을 대하는 행동이 친절하든 불친절하든, 정의롭든 부당하든 결국 똑같은 행동이 더 큰 규모로 돌아온다는 것을 배웠다! 인간의 마음은 모든 감각적 인상에 똑같은 방식으로 반응한다는 것을 배웠다. 따라서 다른 사람들에게 영향을 미쳐서 우리가 원하는 행동을 하게 하려면 어떻게 해야 하는지 알고 있다. 보복의 법칙을 건설적으로 활용하려면 '자존심'과 '고집'을 버려야 한다는 것도 배웠다. 이렇게 당신은 <u>보복의 법칙이 어떻게 작용하고 어떤 효과를 발휘하는지를 배웠다. 이제 이 위대한 원칙을 현명하게 활용하는 일만 남았다.</u>

이제 9장으로 넘어갈 준비가 되었다. 9장에서는 여기서 배운 자제력과 완벽하게 조화를 이루는 다른 법칙을 배울 것이다. 초보자가 다음 장의 주요 법칙인 '받는 것 이상의 일을 해내라'를 실천에 옮기려면 강한 자제력이 필요하다. 하지만 내 경험상 다음 법칙을 배워서 얻을 결과가 자제력을 키울 가치가 있음을 증명해줄 것이다.

상상력은
어떻게 삶의 변화를 일으키는가?

세상에 영구적인 것이 있다면 단 하나, 변화뿐이다. 삶은 끊임없이 무대 배경과 배우를 바꾸고 재배치하며 새로운 친구가 계속해서 옛친구를 대체하는 거대한 만화경과 비슷하다. 모든 것이 유동적이다. 모든 사람의 마음속에는 악행의 씨앗과 정의의 씨앗이 있다. 모든 인간은 범죄자이자 성인이고, 순간의 편의에 따라 둘 중 하나가 모습을 드러낸다. 정직과 부정직은 대체로 개인적인 관점의 문제다. 약자와 강자, 부자와 빈자, 무지한 자와 똑똑한 자가 끊임없이 자리를 바꾼다.

자신을 알면 인류 전체를 알 수 있다. 진정한 성취는 단 하나, 정확하게 생각하는 능력뿐이다. 우리는 행렬과 함께하거나 그 뒤에서 움직이지만, 가만히 있을 수는 없다.

변화 외에 영구적인 것은 없다!

이 글의 서두에 제시된 그림에서 우리는 진화의 법칙이 여행 방식을 개선했다는 증거를 볼 수 있다. 이 그림을 살펴볼 때는 이런 모든 변화가 먼저 인간의 마음에서 일어났다는 사실을 기억하자.

왼쪽 끝에는 최초의 원시적인 운송 수단이 있다. 인간은 이 느린 움직임에 만족하지 못했다. '만족스럽지 않다'는 말은 모든 발전의 시작점이다. 이 글을 읽는 동안 이 말을 계속 생각하자.

그 옆에는 인간의 뇌가 확장되기 시작하면서 발전한 운송의 역사가 단계적으로 그려져 있다. 인간이 소를 우마차에 묶는 실용적인 방법을 발견함으로써 수레로 짐을 직접 옮기는 수고에서 벗어났을 때 운송의 역사에서 큰 진전이 이루어졌다. 하지만 곧 유용성과 스타일을 모두 갖춘 승합 마차가 등장했다. 하지만 인간은 여기서 '만족하지 않았고' 그 덕에 그림과 같은 조잡한 기관차가 탄생했다. 이제 수레를 끄는 사람, 수레를 끄는 소, 마차, 조잡한 기관차는 모두 지나간 시대의 유물이다.

그림 오른쪽에 현재의 운송 방법이 나온다. 과거와 비교하면 인간의 두뇌와 정신이 엄청나게 확장된 것을 알 수 있다. 인간은 이제 과거보다 빠르게 이동한다. 최초의 기관차는 작은 경화물차 한 대만 끌 수 있었지만 이제 화물차 100대를 끌 수 있는 강력한 기계로 진화했다. 이제 시속 120킬로미터로 달리는 자동차가 과거의 이륜 수레만큼 흔하다. 게다가 원하는 사람은 누구나 구입할 수 있다.

하지만 인간의 마음은 여전히 '만족하지 못했다.' 지상에서의 여행은 너무 느렸다. 그래서 눈을 위로 돌려 새들이 허공으로 높이 날아오르는 모습을 보고는 그 새들을 능가하기로 '결심'했다. '결심'이라는 단어도 기억하자. 인간은 결심한 일은 무엇이든 해내니까 말이다! 15년이라는 짧은 시간 안에 인간은 하늘을 지배하게 되었고, 이제 비행기를 타고 시속 240킬로미터의 속도로 여행한다.

인간은 놀라울 정도로 빠른 속도로 하늘을 날게 되었을 뿐만 아니라 에테르를 이용해 자기가 한 말이 순식간에 지구 곳곳으로 전달되게 했다.

지금까지 과거와 현재를 설명했다! 그림 아래쪽에서 인간이 다음에 이용할 여행 방식을 확인할 수 있다. 인간이 원하는 대로 공중을 날고 땅 위를 달리고 물속에서도 움직일 수 있는 기계를 이용하는 것이다.

이 글과 그림은 생각할 거리를 제공한다! 우리가 사색에 잠기도록 영향을 미치는 모든 것은 정신을 더 강하게 만든다. 정신적인 자극제는 성장에 필수다. 손수레 시대부터 하늘을 정복한 오늘날에 이르기까지 인간이 이룬 모든 진보는 일반적인 행동보다 더 큰 일을 하도록 정신을 자극한 어떤 영향의 결과물이다.

인간의 마음이 성장하도록 많은 영향을 미치는 2가지는 필요에 따른 욕구와 창조하려는 열망이다. 어떤 정신은 실패와 패배, 그리고 더 큰 행동을 유도하는 다른 형태의 고난을 겪은 후에야 발달한다. 고난을 겪으면 시들고 망가지는 정신도 있지만, 창의적인 방식으로 상상력을 활용할 기회가 생기면 믿을 수 없을 정도로 크게 성장한다.

운송 방식의 진화를 묘사한 그림을 잘 살펴보면 놀라운 사실을 하나 발견할 수 있다. 그림에 담긴 전체적인 이야기가 필요에서 비롯된 개발과 진보의 이야기라는 것이다. 그림에서 '과거'로 묘사된 기간은 전부 필요에 따라 욕구가 지배하던 기간이다.

그림에서 '현재'로 묘사된 시기에는 필요에서 비롯된 욕구와 창작 욕구가 결합된 충동이 존재했다. '미래'로 묘사된 시기에는 강한 창작욕이 인간의 마음을 아직 꿈꾸지 못한 높이까지 끌어올려줄 유일한 욕구가 될 것이다.

손수레의 시대에서 전기를 이용해 1만 명이 하루 동안 할 일을 1분 안에 해내는 기계를 돌리는 현재에 이르기까지 우리는 아주 먼 길을 왔다. 하지만 그 먼 거리를 오는 동안 인간의 마음도 그만큼 크게 발전했고, 결국 인간의 근육이 아닌 자연의 힘으로 작동하는 기계가 모든 일을 처리하게 되었다.

운송 수단의 점진적 변화는 인간의 정신이 해결해야 하는 다른 문제를 만들었다. 자동차가 많아지자 도로를 더 많이 건설해야 했다. 자동차와 빠른 기관차가 동시에 존재하면서 매년 수천 명의 목숨을 앗아가는 위험한 건널목이 생겼다. 인간의 정신은 이제 '필요'에 따른 욕구에 반응해서 이 비상 상황을 해결해야 한다.

어쩌면 5년 안에 전국의 모든 철도 건널목에서 더 이상 자동차 사고가 발생하지 않을 것이다. 자동차 자체에 설치된 완벽하고 효과적인 보호 시스템이 작동될 텐데, 이건 자동차 운전자가 잠들었든 깨어 있든 취하든 취하지 않았든 상관없이 완벽하게 가동되는 시스템이다.

이제 창작욕이라는 자극으로 작동하는 인간의 상상력이라는 기계를 잠깐 살펴보자. 상상력이 풍부한 사람(아마 지금까지 주목할 만한 일을 해본 적이 없고 앞으로도 가치 있는 일을 하지 않을 사람)이 지나가는 자동차 무게로 작동하는 철도 건널목 보호 시스템을 만들 것이다. 건널목에서부터 일정 거리 안의 도로는 화물용 대형 저울과 비슷한 플랫폼으로 도로 전체를 덮을 것이다. 자동차가 이 플랫폼에 올라서면 그 무게 때문에 건널목 차단기가 내려가고 경보음이 울리고 운전자 앞에서 빨간 불이 깜빡인다. 1분이 지나면 차단기가 다시 올라가 자동차가 선로를 통과할 수 있는데 그사이에 운전자는 '멈추어 서서 기차가 오는지 보고 들어야' 한다. 상상력이 풍부하다면 이 시스템을 만들어서 판매 로열티를 받는 사람이 바로 당신일 수도 있다.

상상력을 발휘해서 실용적인 물건을 만들려면 낭비되는 움직임과 힘을 유용한 경로로 전환할 방법과 수단을 찾으려고 항상 대기하고 있어야 한다. 대체로 자동차는 굉장히 무겁다. 이 무게를 이용해서 운전자에게 철도 건널목 보호 기능을 제공할 수 있다.

그런데 이 글의 목적은 제안의 씨앗을 제공하는 것이지, 당장 설치해서 활용할 수 있는 완성된 발명품을 제공하는 게 아니다. 이 제안의 가치는 당신이 여기에 쏟을 수 있는 생각의 가능성에 달려 있다. 당신은 이를 통해 마음을 발전시키고 확장할 수 있다.

자신을 잘 살펴서 마음이 2가지 중요한 행동 욕구, 즉 필요에 따른 욕구와 창작 욕구 중 어느 쪽에 더 자연스럽게 반응하는지 알아보자.

자녀가 있다면 아이가 두 동기 중 어느 쪽에 자연스럽게 반응하는지 알아두자. 필요에 따른 욕구를 최대한 제거해버린 부모 탓에 상상력이 위축되거나 억제된 아이가 수없이 많다. 자녀를 '편하게 해주려는' 부모가 아이의 천재성을 말살하는 것이다. 인간이 이룬 진보는 대부분 절실한 필요에 따른 욕구를 충족시키려고 애쓴 결과물임을 명심하자!

운송 수단은 지속적인 진화 과정을 거쳤다. 자동차만 해도 불과 얼마 전 사양의 자동차는 더 이상 찾아볼 수 없다.

진화의 법칙은 언제 어디서나 작동하면서 지구와 우주의 모든 물질적 요소를 변화시키고 파괴하고 재건한다. 마을, 도시, 지역 사회는 끊임없이 변화하고 있다. 20년 전에 살던 곳을 가보면 장소도 사람도 알아볼 수 없다. 새로운 얼굴이 등장하고 옛 얼굴은 변한다. 새 건물이 옛 건물을 대신한다. 모든 게 달라져서 전과 다르게 보인다.

인간의 마음도 끊임없이 변한다. 그렇지 않다면 우리는 결코 어린아이의 정신 연령 이상으로 성장하지 못할 것이다. 보통 사람의 정신은 7년마다 눈에 띄게 발달하고 확장된다. 정신이 주기적으로 변하는 동안 우리는 나쁜 습관은 버리고 더 좋은 습관을 기르게 된다. 인간의 마음이 꾸준히 질서 있는 변화 과정을 겪는 건 다행스러운 일이다.

어떤 욕구나 창작욕에 이끌리는 정신은 생존에 필요한 것 이상의 행동을 하려고 들지 않는 정신보다 빠르게 발달한다. 인간의 상상력은 지금까지 만들어진 가장 위대한 기계다. 모든 기계와 인공물이 여기에서 비롯되었다. 위대한 산업과 철도와 은행과 기업의 배후에는 상상력이라는 강력한 힘이 존재한다!

어떻게든 정신이 생각에 골몰하게 하자! 오래된 아이디어에 새로운 계획을 결합하여 진행하자. 모든 위대한 발명품과 뛰어난 사업적 혹은 산업적 성취는 결국 예전에 사용했던 계획과 아이디어를 다른 방식으로 조합해서 적용한 결과다.

✦ 강철을 만들려고 두드리는
　망치 소리 뒤에서
　작업장의 소음 뒤에서
　탐구자는 생각을 발견한다.
　철과 증기와 강철을
　영원히 지배하는 생각,
　재앙을 딛고 일어났지만
　결국 발아래 굴복하는 생각.
　노역자는 초조하게 땜질을 하거나
　활기차게 망치를 휘두르며 일할 수 있지만
　그 뒤에는 생각하는 사람이 있다.
　모든 것을 아는 맑은 눈을 가진 사람이.
　모든 쟁기와 칼에
　그 모든 조각과 부분과 전체에
　노동의 뇌가 포함되어야 한다.
　그래야 작품에 영혼이 생긴다.
　윙윙거리는 엔진 소리 뒤에,
　울려 퍼지는 종소리 뒤에,

두드리는 망치 소리 뒤에,

흔들리는 크레인 뒤에,

그것을 훑어보는 눈이 있고,

스트레스와 긴장 속에서 지켜보며

그것을 계획하는 마음이 있다.

체력 뒤에 있는 뇌.

울부짖는 보일러의 힘,

엔진의 추력,

땀 흘리는 노동자의 힘,

우리는 이것을 매우 신뢰한다.

하지만 그 뒤에는 책략가가 서 있다.

사상가는 일을 추진하고,

일터 뒤에는 꿈꾸는 사람이,

꿈을 이루는 사람이 있다.

  6개월이나 1년 뒤에 이 글을 다시 읽으면, 처음 읽었을 때보다 훨씬 더 많은 것을 발견할 수 있을 것이다. 진화의 법칙은 시간이 흐를수록 마음을 더 확장시킨다. 그래서 이전에 비해 더 많이 보고 이해하는 기회가 우리에게 생긴다.

옮긴이 박선령
세종대학교 영어영문학과를 졸업하고 MBC방송문화원 영상번역과정을 수료하였다. 현재 번역 에이전시 엔터스코리아에서 출판기획 및 전문 번역가로 활동하고 있다. 주요 역서로는 《타이탄의 도구》, 《지금 하지 않으면 언제 하겠는가》, 《누구도 대신 살아주지 않는다》, 《부자 아빠의 편지》, 《세상에서 가장 긴 행복 탐구 보고서》 등 다수가 있다.

아포리아 12

나폴레온 힐 성공의 법칙 1

1판 1쇄 인쇄 2025년 7월 30일
1판 1쇄 발행 2025년 8월 27일

지은이 나폴레온 힐
옮긴이 박선령
펴낸이 김영곤
펴낸곳 (주)북이십일 21세기북스

정보개발팀장 이리현 **정보개발팀** 이수정 김민혜 현미나 이지윤 양지원
외주편집 눈씨 **디자인 표지 본문** STUDIO 보글 **조판** 푸른나무디자인
마케팅 김설아
영업팀 정지은 한충희 장철용 강경남 황성진 김도연 이민재
해외기획실 최연순 소은선 홍희정
제작팀 이영민 권경민

출판등록 2000년 5월 6일 제406-2003-061호
주소 (10881) 경기도 파주시 회동길 201(문발동)
대표전화 031-955-2100 **팩스** 031-955-2151 **이메일** book21@book21.co.kr

ⓒ 나폴레온 힐, 2025
ISBN 979-11-7357-432-0 04190
　　　979-11-7357-428-3 04190(세트)
KI신서 13722

(주)북이십일 경계를 허무는 콘텐츠 리더

21세기북스 채널에서 도서 정보와 다양한 영상자료, 이벤트를 만나세요!
페이스북 facebook.com/21cbooks　　블로그 blog.naver.com/21c_editors
인스타그램 instagram.com/jiinpill21　　홈페이지 www.book21.com　　유튜브 youtube.com/book21pub

책값은 뒤표지에 있습니다.
이 책 내용의 일부 또는 전부를 재사용하려면 반드시 (주)북이십일의 동의를 얻어야 합니다.
잘못 만들어진 책은 구입하신 서점에서 교환해드립니다.

일상에서 마주친 사유의 정거장

아포리아는 '해결하기 어려운 난제'를 뜻하는 그리스어로,
사유의 지평을 넓혀줄 '새로운 클래식'입니다.
지금까지와는 다른 삶 속으로 나아갈 우리가 탐구해야 할 지식과 지혜를 펴냅니다.

나폴레온 힐 컬렉션

01 나폴레온 힐 기적은 당신 안에 있다
내 안의 무한한 힘을 깨우는 13가지 지혜

"당신의 운명을 결정하는 것은 당신의 생각뿐이다"
두려움과 한계를 뛰어넘는 사고의 전환법을 담은 자기계발 필독서
나폴레온 힐 지음, 최지숙 옮김 | 256쪽(양장) | 20,000원

02 나폴레온 힐 90일 자기 경영
인생의 주도권을 잡고 매일 성취하라

"끝까지 해낸 사람들은 무엇이 다를까?"
성공을 자석처럼 끌어당기는 90일 프로그램
돈 그린·나폴레온 힐 재단 지음, 도지영 옮김 | 432쪽(양장) | 25,000원

03 나폴레온 힐 부의 법칙
세계 단 1%만 아는 부를 축적하는 13가지 법칙

"강렬히 열망하는 자만이 부를 얻는다!"
20세기 최고의 자기계발 유산. 수많은 억만장자와 역사가 증명한 부의 바이블
나폴레온 힐 지음, 이미숙 옮김 | 320쪽(양장) | 22,000원

04 나폴레온 힐 성공의 법칙 1
성공의 무한한 잠재력을 깨우는 15가지 법칙

"오직 확신하는 자가 성공을 이룬다!"
세기의 부를 이룬 앤드루 카네기부터 존 록펠러까지 25년간 집대성한 위대한 성공학 바이블 1편
나폴레온 힐 지음, 박선령 옮김 | 448쪽(양장) | 25,000원

05 나폴레온 힐 성공의 법칙 2
성공의 무한한 잠재력을 깨우는 15가지 법칙

"100년간 증명된 성공의 황금률을 만나라!"
앤드루 카네기의 유산에서 시작된 25년간 집대성한 위대한 성공학 바이블 2편
나폴레온 힐 지음, 김보미 옮김 | 384쪽(양장) | 23,000원